제10판

파생금융상품의 이해

김운섭·강철준·윤정연 공저

한국금융연수원
KOREA BANKING INSTITUTE

머리말

이 책은 파생상품에 대한 전반적인 내용을 쉽고도 실용적으로 구성한 지침서로 기획되었다. 사전지식이 없는 금융인들이 각 상품들의 개념을 명확히 이해하고 영업현장에서 실질적인 도움을 받을 수 있도록 내용을 구성하였다. 특히 오랜 현장 경험과 한국금융연수원을 비롯한 전문금융교육기관 및 기업에서 강의를 통해 느꼈던 실무자들의 학습요구를 최대한 담아내려고 노력하였다. 나름대로 현장실무자들이 큰 어려움 없이 필요한 정보와 지식을 학습할 수 있도록 노력하였지만 미흡한 점이 없지 않으리라 생각된다. 향후 이러한 부분은 독자 여러분과 함께 계속 개선해 나갈 것을 약속드린다.

책을 펴냄에 있어서는 다음에 주안점을 두었다.

우선 오늘날 파생상품의 많은 부분이 수학 및 통계학에 의존하고 있어서 수리분석에 약한 금융회사 직원들이 파생상품 학습에 부담을 느끼고 있는 점을 고려하였다. 수학이나 통계학적 전문지식이 없어도 우리 주변의 상식을 이용해서 이해할 수 있도록 풀어서 설명하였다.

다음으로는 기초를 확실히 다지는 데에 중점을 두었다. 난해한 거래기법에 대한 소개보다는 각 상품의 성격을 완벽하게 이해하도록 함으로써 파생상품에 대하여 향후 지속적인 학습능력을 확보하도록 하였다. 이해를 돕기 위해 실무사례를 많이 수록한 것도 하나의 특징이다.

세 번째는 분석을 하거나 설명을 할 때 금융회사의 관점에서 하였다는 점이다. 금융회사가 처한 리스크를 파악하고 그 리스크를 관리하기 위해서 어떤 거래가 필요하며 그 거래의 결과 리스크가 어떻게 변형되는가의 순으로 대부분 논의를 구성하였다.

마지막으로는 각 장마다 풍부한 연습문제를 달아서 학습효과를 바로 확인할 수 있도록 하였다.

이 책은 크게 4부로 구성된다. 1부에서는 파생금융상품이 무엇인지에 대한 기초적인 이해를 도모한 뒤 선도·선물에 대해 다뤘고, 2부에서는 옵션의 기초부터 거래 전략까지를 다각도로 설명하였다. 이어 3부에서는 스왑의 기초부터 스왑거래, 리스크관리 및 활용사례를 다루고 마지막 4부에서는 기본적인 파생상품에 대한 이해를 바탕으로 구조화상품을 설계하는 원리를 설명하고 국내에서 거래되고 있는 구조화상품을 위주로 구조를 분석하면서 가치 발생과 위험을 이해하기 쉽게 다룸으로써 금융기관 종사자뿐만 아니라 개인 투자자들에게 도움이 되고자 하였다.

너무 광범위한 부분을 다루었고, 독자들의 직관적인 이해를 위해 노력하다 보니, 수리적인 관점에서 정확치 않은 표현이 있을 수 있다. 만약 그런 부분이 있다면 이 책의 목적이 파생상품을 보다 쉽게 이해함으로써 시장의 저변확대를 꾀하는 데 있다는 점을 감안하여 너그럽게 이해해 주셨으면 한다. 모쪼록 이 책을 통해 파생상품에 대한 이해와 관심이 깊어지기를 기대한다.

2014년 5월

저자 일동

Contents

01 선도 · 선물

Contents

Contents

Contents

03 스왑거래

Contents

Contents

01 선도 · 선물

제1장 파생금융상품 이해의 기초

제1절 파생금융상품의 개요

1. 파생금융상품의 의의

기업들이나 금융기관들이 국제금융거래를 하다 보면 늘 환리스크나 이자율리스크 등의 시장위험과 신용위험 등이 수반된다. 국내금융뿐만 아니라 국제적인 무역과 자본거래에 따른 각종 위험을 관리하거나 투기적인 목적으로 사용되는 것이 바로 파생금융상품이다. 21세기 초를 강타한 서브프라임 사태도 파생금융상품과 깊은 관련이 있다는 것을 이미 알고 있으리라 믿는다.

파생금융상품(derivatives products)은 그 이름에서도 알 수 있듯이 어떤 기초가 되는 자산으로부터 파생된 금융상품이다. 그렇기 때문에 파생금융상품이 나름대로의 가치를 가지는 것은 파생의 기준이 되는 기초자산(underlying asset)이 효용이나 가치를 지니기 때문이다.

보통 일상생활에서 당장 필요한 물건이 있으면 시장에 가서 사면 된다. 그리고 어떤 물건의 필요 시점이 미래라면 그때 가서 사면 된다. 예를 들어 올해 말에 완공되는 아파트가 있다고 하자. 이 아파트에 입주하고 싶은 사람은 아파트가 완공이 된 뒤에 사면 된다. 그런데 아파트가 완공될 시점에 아파트 가격이 상승하면 낭패다. 그러면 지금 당장 해당 아파트를 확보할 수 있는 방법은 없을까? 물론 가능하다. 아파트가 한창 건설중인 오늘 건설업자와 아파트 매매계약을 맺으면 된다. 현재 같은 평형의 주변 아파트 시세 5억 원에 금융비용을 포함하여 5억 3천만 원으로 계약을 할 수 있다. 아니면 5억 3천만 원에 살 수 있는 권리를 일정한 금액의 프리미엄을 주고 매입할 수도 있다.

이들 두 계약을 통해 아파트 가격 상승의 위험을 피할 수 있도록 아파트 한 채를 확보할 수 있게 되었다. 이런 형태의 거래가 바로 파생금융상품이다. 이 계약의 기본, 즉 기초자산이 되는 것은 아파트이다. 결국 이 계약은 기초자산인 아파트로부터 파생된 상품임을 알 수 있다. 완공 시점에 아파트 시세는 계약한 5억 3천만 원보다 오르거나 내릴 수 있으며 그에 따라 위에서 거래한 파생금융상품의 가치가 달라진다. 즉, 6억이 되더라도 5억 3천만 원만 지불하고 살 수 있기 때문에 파생금융상품의 가치는 높아진다. 반대로 계약한 가격보다 하락하면 당연히 파생금융상품의 가치는 떨어진다.

일반적으로 파생금융상품은 '그 상품의 가치가 해당 기초자산으로부터 파생되어진 모든 유형의 상품'을 총체적으로 일컫는 말이다. 즉, '기초자산의 현물가격을 바탕으로 그 가치가 변하는 금융상품'을 말한다. 그리고 기초자산의 거래를 미래 어느 시점에 행하기로 미리 약속하는 계약의 형태를 지닌다. 이러한 파생금융상품의 주요 형태로는 선도, 선물, 옵션 및 스왑 등이 있다. 예를 들어 '달러/원 콜 옵션'은 달러/원 환율의 움직임에 따라 그 가치가 변하고, '달러 이자율스왑'은 달러 이자율에 따라 그 가치가 변하는 금융상품이다. 또 두 가지의 형태가 합쳐진 합성형 파생금융상품도 있다. 예를 들면 선물과 옵션을 합성한 선물옵션이나 스왑과 옵션을 합성한 스왑션이 있다.

2. 파생금융상품의 기능

2-1. 위험전가 기능(risk shifting)

파생금융상품시장의 가장 중요한 경제적 기능 중의 하나가 위험전가 기능이다. 가격변동의 위험을 원하지 않는 헤저(hedger)는 파생금융상품을 이용하여 가격변동위험을 감수하면서 보다 높은 이익을 추구하려는 투기자(speculator)에게 자신이 가지고 있는 여러 가지 위험을 전가시킬 수 있다.

생산자, 소비자, 기업과 금융기관 등의 실수요자인 헤저는 자신의 업무를 영위하면서 발생되는 관련 가격변동위험에 항상 노출된다. 이 실물포지션에 대하여 파생금융상품시장에서 반대되는 포지션을 만들어 실물가격의 불리한 가격변동으로부터 발생하는 손실을 파생금융상품시장에서 발생하는 이익으로 상쇄시키는 헤지거래를 활용하면 된다. 이러한 파생금융상품시장이 갖는 위험전가의 기능을 통하여 창출되는 헤지기회의 제공은 실수요자들로 하여금 자신이 처한 가격변동위험을 효율적으로 관리할 수 있는 수단을 제공한다. 더 나아가 현물시장의 유동성과 안정성을 제고시키고 사회 전반의 효용을 증대시킬 수 있다.

2-2. 가격예시 기능(price discovery)

파생금융상품시장에서 가격은 해당 상품의 수요와 공급에 관련된 각종 정보가 집약되어 결정되므로 현재 시점에서 미래 현물가격에 대한 무수한 시장 참가자들의 공통된 예측을 나타낸다고 볼 수 있다. 또 시간이 흐름에 따라 새로운 수요와 공급 요인을 반영하고, 이를 토대로 한 시장 참가자들의 미래에 대한 예측이 변동하게 되면 파생금융상품 가격도 변동하게 된다. 이같이 현재의 파생금융상품 가격이 미래 현물가격에 대한 가격예시 기능을 수행함으로써 실수요자에 해당되는 생산자와 소비자 등 각 경제주체들의 현재 시점의 의사결정에 커다란 영향을 미친다. 또한 미래 가격변동의 불확실성을 어느 정도 제거함으로써 현물시장의 수요공급에 영향을 미쳐 현물가격의 변동을 안정화시키는 기능을 수행하게 된다.

2-3. 금융상품거래의 활성화 기능

파생금융상품 거래는 소액의 증거금만으로 거액의 거래가 가능하기 때문에 투자원금에 대한 손익의 레버리지(leverage) 효과가 매우 크다. 따라서 위험을 감수하고서라도 적은 자금으로 높은 수익을 얻고자 하는 투기자에게는 파생금융상품 거래가 매우 유용한 투기수단이 된다. 결과적으로 파생금융상품 거래는 투기성 자금의 시장유입을 촉진하여 시장을 활성화시키는 경제적 기능을 한다. 한편 파생금융상품시장은 현물시장과의 차익거래(arbitrage) 기회를 제공함으로써 현물시장의 거래를 촉진한다.

2-4. 금융시장의 효율적인 자원배분 기능

투기자는 헤저가 회피하고자 하는 위험을 적극적으로 수용하면서 미래의 가격 예측을 토대로 파생금융상품시장에서 포지션을 취해 투기적 이익을 추구한다. 투기자는 투기적 이익을 극대화하기 위하여 시장의 수급동향, 금융정책 등에 관한 정보를 수집 분석하며 그 결과는 파생금융상품 가격에 즉각 반영된다. 따라서 시장정보의 수집 면에서 열세에 있는 기업, 가계 등의 경제주체도 파생금융상품 가격을 통하여 미래의 현물가격을 보다 쉽게 예측할 수 있기 때문에 투자와 소비활동을 합리적으로 행할 수 있다. 또 파생금융상품시장에서는 다수의 시장 참가자가 경쟁함에 따라 독점력이 감소되어 금융시장의 자원배분 기능이 보다 효율적으로 이루어질 수 있다.

3. 파생금융상품의 특징

일반적으로 파생금융상품에 대한 투자는 기초자산에 투자하는 것보다 높은 레버리지(leverage) 효과를 누릴 수 있어 헤저에게는 위험관리수단으로, 투기자에게는 투기수단으로 아주 효과적이다. 또한 다음과 같은 특징으로 인해 그 거래규모가 급격하게 늘어나고 있다.

첫째, 만일 미래에 어떤 기초자산이 필요하면 그것을 당장 현물시장에서 사두면 된다. 그러나 그것을 사기 위해 당장 많은 자금이 필요하고, 때로는 보관에 어려움이 있을 수도 있다. 파생금융상품을 이용할 경우에는 적은 증거금으로도 거래할 수 있어 투자의 레버리지 효과를 높일 수 있어 헤지수단이나 특히 투기수단으로 사용하기에 편리하다.

둘째, 장내에서 거래되는 파생금융상품은 거래단위 및 결제일자 등이 표준화되어 있어 적은 비용으로 신속하게 거래할 수 있고, 대규모 거래를 하더라도 시장가격에 큰 영향을 미치지 않는다.

셋째, 옵션거래를 적절히 이용하면 기초자산에 대한 거래만으로 달성할 수 없는 다양한 투자전략이나 헤지전략을 거둘 수 있다. 또 현물시장과 파생금융상품시장과의 가격 차이를 이용한 다양한 차익거래도 가능하다.

4. 파생금융상품의 종류

4-1. 파생금융상품의 체계

변동환율제도의 채택으로 인한 환율과 이자율의 급변동에 따른 위험을 관리하기 위해 거래되기 시작한 파생금융상품은 그동안 놀라운 발전을 거듭하였다. 일반적으로 파생금융상품은 선도(forward), 선물(futures), 스왑(swaps)과 옵션(options)이라는 4개의 큰 체계로 나눌 수 있다. 이런 파생금융상품의 기초가 되는 기초자산에는 통화, 금리, 주식, 상품과 신용 등의 5가지 정도로 분류할 수 있다.

선도거래는 '오늘 계약을 체결하지만 그 계약의 수도결제가 바로 이루어지지 않고 2영업일 이후 등과 같이 미래 특정 시점에 일어나는 상품'이다. 또 선물은 '거래소에서 표준화된 조건에 의해 거래되는 선도상품'이라고 생각할 수 있다. 스왑은 '일련의 선도거래를 하나의 집합으로 만들어 거래하는 상품'으로 생각하면 된다. 마지막으로 옵션은 '미래의 결제일에 가서 옵션 매입자의 권리행사 여부에 따라 인수도가 일어나거나 일어나지 않을 수 있는 선도상품'이라고 정의할 수 있다. 통화, 금리와 관련되는 파생금융상품을 그 종류와 대상자산으로 분류해보면 다음과 같다.

〈표 1-1〉 파생금융상품의 체계

구 분	선 도	선 물	스 왑	옵 션
통 화	통화선도 (선물환거래)	통화선물	통화스왑	통화옵션
금 리	금리선도	금리선물	금리스왑	금리옵션

4-2. 장내파생금융상품과 장외파생금융상품

파생금융상품은 거래가 이루어지는 장소에 따라 장내파생금융상품(exchange-traded derivatives)과 장외파생금융상품(over-the-counter derivatives)으로 나눌 수 있다. 장내파생금융상품은 선물거래소와 같은 일정한 거래소를 통하여 거래되는 상품을 말하며, 옷에 비유하면 기성복과 같은 상품이라고 생각할 수 있다. 장외파생금융상품은 선물환거래나 스왑 등을 은행 등과 같은 금융기관이 주로 기업과 같은 최종수요자의 요구를 잘 충족시킬 수 있도록 다양한 형태로 제공하는 파생금융상품이다. 이를 옷에 비유하면 자신의 몸에 잘 맞는 맞춤양복이라고 볼 수 있다.

예를 들어 해외로 수출을 하고 달러를 받는 수출기업은 달러/원 환율이 떨어지면 이익이 줄어드는 환리스크를 감당해야 한다. 이때 사전에 달러를 매도하여 환리스크를 헤지할 수 있는데 그 방법에는 두 가지가 있다. 즉, 특정 만기일과 금액을 대상으로 거래은행과 선물환거래를 하거나 국내 선물회사를 통해 미국달러선물을 거래하면 된다. 은행을 통하여 거래하면 장외거래가 되고 선물거래소를 통하여 거래하면 장내거래가 된다. 이 두 가지 거래 방법은 상호 보완적이고 경쟁적인 면이 있으며 최종수요자가 자신의 상황에 따라 선택할 수 있는데 결국 거의 같은 헤지결과를 달성할 수 있다. 장내파생금융상품과 장외파생금융상품을 비교하면 다음과 같다.

〈표 1-2〉 장내파생금융상품과 장외파생금융상품

구 분	장내파생금융상품	장외파생금융상품
상품 종류	선물, 옵션	선도, 스왑, 옵션
이용자	개인을 포함한 불특정 다수	상대적으로 규모가 크고 신용이 우수한 기업이나 금융기관
신용위험	증거금제도와 일일정산제도를 도입하여 신용위험이 없음	신용위험이 있음
상품 구조	표준화	다양한 구조와 상품의 구조화(structuring)가 용이

5. 파생금융상품의 거래 유형

파생금융상품 가운데 가장 먼저 거래되기 시작한 선도거래의 기원은 중세까지 거슬러 올라간다. 당시는 주로 농산물의 생산자와 상인 사이에 거래가 이루어졌다. 상품의 매매계약과 인수도가 동시에 이루어지는 현물거래만으로는 미래에 필요한 농산물의 확보에 어려움이 있었고, 미래가격의 불확실성이 남아 있었다. 이에 대한 보완책으로 거래되기 시작한 것이 선도거래이다.

예를 들어 옥수수를 재배하는 농부와 이를 이용하여 배합사료를 생산하는 제조회사가 있다고 하자. 농부 입장에서는 옥수수를 수확할 때 작황에 따른 미래가격을 알 수 없는 위험에 처할 수 있다. 제조회사 역시 수확기의 가격에 따른 불확실성이 존재한다. 이런 양쪽의 고민은 현물거래로는 해결할 수 없다. 그래서 수확기에 서로 주고받을 옥수수의 가격을 지금 당장 정하면 양쪽 모두 예측 가능한 경제활동을 할 수 있어 옥수수 가격 변동위험을 피할 수 있다.

이처럼 파생금융상품은 처음에는 미래의 불확실성을 피하기 위한 헤지(hedge)의 수단으로 시작되었다. 그러나 파생금융상품시장이 발전하면서 다양한 유형의 이용자가 나타나기 시작했다. 크게 헤저(hedger), 투기자(speculator), 그리고 차익거래자(arbitrageur)로 나눌 수 있다. 거래 방식과 함께 각 유형별 이용자에 대해 알아보자.

5-1. 헤지거래(hedging)

5-1-1. 선물거래나 선도거래를 이용한 헤지거래

수출기업이나 수입기업은 무역거래의 통화가 자국통화가 아니면 환리스크에 늘 노출된다. 그들이 향후 환율의 변화에 따른 불확실성을 제거하려면 미래에 필요한 통화를 지금 당장 매입하거나 매도하면 된다.

예를 들어 수입기업은 1개월 후에 결제할 달러를 통화선물가격 또는 선물환율 1200원에 매입헤지(long hedge)하면 된다. 만기 때 달러/원 현물환율이 1250원이 되더라도 기존에 거래한 1200원으로 달러를 매입할 수 있다. 물론 달러/원 현물환율이 1160원이 되어도 1200원에 사야 한다.

한편 수출기업은 선물거래 또는 선물환거래를 통해 달러를 1200원에 매도헤지(short hedge)하면 된다. 이 경우 역시 환율이 1160원으로 하락하더라도 1200원에 달러를 매도할 수 있으므로 환리스크의 관리가 가능하다. 이처럼 통화선물거래나 선물환거래를 통한 헤지거래가 활발하다.

5-1-2. 옵션을 이용한 헤지거래

파생금융상품의 하나인 옵션을 통해서도 이러한 헤지거래가 가능하다. 수출을 하는 갑기업이 3개월 후에 받을 달러의 환율 하락을 우려하고 있다고 하자. 이 경우 앞에서처럼 통화선물거래나 선물환거래를 통해 달러를 매도하면 된다. 그러나 예상과 달리 만기에 달러/원 현물환율이 상승한다면 괜히 헤지를 했구나 하는 생각이 드는 것은 인지상정이다. 만일 갑기업이 달러/원 환율이 하락할 것으로 봤지만 예상과 달리 상승할 경우 손실을 줄이기 위해서는 달러풋/원화콜 옵션을 사두면 된다.

예를 들어 같은 만기의 선물환율인 1200원을 행사가격으로 하는 달러풋 옵션을 10원의 프리미엄을 주고 살 수 있다. 그런데 달러풋 옵션은 통화선물거래나 선물환거래와는 달리 만기에 달러를 꼭 매도해야 하는 계약이 아니다. 만기에 가서 해당 옵션을 행사하는 것이 유리할 때에만 옵션을 행사할 수 있는 권리가 존재한다. 만일 만기에 달러/원 현물환율이 1150원이 되면 달러를 1200원에 팔 수 있는 권리를 행사하면 된다. 반대로 현물환율이 1230원이 되면 1200원에 달러를 팔 수 있는 권리를 행사하지 않고 행사가격보다 높은 현물환시장에서 1230원에 매도하면 된다. 이처럼 통화선물거래나 선물환거래가 제공하지 못하는 매우 탄력적인 헤지 수단이 옵션이다.

5-2. 투기거래

헤지거래는 보유하고 있거나 보유할 예정인 자산의 가격이 불리해질 때를 대비하여 그 위험을 회피하기 위한 거래이다. 이에 비해 투기거래(speculation)는 헤지해야 할 자산이 없는 상태에서 파생금융상품을 이용하여 거래자의 환율이나 주가 등에 대한 견해가 맞을 경우 이익을 확보하려는 거래를 말한다. 미래에 가격이 상승할 것으로 예상하면 파생금융상품을 매입하고, 하락할 것으로 예상하면 매도하면 된다.

5-2-1. 선물거래나 선도거래를 이용한 투기거래

수출이나 수입과 관련이 없는 기업도 향후 환율에 대한 예측을 근거로 통화선물거래나 선물환거래를 이용하여 투기거래를 할 수 있다. 예를 들어 지금부터 달러/원 환율이 오를 것으로 예상하면 미국달러선물이나 선물환거래로 달러를 매입하면 된다. 예상대로 만기 현물환율이 거래한 환율보다 높으면 이익이 발생하고 반대로 환율이 하락하면 손실이 발생하는 거래를 말한다.

5-2-2. 옵션을 이용한 투기거래

앞에서 설명한 것과 같이 달러/원 환율의 미래 예상을 활용하여 통화선물거래나 선물환거래가 아닌 통화옵션을 통해서도 투기적인 거래를 통해 수익을 남길 수 있다. 즉, 달러/원 환율이 오를 것으로 예상하는 투기자는 달러 콜옵션을 매입하면 된다. 달러가 상승하더라도 현물환율보다 낮은 행사가격으로 달러를 사서 현물환시장에서 행사가격보다 높은 현물환율로 팔 수 있어 이익을 남길 수 있다.

5-3. 차익거래

차익거래(arbitrage)는 추가적인 위험을 부담하지 않고 두 개 또는 그 이상의 투자 대상에 투자하여 무위험 차익을 얻으려는 거래를 말한다. 특정 자산의 실제 시장가치가 이론적 가치와 차이를 보이면 고평가되어 있는 자산을 매도하고 저평가되어 있는 자산을 매입하면 된다. 동일한 자산이 서로 다른 시장에서 거래되는 경우에 흔히 차익거래가 발생한다. 시장간의 가격차를 이용하여 상대적으로 낮은 가격에 사고 높은 가격에 팔아서 아무런 추가적인 위험을 부담하지 않고 이익을 남길 수 있다.

차익거래는 만기에 현물과 선물가격이 수렴하기 때문에 무위험 거래이다. 이러한 차익거래에 의해 선물가격은 균형을 찾게 되며 효율적인 시장을 만들어준다. 결국 이와 같은 차익거래 기회는 이론적으로 보면 오래 지속되지 않는다. 이론적으로 보면 아무리 작은 가격차이에 의한 차익거래 기회만 발생하여도 이를 노리는 거래로 인해 가격이 금방 균형가격을 회복하게 되고 더 이상 차익거래의 기회는 존재하지 않게 된다.

5-4. 요약

파생금융상품시장에 참여하는 투자자는 앞에서 살펴본 대로 헤저(heger), 투기자(speculator), 차익거래자(arbitrager)가 있다. 이들 모두가 각기 독특한 존재 가치를 가지고 있다. 본래 헤지거래를 목적으로 시작된 파생금융상품시장은 투기자들과 차익거래자들에 의해 거래가 왕성하여지면서 시장의 유동성과 가격의 안정을 가져오게 되었다. 만일 이러한 거래가 없다면 헤저들이 추구하는 헤지거래가 불가능할 수도 있다.

6. 파생금융상품을 왜 공부해야 하는가?

이 책을 읽는 독자들은 왜 파생금융상품을 공부해야 하는지 잠시 책 읽기를 멈추고 생각해보기 바란다. 최근 금융시장의 가장 중요한 화두 중 하나는 파생금융상품의 활용과 그것을 결합한 다양한 금융상품의 출현이다. 만일 지금 파생금융상품을 공부하지 않으면 머지않아 독자들은 '금융시장의 미아(迷兒)'가 되고 말 것이다.

6-1. 금융기관 종사자들

은행의 본·지점 외환계나 기업 RM(relationship manager)들은 고객인 기업들의 환리스크나 금리리스크 관리를 위한 헤지거래를 통해 수수료 수입을 올릴 수 있다. 그런데 고객의 다양한 수요를 충족시키려면 이미 나와 있는 금융상품으로는 한계가 많다. 그렇기 때문에 파생금융상품이 내재된 새로운 상품들로 무장해서 고객에게 접근해야 한다.

더 나아가 창구에서 고객들에게 예금을 권할 때에도 파생금융상품을 모르면 정확한 상품 설명이 불가능한 시대가 되었다. 예전에는 예금을 많이 유치하기 위해 경쟁 은행보다 이자를 조금만 더 높여주면 되었지만, 이제는 단순한 예금으로는 고객의 마음을 사로잡을 수 없다.

6-2. 기업체의 담당자

한편 기업체에서 외환거래나 리스크관리 업무를 하는 사람들도 당연히 파생금융상품을 잘 알아야만 효율적인 환리스크 또는 금리리스크 관리를 할 수 있다. 회사의 업무 성격에 따라, 또는 향후 환율이나 이자율에 대한 예측에 따라 회사 실정에 적절한 헤지전략을 구성할 수 있다.

때로는 파생금융상품을 이용하여 자금 차입 방법을 다양하게 하여 저금리로 자금을 조달할 수도 있다. 이런 사례는 금융기관뿐만 아니라 기업체에서도 많이 찾아볼 수 있다.

6-3. 큰 돈을 운용하는 개인

심지어 개인들도 파생금융상품에 대한 관심을 게을리해서는 안된다. 자산을 운용할 때 파생금융상품을 많이 알면 알수록 자신이 가지고 있는 시장에 대한 견해를 잘 반영할 수 있는 금융상품을 선택할 수 있다.

자본시장통합법이 발효되면서 금융 환경은 그야말로 급변할 것으로 예상된다. 머지않아 파생금융상품을 활용하여 자신이 원하는 전략을 내재한 자신만을 위한 금융상품이 나올 것으로 보인다.

제 2 절 외환관련 파생금융상품 학습을 위한 기초 지식

1. 외환시장과 자금시장

국제금융시장에서 가장 기본이 되는 기초자산(underlying asset)은 외환시장과 자금시장이다. 이 두 시장은 앞으로 살펴볼 선물환거래에서 사용되는 선물환율의 산출이나 기타 통화와 관련되는 파생금융상품의 가격 결정에서 기본이 된다. 두 시장의 특징을 간략하게 비교·설명하여 나중에 이를 적용할 때 편리를 도모하고자 한다.

① 거래 행위: 외환시장에서 행위는 한 나라 통화를 대가로 다른 나라 통화를 사거나 파는 것이다. 자금시장에서는 한 나라 자금을 빌리거나 빌려주는 행위를 한다.

② 거래 대상: 달러/원의 현물환거래나 선물환거래에서는 달러와 원화 두 통화(currency)가 교환행위의 대상이 된다. 그에 비해 자금시장에서는 예를 들면 해외은행에서 차입한 달러 자금(fund)이 그 거래 대상이 된다. 즉, 한 가지 자금인 달러만 관련된다.

③ 거래 가격: 외환시장의 가격은 환율(foreign exchange rate)이고, 자금시장의 가격은 이자율(interest rate)이다.

④ 거래 결과: 외환시장에서 외환딜러의 외환거래 결과는 외환차익(FX profit) 또는 외환차손(FX loss)이다. 자금시장에서는 한 나라 자금을 차입하면 이자비용(interest expense)이 발생하고, 한 나라 자금을 예치하면 이자수익(interest income)이 발생한다.

〈표 1-3〉 외환시장과 자금시장

구분	거래 행위	거래 대상	거래 가격	거래 결과
외환시장	매입 또는 매도	다른 두 나라 통화 (예를 들면 달러와 원화)	환율	외환차익 또는 외환차손
자금시장	차입 또는 예치	한 나라 자금 (예를 들면 달러)	이자율	이자비용 또는 이자수익

2. 환율의 표시 방법

외환거래를 위해서는 먼저 환율을 고시하여야 한다. 은행간 외환시장의 참가자들은 '달러나 영연방통화 1단위'를 기준통화로 하고 '그에 해당하는 상대국 통화 몇 단위'의 형식으로 환율을 표시하고 거래한다. 이때 기준이 되는 통화를 fixed currency(FC)라 하고, 그에 상대되는 통화를 variable currency(VC)라 한다. 외환거래에서는 기준통화라는 단어를 꼭 기억해야 한다. 일반인들이나 언론보도에서 환율을 말할 때 '원/달러'라고 하지만 은행간 외환거래에서는 '달러/원'이라고 하는 것이 정확한 표현이다.

〈주요 통화의 환율 예시 및 환율 표시 방법〉

- USD/KRW 1320: 1미국 달러가 1320원
- USD/JPY 145.40: 1미국 달러가 145.40엔
- JPY/KRW 9.0784: 1엔화가 9.0784원(흔히 엔/원 환율이 907.84원이라고 하는 것은 100엔당 원화 금액을 말하는 것으로 은행간 외환거래의 관행과는 다르다.)
- GBP/USD 1.2740: 1영국 파운드가 1.2740미국 달러
- EUR/USD 1.0930: 1유로가 1.0930미국 달러

※ GBP/USD 방식으로 환율을 표시하는 통화:
GBP(영국 파운드), AUD(호주 달러), NZD(뉴질랜드 달러), EUR(유로)

외환거래의 기준은 기준통화라는 것을 항상 명심하자. 이것에 대한 상세한 설명은 현물환거래 및 외환포지션에 대한 다음의 설명에서 다시 확인할 수 있다. 외환거래는 어떤 통화를 사거나 파는 거래이다. 이때 딜러들이 특정 통화를 사거나 판다고 말할 때에는 기준통화를 기준으로 한다. 예를 들어 달러/엔 환율을 고시한 은행의 가격에 만족하여 환율고시를 요청한 상대방(calling party)이 '판다(I sell)'라고 간단하게 표현하여도 엔화를 받고 달러를 파는 외환거래가 성립된다.

환율의 강세 또는 약세를 표시할 때도 이 기준통화를 기준으로 말한다. 즉, 환율이 145.39/44로 고시된 후에 달러 강세요인이 나타나면, 외환시장 참가자들이 달러를 살 것이다. 그러면 시장환율은 금방 145.45/50 등과 같이 엔화의 수치가 커져서 이전의 145.39/44로 고시할 때보다 기준통화인 달러가 올랐다는 것을 쉽게 알 수 있다. 즉, 이제 이 환율을 고시한 은행에서는 기꺼이 145.45엔을 주고 1달러를 매입하고, 145.50엔을 받아야 1달러를 팔겠다는 의사표시이다.

그리고 외환거래의 결과 발생하는 외환포지션도 기준통화를 기준으로 표시한다. 만일 창구에서 고객으로부터 원화를 받고 달러를 팔았다면 은행은 숏 포지션이 발생한다. 이때 굳이 '달러 숏 포지션'이라고 말하지 않아도 된다.

3. Two-way quotation

은행들은 수수료 수입의 증대를 매우 중요하게 생각한다. 그 가운데 하나인 외환거래에서도 적정 수수료를 남기기 위해서는 환율을 고시하여야 하는데, 이때 고시하는 환율에는 두 가지의 가격이 있다. 은행에 가면 환율을 고시한 전광판이 있고, '사실 때'와 '파실 때'라는 글자 아래에 각국의 통화 이름과 숫자가 붙어 있다. 이것이 은행의 환율 고시 가격이다. 때로는 전광판의 숫자들이 반짝이며 바뀌고, 이와 함께 외환을 취급하는 창구에서는 은행원과 고객 사이에 가벼운 실랑이나 흥정이 벌어지기도 하는 것을 볼 수 있다. 바로 이 숫자, 즉 환율이 매순간 변하기 때문이다.

은행의 여러 업무 가운데에서 외환거래만을 보자. 은행은 어떤 고객이 외환거래를 할지 안 할지 또는 특정 통화를 살지 팔지 전혀 알 수 없다. 그러나 은행의 중요한 업무의 하나가 외환거래라면, 어떤 고객이 창구에 와서 외환거래를 요구할 경우 은행은 이를 충족시켜주어야 한다. 또한 외환거래에 의한 수수료는 은행의 중요한 수입원이 된다. 그러므로 은행은 창구에 온 고객(calling party 또는 market follower)이 달러/원 거래에서 달러를 사고자 하는 때를 대비해서, 은행입장(quoting party 또는 market maker)에서 상대통화인 원화를 대가로 기준통화인 달러를 파는 환율을 고시한다. 즉, 창구의 전광판에 있는 '사실 때'에 해당하는 환율을 고시한다. 또 고객이 달러를 팔 때에 적용할 수 있는 환율도 고시한다. 즉, 은행입장에서 기준통화인 달러를 사는 환율로 창구의 전광판에 있는 '파실 때'의 환율도 동시에 고시하고 있는 것을 발견할 수 있다.

고객이 특정 외환을 살지 팔지 모르지만 외환거래를 위해 은행이 매수호가(bid rate)와 매도호가(offered rate)를 동시에 고시하는 것을 two-way quotation이라 한다. 이러한 two-way quotation은 비단 은행과 고객 사이의 거래에서뿐만 아니라 은행간 외환거래(inter-bank dealing)의 calling party와 quoting party 사이에도 적용된다. 이것은 나중에 살펴보게 될 외환거래나 선물환율의 산출과정 등에서 매우 중요하므로 정확히 이해해야 한다.

4. 결제일

외환거래에서 거래된 두 통화의 인수도는 해당 두 통화의 국가에 있는 외국환거래 은행이 가지고 있는 계좌(nostro account)를 통해 이루어진다. 원활한 결제를 위한 충분한 시간이 필요하기 때문에 대부분은 거래일

(trade date)로부터 두 통화 해당국이 모두 2영업일 후인 날짜를 결제일(value date)로 한다. 그러므로 은행간 현물환거래(spot transaction)의 결제일은 2영업일 후가 된다. 예외로 달러/캐나다 달러(USD/CAD) 거래에서는 결제일이 1영업일 후인데 이는 이들 두 나라가 같은 시간대에 있기 때문이다. 2002년 7월까지 달러/원 은행간 외환거래는 결제일이 국제외환시장의 거래관행과 달리 당일물거래(value today), 익일물거래(value tomorrow) 및 현물환거래(value spot)로 구분해서 거래하였다. 그 이후 은행간 외환거래는 현물환거래(value spot)로만 거래된다.

5. 외환포지션

5-1. 축구선수의 포지션

온 국민을 열광의 도가니로 몰아넣었던 2002년 월드컵은 지금 다시 생각해도 즐겁기만 하다. 당시 경기를 중계하던 아나운서와 해설자가 가장 많이 사용한 단어는 무엇이었을까?

호나우도나 베컴 등과 같이 세계적으로 유명한 선수들과 히딩크 감독, 그리고 우리에게 큰 감격을 선사하였던, 어리지만 너무나 잘 싸워준 박지성과 김남일과 같은 자랑스러운 우리 선수들의 이름을 가장 많이 들었을 것이다.

그리고 축구 용어들인 슛, 골인, 패스 등과 함께 포지션이라는 말도 많이 들었을 것이다. 바로 이 중에서 포지션이라는 단어를 이야기하고 싶은데 우리말로 옮기자면 '위치'라고 할 수 있다. 선수들은 자신에게 주어진 축구장 안에서 자신이 맡은 역할을 수행하며, 그들의 목적인 골인을 위해 각자에게 최선의 위치를 점하려고 노력한다. 이때 선수들 각자의 위치는 결국 그 선수가 자신의 몸을 움직여서 선택할 수 있는 것이다.

5-2. 외환포지션의 정의

자신의 환율에 대한 견해를 바탕으로 어떤 통화를 사거나 파는 거래를 통해 외환차익을 추구하는 딜러들도 앞에서 설명한 축구선수들과 마찬가지일 것이다. 즉, 딜러들은 각자 자신의 회사나 은행이 정해준 거래 및 손실제한한도를 가이드로 해서 외환차익을 목표로 거래한다. 이것은 비유적으로 보면 축구선수들이 축구장이라는 주어진 장소 안에서 자신의 위치, 즉 포지션을 옮겨가면서 골인을 목표로 뛰는 것과 같다고 할 수 있다.

외국환은행의 경우 외환딜러들은 때에 따라서 자체적으로 투기적인 외환거래를 행하거나 대고객 거래를 한다. 이렇게 외국환의 매입 또는 매도거래를 반복하는 어느 일정 시점에서 보면 각종 외환의 매입액과 매도액에 차이가 나게 된다. 이때 나타나는 특정 통화에 대한 외화표시 자산과 외화표시 부채의 차이를 외환포지션이라 한다.

외환포지션이 발생하면 해당 외국환은행은 외환리스크에 노출된(exposed) 상태가 된다. 국제금융을 행하는 기업체들도 마찬가지로 이러한 외환포지션을 가질 수 있으며, 이로 인한 외환리스크는 언제나 불확실성을 제공할 수 있다. 그러한 입장에서 본다면 외환거래는 곧 외환포지션의 조작행위라고 볼 수 있다. 모든 외환차손익은 외환포지션에 따라 결정되므로 기업체나 외국환은행은 물론 심지어 개인에게 있어서도 외환포지션은 매우 큰 의미를 지닌다.

특히 투기적인 목적으로 외환매매를 통해 이익을 창출하려는 외환딜러에게 있어서는 어떤 외환포지션을 유지하느냐 하는 것이 승부의 관건이다. 개인들이 주식을 보유하여 주가변동위험에 노출된 것과 같은 상황에 비유하면 이해하기가 쉽다.

5-3. 외환포지션의 기본적 형태

5-3-1. 롱 포지션(long position 또는 over-bought position)

외국환은행의 인터뱅크 딜러가 여러 외환거래를 하거나, 기업체의 경우 여러 수출입 등의 거래가 있고 난 뒤 특정 통화에 대해 외환매입액이 외환매도액을 초과하면 외화표시 자산이 외화표시 부채를 초과하게 되는데 이러한 상태를 말한다.

예를 들어 달러/원 딜러가 하루 종일 외환거래를 행한 결과 평균 매입단가가 1300원에 1천만 달러의 롱 포지션이 되었다면 향후 달러의 강세는 이 딜러에게 외환차익을 가져다줄 것이다. 반대로 달러가 약세가 되면 외환차손이 발생하게 된다. 수출업체 입장에서는 수출대금으로 영수한 금액이 지불해야 할 금액을 초과하는 경우가 이에 해당된다. 물론 향후 환율이 평균 매입단가인 1300원에서 변화가 없다면 외환차익이나 외환차손이 없는 것은 당연하다. 이것을 그림으로 보면 다음과 같다.

〈그림 1-1〉 외환포지션-롱 포지션

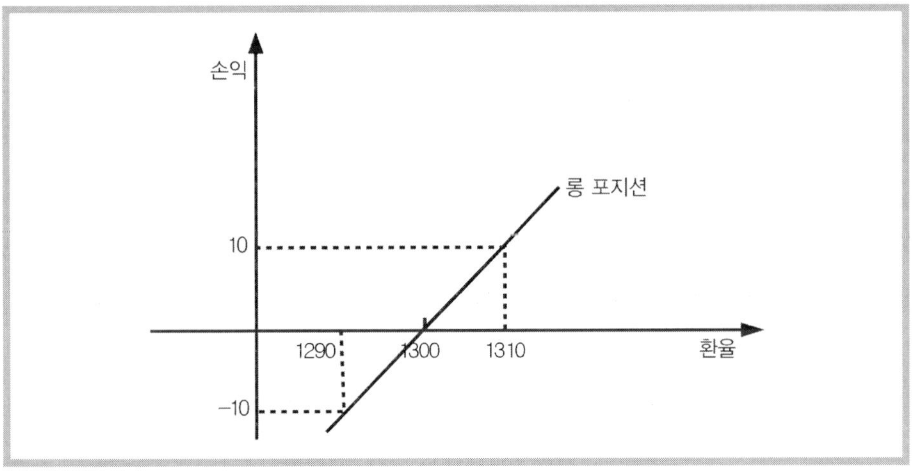

5-3-2. 숏 포지션(short position 또는 over-sold position)

앞의 경우와는 반대로 특정 통화에 대해 외환매도액이 외환매입액을 초과하여 외화표시 부채가 외화표시 자산을 초과하는 상태를 말한다. 이 경우 향후 기준통화가 강세가 되면 숏 포지션을 취하고 있는 딜러는 외환차손이 발생하지만 기준통화가 약세를 나타내면 외환차익을 얻을 수 있다. 이것을 그림으로 보면 다음과 같다.

〈그림 1-2〉 외환포지션-숏 포지션

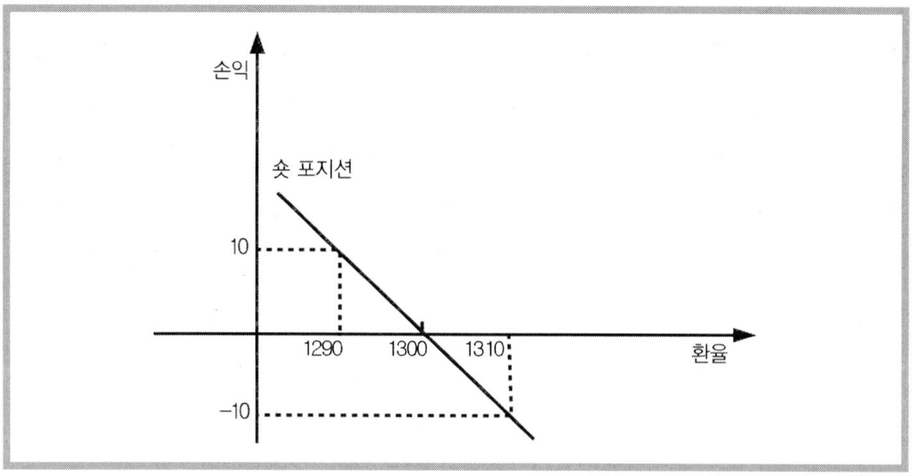

외환딜러가 숏 포지션을 가지고 있는 경우를 보면 달러 롱 포지션과는 달리 달러/원 환율이 1310원으로 상승할 경우 1억 원의 외환차손이 발생하고, 달러/원 환율이 1290원으로 하락할 경우 1억 원의 외환차익이 발생하는 것을 쉽게 이해할 수 있다. 물론 향후 환율이 평균 매도단가인 1300원에서 변화가 없다면 외환차익이나 외환차손이 없는 것은 당연할 것이다.

5-3-3. 스퀘어 포지션(square position 또는 flat position)

앞의 두 경우와는 달리 외환매입액과 외환매도액이 정확히 일치할 경우 외국환은행이나 기업체는 같은 외화표시 자산과 외화표시 부채를 가지게 되어 외환리스크에 전혀 노출되지 않는 상태가 되는데 이를 스퀘어 포지션이라 한다. 이러한 경우 환율변동은 투기적인 외환딜러에게 아무런 기회를 제공하지 못한다. 이에 반해 앞의 롱 포지션이나 숏 포지션처럼 외환리스크에 노출된 상태를 오픈 포지션(open position)이라고 한다.

5-4. 외환포지션의 종류

외환포지션은 거래기간을 기준으로 다음과 같이 네 가지로 구분할 수 있다.

5-4-1. 현금포지션(cash position)

모든 외환거래에 대한 자금의 인수도가 완결된 외환매입액과 외환매도액의 차액으로서 언제든지 사용이 가능한 가처분포지션을 말한다. 주로 다른 은행에 개설한 해당 외국환은행의 외화 당좌예금계정(nostro account)에 남아 있는 예치잔액이 여기에 해당한다.

5-4-2. 현물환포지션(spot position)

현물환거래에 의한 외환매입액과 외환매도액의 차이를 말한다. 이러한 현물환포지션은 외환매매는 이루어졌으나 아직 현금화되지 않은 외환까지를 고려한 외환포지션을 가리킨다.

5-4-3. 선물환포지션(forward position)

선물환거래로 생기는 외환매입액과 외환매도액의 차이를 말한다. 미래의 일정기간에 외환을 매매하기로 약정한 선물환거래의 경우 현금결제가 미래에 이루어지기 때문에 현재의 외화자산 또는 부채에 변화를 일으키지 않으나, 미래의 외화자산 또는 부채에 영향을 주기 때문에 이것도 현물환포지션과 같이 관리대상이 되는 것은 당연하다.

5-4-4. 종합 포지션(overall position)

환율변동에 노출되어 있는 외국환은행이나 기업체들은 앞서의 포지션들을 전부 종합하여 모든 거래의 차액을 산출한 상황에서 외환포지션을 관리하는 것이 중요하다. 이때 현금포지션, 현물환포지션, 선물환포지션을 모두 합하여 산출한 외환매입액과 외환매도액의 차액을 종합 포지션이라 한다.

환율이 변동하면 현금포지션뿐만 아니라 현물환포지션, 선물환포지션에도 영향을 주기 때문에 외환리스크 관리는 항상 종합 포지션 차원에서 이루어져야 한다. 또한 외환포지션이 전체적으로 스퀘어 포지션을 유지하고 있다고 하더라도 각 외환거래의 결제일이 다를 경우 해당 두 통화의 이자율 차이에 의한 위험은 여전히 있으므로 시간가치를 포함한 종합 포지션의 관리가 필요하다.

6. 현물환거래

6-1. 현물환거래의 개요

현물환거래는 영어로 스팟딜링(spot dealing 또는 spot transaction)이며, 외환시장에서 표준이 되는 거래로서 모든 외환 관련 거래의 기본이 된다. 나중에 살펴볼 선물환거래의 출발점은 현물환거래이다. 또 통화선물이나 통화옵션과 같은 기타 통화 관련 파생금융상품도 역시 현물환거래에서 파생된 거래이다. 현물환거래는 은행간 거래에서 거래일(trade date)부터 통상 2영업일을 결제일(value date)로 하는 거래를 말한다.

그런데 대고객 거래에서는 고객의 편의를 위해 외환거래와 동시에 외환의 인수도가 이루어지기도 한다. 이처럼 은행간이나 대고객 거래에 있어 2영업일 이내에 결제가 이루어지는 당일물거래(value today)뿐 아니라 익일물거래(value tomorrow)도 광의의 현물환거래에 포함된다.

6-2. 현물환거래의 실제

이제 앞에서 배운 외환거래의 기초를 근거로 하여 실제 외환거래 방법이나 시장관습 등을 보기로 하자. 외환거래는 앞에서 정의한 대로 '한 나라 통화와 다른 나라 통화를 교환하는 행위' 즉, 환전이다. 은행이 수행하는 외환거래는 크게 두 가지로 나누어진다. 하나는 은행에 속한 인터뱅크 딜러가 거래하는 은행간 외환거래이고 다른 하나는 은행이 기업이나 개인 등의 고객을 상대로 하는 대고객 외환거래이다. 대고객 외환거래 역시 대부분 인터뱅크 딜러에게 그 포지션이 넘어간다. 결국 은행간 외환거래를 통해 은행의 모든 거래가 종결된다.

〈현물환거래의 실제〉

구분	Bid	Offered
USD/JPY FC/VC	106.39	106.44
quoting party	buy USD 1 pay JPY 106.39	sell USD 1 get JPY 106.44
calling party	sell USD 1 get JPY 106.39	buy USD 1 pay JPY 106.44

bid rate는 매수호가로서 환율고시은행(quoting party)이 106.39엔을 대가로 1달러를 사겠다는 표시이다. 반대로 환율추종은행(calling party)은 106.39엔을 대가로 1달러를 팔 수 있다. offered rate는 매도호가로서 환율고시은행이 106.44엔을 대가로 1달러를 팔겠다는 표시이다. 또 환율추종은행의 입장에서는 106.44엔을 대가로 1달러를 살 수 있다.

환율고시은행의 환율고시와 거의 동시에 환율추종은행은 매수호가나 매도호가에 거래하게 된다. 물론 환율이 부적절하다고 생각하면 외환거래 의사가 없다는 것을 표시하면 된다. 환율추종은행이 달러를 팔 때는 'yours at 39' 또는 'given at 39'라고 하면 거래가 된다. 또 환율추종은행이 달러를 살 때는 'mine at 44' 또는 'taken at 44'라고 하면 된다.

연습문제

문1 파생금융상품의 장점에 대한 설명 중 사실과 가장 거리가 먼 것은?

① 투자의 레버리지효과를 높일 수 있어 투기수단이나 헤지수단으로 편리하다.
② 장외에서 거래되는 파생금융상품은 거래단위 및 결제일자 등이 표준화되어 있다.
③ 옵션거래를 이용하면 기초자산에 대한 거래만으로 달성할 수 없는 다양한 투자전략이나 헤지전략을 구사할 수 있다.
④ 현물시장과 파생금융상품시장과의 가격차이를 이용한 차익거래도 가능하다.

문2 파생금융상품에 대한 다음 설명 가운데 사실과 가장 거리가 먼 것은?

① 옵션은 장외에서만 거래된다.
② 장외파생금융상품을 거래할 때는 상대방에 대한 신용위험을 부담하여야 한다.
③ 파생금융상품의 유형에는 크게 선도, 선물, 스왑 및 옵션거래가 있다.
④ 선도거래는 장외에서 거래되며 만기에 1번만 주고받는다.

문3 추가적인 위험을 부담하지 않고 두 개 또는 그 이상의 투자 대상에 투자하여 이익을 얻으려는 거래를 무엇이라 하는가?

① 차익거래 ② 헤지거래
③ 스프레드 거래 ④ 투기거래

문4 다음 중 환율이 상승할 때 외환차익이 발생하는 외환포지션은 무엇인가?

① 롱 포지션 ② 숏 포지션
③ 종합 포지션 ④ 스퀘어 포지션

문5 **을은행이 갑은행에 전화를 하여 GBP/USD 현물환율 고시를 요청하였다. 갑은행은 "1.2975/85"로 환율을 고시하였다. 다음 설명 중 사실과 가장 거리가 먼 것은?**

① 갑은행은 1.2985에 GBP를 매도한다.

② 을은행이 파운드를 매입하려고 할 때 'mine'이라고 의사를 표시한다.

③ 을은행이 달러를 매도하는 환율은 1.2975이다.

④ 위의 거래에서는 2영업일 후에 자금의 인수도가 이루어진다.

정답 및 해설

1. ② (지문의 내용은 장내에서 거래되는 파생금융상품의 장점에 대한 설명이다.)
2. ① (옵션거래는 장내 및 장외에서 거래된다.)
3. ①
4. ①
5. ③ (calling party인 을은행이 달러를 매도한다는 것은 곧 GBP를 매입하는 것과 같다. 그러므로 calling party인 을은행은 갑은행이 고시한 환율 가운데 offered rate인 1.2985에 달러를 팔고 GBP를 매입할 수 있다.)

제2장 선도

제1절 선물환거래

1. 선물환거래의 의의

기업들이 사용할 수 있는 환리스크의 외부적 관리기법에는 여러 가지가 있다. 선물환거래(통화선도거래라고도 함)는 외환거래에 대해 아주 보수적인 국내 기업들까지도 오래전부터 널리 이해하고 사용해온 거래이기 때문에 보다 상세히 설명하기로 한다.

선물환거래란 외환거래에서 만기일이 현물환거래의 만기일, 즉 2영업일보다 먼 미래 특정일(선물환거래 만기일)에 특정 환율(선물환율)로 한 나라 통화를 다른 나라 통화를 대가로 사거나 파는 거래이다. 결국 선물환거래는 거래일에 선물환계약은 이루어지지만, 실제 자금의 인수도는 2영업일보다 먼 미래 특정 시점에 이루어지는 것이 현물환거래와 다른 점이다. 또 이때 적용하는 환율인 선물환율은 현물환율에 두 통화의 이자율 차이를 반영한 스왑포인트를 가감하여 산출한다. 다시 말해 이론적으로 보면 거의 모든 통화에서 두 통화의 이자율이 다르기 때문에 선물환율과 현물환율은 같지 않다. 이에 대해서는 다음에 상세하게 설명하기로 한다.

2. 선물환거래의 동기 및 목적

선물환거래의 동기와 목적의 첫 번째는 기업이나 금융기관이 미래에 발생할 환리스크를 헤지하기 위한 목적으로 사용하는 경우다. 그리고 실수요가 없지만 향후 환율 움직임에 대한 견해를 바탕으로 환차익을 얻기 위한 투기적인 목적으로도 사용할 수 있다.

2-1. 환리스크 헤지 목적

선물환거래를 통해 미래의 환리스크를 헤지할 수 있는 예를 들어보자. 반도체를 수출하는 기업은 영업을 하는데 반도체의 가격 못지 않게 중요한 요인의 하나가 환율이다. 만일 미국으로 반도체를 수출하면 달러/원 환율이 문제가 되고, 독일로 수출하면 유로/원 환율에 따른 환리스크가 발생한다. 이 기업은 향후 반도체 수출에 의한 네고금액, 원가환율, 환율 전망과 기업의 환리스크 관리정책 등을 토대로 헤지여부와 헤지비율 등을 정해 환리스크를 헤지하거나 환리스크에 노출되는 상태를 의도적으로 유지할 수 있다.

만일 위와 같은 과정을 거쳐 헤지 시점에 거래할 수 있는 선물환율에 만족하면 은행과 해당 달러나 유로를 매도하는 선물환거래를 통해 헤지하면 된다. 이제 이 기업은 환율이 떨어지더라도 선물환거래를 통해 환리스크가 헤지되어 있으므로, 영업이익이 선물환거래 계약 당시의 선물환율로 고정되어 있어 안정적인 영업활동을 할 수 있다. 그러나 만일 해당 만기일에 환율이 오르면 그만큼의 기회이익은 없어진다. 이런 헤지 목적으로 활용할 수 있는 선물환거래를 그림을 통해 살펴보면 다음과 같다. 즉, 수출기업이 수출을 한 대가로 수취한 달러 롱 포지션(①)은 향후 환율변동에 노출되므로 이와 반대되는 선물환 매도거래(②)를 해두는 것이다. 그러면 이 두 거래가 서로 상쇄되어 향후 환율변동에 관계없이 선물환율에 해당하는 원화 현금흐름을 기대할 수 있다.

〈그림 2-1〉 환리스크 헤지 목적의 선물환거래

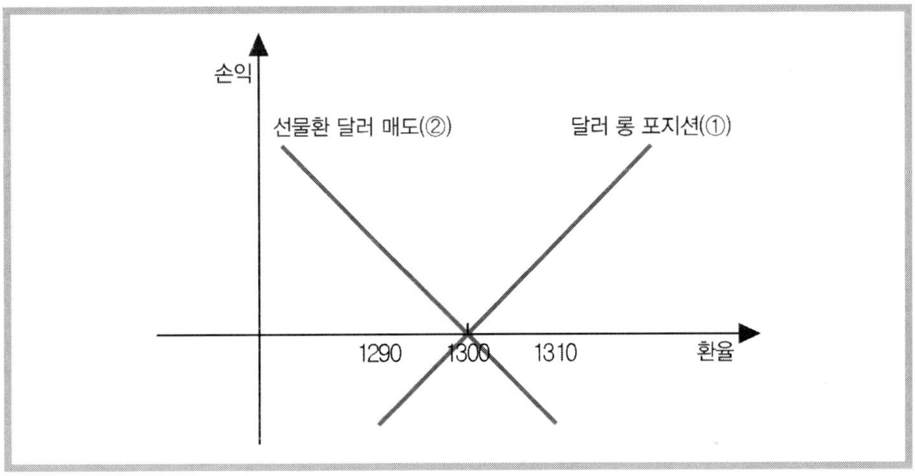

2-2. 투기 목적

또 선물환거래를 금융기관 등이 투기적인 목적으로도 사용할 수 있으며 그 거래 결과는 다음 그림과 같다. 즉, 앞으로 달러/엔 환율이 떨어질 것으로 예상하면 수출입이나 자금거래 등의 실수요가 없음에도 불구하고 오로지 투기적인 목적으로 달러를 매도(①)하면 된다.

만일 예상대로 환율이 떨어질 경우 만기 이전이라도 같은 만기에 맞추어 같은 금액의 달러를 매입(②)하면 만기에 외환차익을 확보할 수 있다. 만일 추가 달러약세가 예상되면 만기일까지 기존 포지션을 유지하다가 만기일에 반대거래를 통해 외환차익을 확보할 수 있다.

〈그림 2-2〉 투기 목적의 선물환거래

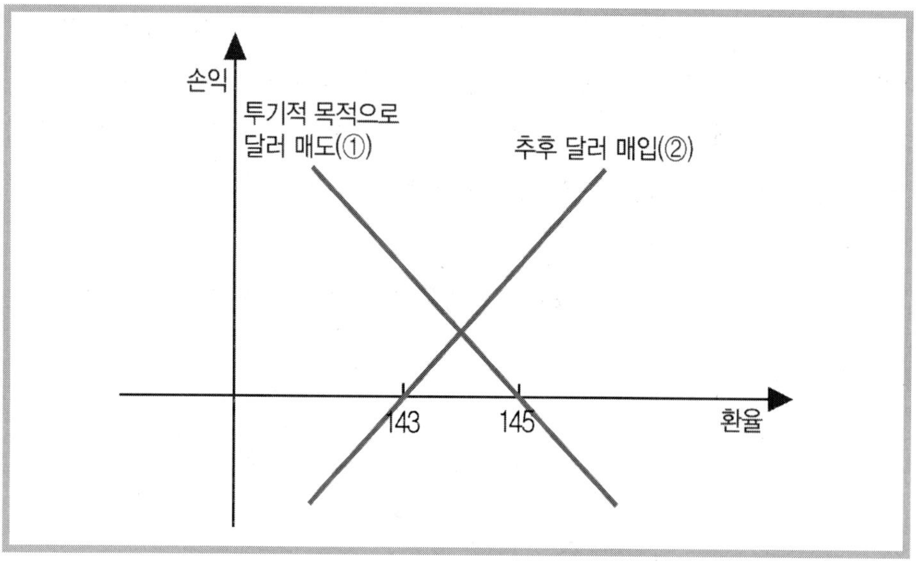

3. 선물환거래의 만기일

환리스크를 관리하기 위한 목적으로 선물환거래를 할 때 만기일은 스팟일로부터 정해지는데 크게 두 가지로 구별된다.

3-1. 역월 만기일 선물환거래(regular forward 또는 even date forward)

역월 만기일 선물환거래는 스팟일로부터 1주일물, 2주일물, 1개월물, 2개월물, 3개월물, 6개월물, 9개월물 및 12개월물 등이 있다. 달력에서 해당 기간만큼씩 늘어나는 방식으로 만기일이 정해지므로 calendar week 또는 calendar month라고도 한다. 스왑포인트를 고시하는 은행이나 은행간 브로커들도 이와 같은 정형화된 역월 만기를 주로 다루고 있다.

3-2. 비역월 만기일 선물환거래(irregular forward 또는 odd date forward)

대고객 거래와 같이 상대방의 거래편의를 위해 거래 당사자 사이의 특약에 의하여 calendar week나 calendar month가 아닌 미래 특정일을 만기일로 하는 선물환거래이다. 대고객 거래의 대부분이 이에 속하며, 이를 통해 최종수요자인 기업의 헤지수요를 잘 충족시켜주고 있다. 이러한 비역월 만기일 선물환거래의 경우 스왑포인트는 해당 만기일 양쪽에 있는 역월 만기일의 스왑포인트를 이용하여 보간법(pro rata method)으로 산출하며, 역월 만기일에 비해 다소 불리한 가격이 될 소지가 많다.

4. 차액정산 선물환거래

4-1. 차액정산 선물환거래의 의의

선물환거래 방법의 하나로 일반 선물환거래와는 달리 거래 두 당사자가 만기에 선물환거래의 원금을 서로 교환하지 않고 만기에 결정되는 환율과 기존에 거래한 선물환율과의 차이에 의한 차액만을 결제하는 거래를 말한다. 결제는 주로 달러로 이뤄지며 흔히 NDF(non-deliverable forward)라고 한다. NDF거래의 가장 큰 장점은 차액결제(netting)이다. 이 거래방식은 나중에 살펴볼 금리신도거래(FRA; forward rate agreement)에서도 적용되는 방식이다. NDF거래는 만기에 두 통화가 서로 결제되는 일반 선물환거래에 비해 거래의 편리성, 낮은 결제위험(settlement risk) 등이 있어서 역외시장뿐만 아니라 역내시장에서도 환리스크 헤지 목적이나 환투기 목적으로 많이 이용된다.

4-2. NDF거래의 정산

대부분의 일반적인 선물환거래에서는 만기일에 서로 사고판 통화를 선물환율에 따라 주고받는다. 그런데 NDF거래에서는 그 차액만을 달러로 주고받기 때문에 정산환율(fixing rate)이 필요하다. 정산환율이란 NDF거래를 만기에 정산하기 위해 사용되는 환율을 말한다.

예를 들어 4월 1일에 역내 갑은행이 1개월 만기(5월 3일)로 1천만 달러를 매도하는 NDF거래를 체결하였다고 하자. 만기일 하루 전날인 5월 2일의 시장기준율(MAR; market average rate)이 정산환율로 적용된다.

NDF거래의 만기정산은 만기시점(5월 3일)에 당초 계약했던 선물환율과 만기시점에서의 MAR과의 차이를 주로 미국 달러로 정산(cash settlement)함으로써 이뤄진다. 예를 들어 4월 1일에 역내 갑은행이 역외 을은행에 1개월 만기(5월 3일) NDF거래로 1천만 달러를 1320원에 매도하였다고 하자. 그리고 5월 2일 시장기준환율(MAR)이 1330원이 되면 갑은행은 {(1320-1330)×1천만}/1330에 해당하는 달러 금액(USD75,187.97)을 을은행에 지급하고 정산하여 거래를 마무리한다.

제2절 선물환율

1. 선물환율의 의의

선물환율은 선물환거래의 의의에서 설명한 특정 환율을 의미한다. 만기일에 두 통화를 교환하는 비율이 바로 선물환율이다. 이 선물환율은 현물환율에 두 통화의 이자율 차이를 가감하여 산출한다. 이때 선물환율과 현물환율의 차이를 스왑포인트(swap point 또는 swap margin)라고 한다. 이에 대해서는 아래에서 두 가지 통화를 대상으로 구하면서 설명하기로 한다.

1-1. 연탄의 미래가격

서울에서는 요즘 잘 사용하지 않는 연탄의 미래가격을 생각해보자. 생계가 어려웠던 시절 쌀 못지 않게 중요한 것이 연탄이었다. 혹독하게 추운 겨울을 나기 위한 필수품 중의 하나였다.

어느 찌는 듯한 여름날, 힘든 노동을 통해 한 푼, 두 푼 모아가던 노동자가 있었다. 문득 연탄이 떨어져 온 식구들이 추위에 잠 못 이루던 지난해 겨울 밤이 생각났다. 최근 벌이가 괜찮아 월세 걱정은 좀 덜 수 있게 되었으므로 아이들이 올겨울을 따뜻하게 날 수 있도록 연탄을 사두기로 마음을 먹었다. 물가가 오르고 있어 겨울이 되어 연탄값이 더 오르는 것도 염려가 되기도 하였다. 연탄을 사둘 수는 있으나 집도 비좁고, 겨울이 오기 전 광에 비가 샐지도 모르고, 보관하다가 깨지기라도 하면 낭패이기 때문에 연탄가게에 부탁하기로 했다.

산동네 어귀에 자리 잡은 연탄가게 주인은 연탄가루를 뒤집어 쓴 탓에 얼굴도 옷도 늘 검었지만, 그에게는 오래고 귀한 친구였다. "여보게 친구, 올겨울을 좀 따뜻하게 나려고 하니 연탄 100장만 12월 초에 주면 어떻겠나?" 가게 주인은 한참 주판을 두드리고 고개를 갸우뚱하더니, "한 장에 500원은 주어야 하겠네." 하였다.

얼마 전에 마지막으로 연탄을 구입할 때 450원을 주었던 기억이 났다. "아니, 그사이에 연탄 값이 오르기라도 한 건가?" 하자, "아닐세, 12월 초에 연탄값이 얼마가 될지 모르니 나는 당장 연탄 100장을 자네를 위해 사서 창고에 쌓아놓아야 될걸세. 그 이자만 보아도 장당 45원은 될 테고, 보관을 잘 해야 하니 그것도 감안해야 되질 않겠나?" 하는 것이다. 처음에는 야속하다는 생각도 들었지만 논리적인 이야기가 아닌가! 만일 두 사람이 500원에 연탄을 사고팔기로 했다면 이것이 12월 초에 배달될 연탄에 대한 선도가격, 즉 이론적인 미래가격이다. 이때 50원이 선물환거래의 스왑포인트라고 보면 되고, 이를 선물거래의 베이시스로 이해하면 된다. 사실 이 논리는 모든 선도나 선물의 가격결정의 원형이라고 볼 수 있다.

1-2. 통화의 미래가격

그렇다면 한 나라 통화를 매입하거나 매도하는 선물환거래에 적용되는 스왑포인트는 어떻게 산출되는지 살펴보기로 하자. 예를 들어 수입기업에서 3개월 후에 지불하기로 되어 있는 1백만 달러를 매입하기로 결정하였다고 하자. 달러/원 외환시장에서 현재 거래되고 있는 현물환율이 적정하다고 판단하고, 거래은행에 스왑포인트를 의뢰하였더니 5.50원이라고 고시하였다.

과연 그 은행은 어떻게 스왑포인트를 산출하였을까? 만일 고객에게 3개월 만기로 달러를 매도하는 선물환거래를 하면 숏 포지션이 발생한다. 숏 포지션을 관리하기 위해 먼저 현물환거래에서 원화를 대가로 달러를 매입한다. 이들 두 거래를 통해 은행이 관리해야 될 종합 포지션은 스퀘어 포지션이 되었다. 그렇지만 현물환거래와 선물환거래의 만기가 다르기 때문에 현금흐름은 일치하지 않는다. 즉, 이 은행은 2영업일로부터 3개월 만기까지 원화자금은 부족하고 달러자금은 남게 된다. 이와 같은 경우 이 은행 자금담당 딜러는 3개월간 자금시장에서 원화를 차입하고 달러는 해당기간에 맞추어 예치하여 현금흐름을 맞추면 된다.

연탄의 미래가격 산출에서는 연탄가게 주인 입장에서 연탄을 사두더라도 이자가 붙지 않고 차입비용과 보관비용만 발생하지만, 두 통화의 선물환율을 산출할 때는 이와 다르다. 즉, 관련되는 두 자금을 차입하거나 대출하게 되므로 이자비용과 이자수익이 동시에 발생하며 그 차이만큼을 고객과의 선물환율에 반영하게 되는데 이것이 바로 스왑포인트이다.

결국 선물환율은 현재 외환시장의 현물환율과 두 통화의 이자율 차이를 환율로 표시한 스왑포인트에 의해 결정된다. 그런데 특히 짧은 기간의 만기일 선물환거래에서 두 통화의 이자율 차이의 변화는 소폭이겠지만, 현물환율의 변동은 이보다 훨씬 크므로 현물환율이 보다 중요한 부분이 된다.

1-3. 프리미엄 & 디스카운트

선물환거래는 현물환거래 결제일 이후 특정기간 후에 자금이 인수도되기 때문에 이 기간 동안 고금리통화는 저금리통화에 비하여 높은 이자수익을 얻게 된다. 또 그 반대도 성립된다. 따라서 현물환율과 동일한 거래조건이 되기 위해서는 결국 두 통화의 선물환계약 기간 동안의 이자율 차이를 상호 보상할 수 있는 환율을 적용시켜야만 한다. 즉, 고금리통화를 운용하는 측에는 현물환율보다 불리한 선물환율을 적용하여야 하고, 저금리통화를 운용하는 측에는 현물환율보다 유리한 선물환율을 적용하여야 한다. 이때 고금리통화의 선물환율이 현물환율보다 불리해진 교환조건을 디스카운트라 하고, 저금리통화의 선물환율이 현물환율보다 유리해진 교환조건을 프리미엄이라 한다.

2. 스왑포인트 산출

은행이 대고객거래를 위한 선물환율을 산출하는 방법에는 세 가지가 있다.

① 다른 은행과 같은 만기의 선물환거래로 반대거래하는 방법
② 현물환시장과 자금시장을 통한 방법
③ 현물환시장과 외환스왑을 통하는 방법

①번 방법은 다른 은행과 같은 만기의 선물환거래로 매입하거나 매도하여 대고객거래에서 발생한 포지션을 커버함으로써 은행 입장에서 스퀘어 포지션을 만드는 과정이다. 그런데 은행의 경우 하루 종일 고객과의 선물환거래가 하나만 있는 것이 아니라 여러 만기에 대해 매입과 매도거래가 반복적이고 지속적으로 발생한다. 그러므로 이를 본점 딜링룸에서 종합적으로 관리하는 것이 일반적이며, 이런 방법을 통해 은행은 더 많은 스프레드를 향유할 수 있게 되므로 ②번 방법과 ③번 방법을 함께 사용한다.

선물환거래의 스왑포인트를 어떻게 산출하는지를 이해하기 위해 자금시장을 통한 커버 과정을 먼저 알아보자. 스왑포인트는 FC와 VC의 이자율에 따라 프리미엄과 디스카운트로 나누어지는데 이 두 가지 모두 구해보기로 한다. 물론 스왑포인트에서도 현물환거래나 다른 은행간 거래에서와 마찬가지로 bid rate와 offered rate를 동시에 고시하는 two-way quotation을 해야 하므로 이들을 모두 구해보자.

이 과정에서 명심해야 할 것은 은행은 고객과의 거래에서는 가격을 제시하는 quoting party의 입장이지만, 대고객거래에서 발생하는 포지션을 은행간 외환시장과 자금시장에서 커버할 때는 시장의 가격을 추종하는 calling party의 입장이 된다는 점이다. 그러므로 주어진 은행간 외환시장과 자금시장 상황하에서 은행이 산출한 선물환율이나 고객이 산출한 선물환율은 동일하다. 왜냐하면 은행이 고객을 대신하여 선물환율을 산출한 것에 불과하기 때문이다.

2-1. 프리미엄 통화

앞에서 설명한 대로 달러/원의 경우와 같이 FC인 USD의 이자율이 VC인 KRW에 비해 이자율이 낮은 경우를 프리미엄이라 하는데, 이 경우의 bid와 offered 스왑포인트는 다음과 같이 산출할 수 있다. 달러/원 현물환율과 달러 및 원화 자금시장이 다음과 같다고 가정하자.

> 달러/원 현물환율: 1200.00/20
> 원화 3개월 금리: 5.80/5.90
> 달러 3개월 금리: 4.00/4.10

2-1-1. bid rate

기업이 3개월 만기로 원화를 대가로 달러를 매도하는 거래를 하려고 하는 경우, 즉 3개월 스왑포인트의 bid rate를 은행은 어떻게 커버하고 산출하는지 알아보자. 은행 입장에서 발생한 대고객 외환거래 포지션과 현물환시장 및 자금시장을 통한 커버 거래 등의 내역을 표시해보면 다음과 같다.

	T_0	T_2	T_{3M}
① 고객과의 선물환거래에서 발생하는 은행의 포지션:			+USD/−KRW
② ①에 대한 현물환 반대거래:		−USD/+KRW	
③ ①과 ②의 거래 결과 발생한 현금흐름의 불일치를 해결하기 위한 자금시장에서 거래:			
USD 차입(④):		+USD	−USD
KRW 예치(⑤):		−KRW	+KRW

먼저 은행은 bid rate에 고객으로부터 달러를 사는 거래를 한다. 즉, ①의 고객과 선물환거래에서 은행은 달러 롱 포지션이 발생한다. 대고객 선

물환거래에서 발생한 환율변동 위험을 헤지하기 위해 은행간 현물환거래에서 ②와 같이 달러를 매도하여(@1200.00) 전체 포지션을 스퀘어해야만 한다. ①의 대고객 선물환거래와 ②의 은행간 현물환거래를 통해 종합 포지션을 스퀘어 포지션으로 만들었다. 그러나 대고객 선물환거래와 은행간 현물환거래의 만기가 서로 달라 현금흐름이 일치하지 않는다. 현금흐름을 맞추기 위해서는 ③와 같이 자금시장에서 달러 차입거래와 원화 예치거래를 하면된다.

그런데 자금거래, 즉 ④의 달러차입(@4.10%)과 ⑤의 원화예치(@5.80%)에서 발생하는 현금흐름을 일치시켜주는 환율이 바로 선물환율이다. 이때 스왑포인트는 선물환율에서 현물환율을 빼서 구한다.

$$
\begin{aligned}
\text{스왑포인트} &= \text{선물환율} - \text{현물환율} \\
&= \frac{⑤}{④} - \text{현물환율} \\
&= \frac{\text{KRW}1200.00 \times (1+5.80\% \times 90/365)}{\text{USD}1 \times (1+4.10\% \times 90/360)} - \text{현물환율} \\
&= \text{현물환율} \times \frac{(1+5.80\% \times 90/365)}{(1+4.10\% \times 90/360)} - \text{현물환율} \\
&= \text{현물환율} \times \frac{\{(1+5.80\% \times 90/365) - (1+4.10\% \times 90/360)\}}{(1+4.10\% \times 90/360)} \\
&= \text{현물환율} \times \frac{\{(5.80\% \times 90/365) - (4.10\% \times 90/360)\}}{(1+4.10\% \times 90/360)} \\
&= 4.8123 \\
&= 481.23\text{pips}^{1)}
\end{aligned}
$$

2-1-2. offered rate

기업이 3개월 만기로 원화를 대가로 달러를 매입하는 거래를 하려고

1) pip은 환율을 표시할 때 소수점에 관계없이 환율의 맨 뒷자리에 해당하는 숫자를 말하며 point라고도 부른다. 달러/원 거래에서는 우리나라 화폐 단위인 '전'에 해당된다.

하는 경우, 즉 3개월 스왑포인트의 offered rate를 은행은 어떻게 커버하여 산출하는지 알아보자. 은행 입장에서 발생한 대고객거래 포지션과 현물환시장 및 자금시장을 통한 커버거래 등의 내역을 표시해보면 다음과 같다.

	T_0	T_2	T_{3M}
① 고객과의 선물환거래에서 발생하는 은행의 포지션:			−USD/+KRW
② ①에 대한 현물환 반대거래:		+USD/−KRW	
③ ①과 ②의 거래 결과 발생한 현금흐름의 불일치를 해결하기 위한 자금시장에서 거래:			
USD 예치(④):		−USD	+USD
KRW 차입(⑤):		+KRW	−KRW

먼저 은행은 offered rate에 고객에게 달러를 파는 거래를 한다. 즉, ①의 고객과 선물환거래에서 은행은 달러 숏 포지션이 발생한다. 대고객 선물환거래에서 발생한 환율변동 위험을 헤지하기 위해 은행간 현물환거래에서 ②와 같이 달러를 매수하여(@1200.20) 전체 포지션을 스퀘어해야만 한다. ①의 대고객 선물환거래와 ②의 은행간 현물환거래를 통해 종합 포지션을 스퀘어 포지션으로 만들었다. 그러나 대고객 선물환거래와 은행간 현물환거래의 만기가 서로 달라 현금흐름이 일치하지 않는다. 현금흐름을 맞추기 위해서는 ③와 같이 자금시장에서 달러 예치거래와 원화 차입거래를 하면 된다.

그런데 자금거래, 즉 ④의 달러예치(@4.00%)와 ⑤의 원화차입(@5.90%)에서 발생하는 현금흐름을 일치시켜주는 환율이 바로 선물환율이다. 이때 스왑포인트는 선물환율에서 현물환율을 빼서 구한다.

$$
\begin{aligned}
\text{스왑포인트} &= \text{선물환율} - \text{현물환율} \\
&= \frac{⑤}{④} - \text{현물환율} \\
&= \frac{\text{KRW}1200.20 \times (1 + 5.90\% \times 90/365)}{\text{USD}1 \times (1 + 4.00\% \times 90/360)} - \text{현물환율} \\
&= \text{현물환율} \times \frac{(1 + 5.90\% \times 90/365)}{(1 + 4.00\% \times 90/360)} - \text{현물환율} \\
&= \text{현물환율} \times \frac{\{(1 + 5.90\% \times 90/365) - (1 + 4.00\% \times 90/360)\}}{(1 + 4.00\% \times 90/360)} \\
&= \text{현물환율} \times \frac{\{(5.90\% \times 90/365) - (4.00\% \times 90/360)\}}{(1 + 4.00\% \times 90/360)} \\
&= 5.4044 \\
&= 540.44\text{pips}
\end{aligned}
$$

2-2. 디스카운트 통화

USD/JPY와 같이 FC인 USD의 이자율이 VC인 JPY보다 높은 디스카운트 통화의 bid와 offered 스왑포인트는 다음과 같이 구할 수 있다. 물론 앞에서 구해본 프리미엄 스왑포인트의 산출과정과 같은 과정을 거친다. 다음의 시장 상황을 근거로 하여 위에서와 같은 논리로 USD/JPY의 스왑포인트를 먼저 구하고 해당 설명과 비교하여 보길 바란다.

달러/엔 현물환율: 106.39/44
엔화 3개월 금리: 0.78/0.86
달러 3개월 금리: 4.00/4.10

2-2-1. bid rate

기업이 3개월 만기로 엔화를 대가로 달러를 매도하는 거래를 하려고 하는 경우, 즉 3개월 스왑포인트의 bid rate를 은행은 어떻게 커버하여 산출하는지 알아보자. 은행 입장에서 발생한 대고객거래 포지션과 현물환시장 및 자금시장을 통한 커버거래 등의 내역을 표시해보면 다음과 같다.

	T_0	T_2	T_{3M}
① 고객과의 선물환거래에서 발생하는 은행의 포지션:			+USD/−JPY
② ①에 대한 현물환 반대거래:		−USD/+JPY	
③ ①과 ②의 거래 결과 발생한 현금흐름의 불일치를 해결하기 위한 자금시장에서 거래:			
USD 차입(④):		+USD	−USD
JPY 예치(⑤):		−JPY	+JPY

먼저 은행은 bid rate에 고객으로부터 달러를 사는 거래를 한다. 즉, ①의 고객과 선물환거래에서 은행은 달러 롱 포지션이 발생한다. 대고객 선물환거래에서 발생한 환율변동 위험을 헤지하기 위해 은행간 현물환거래에서 ②와 같이 달러를 매도하여(@106.39) 전체 포지션을 스퀘어해야만 한다. ①의 대고객 선물환거래와 ②의 은행간 현물환거래를 통해 종합 포지션을 스퀘어 포지션으로 만들었다. 그러나 대고객 선물환거래와 은행간 현물환거래의 만기가 서로 달라 현금흐름이 일치하지 않는다. 현금흐름을 맞추기 위해서는 ③와 같이 자금시장에서 달러 차입거래와 엔화 예치거래를 하면 된다. 그런데 자금거래, 즉 ④의 달러차입(@4.10%)과 ⑤의 엔화예치(@0.78%)에서 발생하는 현금흐름을 일치시켜주는 환율이 바로 선물환율이다. 이때 스왑포인트는 선물환율에서 현물환율을 빼서 구한다.

$$\begin{aligned}
\text{스왑포인트} &= \text{선물환율} - \text{현물환율} \\
&= \frac{⑤}{④} - \text{현물환율} \\
&= \frac{\text{JPY}106.39 \times (1 + 0.78\% \times 90/360)}{\text{USD}1 \times (1 + 4.10\% \times 90/360)} - \text{현물환율} \\
&= \text{현물환율} \times \frac{(1 + 0.78\% \times 90/360)}{(1 + 4.10\% \times 90/360)} - \text{현물환율} \\
&= \text{현물환율} \times \frac{\{(1 + 0.78\% \times 90/360) - (1 + 4.10\% \times 90/360)\}}{(1 + 4.10\% \times 90/360)} \\
&= \text{현물환율} \times \frac{\{(0.78 - 4.10)\% \times 90/360)\}}{(1 + 4.10\% \times 90/360)} \\
&= -0.8741 \\
&= -87.41\text{pips}
\end{aligned}$$

2-2-2. offered rate

계속해서 기업이 3개월 만기로 엔화를 대가로 달러를 매입하는 거래를 하려고 하는 경우, 즉 3개월 스왑포인트의 offered rate를 은행은 어떻게 커버하여 산출하는지 알아보자. 은행 입장에서 발생한 대고객거래 포지션과 현물환시장 및 자금시장을 통한 커버거래 등의 내역을 표시해 보면 다음과 같다.

	T_0	T_2	T_{3M}
① 고객과의 선물환거래에서 발생하는 은행의 포지션:			−USD/+JPY
② ①에 대한 현물환 반대거래:		+USD/−JPY	
③ ①과 ②의 거래 결과 발생한 현금흐름의 불일치를 해결하기 위한 자금시장에서 거래:			
USD 예치(④):		−USD	+USD
JPY 차입(⑤):		+JPY	−JPY

먼저 은행은 offered rate에 고객에게 달러를 파는 거래를 한다. 즉, ①의 고객과 선물환거래에서 은행은 달러 숏 포지션이 발생한다. 대고객 선물환거래에서 발생한 환율변동 위험을 헤지하기 위해 은행간 현물환거래에서 ②와 같이 달러를 매수하여(@106.44) 전체 포지션을 스퀘어해야만 한다. ①의 대고객 선물환거래와 ②의 은행간 현물환거래를 통해 종합 포지션을 스퀘어 포지션으로 만들었다. 그러나 대고객 선물환거래와 은행간 현물환거래의 만기가 서로 달라 현금흐름이 일치하지 않는다. 현금흐름을 맞추기 위해서는 ③와 같이 자금시장에서 달러 예치거래와 엔화 차입거래를 하면 된다.

$$\begin{aligned}
\text{스왑포인트} &= \text{선물환율} - \text{현물환율} \\
&= \frac{⑤}{④} - \text{현물환율} \\
&= \frac{\text{JPY}106.44 \times (1 + 0.86\% \times 90/360)}{\text{USD}1 \times (1 + 4.00\% \times 90/360)} - \text{현물환율} \\
&= \text{현물환율} \times \frac{(1 + 0.86\% \times 90/360)}{(1 + 4.00\% \times 90/360)} - \text{현물환율} \\
&= \text{현물환율} \times \frac{\{(1 + 0.86\% \times 90/360) - (1 + 4.00\% \times 90/360)\}}{(1 + 4.00\% \times 90/360)} \\
&= \text{현물환율} \times \frac{(0.86 - 4.00)\% \times 90/360)}{(1 + 4.00\% \times 90/360)} \\
&= -0.8272 \\
&= -82.72\text{pips}
\end{aligned}$$

여러분 스스로 산출한 스왑포인트가 책에 설명된 내용과 같을 것으로 확신한다. 이제 여러분은 어떤 통화이든 현물환율과 두 통화의 이자율만 주어지면 위에서 설명한 자금시장을 통한 스왑포인트 산출과정을 통해 해결할 수 있는 힘이 생겼다. 중요한 것은 앞에서 구한 두 가지 이외의 경우는 없다는 사실이다. 즉, FC이자율이 VC이자율보다 높거나(달러/엔의 경우), 낮은(달러/원의 경우) 경우이다. 굳이 말하자면 FC이자율과 VC이자율이 같은 경우가 있는데 이런 예는 드물다. 만일 FC이자율과 VC이자율이 같다면 이자율 차이가 0이므로 현물환율과 선물환율은 똑같다.

3. 선물환율 산출

이하의 내용은 '제3절 외환스왑'을 먼저 학습한 뒤에 공부하면 이해하기 더 쉬울 것 같다. 예를 들어 2015년 1월 5일 현재 달러/엔 현물환율과 스왑포인트가 다음과 같이 고시되는 상황에서 갑기업이 2015년 3월 7일을 만기로 엔화 수출대금을 달러를 대가로 매도하려고 하면 은행이 고객에게 제시할 선물환율은 얼마인가? 선물환거래를 할 때 만기일이 역월(calendar month) 만기일과 일치하는 표준일 선물환율은 현물환거래와 외환스왑시장에서 해당하는 만기의 스왑포인트를 택해 서로 더해주면 된다.

USD/JPY Spot(1월 7일): 106.39/44
2개월 스왑포인트(3월 7일): −92/−86

은행은 다음과 같이 두 단계를 거쳐 선물환율을 산출한다.

	T_0	T_2	$T_{2M(2015년\ 3월\ 7일)}$
현물환거래		+USD/−JPY @(?)	
외환스왑		−USD/+JPY	+USD/−JPY @ 스왑포인트(?)

여기에서 독자들은 아래의 설명을 보지 않고 먼저 선물환율을 구해보고 설명과 비교해보면 어떨까? 기준이 되는 현물환율은 106.44가 적용된

다. 은행이 고객에게 가격을 고시할 때는 quoting party이지만, 자신도 대고객거래에서 발생된 포지션을 은행간 외환시장에서 커버할 때는 calling party입장에서 커버하기 때문이다. 현물환거래나 선물환거래 등 모든 거래에서 calling party는 늘 손해를 보는 입장이다. 예를 들어 현물환거래에서 달러를 살 때는 quoting party의 offered rate에 거래하여야 한다. 즉, 두 가지 가격 가운데 비싼 환율인 106.44에 달러를 사야 한다.

또 외환스왑시장에서는 1개월 스왑포인트를 택해야 한다. 외환스왑시장에서 스왑포인트 역시 two-way quotation으로 고시되고 있다. 과연 어느 것을 택해야 하나?(이 부분은 제3절 외환스왑의 2-3. 거래방향을 참고.) 결론부터 말하면 현물환거래와 같은 offered rate의 스왑포인트인 −86을 적용한다. 그래서 선물환율은 현물환율과 스왑포인트의 합이므로 105.58[=106.44+(−0.86)]이 된다.

4. 선물환거래의 만기연장

환리스크를 관리할 목적으로 선물환거래를 체결하여 미래의 환리스크를 헤지할 수 있다. 그런데 거래 당시 예상한 만기일이 실제 현금흐름과 일치하지 않아 만기일을 연장하여야 할 때가 있다. 이때 기존의 선물환거래 만기일에 가서 그 당시 시장환율에 근거하여 이전 선물환거래의 만기일을 연장하는 소위 market rate roll-over를 해야 한다. 즉, 기존 선물환거래 만기일에 외환차익이나 외환차손을 정산하고 만기일을 연장하게 하는 방법이다.

1990년대 초 국내 금융기관 및 기업들은 투기적 목적으로 선물환거래를 체결한 뒤 환율이 유리하게 움직이면 외환차익을 확보하고, 환율이 불리하게 변하면 즉시 외환차손을 정산하지 않고 소위 historical rate roll-over를 통해 만기일을 계속적으로 연장하였다. 이에 따라 결국에는 막대한 외환차손을 입게 되어 당시 감독당국이 엄격하게 금지한 바 있다. 이를 그림으로 이해해보면 다음과 같다.

	처음 선물환 만기일	연장된 선물환 만기일
	−USD/+JPY	
외환스왑	+USD/−JPY	−USD/+JPY

외환스왑에 대해서는 나중에 보다 상세하게 논의할 터인데, 이를 통해 기존에 거래되어 만기일이 도래한 선물환거래의 만기일을 얼마든지 새로운 만기일로 연장할 수 있다. 이때 만일 두 통화의 이자율 차이에 큰 변화가 없다면 거래 당시의 현물환율이 계속 유효하게 되어 거래 당시의 예상 선물환율로 헤지 효과를 똑같이 거둘 수 있다. 이것을 앞에서 예로 든 1월 5일 현재 현물환율과 스왑포인트를 사용해서 계속 설명해보면 다음과 같다.

USD/JPY Spot(1월 7일): 106.39/44
1개월 스왑포인트(2월 7일): −50/−46
2개월 스왑포인트(3월 7일): −92/−86

1월 5일에 엔화 수입대금의 환리스크를 관리하고자 하는 갑기업이 1개월 만기로 엔을 매입하기를 원했다면 은행은 선물환율의 원가를 105.89로 제시했을 것이다. 그런데 기존 선물환거래의 만기일 2영업일 전에 갑기업의 딜러는 엔을 매입해야 할 만기가 기존 선물환거래의 만기일인 2월 7일이 아니라 3월 7일이라는 사실을 뒤늦게 발견하였다. 그러면 이 딜러는 은행에게 기존 선물환거래의 만기일을 1개월 연장할 수 있는 USD buy & sell against JPY 외환스왑을 요청한다.

그러면 새로운 선물환거래의 만기는 3월 7일로 바뀌어 회사의 환리스크 관리에 아무런 문제가 발생하지 않는다. 만일 지난 1개월 동안 달러와 엔화의 이자율이 거의 변하지 않아 만기를 연장하는 시점의 1개월 스왑포인트가 다음과 고시되었다고 가정하면 ① 1월 5일에 2개월 만기로 달러를 매도한 것이나 ② 1월 5일에 1개월 만기로 선물환거래를 한 뒤 만기를 연장하는 시점에 1개월 외환스왑을 통해 만기를 3월 7일로 새로 조정하는 것이나 차이가 없다는 것을 알 수 있다.

USD/JPY Spot(2월 7일): 106.39/44와 같을 확률은 거의 없고 낮거나 높을 것임
1개월 스왑포인트(3월 7일): −42/−40

앞에서 설명한 대로 이러한 선물환거래의 만기일을 연장하는 경우에는 market rate roll-over만이 허용된다. 과연 앞에서 설명한 두 가지 선물환거래의 결과가 같은지 살펴보자. 먼저 만기를 연장하는 시점의 현물환율은 분명히 처음 선물환거래를 실행했을 당시인 1월 5일의 현물환율(106.39/44)과 다를 가능성이 매우 높다고 할 수 있으며 단순화하여 106.39/44보다 높은 경우(107.39/44)와 낮은 경우(105.39/44)를 상정해 볼 수 있다.

먼저 현물환율이 107.39/44이고 1개월 스왑포인트가 −42/−40이라면 USD buy & sell against JPY 외환스왑을 통해 107.44와 107.02로 스왑이 가능해진다. 이때 기존 선물환율(105.89)과 외환스왑의 현물환율에서 1.55엔만큼의 손실이 발생하였으므로 전체 원가는 105.47(= 107.02 − 1.55)이 된다.

다음으로 현물환율이 105.39/44이고 1개월 스왑포인트가 −42/−40이라면 USD buy & sell against JPY 외환스왑을 통해 105.44와 105.02로 스왑이 가능해진다. 이때 기존의 선물환율과 외환스왑의 현물환율에서 0.45엔만큼의 이익이 발생하였으므로 외환스왑의 선물환율 105.02에 이를 더하면 결국 전체적인 원가가 105.47(= 105.02 + 0.45)이 되어 먼저 설명한 현물환율이 107.39/44일 때와 같은 결과가 된다.

만일 1월 5일에 2개월 만기로 달러를 매도하는 거래를 하였다면 선물환율은 105.47(= 106.39 − 0.92)이었을 것이다. 앞의 설명을 통해서 알 수 있는 것은 만일 이자율 차이가 없다면 1개월 선물환거래를 하고 난 뒤 1개

월 외환스왑을 통해 만기를 연장한 것이나, 2개월 선물환거래를 한꺼번에 한 것이나 차이가 없다는 것이다.

단, 달러와 엔의 이자율 차이에 의한 스왑포인트의 변화만큼에 해당하는 위험에는 노출될 수 있다는 것을 명심하여야 한다. 또한 추가 거래로 은행에 지급해야 할 수수료가 늘어난다는 점도 감안하여야 한다.

5. Ante-spot거래

선물환거래는 현물환거래 만기일보다 먼 미래의 특정일을 만기일로 하는 거래이다. 이와 반대로 특히 대고객 거래에서 결제일이 현물환 거래일, 즉 2영업일 이전에 도래하는 거래를 체결할 수 있다. 이때 선물환거래의 선물환율이 현물환율에 스왑포인트를 가감한 것처럼 ante-spot거래에서도 현물환율에 ante-spot 스왑포인트를 가감하여 거래 환율을 산출한다.

만일 1월 5일 현재 달러/엔 현물환율이 106.39/44이고 스왑포인트가 다음과 같이 고시된 상황에서 을기업이 엔 수입결제를 위해 당일물(value today)로 엔화를 매입하고자 하면 은행은 어떤 환율을 고시하여야 할까? 먼저 선물환거래와 마찬가지로 현물환율을 정한다. 그리고 ante-spot 스왑포인트를 산출하여 가감한다.

USD/JPY Spot: 106.39/44
O/N: −0.70/−0.60
T/N: −0.67/−0.65

앞에서 선물환율을 선출할 때와 마찬가지로 현물환율에 스왑포인트를 가감하는 과정을 거치는 것은 같다. 먼저 현물환율은 고객이 엔화를 매입하고자 하므로 은행도 현물환시장에서 달러/엔의 bid rate인 106.39에 거래하여야 한다. 거래은행과 만기일을 1월 7일로 하는 현물환율을 106.39로 결정한다. 그리고 해외 유수 은행들이 제시하는 ante-spot 스왑포인트를 통신매체를 통해 알아낸 뒤 거래은행과 결정하면 된다.

위와 같은 경우 기업은 은행의 커버거래와는 달리 고금리통화인 달러를 현물환거래 만기일인 1월 7일 이전인 1월 5일에 인도하고 저금리통화인 엔화를 수취하므로 이틀간의 두 통화 이자율 차이를 보상받아야 한다. 그래서 ante-spot 스왑포인트의 O/N(뒤에 설명된 외환스왑 참조)과 T/N(뒤에 설명된 외환스왑 참조) 매도호가를 합한 1.25(= 0.60 + 0.65)pips만큼 현물환율보다 높은 106.4025(= 106.39 + 0.0125) 또는 106.40으로 거래하면 된다.

선물환거래에서 달러를 대가로 엔화를 매입하는 경우 선물환율을 산출할 때는 스왑포인트의 매수호가를 채택하지만 ante-spot거래의 경우 스왑포인트의 매도호가를 취한다. 이는 다음과 같이 쉽게 이해할 수 있다.

1월 5일	1월 6일	1월 7일	
		−USD/+JPY	달러 매도/엔화 매입 현물환거래
	−USD/+JPY	+USD/−JPY	T/N USD sell and buy 외환스왑
−USD/+JPY	+USD/−JPY		O/N USD sell and buy 외환스왑

위와 같은 과정을 거쳐 1월 7일 현물환 만기일을 1월 5일 당일 만기일로 거래일을 조정하는데 그에 관련되는 것이 ante-spot 스왑포인트이다. 이러한 O/N 및 T/N 스왑포인트에 대해 그 원리 및 원가를 정확히 이해하고 거래하는 것이 중요하다. 특히 장기간 휴일이 중간에 낀 경우 이들 스왑포인트가 무시하지 못할 정도로 클 수 있기 때문이다. 또 거액의 거래를 할 때에는 사소해 보이는 스왑포인트도 무시해서는 곤란하다.

제3절 외환스왑

1. 외환스왑의 의의

외환매매의 당사자가 가까운 만기(near date)의 매매와 동시에 이에 대응하여 반대방향으로 같은 금액의 먼 만기(far date)의 매매를 하는 것을 외환스왑이라고 한다. 외환스왑은 두 개의 거래가 서로 반대로 일어나 전체 포지션이 스퀘어가 되므로 환리스크는 없으며, 외환스왑 기간 동안 다른 통화의 자금을 창출하여 사용하는 일종의 자금거래이다.

한 나라 통화의 자금시장이 발달되어 있지 않아 그 시장에의 접근이 용이하지 않을 때 차입이 쉬운 통화를 먼저 차입하고, 이를 담보로 해서 다른 나라 통화를 차입하는 효과를 누리되 통화간 이자율 차이를 환율로 계산해서 정산하는 거래이다. 이러한 측면은 같은 용도로 사용되는 또 다른 파생금융상품인 통화스왑에서 이자율을 주기적으로 교환하는 것과 비교된다.

2. 외환스왑의 메커니즘

2-1. 자금거래와 외환스왑의 비교

자금거래와 외환스왑의 메커니즘을 비교해보면 다음과 같다.

〈자금거래와 외환스왑의 메커니즘〉

T_0	T_2	T_{3M}		
	+USD 차입	−USD 차입	⇒	USD차입
자금거래	−KRW 예치	+KRW 예치	⇒	KRW 예치
	↓	↓		
	+USD 매입	−USD 매도	⇒	USD buy & sell
외환스왑	−KRW 매도	+KRW 매입	⇒	KRW sell & buy

차입거래는 매입과 매도의 합성거래로 볼 수 있고, 예치거래는 매도와 매입의 합성거래로 볼 수 있다. 그런데 위 그림에서 보는 바와 같이 이 거래를 세로 방향으로 보면 하나의 현물환거래와 또 다른 하나의 선물환거래로 인식할 수 있다. 즉, 이 거래는 USD buy & sell against KRW(또는 Buy & sell USD against KRW)외환스왑 또는 KRW sell & buy against USD 외환스왑으로 볼 수 있다.

2-2. 외환스왑의 적용환율

외환스왑에서는 적용되는 두 통화의 이자율 차이를 환율에 반영하여 near date와 far date의 환율을 적용한다. 스왑포인트의 bid rate는 quoting party가 near date에서 기준통화를 매도하고, far date에서 기준통화를 매입(기준통화 sell & buy)한다. 또 offered rate는 near date에 기준통화를 매입하고, far date에서 기준통화를 매도(기준통화 buy & sell)한다.

현물환거래 및 외환스왑거래의 bid rate와 offered rate에서 quoting party나 calling party가 하는 행위는 같다. 즉, bid rate에서 quoting party는 매입하고, calling party는 매도한다. 단 외환스왑은 관련되는 날짜가 둘인데 매입과 매도의 기준이 되는 날짜는 far date이다. 은행간 거래에서는 near date에 통상 거래시점의 spot rate 중간율을 적용하고, far date에는 near date의 환율에서 스왑포인트를 가감한 환율을 적용한다.

2-3. 외환스왑의 거래방향

예를 들어 달러/엔 스왑포인트가 다음과 같이 고시되었을 때, 1개월 달러/엔 외환스왑을 할 경우 quoting party와 calling party가 bid rate와 offered rate에서 각각 어떻게 거래하는지를 살펴보면 다음과 같다.

USD/JPY Spot: 106.39/44
1 month swap point: −50/−46

1개월 달러/엔 스왑포인트는 bid rate가 −50이고, offered rate가 −46이다.

〈외환스왑의 거래방향〉

	bid rate		offered rate	
	near date	far date	near date	far date
quoting party	−USD @106.42	+USD @105.92	+USD @106.42	−USD @ 105.96
calling party	+USD @106.42	−USD @105.92	−USD @106.42	+USD @ 105.96

이때 스왑포인트 중 큰 숫자는 calling party에게 cost가 되고, 작은 숫자가 earning이 된다. 반대로 quoting party에게 큰 숫자는 earning이 되고, 작은 숫자는 cost가 된다. 외환스왑에서는 스왑포인트가 중요하며, near date에 적용할 환율은 은행간 거래에서는 거래시점의 spot rate의 mid-rate를 사용하는 것이 일반적이며 spot rate를 크게 벗어나지 않는 한 큰 차이는 없다.

그러나 주로 은행과 고객 사이의 선물환거래에서는 스왑포인트보다 현물환율이 더 중요하다. 또 현물환율의 bid rate 또는 offered rate의 어느 쪽인지가 중요하다.

3. 외환스왑의 장점

선물환율을 산출할 때 은행은 대고객 선물환거래에서 발생한 포지션을 헤지하기 위해 은행간 현물환거래로 반대거래를 해서 종합 포지션을 스퀘어로 만들었다. 그리고 서로 다른 두 외환거래의 현금흐름을 맞추기 위해 자금시장을 이용할 수도 있고, 그것과 같은 결과를 달성할 수 있는 외환스왑을 사용할 수도 있다. 결국 두 방법은 같은 효과를 달성할 수 있다는 것을 의미한다. 그런데 자금시장을 통한 방법보다 외환스왑을 이용할 경우 아래와 같은 장점이 있다.

3-1. 신용위험의 최소화

외환스왑에서는 near date와 far date에 거래 당사자간에 해당 통화의 실질적인 교환이 일어난다. 자금시장의 예치은행 입장에서는 투자원금을 회수할 때까지 상대방에 대한 신용리스크가 있는 것과 비교하면 외환스왑은 신용위험이 적다. 자금예치 은행의 경우 거래상대방이 파산하였을 경우 원금과 이자 전액에 대하여 손실을 입을 수 있는 위험이 있으나, 외환스왑은 환율변동에 대한 리스크만 부담하면 된다.

3-2. 은행간 금리 적용

신용도가 상대적으로 낮은 기업이라도 외환스왑을 이용하지 않고 직접 자금시장을 통해 거래할 수는 있다. 그러나 자금시장을 이용할 때에는 통상 은행간 금리에 스프레드를 가감한 불리한 금리를 적용 받는다. 하지만 은행을 통해 외환스왑을 하면 기업임에도 불구하고 은행간 거래에 적용하는 금리로 차입하거나 예치하는 것과 같은 효과를 누릴 수 있어 기업들에게는 보다 유리한 측면이 있다.

3-3. 풍부한 유동성

자금시장에 비해 외환스왑이 가지는 장점이 있기 때문에 달러/엔 또는 유로/달러와 같은 주요 통화에 대한 외환스왑의 유동성이 매우 풍부하다. 물론 달러/원 외환스왑도 그 유동성이 매우 풍부한 편이다.

4. 외환스왑의 조건

외환스왑은 다음과 같은 조건을 충족해야 한다.

① near date에 기준통화 또는 가변통화를 매입 또는 매도한다.
② far date에는 near date에 매입 또는 매도한 기준통화 또는 가변통화를 매도 또는 매입한다.
③ 대부분의 경우 near date와 far date에 각각 반대방향으로 거래되는 기준통화(또는 가변통화를 기준으로 거래하였을 경우에는 가변통화)의 금액은 같다.
④ 대부분의 경우 near date와 far date의 거래상대방이 같다. 특별한 경우 near date의 매입 또는 매도와 far date의 매도 또는 매입의 상대방을 달리할 수도 있는데 이를 engineered swap이라고 한다.
⑤ near date와 far date의 거래가 동시에 체결된다.
⑥ 반드시 동시에 booking되어야 한다.

5. 외환스왑의 만기일

5-1. 현물환거래와 현물환거래

스왑 기간이 1~2일간인 단기 외환스왑을 특히 one day swap(또는 roll-over swap)이라고 하는데, 이들 거래는 대개 자금결제일을 1~2일 정도 조정하기 위한 수단으로 이용된다. 기업들이 단기간의 외화 현금흐름의 불일치를 환리스크 없이 해소하고자 하는 경우 자금시장에 대한 대안으로 사용할 수 있다.

이에는 O/N swap거래가 있는데 오늘부터 익영업일까지의 외환스왑을 말하며 'over-night' swap이라 한다. T/N swap 거래는 익영업일부터 제2영업일까지의 외환스왑을 말하며 'tom-next' swap이라 한다.

5-2. 현물환거래와 선물환거래

가장 일반적인 외환스왑 형태로 특정 외화를 현물환시장에서 매입(매도)하고 동시에 선물환시장에서 매도(매입)하는 거래 형태이다. 이에는 S/N swap거래가 있는데 제2영업일부터 제3영업일까지의 외환스왑을 말하며 'spot-next' swap이라 한다.

spot 1 month swap은 제2영업일부터 1역월까지의 외환스왑을 의미하며, 기타 각종 다양한 일정기간 후까지의 외환스왑을 통해 은행과 고객간 또는 은행간의 선물환거래 창출이 가능해진다. 기업들이 선물환거래를 통해 환리스크를 관리할 때 사용되는 형태의 외환스왑이다.

5-3. 선물환거래와 선물환거래

외환스왑의 만기일 모두가 선물환거래인 형태로 선선 외환스왑이라고 한다. 예를 들면 1개월부터 3개월까지의 외환스왑 등이 있을 수 있다. 기업들이 미래 두 시점의 외화 현금흐름의 불일치를 환리스크 없이 해소하고자 할 때 사용할 수 있는 외환스왑이다.

6. 외환스왑의 활용 사례

외환스왑의 용도는 다양하며 다음과 같은 경우에 주로 사용된다. 환리스크를 관리하여야 하는 기업은 외환스왑만 잘 활용해도 환리스크의 상당한 부분을 관리할 수 있다.

6-1. 수입이나 수출과 관련되는 헤지를 위한 선물환거래 창출

예를 들어 3개월 후에 수입결제를 해야 하는 갑기업은 3개월 만기 선물환거래로 원화를 대가로 달러를 매입하면 된다. 이때 은행은 현물환거래에서 달러를 매입함과 동시에 USD sell & buy against KRW 외환스왑을 하여 기업이 원하는 3개월 만기 선물환거래를 커버할 수 있게 된다. 이것이 외환스왑의 용도 가운데 가장 중요한 것의 하나이다.

	$T_{0(trade\ date)}$	$T_{2(spot\ date)}$	T_{3M}
① 갑기업과의 선물환거래에서 발생하는 은행의 포지션:			−USD/+KRW
② ①에 대한 현물환 반대거래:		+USD/−KRW	
③ ①과 ②의 거래 결과 발생한 현금흐름의 불일치를 해결하기 위한 외환스왑: USD sell & buy against KRW swap		−USD/+KRW	+USD/−KRW

6-2. 기존 선물환거래의 만기일 연장

예를 들어 을기업은 1개월 전에 독일로 수출계약을 체결하여 유로화가 입금될 예정이어서 환리스크를 관리하기 위해 1개월 만기 유루 매도/달러 매입 선물환거래를 체결하였다. 그러나 만기일이 도래할 즈음에 자금계획이 변경되어 기존 만기일로부터 한 달 후에 입금될 것으로 파악됐다. 이러한 경우 기존 선물환거래 만기일 이전에 외환스왑을 통해 관리할 수 있다. 포지션은 커버되었으나 기존 만기일에 매도한 유로화를 지급할 수 없게 되어 현금흐름에 문제가 발생하는데, EUR buy & sell against USD 외환스왑을 통하여 문제를 해결할 수 있다.

	T(기존만기)	T(새로운 만기)
① 을기업의 기존 유로 매도 선물환거래:	−EUR/+USD	
② ①의 만기를 새로운 만기로 넘기기 위한 외환스왑: EUR buy & sell against USD swap	+EUR/−USD	−EUR/+USD

6-3. 기존 선물환거래의 만기일 단축

A기업은 미국으로 수출한 대가로 한 달 후에 달러가 입금될 예정이어서 환리스크를 관리하기 위해 신물환거래로 매도하였으나, 자금계획이 변경되어 기존 선물환거래 만기일 2일 전에 입금될 것으로 파악됐다. 이러한 경우 외환스왑을 통해 관리할 수 있다. 포지션은 커버되었으나 기존 선물환거래 만기일 2일 전에 입금되는 달러는 잉여자금이 되고, 선물환으로 매도한 달러를 지급할 수 없게 되어 현금흐름에 문제가 발생하는데, USD sell & buy against KRW 외환스왑을 통하여 문제를 해결할 수 있다.

	T(새로운 만기)	T(기존 만기)
① A기업의 기존 달러 매도 선물환거래:		−USD/+KRW
② ①의 만기를 새로운 만기로 단축하기 위한 외환스왑: USD sell & buy against KRW swap	−USD/+KRW	+USD/−KRW

6-4. 외화 현금흐름의 만기 불일치로 발생한 환리스크 관리

수출입이 동시에 있는 기업들은 같은 금액의 외화 현금흐름이 있지만 두 개의 만기가 서로 다를 때에는 이들 두 외화 현금흐름을 일치시키는 매칭(matching)을 이용하여 환리스크를 관리할 때가 많다. 예를 들어 오늘 달러 수출대금이 입금되고 한 달 후에 같은 금액의 달러 수입결제가 있는 경우를 생각해보자. 한 달 후의 수입결제를 위해 달러를 한 달 동안 외화예금하였다가 만기에 인출하여 충당하면 된다.

그런데 그 사이에 원화자금이 필요하다면 어떻게 하면 될까? 당장 생각하기에는 오늘 달러를 매도하여 필요한 원화자금을 충당하고 만기에 가서 달러를 외환시장에서 매입하여 결제하면 된다. 그러나 만일 한 달 사이에 환율이 떨어지면 좋겠지만 달러가 상승하면 외환차손이 발생하게 된다. 이러한 경우 USD sell & buy against KRW 외환스왑을 통해 환리스크 없이 한 달간 달러의 현금흐름을 관리할 수 있다.

	T_0	T_{1month}
① 수출대금 USD 입금:	+USD	
② 수입대금 USD 결제 예정:		−USD
③ ①과 ②의 만기일을 일치시키는 외환스왑: USD sell & buy against KRW swap	−USD +KRW	+USD −KRW

6-5. 자국통화를 이용하여 외화투자에 필요한 외국통화를 창출할 때 발생하는 환리스크 관리

3개월간 달러로 투자하려 하지만 보유하고 있는 달러가 없는 경우라면, 먼저 원화를 조달하고 USD buy & sell against KRW 외환스왑을 이용하여 환리스크 없이 달러를 창출할 수 있다. ①과 ②의 거래 결과 발생한 원화 현금흐름을 서로 상쇄하고 나면 달러차입의 효과를 누릴 수 있다.

	T_0	T_2	T_{3M}
① KRW 차입:		+KRW	−KRW
② 외환스왑:		−KRW +USD	+KRW −USD

6-6. 외화차입을 통한 자국통화 조달과 관련되는 환리스크 관리

3개월간 달러를 차입하여 원화로 운용하고자 하는 경우 외환스왑을 이용하여 달러 차입에 따른 환리스크를 관리할 수 있다. 특히 원화로 직접 차입하는 비용보다 달러를 차입하고 USD sell & buy against KRW 외환스왑을 통해 차입하는 비용이 저렴한 경우에 보다 유용한 방법이 될 수 있다(이에 대해서는 '7. 금리차익거래'에서 보다 상세히 설명하였다). ①과 ②의 거래 결과 발생한 USD 현금흐름을 서로 상쇄하고 나면 원화차입의 효과를 누릴 수 있다.

	T_0	T_2	T_{3M}
① USD 차입:		+USD	−USD
② 외환스왑:		−USD +KRW	+USD −KRW

6-7. 외환스왑의 기타 활용 방안

한 나라의 중앙은행이 외환시장에 개입하는 경우가 종종 있다. 이때 중앙은행 입장에서 매입한 통화는 외환시장 개입에 따른 결과물이기 때문에 당장 필요한 것은 아니다. 그러므로 매입한 현물환거래를 외환스왑을 통해 선물환거래로 만들면 된다. 그리고 외환시장 개입의 목적이 달성된 이후 현물환거래에서 반대거래를 하고 난 뒤 기존의 선물환거래 만기와 일치시키는 또 다른 외환스왑을 하면 중앙은행의 시장개입 과정은 완료된다.

또 인터뱅크 딜러의 경우 다수의 현물환거래를 하는데 때로 현물환거래의 만기가 불일치하는 경우가 많다. 이때 스팟딜러는 외환스왑을 활용하여 현금흐름의 불일치를 해소할 수 있다.

7. 금리차익거래

시장 상황이 다음과 같을 때 자금시장에서 원화를 직접 차입하는 것과 외환스왑을 이용하여 간접 차입하는 것 중 어느 방법이 더 유리한가?

USD/KRW Spot: 1200.00/20
3개월물 Euro USD 금리: 4.00/4.10
3개월물 KRW 금리: 5.80/5.90
3개월물 swap point: 200/300

스왑포인트가 두 통화간의 이자율 차이를 적절히 반영하지 못하면 금리차익거래가 발생하여 결국은 스왑포인트가 두 통화간의 이자율 차이와 거의 같아지게 된다. 같은 논리를 적용하여 시장 상황이 만일 앞의 예와 같을 때 달러를 차입하고, USD sell & buy against KRW(KRW buy & sell: KRW조달) 외환스왑을 하면 swap point 300pip만큼의 코스트를 적용하게 된다.

이 스왑포인트를 간편식을 이용하여 이자율 차이로 전환하면 다음과 같다.

$$\frac{3.00}{1200.10} \times \frac{365}{90} \times 100 = 1.0138\% \text{ (약 1.02\%)}$$

달러차입에 4.10%가 소요되고 외환스왑에서 1.02%의 코스트를 부담하므로 전체적으로 5.12%에 원화를 차입하는 효과를 달성할 수 있다. 원화를 자금시장에서 직접 차입하면 5.90%가 소요되므로 외환스왑을 이용한 간접 차입의 경우가 0.78%만큼 유리하다.

제4절 금리선도

1. 금리선도의 의의

금리선도계약(FRA; forward rate agreement)은 미래의 특정한 기간에 적용할 금리를 사전에 매매예약거래를 통해 확정하는 거래를 말한다. 즉, 두 거래당사자가 미래의 일정기간에 대해 정해진 명목원금(notional principal amount)의 대출이나 예금거래에 적용할 금리(계약금리)를 현재 시점에서 확정하는 계약이다.

FRA거래에서는 만기에 원금의 인수도는 이루어지지 않는다. 나중에 정해질 시장 실세금리(결제금리라고 함. 달러 FRA에서는 주로 해당 계약기간 SOFR, 원화 FRA에서는 주로 해당 계약기간 CD를 기준으로 함)와 미리 정한 계약금리 사이의 차액만 결제한다. 이는 앞에서 살펴본 NDF거래의 정산과 같은 원리이다. 미래의 일정기간에 필요한 자금을 조달하거나 운용하려 할 때 자금 조달금리 또는 운용금리를 미리 고정시키기에 적절한 거래이다.

2. 금리선도의 가격

은행은 금리선도거래를 위한 가격을 과연 어떻게 산출할 수 있을지에 대해 알아보자. 만일 시장 상황이 아래와 같다면 은행이 고객에게 고시할 수 있는 적정 3×6 FRA 가격은 얼마가 될까?

3개월 금리(91일): 5.360%
6개월 금리(182일): 5.505%

위와 같이 현재 자금시장에서 형성되고 있는 만기가 서로 다른 2개의 금리로부터 산출한 미래 일정기간, 즉 3개월 뒤의 3개월 간의 이자율을 내재선도금리(implied forward rate: IFR)이라고 부른다. 다시 말해 장기금리(R_1)와 단기금리(R_2)를 알면 다음의 식을 통해 IFR를 구할 수 있다. 즉, $\{1+R_1 \times (t_1/360)\} = \{1+R_2 \times (t_2/360)\} \times \{1+IFR \times (t_1-t_2)/360\}$에서 IFR를 구할 수 있다. 결국 $\{1+5.505\% \times (182/360)\} = \{1+5.360\% \times (91/360)\} \times \{1+IFR \times (91/360)\}$을 통해 IFR에 대해 풀면 3×6 FRA 가격은 5.575%가 된다.

3. 금리선도의 사례

3개월 후에 3개월 SOFR를 기준으로 1백만 달러를 차입하려는 기업이 앞으로 달러 이자율이 상승할 것으로 예상하면 다음과 조건으로 FRA를 매입하면 된다. 즉, 지금부터 3개월 후에 적용할 3개월간(3×6; ‘three by six’라고 읽는다) 1백만 달러의 차입금리로 5%를 적용하기로 계약하는 것이다.

① 거래대상: 1백만 달러
② 만기: 3개월
③ 계약금리: 5%(3개월 금리)
④ 변동금리지표: 3개월 SOFR

FRA매수의 만기 손익구조는 다음과 같다. 이는 다른 선도거래의 만기 손익구조와 같은 대칭적인 모습을 보인다.

〈그림 2-3〉 FRA매수와 만기 손익구조

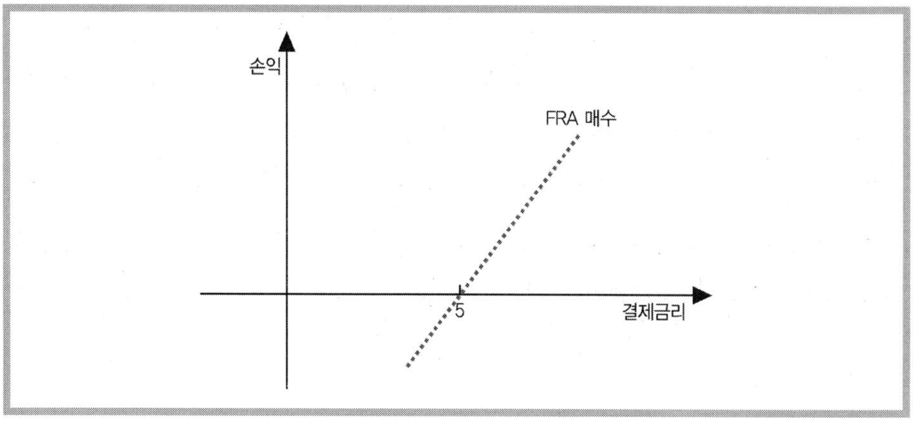

만일 3개월 SOFR가 6%일 때 차입자는 6%를 지급하여야 한다. 그런데 FRA매입거래에서 FRA매입자가 이익을 보게 되어 1%(결제금리－계약금리)만큼을 수취한다. 그런데 FRA거래에서 결제금액은 만기일이 아닌 계약기간이 시작되는 결제일에 지급된다. 그러므로 결제금액은 금리 차이를 결제기간 동안 결제금리로 할인한 금액이 된다. 즉, 결제금액＝{(결제금리－계약금리) × 명목원금 × (계약기간 일수/360)} / {1＋결제금리 × (계약기간 일수 / 360)}가 되므로 2,463.05달러를 수취한다. 결국 지급하는 6%와 FRA매입거래에서 수취한 1%를 감안하면 5%로 차입하는 효과를 거둘 수 있다.

반대로 3개월 SOFR가 4%가 되면 FRA매입자가 2,475.25달러를 FRA매도자에게 지급한다. 이때도 역시 차입과 관련하여 4%의 이자를 지급하지만 FRA매입거래 결과 지급한 1%를 감안하면 역시 5%로 차입하는 효과를 달성하게 된다. 이것은 선물환거래를 통해 현재시점의 선물환율로 환리스크를 관리하는 과정과 같다.

연습문제

문1 **선물환거래 형태의 하나이며 만기에 원금을 인수도하지 않고 만기일에 결제환율인 전일 시장평균환율**(MAR; market average rate)**과 사전에 약정한 계약환율과의 차액만을 달러를 통해 정산하는 거래로, 국내 달러/원 외환 시장에 많은 영향을 미치는 시장은 무엇인가?**

① regular forward ② FRA

③ target forward ④ NDF

문2 **선물환거래에 대한 설명 중 가장 거리가 먼 것은?**

① 선물환율은 현물환율에 스왑포인트를 감안한 환율이다.

② 대고객 선물환거래의 주된 만기일은 역월 만기일이다.

③ 대고객 선물환거래는 상대방에 대한 신용위험을 고려해야 한다.

④ 헤지 목적의 선물환거래는 대부분 만기에 인수도로 거래가 마무리된다.

문3 **외환스왑의 조건에 대한 다음 설명 중 가장 거리가 먼 것은?**

① near date에 기준통화 또는 가변통화를 매입 또는 매도한다.

② 같은 통화를 far date에 매도 또는 매입한다.

③ 대부분의 경우 near date와 far date에 각각 반대방향으로 거래되는 기준통화(또는 가변통화를 기준으로 거래하였을 경우에는 가변통화)의 금액은 다르다.

④ near date와 far date의 거래가 동시에 체결된다.

문4 **외환스왑에 대한 설명 가운데 사실과 가장 거리가 먼 것은?**

① 가까운 만기(near date)와 먼 만기(far date)의 거래상대방이 다른 경우가 대부분이다.

② 외환스왑은 두 개의 거래가 서로 반대로 일어나 전체 포지션이 스퀘어가 되므로 외환리스크는 없다.

③ 스왑 기간이 1~2일간인 단기 외환스왑을 특히 one day swap이라고 하는데, 이들 거래는 대개 자금결제일을 1~2일 정도 조정하기 위한 수단으로 이용된다.

④ 기존 외환거래의 만기일을 연장할 때 활용할 수 있다.

문5 **금리선도거래에 대한 다음 설명 중 사실과 가장 거리가 먼 것은?**

① 만기에 원금의 인수도는 이루어지지 않는다.

② 1개월 후에 3개월간 자금을 차입하려는 기업이 이자율의 상승을 예상하면 금리선도거래를 매입하면 된다.

③ 미래의 특정 기간에 적용할 금리를 사전에 확정하는 거래를 말한다.

④ 결제금액은 만기일에 정산된다.

※ 다음과 같이 현물환시장과 외환스왑시장이 고시되고 있을 때 다음 물음에 답하시오(문제 6~7번).

USD/KRW	spot market:	1070.00 / 30
USD/KRW	swap market:	
TERM	EXP.DATE	BID / OFFER
3M	2021/10/15	−460 / −260
6M	2022/01/13	−1000 / −500

문6 **기업체가 2021년 10월 15일자로 미화 1백만 달러를 매입할 때 선물환율은?**

① 1065.40 ② 1065.70
③ 1067.40 ④ 1067.70

문7 **기업체가 2022년 1월 13일자로 미화 1백만 달러를 매도할 때 선물환율은?**

① 1060.00 ② 1060.30
③ 1065.00 ④ 1065.30

정답 및 해설

1. ④
2. ② (대고객 선물환거래의 주된 만기일은 비역월 만기일이다.)
3. ③ (near date와 far date에 각각 반대방향으로 거래되는 기준통화(또는 가변통화를 기준으로 거래하였을 경우에는 가변통화)의 금액은 대부분의 경우 같다.)
4. ① (가까운 만기(near date)와 먼 만기(far date)의 거래상대방이 같은 경우가 대부분이다.)
5. ④ (FRA거래에서 결제금액은 만기일이 아닌 계약기간이 시작되는 결제일에 정산된다.)
6. ④ (=1070.30+(−2.60))
7. ① (=1070.00+(10.0))

제3장 선물

제1절 선물의 개요

1. 선물의 의의

1-1. 선도거래

사람들은 생활에 필요한 물건이 있으면 그것을 산다. 그런데 당장 그 물건이 필요하지는 않지만 미래에 필요할 경우도 있다. 물론 그 시점에 가서 사도 되지만 그 사이에 물건값이 오르면 손실이 발생할 수 있다. 마찬가지로 국내외의 금융행위와 관련된 외환이나 채권 등에 대한 수급의 경우에도 같은 상황이 있을 수 있다. 이런 경우를 대비해서 지금 물건값을 결정하는 계약을 체결한 뒤 만기일에 가서 계약한 대로 대금을 지불하고 물건을 받을 수 있다.

이처럼 시장에서 이루어지는 모든 상거래는 계약체결 시점과 거래대상물 및 대금의 인수도가 이루어지는 계약결제 시점과의 관계에 따라 현물거래(spot 또는 cash transaction)와 매매예약거래로 구분된다. 체결과 동시에 거래대상물 및 대금의 인수도가 이루어지는 현물거래와 달리 매매예약거래는 일정기간 이후에 거래대상물 및 대금의 인수도가 이루어지는 거래를 말한다.

매매예약거래인 선도거래 또는 선물거래는 원래 시장에 존재하는 시장리스크를 회피하고자 하는 시장 참가자가 자신의 견해에 따라 투기적인 차익을 목표로 그 시장 리스크를 기꺼이 수용하려는 투기자들에게 자신의 위험을 이전시키기 위한 거래에서 출발했다.

예를 들어 수출기업 갑은 현재 환율이 유지된다면 각종 경비를 감안하고도 적정한 이윤을 확보할 수 있다. 갑은 앞으로 환율이 오르면 추가이익을 얻을 수 있지만 만일 환율이 떨어지면 손실이 발생한다. 한편 시장에는 갑과는 정반대의 입장에 있는 수입기업 을이 있을 수 있다. 을의 경우 갑과는 달리 환율이 오르면 손실이 발생하고 그 반대도 성립된다. 이런 경우 만일 이 두 사람이 현재시점에서 미래의 환율에 대해 서로 합의하고 미래 특정시점에, 특정금액을 상호 교환하기로 한다면 서로에게 만족스런 계약이 될 수 있다. 즉, 갑과 을은 환율이 유리하게 움직일 경우의 우발적인 이득을 포기하는 대신 앞으로 환율이 불리하게 전개되는 것을 대비할 수 있다. 위의 갑과 을이 이행한 거래가 매매예약거래로서 이를 선도거래(forward)라고 한다.

1-2. 선물거래

그런데 선도거래는 몇 가지 문제점을 안고 있어 활성화에 어느 정도 한계가 있다. 즉, 위의 갑과 을처럼 서로간에 회피해야 할 환리스크가 있는 적당한 상대방을 물색하는 것이 어렵다. 또 만기에 가서 상대방에 대한 신용위험이 존재한다. 만일 만기에 환율이 상승하였는데 갑이 계약이행을 거부하면 을은 환율상승에 따른 위험을 감수해야 한다. 이런 문제점들을 해결하기 위한 다른 형태의 거래가 선물거래(futures)이다.

먼저 일정한 선물거래소에 미래 현물의 인도를 전제로 한 가상의 계약을 상장시킨다. 이 계약은 금액, 인도시점, 인도방법 등 가격을 제외한 모든 변수에 대하여 사전에 정해져 있다. 그리고 거래소에서 이루어지는 모든 거래는 그 이행을 모든 참가자들이 신뢰할 수 있는 권위 있는 주체(clearing house)가 보장한다.

선물거래를 통해 선도거래에서 발생할 수 있는 문제점들을 극복할 수 있다. 즉, 수출기업 같은 거래상대방을 물색하려고 노력할 필요 없이 선물시장에서 필요한 수량의 선물계약을 매도하여 선도거래와 유사한 환리스크 헤지 효과를 달성할 수 있다. 또 선도거래와는 달리 선물시장에서 체결된 모든 거래는 청산소(clearing house)가 그 이행을 보장하기 때문에 상대방에 대한 신용리스크로부터 자유롭다.

19세기 이후 주로 농산물을 대상으로 하여 전통적인 매매예약거래인 선도거래(forwards)의 유동성을 높이기 위해 거래소라는 공적인 거래제도를 도입한 것이 선물거래의 출발점이다. 거래소는 거래되는 모든 선도계약의 거래조건을 표준화시키고 거래당사자간 계약이행의 신뢰성을 높일 수 있는 방안을 제고하였다.

또 공정한 거래관행을 정착시켜 거래 규칙 등을 제정하고 분쟁을 조정할 수 있는 제도를 확립하였다. 이를 통해 거래자들은 거래상대방을 탐색하기가 쉬워지고 거래에 따른 비용을 절감할 수 있게 되었다. 이에 따라 다양한 목적에 따른 헤지거래와 투기거래를 행할 수 있는 거래기구인 선물거래소가 만들어졌으며 선물거래가 발달하기 시작했다.

거래소(exchange)라는 공적인 장소에서 공개적으로 이루어지는 매매예약거래를 사적인 선도거래(forward contract)와 구분하여 선물거래(futures contract)라고 부른다. 선도거래와 선물거래는 본질적으로 헤지나 투기 등에 대한 경제적인 기능 면에서는 차이가 없으나 거래 메커니즘은 서로 다르다. 즉, 선도거래는 선도금리계약(FRA; forward rate agreement)이나 선물환거래(forward contract)와 같이 당사자간 사적인 계약에 의해 자유롭게 거래된다. 이런 선도거래는 주로 장외거래 형태로 이루어지고 일반적으로 계약 만기일에 매매 대상물과 대금이 인수도됨으로써 거래가 종료된다. 거래에 대한 계약이행 여부는 거래당사자간의 신용에 의해 결정된다.

이에 비해 선물거래는 거래소 내에서 표준화된 상품을 대상으로 공개경쟁 입찰방식에 의해 이루어지며, 청산소(clearing house)라는 공적 기구에 의해 계약의 이행이 보증되는 것이 선도거래와 다른 점이다. 선물거래에서는 계약의 만기일에 결제가 이루어지기보다 주로 반대매매를 통해 계약을 청산(off-set)한다. 이러한 선물거래는 거래대상물에 따라 상품선물(commodity futures)과 금융선물(financial futures)로 나누어진다. 이 책에서는 주로 통화, 금리 및 주식관련 선물인 금융선물에 대해 알아보기로 한다.

2. 금융선물거래

금융선물거래는 전통적인 상품선물거래 방법을 채권, 외환 등 금융상품거래에 응용한 혁신적인 금융거래기법의 하나다. 매매대상물이 금융상품이라는 점을 제외하고는 농축산물, 비철금속 등을 대상으로 하는 상품선물과 거래 메커니즘은 거의 같다.

금융선물거래는 선물거래소(exchange)라는 일정한 장소에서 거래 참가자들이 공개호가방식(open outcry system)을 통하여 이뤄진다. 장래의 특정일을 인수도일(또는 결제일)로 정하여 각종 금융상품(financial iinstruments)에 대한 매매계약을 체결하고 장래 특정일(인수도일)에 실물을 직접 인수도하거나 아니면 인수도일 이전에 반대매매를 통해 계약을 청산하는 거래방식이다.

일반적으로 금융선물거래는 계약시점에서 합의된 가격과 인수도일 이전 특정시점에서의 시장가격의 차액을 획득하기 위한 투기적 거래가 대부분을 차지한다. 따라서 거래대상인 채권이나 외환이 실제로 만기일에 인수도되는 경우는 극히 드물고 대부분 만기 이전에 반대거래에 의해 계약이 청산된다.

금융선물거래는 기본적으로 선도거래와 동일한 헤지 목적 달성 또는 투기적 목적으로 쓰일 수 있으나 거래의 메커니즘 등에는 많은 차이가 있으며 이를 비유적으로 설명해보면 다음과 같다.

만일 청계천에서 춘천 중앙동에 계시는 이모집을 가려면 자가용 또는 택시를 타고 가거나 기차를 이용할 수 있다. 택시를 이용하는 경우 자신이 원하는 출발 시간과 노선을 선택할 수 있으며, 주소만 정확히 알면 이모집 대문 앞까지 바로 도착할 수 있어 상당히 편리하다. 하지만 특히 주말에는 가는 길이 엄청나게 막힐 수 있고 눈비라도 오면 상당히 위험하기도 하다.

한편 기차로 여행하는 경우 먼지 가까운 서울역이 아닌 청량리역을 이용하여야 하는 불편이 따른다. 그리고 설령 아무리 바쁘다 하더라도 역에 도착한 뒤에 한 시간 이상을 기다려야 할지도 모른다. 기차는 아무 때나 출발할 수 있는 자가용이나 택시와는 달리 사전에 정해진 출발시각이 있기 때문이다. 그런 불편함은 있지만 기찻길 위를 달리기 때문에 기후에 크게 구애받는 일이 없고, 춘천가도처럼 극심한 교통체증을 겪지 않아도 된다. 그러나 춘천역에 내려서 다시 택시 등을 이용해야만 중앙동의 이모집에 다다를 수 있어 다소 불편하다.

이처럼 두 가지 교통수단은 나름대로의 장단점을 가지고 있다. 그러므로 교통여건이나 비용 등 다양한 조건들을 고려하여 여행 방법을 정해 목적지에 도착하면 된다. 앞에서 우리는 기업들이 환리스크를 관리하기 위해 사용할 수 있는 선도거래인 선물환거래에 대해 살펴보았다. 만일 은행으로부터 외환거래한도를 얻지 못한 기업이나 개인이라면 헤지 목적이나 투기 목적으로 선물환거래를 할 수 없다. 이런 경우 기업이나 개인은 바로 통화선물을 통해 그 목적을 달성할 수 있다. 선도거래와 금융선물거래는 이처럼 활용의 목적은 유사하게 달성할 수 있지만 거래되는 양태는 완전히 다르며 이를 표로 정리하면 다음과 같다.

〈표 3-1〉 선물거래와 선도거래

구분	선물거래	선도거래
거래장소	거래소라는 물리적 장소를 통해 공개적으로 거래 형성	일정한 장소 없이 전화 등을 이용한 당사자간의 직접거래
거래방식	공개호가(open outcry)방식 또는 전산거래 방식	거래당사자간 협상
거래조건	거래소에 상장되어 있는 상품으로 기초자산, 거래단위, 결제월 등이 표준화됨	제한 없이 매매당사자간의 협상으로 결정
거래상대	거래소를 통한 거래이므로 거래상대방을 알 수 없음	장외거래이므로 사전에 상호 인지 가능
가격형성	시시각각 변동	동일 거래에 대하여 일회 형성
시장조성자	거래소 회원 또는 중개인	국제금융기관 및 다국적기업
시장참가자	불특정 다수	개인 또는 신용도가 떨어지는 중소기업들은 불가능
청산소	있음	없음
일일정산	거래소를 통한 일일정산	없음
신용위험	거래소가 계약이행을 보증해 주므로 신용상의 위험이 전혀 없음	계약이행의 신용도는 매매쌍방에 의존하므로 신용상의 위험이 상존
증거금	모든 거래자가 계약당 주문증거금 및 유지증거금 적립	일정 신용도가 되지 않을 경우 필요에 따라 증거금 요구
실물인수도	계약 대부분은 만기일 이전 반대매매로 중도 청산되고 일부 계약만 만기일에 실물 인수도로 청산	계약 대부분이 만기일에 실물 인수도로 청산
거래비용	합의된 소정의 brokerage fee	bid-ask spread
결제일	만기월의 특정일	제한없음
규제	정부, 협회 및 거래소 등에서 규제	자율 규제

3. 선물의 특성

선물거래는 표준화된 선물계약을 매매하는 거래형태이며, 선물계약(futures contract)은 표준화된 특정상품을 공인된 선물거래소(futures exchange)에서 현재 합의된 가격으로 미래 특정시점에 인수도할 것을 약속하는 계약이다.

3-1. 선물의 중요 특징

3-1-1. 조직화된 거래소

선물거래는 반드시 조직화된 거래소에서 자격이 있는 회원의 중개를 통하여 거래된다. 일정한 자격 요건을 갖춘 거래소 회원은 독점적인 중개권과 더불어 거래소 운영에 관여할 수 있는 권리를 갖는다. 그리고 거래소 회원은 거래소가 지정한 거래시간 동안 공개호가방식 또는 전산거래방식을 활용하여 장내에서 자기거래와 고객의 위탁거래를 수행한다.

3-1-2. 표준화된 계약조건

장외거래인 선도계약은 계약조건이 계약당사자간의 합의에 의하지만 선물거래는 거래대상품의 규격 및 품질, 거래단위, 인수도 방법 및 시기, 호가단위 등 거래소가 지정한 표준화된 선물계약을 기준으로 거래가 이루어지므로 보다 원활한 대량거래가 용이하고 시장유동성이 풍부하다. 또 선물시장 참가자들은 사전에 공표된 거래소의 계약조건을 정확히 이해할 수 있어 대량의 거래를 할 수 있을 뿐만 아니라 시장유동성이 높아서 반대매매가 쉽다.

3-1-3. 일일정산제도

계약이행의 보증 성격을 갖는 증거금은 거래대상 상품의 일일 가격변동 허용폭의 크기와 비슷한 수준으로 유지되어야 한다. 이를 위해 거래소는 매일 가격변동에 따른 매입자와 매도자의 손익으로부터 발생되는 일일대차를 '0'으로 만든다. 만일 손실이 발생한 고객이 요구증거금을 추가로 납입하지 못하면 해당 고객의 포지션을 거래소가 강제로 청산하여 고객 손실액을 최초의 고객 위탁증거금에서 정산하는 방식으로 계약이행의 안전성을 확보한다.

3-1-4. 레버리지(leverage) 효과

선물거래는 소액의 증거금(margin)만 예치하면 현물거래와 동일한 금액의 거래를 할 수 있기 때문에 현물거래에 비하여 투자금액에 대한 기대수익률이 매우 높아지는 효과를 누릴 수 있다.

3-1-5. 증거금(margin) 제도

① 증거금의 의미

선물거래가 다른 거래제도와 구분되는 중요한 특징 중의 하나는 거래상대방의 계약불이행으로부터 매입자와 매도자를 보호하기 위한 방법으로 운용하고 있는 증거금제도를 들 수 있다. 증거금은 결제이행을 보증하기 위한 담보금이기 때문에 결제의무를 부담하는 주체에 따라 2가지로 구분된다. 투자자가 선물회사나 증권회사와 같은 회원에 대한 결제이행보증금으로 회원에 납부하는 위탁증거금과 선물회사나 증권회사와 같은 회원이 거래소에 대한 결제이행보증금으로 거래소에 납부하는 거래증거금으로 구분된다.

② 증거금의 종류

선물거래에 있어서 증거금은 미래의 채무이행을 성실히 수행하겠다는 표시로 예탁하는 보증금 성격의 자금이다. 따라서 투자자는 선물거래에 의한 미래의 채무 이행을 위하여 증거금을 예탁하고 모든 채무를 이행한 이후에 해당 증거금을 찾아가게 된다. 증거금은 거래에 앞서 예탁하여야 하는 계약당 개시증거금과 계약체결 후의 유지증거금 및 추가증거금으로 구분된다. 그런데 우리나라에서는 최초로 선물거래를 하려고 하면 종목에 관계없이 예를 들어 15백만 원(변경 가능)의 기본예탁금을 납입하여야 한다.

가. 개시증거금

선물거래를 하려면 먼저 선물회사를 방문하여 거래계좌를 개설한다. 계좌 개설 후 상장상품별로 일정 금액의 증거금을 납입하고 거래를 시작할 수 있는데, 이때의 증거금을 말한다. 개시증거금의 예치수단으로는 거래소별로 다르기는 하지만 일반적으로 현금이 사용되고 유가증권 등으로도 예치가 가능하다.

미국달러선물의 1계약은 1만 달러이다. 만일 1계약당 개시증거금이 50만 원(환율에 연동됨)이라면 미국달러선물 100계약을 신규매수 또는 신규매도하고자 하는 투자자는 50백만 원을 계좌에 예치하여야 한다.

나. 유지증거금

거래체결 이후 항시 최소한 유지하여야 하는 증거금을 유지증거금(maintenance margin)이라 한다. 일반적으로 개시증거금 수준을 유지증거금 수준의 약 1.5배 내외에서 설정하는데 이것은 투자자로 하여금 유지증거금 이상으로 미리 충분한 자금을 예치하도록 하여 빈번하게 증거금을 예탁하는 불편을 해소하기 위한 것이다.

다. 추가증거금

투자자의 예탁총액이 유지증거금 수준보다 적은 경우 선물회사는 해당 투자자에게 예탁재산이 개시증거금 수준이 되도록 부족한 자금을 추가 예탁할 것을 통보한다. 이를 마진 콜이라 하며, 이렇게 추가로 예탁된 자금을 추가증거금이라 한다.

3-2. 선물의 주요 계약조건

3-2-1. 대상상품(underlying commodity)

선물계약의 거래대상이 되는 상품에 특별한 제한이 있는 것은 아니지만 현재 미국을 비롯한 세계 각국의 선물거래소에는 그 거래소의 특성에 맞는 품목을 상장 품목으로 선정하여 거래하고 있다. 어떤 상품이 선물거래소에 상장되어 거래되기 위해서는 상품의 품질 및 저장성, 가격구조 및 가격변동의 정도, 헤지 수요, 현물시장의 규모 등 여러 가지 조건이 고려되어야 한다.

거래대상 상품에 따라 선물계약은 크게 전통적인 상품선물(commodity futures)과 금융선물(financial futures)로 구분할 수 있다. 금융선물은 통화, 금리, 주가지수 등 금융상품을 거래대상으로 한다.

3-2-2. 계약단위(contract size)

계약단위란 선물거래에서 거래되는 상품의 기본 거래단위로서 선물계약 1건의 크기를 나타낸다. 즉, 하나의 거래단위를 1계약(contract)이라 한다. 모든 선물거래소에서는 거래가 신속하게 이루어질 수 있도록 하기 위하여 거래대상 상품별로 계약단위를 표준화하여 거래하고 있다. 예를 들어 한국거래소(www.krx.co.kr)에 상장되어 있는 미국달러선물의 1계약은 1만 달러이다.

3-2-3. 결제월(delivery month)

결제월이란 선물계약이 만기가 되어 실물의 인수도가 이루어지는 달을 말하며 인도월이라고도 한다. 각 선물거래소에서는 선물계약을 상장시킬 때 거래유동성을 높이기 위해 그 상품의 특성에 맞추어 일년 중 2~12개의 달을 결제월로 지정하고 있다. 금융선물거래의 경우에는 통상 일년 중 3, 6, 9, 12월물로 구분되는 것이 일반적이다.

예를 들어 한국거래소 미국달러선물의 결제월은 분기월 중 12개, 그 밖의 월 중 8개다. 결국 상장결제월은 총 20개인데 1년 이내인 경우 매월 및 1년 초과의 경우 매분기월물이 상장되어 거래된다. 또 3년 국채선물의 결제월은 3, 6, 9, 12월물이다.

3-2-4. 가격제한폭(price limit)

가격제한폭이란 직전일의 결제가격을 기준으로 해당일 거래 중 등락할 수 있는 상하 최대한의 가격변동 범위를 사전에 정한 것을 말한다. 각 선물거래소에서는 시장상황이 과열되는 것을 방지하기 위하여 상품별로 가격제한폭을 설정해놓고 있지만 경우에 따라서는 가격제한폭이 적용되지 않는 상품도 있다. 그리고 선물계약이 만기시점인 인도월에 이르러 당월물이 되면 가격제한폭이 적용되지 않는 것이 일반적이다.

3-2-5. 최소 호가단위(tick)

선물계약의 매입 또는 매도 주문시 제시가격의 최소 가격변동 단위이며 각 선물거래소마다 상품별로 그 크기를 표준화시켜서 거래를 원활하게 할 수 있도록 하고 있다. 여기에 계약단위(contract size)를 곱하면 최소 호가단위 1단위 변동시 계약당 손익금액이 산출된다. 미국달러선물의 경우 최소 호가단위는 0.10원이며 최소 가격변동금액(tick value)은 1,000원(10,000달러×0.10원)이다.

3-3. 선물시장 참가자

선물시장에는 참여하는 목적에 따라 다양한 참가자들이 존재한다.

3-3-1. 헤저(hedger)

현물시장에서 기초자산에 대한 실수요로 인해 시장위험을 안고 있는 사람들로서 현물가격변동에 따른 위험을 줄이기 위하여 선물시장에 참여한다. 또 이들이 선물시장을 통해 위험을 관리하는 것을 헤지라고 한다. 즉, 현물시장의 포지션과 반대의 포지션을 선물시장에서 취함으로써 한쪽 시장의 유리하거나 불리한 가격변동을 다른쪽 시장의 불리하거나 유리한 가격변동과 상쇄시키는 거래를 말한다.

3-3-2. 투기자(speculator)

직접 기초자산을 취급하지 않지만 미래 기초자산 가격에 대한 예상을 근거로 하여 선물시장에서의 가격의 방향 또는 서로 다른 선물계약 사이의 가격차이에 대한 전망에 따라 이익을 추구하는 자를 말한다. 선물시장에서는 유동성이 풍부하기 때문에 반대매매가 쉬워 투기자들의 거래수요를 충분히 충족시켜줄 수 있다. 특히 현물거래와 달리 거래 절차가 간단하고 비교적 적은 증거금만으로도 거래가 가능하여 투기자들에게는 매우 유리하다.

투기자들은 거래 형태에 따라 scalper, day trader와 position trader 등으로 구별된다. 또 이들이 하는 거래도 단순히 가격의 방향에 투자하는 outright 거래와 서로 다른 계약 사이의 가격관계에 투자하는 스프레드 거래가 있다. Scalper들은 시장에 아주 가까이 있으면서 향후 가격에 대한 전망을 하지 않고 단순히 시장에 들어오는 매도 및 매수주문의 양 등을 참고하여 적은 이익을 목표로 한다. 또 day trader들은 가격의 방향에 대한 전망을 가지고 선물거래를 하지만 대부분의 경우 포지션을 하루 이내에 스퀘어 하는 거래자들을 말한다. 한편 position trader들은 다소 큰 포지션을 좀더 긴 추세에 투자하는 거래자들을 말한다.

3-3-3. 차익거래자(arbitrageur)

현물과 선물시장에 동시에 참여하여 낮은 거래비용으로 거래를 하는 대규모의 기관투자가들이 주로 이에 속한다. 이들은 선물가격과 현물가격 사이의 관계를 이용한다. 만일 해당 선물의 이론가격과 실제가격이 많이 괴리되어 거래되는 경우 저평가된 것을 사고 고평가된 것을 팔아서 무위험으로 이익을 추구하는 거래자들이다.

제2절 통화선물

1. 통화선물의 개요

통화선물은 장외에서 거래되는 선물환거래를 거래소에서 거래조건을 표준화하여 거래하는 것으로 이해하면 된다. 해외 선물거래소들의 경우 금융선물 가운데 통화선물이 가장 먼저 도입되었지만 대체제인 선물환거래가 워낙 활발히 거래되기 때문에 통화선물 거래금액은 다른 선물상품의 거래금액보다 적은 편이다. 우리나라 한국거래소에서도 원화 금리선물이나 주가지수선물에 비해 미국달러선물 거래금액은 적다.

은행간 치열한 경쟁, 환율정보의 광범위하고 신속한 전파 등으로 은행간 또는 은행과 고객간 선물환거래의 스프레드가 매우 적다. 또 선물시장의 가장 중요한 장점인 가격투명성 측면에서도 통화선물은 은행간 선물환거래와 큰 차이가 없는 반면 통화선물에서는 선물환거래와 달리 매일 증거금을 관리해야 하는 불편함이 있어 통화선물의 이용을 감소시키는 요인으로 작용한다.

2. 통화선물의 가격결정

같은 만기의 달러/원 선물환율과 미국달러선물 가격은 어떨까? 거의 모든 경우에 차익거래가 불가능할 정도로 비슷하다. 즉, 통화선물가격은 곧 선물환율을 구하기 위해 산출한 스왑포인트와 현물환율의 합으로 이해하면 된다. 통화선물에서는 이를 베이시스라고 부른다.

만일 같은 만기의 달러/원 선물환율과 미국달러선물 가격이 다르다면 어떤 일이 발생할까? 두 거래를 모두 행할 수 있는 사람은 비싼 가격의 선물환거래나 미국달러선물을 매도하고 싼 가격의 선물환거래나 미국달러선물을 매수하여 무위험 차익거래를 만들 수 있다. 국제금융에서도 일물일가의 원칙이 성립한다. 이처럼 두 가격은 무위험 차익거래가 불가능할 정도로 근접하게 된다.

3. 통화선물의 계약명세

만일 헤지 목적이나 투기적인 목적으로 통화선물거래를 하려면 먼저 거래소에 상장되어 있는 통화선물의 계약명세를 수시로 확인하고 거래하여야 한다. 우리나라 한국거래소에 상장되어 있는 통화선물에는 미국달러선물, 엔선물, 유로선물 및 위안선물 등이 있으며 계약명세는 아래와 같다.

3-1. 미국달러선물 계약명세

미국달러선물은 미래의 일정시점에 인수도할 미국 달러화를 현재시점에서 미리 매수하거나 매도하는 계약이다. 한국거래소에 상장되어 있는 미국달러선물을 헤지나 투기 목적으로 활용하기 위해서는 그 거래조건의 정확한 이해가 선행되어야 한다. 미국달러선물의 계약명세를 살펴보면 다음과 같다.

〈표 3-2〉 미국달러선물 계약명세

거래대상	미국달러화(USD)
거래단위	US$10,000
결제월	분기월 중 12개와 그 밖의 월 중 8개
상장결제월	총 20개(1년이내 매월, 1년초과 매분기월 상장)
가격의 표시	US$1당 원화

최소가격변동폭	0.10원
최소가격변동금액	1,000원(US$10,000 × 0.10)
거래시간	09:00 ~ 15:45(최종거래일: 09:00 ~ 11:30)
최종거래일	결제월의 세 번째 월요일(공휴일인 경우 순차적으로 앞당김)
최종결제일	최종거래일로부터 기산하여 3일째 거래일
결제방법	인수도결제
가격제한폭	기준가격 대비 상하 ±4.5%(변경될 수 있음)
단일가격경쟁거래	개장시(08:00 ~ 09:00) 및 거래종료시(15:35 ~ 15:45), 최종거래일 종료시(11:20 ~ 11:30)

자료: 한국거래소 홈페이지(www.krx.co.kr).

3-2. 엔선물 계약명세

엔선물은 미래의 일정시점에 인수도할 일본 엔화를 현재시점에서 미리 매수하거나 매도하는 계약이다.

〈표 3-3〉 엔선물 계약명세

거래대상	일본엔화(JPY)
거래단위	¥1,000,000
결제월	분기월 중 4개와 그 밖의 월 중 4개
상장결제월	1년 이내의 8개 결제월
가격의 표시	¥100당 원화
최소가격변동폭	0.10원
최소가격변동금액	1,000원(¥1,000,000/100 X 0.1)
거래시간	09:00 ~ 15:45(최종거래일: 09:00 ~ 11:30)
최종거래일	결제월의 세 번째 월요일(공휴일인 경우 순차적으로 앞당김)
최종결제일	최종거래일로부터 기산하여 3일째 거래일
결제방법	인수도결제
가격제한폭	기준가격 대비 상하 ±5.25%(변경될 수 있음)
단일가격경쟁거래	개장시(08:00 ~ 09:00) 및 거래종료시(15:35 ~ 15:45), 최종거래일 종료시(11:20 ~ 11:30)

자료: 한국거래소 홈페이지(www.krx.co.kr).

3-3. 유로선물 계약명세

유로선물은 미래의 일정시점에 인수도할 유럽 유로화를 현재시점에서 미리 매수하거나 매도하는 계약이다.

〈표 3-4〉 유로선물 계약명세

거래대상	유로화(EURO)
거래단위	EURO10,000
결제월	분기월 중 4개와 그 밖의 월 중 4개
상장결제월	1년 이내의 8개 결제월
가격의 표시	EURO1당 원화
최소가격변동폭	0.10원
최소가격변동금액	1,000원(EURO10,000×0.10)
거래시간	09:00 ~ 15:45(최종거래일: 09:00 ~ 11:30)
최종거래일	결제월의 세 번째 월요일(공휴일인 경우 순차적으로 앞당김)
최종결제일	최종거래일로부터 기산하여 3일째 거래일
결제방법	인수도결제
가격제한폭	기준가격 대비 상하 ±5.25%(변경될 수 있음)
단일가격경쟁거래	개장시(08:00 ~ 09:00) 및 거래종료시(15:35 ~ 15:45), 최종거래일 종료시(11:20 ~ 11:30)

자료: 한국거래소 홈페이지(www.krx.co.kr).

3-4. 위안선물 계약명세

위안선물은 미래의 일정시점에 인수도할 위안화를 현재시점에서 미리 매수하거나 매도하는 계약이다.

〈표 3-5〉 위안선물 계약명세

거래대상	중국위안화(CNH)
거래단위	100,000 위안
결제월	분기월 중 4개와 그 밖의 월 중 4개
상장결제월	1년 이내의 8개 결제월 [6개 연속 결제월(1개월~6개월), 2개 분기월(9개월, 12개월)]
가격의 표시	1위안당 원화(위안/원)
최소가격변동폭	0.01원(현행 원1위안 현물 직거래 시장과 동일)
최소가격변동금액	1,000원 (100,000×0.01원)
거래시간	09:00~15:45(최종거래일 09:00~11:30)
최종거래일	결제월의 세 번째 월요일(공휴일인 경우 순차적으로 앞당김)
최종결제일	최종거래일로부터 기산하여 3일째 거래일
결제방법	인수도결제
가격제한폭	기준가격 대비 상하 ±4.5%(미국달러선물과 변동성 수준 유사)
단일가격경쟁거래	개장시(08:00~09:00) 및 거래종료시(15:35~15:45), 최종거래일 거래종료시(11:20~11:30)

자료: 한국거래소 홈페이지(www.krx.co.kr).

4. 통화선물의 활용 사례

4-1. 통화선물을 이용한 헤지거래 사례

앞에서 선도거래와 선물거래를 비유적으로 설명한 바 있다. 즉, 선물환거래와 통화선물은 마치 춘천 중앙동에 있는 이모집을 찾아가는 방법으로 택시나 자가용을 이용하거나 기차를 이용하는 것의 차이 정도라고 설명하였다. 다시 말해 어떠한 교통수단을 이용하더라도 목적지에 다다를 수 있다. 환리스크를 관리하기 위해 고객이 은행과 선물환거래를 체결하면 되지만 외환거래를 위한 한도가 없는 경우 대안인 통화선물을 통해서 헤지 목적을 달성할 수 있다.

그런데 앞의 미국달러선물의 계약조건에서도 살펴보았지만 통화선물은 그 거래 메커니즘이 정형화되어 있어 얼핏 보기에는 선물환거래와 같은 헤지 결과를 얻을 수 없는 것처럼 보인다. 특히 선물환거래의 경우 만기일은 미국과 한국이 휴일만 아니면 어떤 날도 가능하다. 그러나 통화선물의 경우 최종결제일이 최종거래일로부터 기산하여 3일째 거래일로 고정되어 있다. 이러한 측면이 있음에도 불구하고 선물환거래와 통화선물이 같은 헤지 효과를 달성할 수 있다는 것을 다음 예를 통해 확인할 수 있다.

중소기업 갑은 11월 1일에 12월 1일자로 30만 달러 수출계약을 맺었다. 향후 달러/원 환율이 떨어질 것으로 예상하여 환리스크를 헤지하기로 결정하였으며 선물환거래나 통화선물을 모두 활용할 수 있다. 그런데 선물환거래의 경우 만기일을 12월 1일로 정하면 되지만 미국달러선물의 만기일은 셋째 수요일인 12월 18일이 되며 통화선물가격은 다음과 같다.

12월 1일 선물환율: 1163.00
12월 18일 통화선물가격: 1164.80

---

① 선물환거래

12월 1일에 현물환율과 관계없이 사전에 거래한 선물환거래의 내역에 따라 선물환율인 1163.00에 30만 달러를 매도하고 그에 해당하는 원화를 받으면 된다.

② 통화선물

12월 1일이 되어 원화 자금이 필요할 경우 해당 달러를 매도하고 기존 통화선물거래를 청산하면 된다. 그런데 12월 1일의 현물환율은 11월 1일 거래 당시의 현물환율과는 많이 다를 것이다. 예를 들어 1,200원 또는 1,100원이 되는 경우를 상정해보자.

가. 현물환율이 1200원이 되는 경우

30만 달러를 현물환율인 1200원에 매각하고 11월 1일에 매도한 미국달러선물 30계약을 1201.80원[현물환율(1200) + 스왑포인트 또는 베이시스(1.80원: '하루에 0.10원 × 18일'로 단순하게 가정하였음)]에 되사서 반대거래하면 된다. 그 과정에서 기업이 달러를 매도하는 원가는 1163원이 된다. 즉, 현물환율인 1200원에 매도하였지만 통화선물을 청산하는 과정에서 37원(이전 통화선물의 매도가인 1164.80원에 낮게 팔고 새로운 선물가격인 1201.80원에 비싸게 매입하였으므로)의 손실이 발생했기 때문이다.

나. 현물환율이 1100원이 되는 경우

30만 달러를 현물환율인 1100원에 매각하고 11월 1일에 매도한 미국달러선물 30계약을 1101.80원에 되사서 반대거래하면 된다. 그 과정에서 기업이 달러를 매도하는 원가 역시 1163원이 된다. 현물환율인 1100원에 매도하였지만 미국달러선물을 청산하는 과정에서 63원(1164.80원과 1101.80원의 차이)의 이익이 발생했기 때문이다.

결국 11월 1일 체결한 선물환거래나 통화선물을 통해 환리스크를 헤지한 결과 달러 매도 원가는 모두 1163원이 된다. 물론 거래비용과 스왑포인트(또는 베이시스)의 변화 가능성은 감안하지 않았다. 수입기업의 경우도 위와 같은 거래를 통해 수출기업과 같은 헤지 효과를 달성할 수 있다.

4-2. 통화선물을 이용한 투기거래 사례

만일 달러/원 환율이 상승할 것으로 보는 투기자는 미국달러선물을 매수하는 투기거래를 하면 된다. 예를 들어 미국달러선물가격이 1200원일 때 미국달러선물을 10계약 매수한 뒤 1220원에 10계약을 매도하면 2백만의 이익이 발생하고, 만일 1180원에 10계약을 매도하면 2백만의 손실이 발생한다.

제3절 금리선물

1. 금리선물의 개요

금리선물은 그 가격이 금리수준에 의해서 결정되는 자산을 기초자산으로 하는 선물을 말한다. 그러므로 가격이 금리에 의하여 결정되는 금리상품에 대한 선물계약이 금리선물에 해당된다. 금리선물에서 실제로 매매되는 것은 금리 자체가 아니라 이자를 발생시키는 금리상품(예를 들면 채권이나 예금 등)이다.

금리선물은 여타 선물거래와 다른 특징이 있다. 대부분의 선물거래에서는 선물거래에 만기가 있지만 기초자산에는 만기가 없다. 그러나 금리선물에서는 선물에도 만기가 있고, 기초자산에도 만기가 있다. 금리선물은 일반적으로 만기 1년 이하의 단기금리상품을 기초자산으로 하는 단기금리선물과 만기 1년 이상의 장기금리상품을 기초자산으로 하는 장기금리선물로 구성된다. 그리고 기초자산인 금리상품의 가격 계산 방식에 있어서도 단기금리상품은 대부분 할인채 방식을 따르고 장기금리상품은 이표채(coupon bonds) 방식을 따른다.

금리선물을 이용하여 금리리스크를 관리할 수 있다. 예를 들어 채권포트폴리오를 운용하고 있는 자금관리자가 향후 이자율이 오를 것으로 예상하면 금리상승에 따른 투자운용 수익 감소를 피하기 위해 채권포드폴리오의 평균상환만기(듀레이션)를 줄여야 한다. 이때 여러 방법 가운데 하나로 금리선물을 매도하면 된다.

1970년대 후반과 1980년대에 미국의 금리는 급격히 올랐고 그에 따라 채권의 가치는 떨어져서 채권을 보유하고 있던 투자자는 상당한 손해를 보아야 했다. 따라서 투자자는 금리의 변동으로 인한 보유 채권포트폴리오의 가치변동을 줄이고자 하였다. 이때 금리선물거래를 통하여 금리변동으로 인한 손실을 피할 수 있었다. 기업들도 금리선물시장을 이용하여 자금의 조달과 운용과 관련되는 금리리스크를 헤지할 수 있다.

금리선물은 1975년 시카고상품거래소(CBOT; chicago board of trade)에서 미국정부주택저당채권증서를 기초자산으로 처음 거래되기 시작했다. 세계 최대의 시장인 미국에서 거래되고 있는 금리선물에는 연방기금금리선물 등 단기금리선물이 있는데, 시카고상업거래소(CME; chicago mercantile exchange)의 국제통화시장에서 거래되고 있다. 그리고 재정채권(treasury bonds, treasury notes)선물 등과 같은 장기금리선물은 주로 시카고상품거래소에서 거래되고 있다. 국내에서 거래되고 있는 금리선물에는 3년 국채선물, 5년 국채선물과 10년 국채선물 및 3개월무위험지표금리선물 등이 있다.

2. 금리선물의 계약명세

국내외 선물거래소에서 거래되는 금리선물은 매우 다양하다. 여기서는 우리나라에서 가장 활발하게 거래되는 장기금리선물의 하나인 3년국채선물과 2022년 3월 28일에 한국거래소에 상장된 3개월무위험지표금리선물의 계약명세에 대해 알아보기로 한다.

2-1. 3년국채선물

우리나라 국채선물의 기초자산이 되는 국채는 우리 정부가 3년, 5년, 10년 및 50년 등을 만기로 발행하는 채권으로 유가증권시장본부와 장내유통시장 또는 증권회사 등을 통한 장외유통시장에서 거래되고 있다. 국채는 자금용도에 따라 국고채권, 재정증권, 국민주택채권 및 보상채권의 4가지로 분류되며, 종목에 따라 발행방식 및 이자지급방식 등이 다르다.

우리나라에서는 국채시장을 활성화하기 위해 1999년 9월에 3년 만기 국고채를 기초자산으로 하는 3년국채선물을 거래하기 시작하면서 장기금리선물이 거래되기 시작했다. 이후 2003년에 5년국채선물과 2008년에 10년국채선물이 상장되기는 하였지만, 현재 대부분의 장기금리선물은 3년국채선물을 중심으로 이루어지고 있다.

3년 국채선물은 이표율 5%, 6개월 단위 이표지급방식의 3년 만기 국고채를 대상으로 거래하는 선물거래를 말한다. 3년국채선물의 기초자산이 되는 국고채가 채권시장에 존재하지 않기 때문에 최종결제를 위해 basket 채권을 사용한다. 미국의 국채선물 등 대부분의 국채선물과는 달리 현금결제방식을 채택하고 있다. 그 이유는 기초자산이 되는 채권이 가상의 채권이고, 현물 채권의 유동성이 풍부하지 못해 실물을 인수도하는 것이 불가능하기 때문이다. 또 현금결제를 위해 최종결제일에 기초자산의 가격이 필요한데, 기초자산의 가격을 계산하기 위해 basket 채권의 수익률을 사용한다. 3년국채선물의 계약명세는 다음과 같다.

〈표 3-6〉 3년국채선물 계약명세

거래대상	표면금리 5%, 6개월단위 이자지급방식의 3년만기 국고채
거래단위	액면 1억 원
결 제 월	3, 6, 9, 12월
상장결제월	6월 이내의 2개 결제월
가격의 표시	액면 100원당 원화(백분율 방식)
최소가격변동폭	0.01포인트
최소가격변동금액	10,000원(1억 원×0.01×1/100)
거래시간	09:00 ~ 15:45(최종거래일 09:00 ~ 11:30)
최종거래일	결제월의 세 번째 화요일(공휴일인 경우 순차적으로 앞당김)
최종결제일	최종거래일의 다음 거래일
결제방법	현금결제
가격제한폭	기준가격 대비 상하±1.5%(변경될 수 있음)
단일가격경쟁거래	개장시(08:00 ~ 09:00) 및 최종거래일 이외의 거래종료시(15:35 ~ 15:45)

2-2. 3개월무위험지표금리선물

2012년 리보(LIBOR) 조작 이후 국제기구인 금융안정위원회(FSB)를 중심으로 단기 지표금리의 조작에 대응하기 위한 작업이 그간 진행되었다. 그 조치에 따라 우리나라에서 새로운 익일물 지표금리인 한국무위험지표금리(KOFR, Korea Overnight Financing Repo Rate, '코퍼'로 발음)가 탄생하였다.

그것을 기초자산으로 하는 3개월무위험지표금리선물이 상장되었는데, 3개월무위험지표금리선물은 한국무위험지표금리(KOFR)의 선물만기 직전 3개월 복리금리를 최종결제일에 현금결제 방식으로 거래하는 계약이다. 2023년 8월 현재 거래가 활발하지는 않다.

〈표 3-7〉 3개월 무위험지표금리선물 계약명세

거래대상	100 − R R = 아래의 산식으로 계산되는 KOFR 3개월 복리 금리 $$R = \left[\frac{365}{N}\left\{\prod_{i=1}^{x}\left(1+\frac{R_i}{100}\times\frac{d_i}{365}\right)-1\right\}\right]\times 100$$ N = 참조기간 일수 x = 참조기간 KOFR 산출 기준일수 R_i = 산출 기준일별 KOFR d_i = R_i 의 적용일수 ($\sum_{i=1}^{x} d_i = N$)* * KOFR 미산출일에는 직전 KOFR을 이용해 단리 처리 예) 산출기준일이 일반적 금요일인 경우 $d_i = 3$ 예) 금리(R)가 0.635%일 경우 가격은 100−0.635 = 99.365
상장계약	분기월 4개와 비분기월(연속월) 4개 상장
거래단위	10억 원
호가가격단위(Tick)	0.005
거래승수	250만 원
최소가격변동금액	12,500원(거래승수 250만 원 X 0.005)
참조기간	종목별 결제월의 3개월전 월의 세번째 수요일(산입)부터 결제월의 세번째 수요일(불산입)까지

거래시간	09:00~15:45(최종거래일도 동일*)
최종거래일	결제월의 세 번째 수요일의 직전 거래일
최종결제일	최종거래일부터 기산하여 세 번째 거래일(T+2일)
결제방법	현금결제
가격제한폭	기준가격대비 상하 ± 1.3%
미결제약정한도	미적용
정산 가격	(당일 거래가 있을 경우) 당일 종가 (당일 거래가 없을 경우) 장종료 시 최우선 매수 · 매도호가 범위 내 이론가격, 만약 이론가격이 범위 밖이면 그 이론가격에 가까운 최우선 매수 · 매도호가

3. 금리선물의 활용 사례

3-1. 헤지거래 사례

3-1-1. 단기금리선물 매입헤지 사례

단기금리선물을 매입하여 향후 금리의 하락위험을 헤지하는 것을 말한다. 예를 들어 갑기업은 2개월 후에 입금될 잉여 자금 1백억 원을 3개월간 운용해야 하는 상황이다. 만일 그 사이에 원화 금리가 하락할 것으로 예상하면 단기금리선물을 매입하여 현재 시점에서 향후 운용해야하는 잉여 자금의 운용 수익을 고정시킬 수 있다. 즉, 단기금리선물을 매입한 뒤 금리가 하락하면 단기금리선물가격이 상승하여 이익이 발생하기 때문에 현재 시점에서 2개월 후에 입금될 1백억 원의 운용 금리를 확정할 수 있다.

예를 들어 현재 3개월 단기금리가 3.25%이고, 단기선물가격이 96.10이라고 하자. 만일 원화금리가 하락할 것으로 예상하면 단기금리선물을 96.10에 매입하여 금리하락 위험을 헤지하면 된다.

2개월 뒤에 잉여 자금이 입금될 때 예상대로 원화금리는 하락하여 3개월 단기금리는 3.00%, 매입했던 단기 금리선물가격은 96.35가 되었다고 하자. 잉여 자금을 자금 입금시의 3개월 단기금리인 3.00%에 운용하지만 단기금리선물에서 0.25%(=96.35-93.10)의 이익이 발생하여 운용금리는 3.25%가 되기 때문에 원화금리 하락에 따른 운용수익의 하락을 헤지할 수 있다.

3-1-2. 단기금리선물 매도헤지 사례

단기금리선물을 매도하여 향후 금리의 상승위험을 헤지하는 거래를 말한다. 예를 들어 을기업은 2개월 뒤에 1백억 원을 3개월 만기로 차입해야 한다. 그런데 그 사이에 원화금리가 상승할 것으로 예상하면 현재 시점에서 해당 차입과 관련되는 차입비용을 고정시키려면 단기금리선물을 매도하면 된다. 왜냐하면 단기금리선물을 매도한 뒤 금리가 상승하면 단기금리선물가격이 하락하여 이익이 발생하기 때문에 현시점에서 해당 차입금리를 확정할 수 있다.

3-2. 투기거래 사례

한편 금리선물을 이용한 투기거래도 가능하다. 만일 어떤 투기자가 금리가 떨어질 것으로 예상하면 듀레이션을 연장하면 되는데 이때 금리선물을 매입하면 된다. 예를 들어 을은행의 채권딜러는 향후 금리가 하락할 것으로 예상하여 국고채 현물을 매수하는 대신 3년국채선물을 110.35의 선물가격에 10계약 매수하였다.

만일 금리가 하락하여 선물가격이 112.61이 되면 22백 6십만 원(=(112.61−110.35)×100×10,000원×10계약)의 수익이 발생한다. 이 경우 국고채를 현물로 매입하는 것에 비해 3년국채선물을 이용할 경우 레버리지효과를 거둘 수 있어 훨씬 투기적 목적에 더욱 잘 부합할 수 있다. 물론 이와 반대의 경우에도 활용할 수 있다.

제4절 주식관련 선물

1. 주식관련 선물의 개요

금융선물 가운데 가장 많은 거래가 이루어지는 선물의 하나는 주식관련 선물거래이다. 주식관련 선물은 기초자산을 삼성전자와 같은 개별주식이나 KOSPI200과 같은 주가지수로 하는 선물거래로 나뉘어진다. 주식에 투자하는 것은 많은 위험을 동반한다. 그래서 관련되는 위험을 관리하기 위해 분산투자나 현실적으로 제약이 많은 공매도 등을 이용하기도 한다. 이러한 방법을 통해서도 관리하기 힘든 위험들은 개별주식선물거래나 주가지수선물거래를 통해 관리할 수 있고, 투기적 거래로도 매우 유용하게 사용할 수 있기 때문에 주식관련 선물의 거래가 많이 증가하고 있는 것이 현실이다.

1980년대부터 브라질 등 남미에서 거래되기 시작한 개별주식선물의 기초자산은 해당 개별주식이다. 개별주식선물을 이용할 경우 현물 주식시장에 존재하는 규제의 하나인 공매도를 자유롭게 할 수 있기 때문에 주식투자의 대안이나 투기적 수요로 활용도가 높은 편이다. 그리고 개별주식선물은 해당 주식에 대한 선물거래이기 때문에 해당 종목에 대한 헤지거래나 차익거래를 수행할 수 있어서 매우 유용하다.

이에 반해 주가지수선물은 그 기초자산이 주가지수인 선물거래이다. 원래 주가지수는 주식시장의 동향을 하나의 지표로 표시하기 위한 목적으로 개발된 지수이다. 현재 주식시장에서 거래되고 있는 종목의 일부나 전부를 대상으로 인위적인 주식 포트폴리오를 구성한 다음 그 포트폴리오를 하나의 가상 주식인 것처럼 그 가치를 계산한 것이다. 그러므로 주식시장 전체를 잘 반영할 수 있는 종목을 선택하는 것이 중요하다.

현재 우리나라에는 종합주가지수, KOSPI200과 스타지수 등이 있다. 미국에서 선물과 옵션의 기초자산이 되는 주요 주가지수에는 뉴욕증권거래소(NYSE; The New York Stock Exchange)에 상장되어 있는 종목 가운데 500개의 종목으로 구성된 S&P500지수와 전체 종목을 대상으로 한 뉴욕증권거래소 종합주가지수(NYSE composite index) 등이 있다. 주가지수선물은 이들 주가지수를 기초자산으로 하는 선물거래를 말한다.

2. 주식관련 선물의 가격결정

선물거래의 중요한 효용의 하나는 '미래 가격예시의 기능'이다. 이를 위해 해당 기초자산과 관련되는 여러 정보들을 합리적으로 선물가격에 반영하는 것이 중요하다. 선물가격을 결정하는 요소에는 해당 기초자산의 현물가격의 움직임과 해당 기초자산을 보유할 경우에 발생하는 기회비용(또는 기회수익)이다. 주식관련 선물의 가격은 보유비용모형(cost of carry model)에 따른다. 사실 이것은 앞에서 이미 살펴본 연탄의 적절한 미래가격을 산출한 것과 같은 프로세스라고 생각하면 된다.

2-1. 보유비용모형

보유비용모형에 따른 주식관련 선물의 이론가격은 개별주식이나 주가지수 등과 같은 기초자산의 현물가격과 현물을 만기까지 보유하는 데 소요되는 비용을 감안한 금액에서 현물보유에 따른 배당금과 같은 수익을 뺀 것이다. 즉, 선물의 이론가격은 현물가격에 현물을 보유하는 순비용(cost of carry)을 더하여 산출한다. 결국 주식관련 선물가격은 해당 현물가격과 별개로 결정되는 것이 아니고 해당 기초자산의 모든 정보가 반영되는 현물가격에 보유비용을 합한 것이다.

주식관련 선물의 이론가격은 매매 수수료와 같은 관련 거래비용이 없고, 차입이나 대출금리가 동일한 완전시장을 가정한 상태에서 현물가격(S)에 순보유비용을 더한 것이다. 순보유비용은 주식을 보유하기 위해 필요한 투자자금과 관련되는 이자(S × r)와 배당수익(S × d)의 차이이다. 주식관련 선물의 이론가격은 다음 식을 이용하여 산출할 수 있다.

$$F_T = S_t \times \{1+(r-d) \times (T-t)/365\}$$

F_T : 주식선물 이론가격
S_t : t시점의 주가
r : 무위험이자율
d : 배당수익률
(T-t) : t시점으로부터 만기일 T까지의 잔존일수

2-2. 베이시스

베이시스(basis)는 원래 헤지대상자산의 현물가격에서 헤지에 이용된 기초자산의 선물가격을 뺀 것을 말한다. 그런데 금융선물에서는 '선물가격-현물가격'으로 정의한다. 결국 베이시스는 선물계약의 만기일까지 현물을 보유하는데 따라 발생하는 순비용에 의해 결정되며, 이 순비용이 앞에서 살펴본 보유비용이다.

베이시스는 만기일에 근접할수록 보유비용이 감소하여 0으로 수렴한다. 즉, 이자율이나 배당수익률 등의 다른 변수가 모두 변하지 않더라도 만기일에는 선물의 이론가격은 현물가격과 같게 된다.

주식관련 선물의 이론가격을 선물시장에서 거래되는 시장가격과 구분하여 이론베이시스(theoretical basis)는 선물의 이론가격과 현물가격의 차이를, 그리고 시장베이시스(market basis)는 선물의 시장가격과 현물가격의 차이를 말한다. 따라서 선물의 시장가격이 이론가격과 일치하지 않을 경우에 시장베이시스와 이론베이시스는 일치하지 않는다. 그 이유는 이론베이시스는 개별주식 또는 주가지수의 보유비용과 같지만 시장베이시스는 보유비용과 선물시장의 수급에 영향을 받기 때문이다.

만기일 이전에 베이시스는 일정하게 움직이지는 않는다. 왜냐하면 현물가격과 선물가격이 다양한 요인에 의해 변하며, 그 변동폭이 같지 않기 때문이다. 이런 베이시스의 불규칙한 움직임을 베이시스 위험(basis risk)라고 하며, 선물을 거래하는 투자자에게 불확실성을 제공한다. 즉, 선물거래에 있어 투자자에게 보유비용에 의해 결정되는 이론베이시스 보다 선물시장에서 수요와 공급에 의한 선물의 시장가격과 현물가격의 차이인 시장베이시스가 중요하다.

2-3. normal backwardation과 contango

개별주식이나 주가지수에 대한 보유비용(cost of carry)이 관련되는 기초자산의 선물가격을 결정하기 때문에 선물가격과 실제 현물가격의 미래 예상치와는 이론적으로 보면 보유비용만큼 차이를 보인다. 선물가격이 미래의 현물가격 예상치와 비교하여 추세적으로 높거나 낮게 거래될 수 있다. 선물가격이 미래의 현물가격 예상치보다 낮은 상황을 normal back-wardation이라고 한다. 이것과는 달리 선물가격이 미래 현물가격의 예상치와 비교하여 높은 상황을 contango라고 한다.

3. 주식관련 선물의 계약명세

3-1. 개별주식선물

주식시장에 상장되어 있고 유통주식수가 200만주 이상, 소액주주수가 2,000명 이상, 1년간 총거래대금이 5,000억원 이상인 보통주식 중에서 시가총액과 재무상태 등을 감안하여 선정한 기업이 발행한 주식을 기초자산으로 하는 선물상품을 말한다. 그 상세한 계약명세는 다음과 같다.

〈표 3-8〉 개별주식선물 계약명세

<table>
<tr><td>거래대상</td><td>유가증권시장 및 코스닥시장의 주요 다수 기업
(변경될 수 있음)</td></tr>
<tr><td>계약금액</td><td>주식선물가격 × 10(거래승수)</td></tr>
<tr><td>결 제 월</td><td>기타월(1, 2, 4, 5, 7, 8, 10, 11월) 2개, 분기월(3, 9월) 2개,
반기월(6월) 2개, 연월(12월) 3개</td></tr>
<tr><td>상장결제월</td><td>3년 이내의 9개 결제월</td></tr>
<tr><td>가격의 표시</td><td>주식선물가격(원)</td></tr>
<tr><td>호가가격단위</td><td><table>
<tr><th>선물가격</th><th>호가단위</th></tr>
<tr><td>① 2,000원 미만</td><td>1원</td></tr>
<tr><td>② 2,000원 이상 – 5,000원 미만</td><td>5원</td></tr>
<tr><td>③ 5,000원 이상 – 20,000원 미만</td><td>10원</td></tr>
<tr><td>④ 20,000원 이상 – 50,000원 미만</td><td>50원</td></tr>
<tr><td>⑤ 50,000원 이상 – 200,000원 미만</td><td>100원</td></tr>
<tr><td>⑥ 200,000원 이상 – 500,000원 미만</td><td>500원</td></tr>
<tr><td>⑦ 500,000원 이상</td><td>1,000원</td></tr>
</table></td></tr>
<tr><td>거래시간</td><td>09:00 ~ 15:45(최종거래일 09:00 ~ 15:20)</td></tr>
<tr><td>최종거래일</td><td>각 결제월의 두 번째 목요일(공휴일인 경우 순차적으로 앞당김)</td></tr>
<tr><td>최종결제일</td><td>최종거래일의 다음 거래일</td></tr>
<tr><td>가격제한폭</td><td>기준가격 대비 각 단계별로 확대 적용(변경될 수 있음)
① ±10% ② ±20% ③ ±30%</td></tr>
<tr><td>단일가격경쟁거래</td><td>개장시(08:00 ~ 09:00) 및
최종거래일 이외의 거래종료시(15:35 ~ 15:45)</td></tr>
<tr><td>필요적 거래중단
(circuit breakers)</td><td>현물가격 급변시 주식선물 거래 일시 중단</td></tr>
</table>

3-2. KOSPI200선물

코스피200선물은 유가증권시장본부에 상장된 주권 200종목의 시가 총액 기준으로 산출된 코스피200지수(산출기준시점: 1990년 1월 3일)를 기초자산으로 하는 선물거래이다. 이처럼 코스피200선물은 주가지수를 거래대상으로 하기 때문에 최종결제방법은 현금결제를 채택하고 있다. 그 상세한 계약명세는 다음과 같다.

〈표 3-9〉 KOSPI200선물 계약명세

거래대상	코스피200지수
거래단위	코스피200×25만(거래승수)
결 제 월	3, 6, 9, 12월
상장결제월	3년 이내의 7개 결제월(3,9월 : 각 1개, 6월 : 2개, 12월 : 3개)
가격의 표시	코스피200선물수치(포인트)
최소가격변동폭	0.05포인트
최소가격변동금액	12,500(25만원×0.05)
거래시간	09:00 ~ 15:45(최종거래일 09:00 ~ 15:20)
최종거래일	각 결제월의 두 번째 목요일(공휴일인 경우 순차적으로 앞당김)
최종결제일	최종거래일의 다음 거래일
결제방법	현금결제
가격제한폭	기준가격 대비 각 단계별로 확대 적용(변경될 수 있음) ① ±8% ② ±15% ③ ±20%
단일가격경쟁거래	개장시(08:00 ~ 09:00) 및 거래종료시(15:35 ~ 15:45)
필요적 거래중단 (circuit breakers)	현물가격 급변으로 매매거래 중단 시 선물거래 일시중단 및 단일가로 재개

3-3. 코스닥150선물

코스닥150선물은 코스닥시장의 기술주 섹터에 중점을 두면서 코스닥종합지수의 흐름을 잘 따라가도록 시장대표성, 섹터대표성, 유동성 등의 기준으로 선정된 150개 종목으로 구성된 코스닥150지수[산출기준시점 2010. 1. 4., 1,000p]를 거래대상으로 하는 상품이다. 최종결제방법은 현금결제방식을 채택하고 있다. 상세한 계약명세는 다음과 같다.

〈표 3-10〉 코스닥150선물 계약명세

기초자산	코스닥 150지수
거래단위	코스닥150선물 가격×10,000(거래승수)
결 제 월	3, 6, 9, 12월
상장결제월	총 7개 [분기월(3,9월) 2개, 반기월(6월) 2개, 연월(12월) 3개] 15.11.23일 기준 상장결제월 : 15.12월, 16.12월, 17.12월(거래기간 3년) 16.6월, 17.6월(거래기간 2년) 16.3월, 16.9월(거래기간 1년)
가격의 표시	코스닥150선물 수치(포인트)
호가가격단위(Tick)	0.10포인트
최소가격변동금액	1,000원(10,000×0.1p)
거래시간	09:00~15:45(최종거래일 09:00~15:20)
최종거래일	각 결제월의 두번째 목요일(공휴일인 경우 순차적으로 앞당김)
최종결제일	최종거래일의 다음 거래일
결제방법	현금결제
가격제한폭	기준가격 대비 각 단계별로 확대적용(변경될 수 있음) ①±8% ②±15% ③±20%
단일가격경쟁거래	개장시(08:00~09:00) 및 거래종료시(15:35~15:45)
필요적 거래중단 (circuit breakers)	현물가격 급변으로 매매거래 중단 시 선물거래 일시중단 및 단일가로 재개

4. 주식관련 선물의 활용 사례

4-1. 헤지거래

주가지수선물은 시장리스크를 나타내 주는 주가지수를 기초자산으로 하고 있는 선물이기 때문에 주가지수선물을 이용한 헤지는 주식 포트폴리오 위험관리에 매우 적합하다. 펀드메니저들은 주식과 채권의 적절한 자산배분을 통하여 포트폴리오 관리전략을 수립한다. 만일 주식 포트폴리오만 가진 펀드메니저가 향후 주식시장이 하락할 것으로 보면 주식을 팔면 된다. 하지만 워낙 많은 주식을 팔아야 하기 때문에 막대한 거래비용과 시장충격 때문에 포트폴리오의 자산배분상태를 수정하기 위한 의사결정의 실행이 쉽지 않다.

이때 주가지수선물을 이용하면 자산구성 상태를 즉각적으로 변경할 수 있다. 즉, 주식 포트폴리오를 그대로 가지고 있는 상태에서 주가지수선물을 매도하면 된다. 주가지수선물은 주식시장을 대표하는 주가지수를 거래대상으로 하고 거래비용이 적어 분산투자가 잘 이루어진 주식 포트폴리오의 가격변동 리스크를 헤지하는 데 매우 유용하다. 분산투자에 의하여 주식 포트폴리오의 비체계적 리스크는 제거될 수 있기 때문에 주가지수선물은 주로 시장리스크를 회피하는 데 이용된다.

4-2. 투기거래

개별주식선물이나 주가지수선물도 다른 선물과 같이 순수한 투기 목적의 거래 대상이 될 수 있다. 즉, 향후 개별주식이나 주가지수에 대한 견해에 따라 개별주식선물이나 주가지수선물을 매입하거나 매도할 수 있다. 주식에 대한 현물투자와는 달리 주식관련 선물을 이용하는 경우 매수와 매도가 동시에 가능하여 양방향거래가 가능하여 편리하다. 물론 그에 상응하는 위험도 존재한다.

특히 현물주식투자에 비해 선물거래의 높은 레버리지효과 때문에 주식관련 선물거래의 많은 시장참여 목적은 투기거래이다. 이 과정에서 활발한 투기자들의 시장참여로 인해 풍부한 유동성이 공급되어 헤져들이 원활하게 헤지를 할 수 있는 기틀이 된다.

예를 들어 C개별주식선물을 2만 원에 10계약을 투기적 목적으로 매수했다고 가정하자. 만일 해당 개별주식선물가격이 2만 2천 원으로 상승하면 2십만 원의(={(22,000−20,000)×10×10계약} 이익이 발생한다. 반대로 해당 개별주식선물가격이 1만 8천 원으로 하락하면 2십만 원의(={(18,000

−20,000) × 10 × 10계약} 손실이 발생한다.

한편 현물주식투자에서는 현실적으로 공매도에 많은 제약이 있지만 투기적 목적의 선물매도를 통하여 관련 제약을 벗어나 투기적인 거래목적을 달성할 수 있다.

또한 주식관련선물을 이용한 투기거래에서 레버리지효과는 현물주식투자에서는 달성할 수 없다. 현재 우리나라 주식관련 선물거래를 할 때 위탁증거금(변경될 수 있음)은 10.5~18%이기 때문에 대략 9.5~5.5배의 레버리지효과를 달성할 수 있다.

4-3. 스프레드 거래

스프레드(spread)란 원래 선물 상품간의 가격차이를 말하는 것으로써 같은 상품의 서로 다른 만기월간 차이, 상품간의 차이 또는 거래소간 차이를 말한다. 스프레드 거래란 이러한 스프레드의 변화로부터 이익을 얻기 위하여 특정 선물계약을 매입하는 것과 동시에 다른 선물계약을 매도하는 거래를 말한다.

스프레드 거래는 두 선물계약의 방향은 같지만 변동폭은 다를 수 있다는 점을 활용하여 수익을 창출하려는 전략이다. 즉, 방향성이 같은 상품을 동시에 사고 팔아서 두 가격간의 차이를 고려하여 취하는 전략이기 때문에 방향성 자체에 대해 베팅하는 투기전략에 비해 위험이 훨씬 적을 수 있지만 스프레드가 예상과 달리 움직일 때 손실이 발생하기 때문에 스프레드 거래도 투기거래에 속한다. 스프레드 거래에는 크게 결제월간 스프레드 거래와 상품간 스프레드로 나뉘어진다.

4-3-1. 결제월간 스프레드 거래

예를 들어 KOSPI200지수선물을 활용한 스프레드 거래는 서로 다른 만기의 KOSPI200지수선물을 사고 팔아서 결제월이 다른 선물계약간의 가격

차이를 이용하는 거래를 말한다. 이에는 스프레드 매수(long spread)거래와 스프레드 매도(short spread)거래로 나눌 수 있다.

스프레드 매수거래는 근월물 선물계약을 매도하고 동시에 원월물 선물계약을 매수하는 거래를 말한다. 즉, 근월물과 원월물의 가격차이가 넓어질 것으로 예상할 때 취할 수 있는 전략이다. 스프레드 매도거래는 근월물 선물계약을 매수하고 동시에 원월물 선물계약을 매도하는 거래를 말한다. 즉, 근월물과 원월물의 가격차이가 좁아질 것으로 예상할 때 취할 수 있는 전략이다.

예를 들어 1월 31일 현재 KOSPI200지수선물 3월물이 288이고, 6월물이 290이라고 하자. 3월물과 6월물의 가격차이인 2가 좁아질 것으로 예상하면 근월물인 3월물을 매수하고 동시에 원월물인 6월물을 매도하여 스프레드 매도거래 전략을 취하면 된다. 만일 2월 13일에 주식시장이 상승하여 KOSPI200지수선물 3월물은 295이고, 6월물은 296이 되었다고 하자. 이 시점에서 포지션을 정리하면 3월물에서는 7(=295-288)만큼의 이익이, 6월물에서는 6(=290-296)만큼의 손실이 발생하여 결국 1만큼의 순이익이 발생하게 된다.

한편 2월 13일에 주식시장이 하락하여 KOSPI200지수선물 3월물은 280이고, 6월물은 281이 되었다고 하자. 이 시점에서 포지션을 정리하면 3월물에서는 8(=280-288)만큼의 손실이, 6월물에서는 9(=290-281)만큼의 이익이 발생하여 결국 1만큼의 순이익이 발생하게 된다.

위에서 살펴본 것과 같이 스프레드 거래는 가격의 방향성이 아닌 두 가격 사이의 차이를 고려하는 것이기 때문에 KOSPI200지수선물의 상승이나 하락 여부는 문제가 되지 않고 3월물과 6월물의 가격 차이가 1로 좁아지기만 하면 1만큼의 순이익을 얻을 수 있다.

같은 맥락에서 스프레드 매수거래에 대해서도 이해할 수 있을 것이다. 개별주식선물이나 주가지수선물거래에서도 미국달러선물이나 채권선물과 같이 스프레드 거래의 기회가 자주 발생하지 않고 그 기대 이익 또한 매우 적은 편이다.

4-3-2. 상품간 스프레드 거래

한편 주가지수선물을 이용하여 상품간 스프레드 거래도 가능하다. 즉, 보수적 투기전략으로 베이스가 서로 다른 지수에 대한 주가지수선물 스프레드를 이용하는 주가지수선물간 스프레드가 있다. 예를 들어 앞으로 주식시장이 강세를 보일 때 유가증권시장의 상승폭이 코스닥시장의 상승폭 보다 클 것으로 예상하면 같은 만기의 KOSPI 200지수선물을 매수하고 코스닥150선물을 매도하면 된다. 처음 예상과 달리 주가가 떨어지더라도 위험을 줄일 수 있는 보수적인 투기전략을 수립할 수 있다.

5. 주가지수선물의 차익거래

주가지수차익거래(index arbitrage)는 현물지수와 실제 주가지수 선물가격의 차이가 이론적인 수준과 괴리를 보이면 현물지수와 선물가격의 차이만큼을 무위험으로 이익으로 취하는 거래를 말한다. 만일 현재의 주가지수선물가격이 이론가격보다 높으면 현물매수/선물매도의 매수차익거래할 수 있다. 또 이론가격보다 낮으면 현물매도/선물매수의 매도차익거래를 할 수 있다.

5-1. 매수차익거래

오늘 현재 KOSPI200이 287이고 3월물 이론선물가격이 289이라고 가정하자. 그런데 실제 시장 선물가격이 291이라면 매수차익거래가 가능하다. 즉, 이론베이시스는 2포인트인데 시장베이시스는 4포인트인 것이다. 여기서 이론베이시스는 일반적으로 현재시점부터 선물만기시점까지의 금리를 반영하는데 시장베이시스가 이론베이시스 보다 크기 때문에 현물매수/선물매도의 매수차익거래전략이 가능하다. 이제 만기시점 주가지수를 두 가지로 나누어서 차익거래 결과를 살펴보자.

5-1-1. 310포인트

- 선물계약 : 291포인트 매도계약은 만기시점 선물가격이 310포인트까지 올랐기 때문에 19포인트만큼의 손실이 발생한다.
- 현물포트폴리오 : 287포인트에 매수하였으나 310포인트로 상승하였기 때문에 23포인트만큼의 이익이 발생한다.
- 선물 19포인트 손실과 현물 23포인트의 이익을 합치면 순이익은 4포인트가 된다. 보유비용에 해당하는 2포인트를 제외하고 나면 2포인트만큼의 초과이익이 발생한다.

5-1-2. 280포인트

- 선물계약 : 291포인트 매도계약은 만기시점 선물가격이 280포인트까지 내렸기 때문에 11포인트만큼의 이익이 발생한다.
- 현물포트폴리오 : 287포인트에 매수하였으나 280포인트로 하락하였기 때문에 7포인트만큼의 손실이 발생한다.
- 선물 11포인트 이익과 현물 7포인트의 손실을 합치면 순이익은 4포인트가 된다. 보유비용에 해당하는 2포인트를 제외하고 나면 역시 2포인트만큼의 초과이익이 발생한다.

만일 선물만기일 이전에 백워데이션상황이 발생하면 어떻게 될까? 차익거래를 한 뒤 선물만기일이 아직 남아 있는 현재시점에서 주가지수선물가격이 274포인트로 현물지수 277포인트보다 3포인트 가량 더 낮아졌다고 하자. 이 경우 차익거래 투자자는 추가적인 이익을 얻게 된다. 즉, 291포인트에 매도한 선물을 274포인트에 환매수하여 17포인트의 이익을 얻게 된다. 한편 287포인트에 매수한 현물은 277포인트까지 10포인트의 손해가 발생하면서 전체 이익은 7포인트가 된다. 이 7포인트의 이익은 보유비용 2포인트, 추가이익 2포인트와 사후적으로 발생한 백워데이션규모 3포인트의 합이다.

5-2. 매도차익거래

한편 현재 오늘 현재 KOSPI200이 287이고 실제 시장 선물가격이 286으로 이론선물가격 289보다 낮다면 현물 인덱스 포트폴리오를 빌려서 287에 매도하는 대차거래(short sale)를 함과 동시에 주가지수선물을 286에 매수하는 매도차익거래를 실행하면 된다. 이에 대해서도 방금 위에서 살펴본 것과 같이 초과이익이 발생한다.

그런데 이 경우 염두에 두어야 할 것은 대차거래이다. 즉, 아직까지 우리나라에서는 보유주식을 인덱스 포트폴리오 형태로 빌리는 것이 쉽지 않다는 점이다. 따라서 우리나라에서는 매도차익거래는 이론상으로나 가능하고 실제에서는 불가능한 경우가 종종 발생한다. 그래서 선물가격이 이론가격보다 낮거나 심지어 현물지수보다 더 낮은 백워데이션이 발생하여도 이를 이용하여 매도차익거래를 시행할 수가 없는 경우가 많다.

5-3. 추적오차

한편 주가지수를 구성하는 종목이 수 백개 이상이 거래될 수도 있기 때문에 주가지수차익거래를 할 때는 모든 편입종목을 직접 매매하는 것은 현실적으로 쉽지 않다. 그래서 주가지수차익거래를 할 때 거래 대상이 되는 주가지수 종목의 가격과 비슷하게 움직이는 '지수 바스켓'이라 불리는 포트폴리오를 형성하여 원래 대상 주가지수의 현물을 대신하는 것이 일반적이나. 이렇게 구성된 포트폴리오를 인덱스 포드폴리오라고 부르며 우리나라의 경우 KOSPI200 인덱스의 변화를 100% 반영하기 위해 만든 포트폴리오이다.

그런데 KOSPI200선물을 이용한 주가지수선물 차익거래에서 200종목 전부를 차익거래용 포트폴리오에 편입하는 것은 여러 가지 면에서 현실적이지 못하다. 그래서 200종목 전체를 대상으로 한 인덱스 포트폴리오보다는 이를 50종목 내외로 한 인덱스 포트폴리오를 구성하는 것이 일반적이다. 이렇게 KOSPI200 지수의 흐름을 반영하도록 구성된 포트폴리오를 추적포트폴리오(tracking portfolio)라고 하는데 이에는 추적오차(tracking error)가 발생할 가능성이 있다. 즉, KOSPI200 지수가 10% 상승하였는데 50종목으로 구성된 추적포트폴리오는 7%만 상승하였다면 추적오차가 3% 발생하여 차익거래는 처음에 의도한대로 성공하지 못할 수 있다.

예를 들면 우리나라 주식시장에서도 정보통신주 등 일부 종목만이 크게 상승하고 다른 종목들이 상승에서 소외되면서 상승률 격차가 심한 경우가 여러 번 있었다. 이 때문에 정보통신주의 큰 폭 상승으로 인해 주가지수는 많이 상승하였지만 주가지수 추적포트폴리오를 구성하면서 정보통신주에 대한 편입비율이 낮았던 인덱스 포트폴리오의 상승률이 실제 주가지수보다 낮아서 추적오차가 발생하기도 하였다.

5-4. 프로그램매매

그리고 주가지수차익거래를 위한 중요한 조건의 하나가 신속한 거래이다. 이를 위해 특정 시점에서 선물가격이 저평가 되었는지 또는 고평가 되었는지에 대한 빠른 판단과 지수 바스켓의 매매를 빨리 하기 위해 컴퓨터의 도움을 받게 되는데 이를 프로그램매매라 한다.

연습문제

문1 선물거래에 대한 다음 설명 중 옳지 않은 것은?

① 매수차익거래 이후 만기일 이전에 백워데이션 상황이 발생하면 차익거래이익은 더욱 커진다.
② 우리나라 주가지수 선물거래의 최종결제방법은 현금결제를 채택하고 있다.
③ 향후 이자율이 오를 것으로 예상하면 금리선물을 매수하면 된다.
④ 거래소라는 물리적 장소를 통해 공개적으로 거래가 형성된다.

문2 선물거래를 위해 처음 적립해야 하는 증거금을 무엇이라 하는가?

① 유지증거금 ② 개시증거금
③ 목표증거금 ④ 추가증거금

문3 10월 25일 오늘 현재 KOSPI200이 307이고 12월물 이론선물가격이 311이고 실제 시장 선물가격이 313이다. 다음 설명 중 맞는 것은?

① 매수차익거래가 가능하다.
② 매도차익거래가 가능하다.
③ 현물 인덱스 포트폴리오를 빌려서 매도하고, 동시에 주가지수선물을 매수하면 차익거래를 달성할 수 있다.
④ 이론 베이시스는 6이다.

문4 선물거래에 대한 설명 중 옳지 않은 것은?

① 장외거래인 선도계약처럼 다양한 계약조건을 갖추지 않고 선물거래소에서 정형화된 조건으로 거래된다.
② 선물거래는 반드시 조직화된 거래소에서 자격이 있는 회원의 중개를 통하여 거래된다.
③ 선물거래에서 증거금(margin)의 예치는 선택사항이다.
④ 매일매일 가격변동에 따른 매입자와 매도자의 손익에서 발생하는 일일대차를 '0'으로 만드는 일일정산제도를 채택하고 있다.

문5 **통화선물거래에 대한 다음 설명 가운데 사실과 가장 거리가 먼 것은?**

① 금융선물 가운데 가장 먼저 도입되었지만 선물환거래가 활발히 거래되기 때문에 통화선물 거래금액은 다른 선물상품의 거래금액보다 적은 편이다.
② 통화선물거래에서는 선물환거래와 달리 매일 증거금을 관리해야 하는 불편함이 있어 통화선물거래의 이용을 감소시키는 요인으로 작용한다.
③ 현재 우리나라 미국달러선물의 상장결제월은 1년 이내의 10개 결제월이다.
④ 거래체결 후 항시 최소한 유지하여야 하는 증거금을 유지증거금이라 한다.

문6 **다음 중 미국달러선물의 계약명세 중 잘못된 것은?**

① 최종결제일은 최종거래일로부터 기산하여 3일째 거래일이다.
② 결제월은 분기월 중 12개와 그 밖의 월 중 8개이다.
③ 최소변동금액은 10,000원이다.
④ 결제방법은 인수도결제를 따른다.

정답 및 해설

1. ③ (향후 이자율이 오를 것으로 예상하면 금리선물을 매도해야 된다.)
2. ②
3. ①
4. ③ (모든 선물거래에서 증거금(margin)의 예치는 의무사항이다.)
5. ③ (상장결제월은 총20개(1년 이내 매월, 1년초과 매분기월 상장이다.)
6. ③ (최소변동금액은 1,000원이다.)

02 옵션

제1장 옵션 기초

제1절 옵션개요

1. 콜 옵션

옵션(option)이란 특정 증권 또는 상품을 만기일에 일정가격에 매수 또는 매도할 수 있는 권리를 말한다. 매수할 수 있는 권리를 콜 옵션(call option), 매도할 수 있는 권리를 풋 옵션(put option)이라 한다.

예시

현재 삼청제철의 주가가 120,000원이라고 하자. 그런데 효자은행은 미국 제임스증권사로부터 한 달 후 100주를 주당 120,000원에 매입하는 콜 옵션을 사겠다는 제의를 받았다. 효자은행은 얼마를 받아야 할까?

- 제임스 증권사 : 콜 매입(long call position)
- 효자은행 : 콜 매도(short call position 또는 call writing)

이 옵션의 일반적 거래조건은 다음 네 가지이다.

① 기초자산(underlying asset or securities): 삼청제철 주식
② 행사가격(exercise price or strike price): 12만 원
③ 옵션 프리미엄(premium) 또는 옵션가격: ?
④ 옵션의 만기일(expiration day): 한달 뒤

〈120,000원 콜 옵션의 만기가치〉

(단위: 원)

한 달 후 주가	120,000 이하	130,000	140,000	150,000	160,000
콜 옵션 가치	0	10,000	20,000	30,000	40,000

12만 원 콜 옵션의 만기가치 $= MAX[0,\ S_T - 120{,}000]$.

여기서 S_T = 만기일 주가. Max[a, b]는 둘 중 큰 값을 고르라는 기호이다. 즉, Max[0, 1] = 1, Max[0, −1] = 0. Min[a, b]는 반대로 둘 중 작은 값을 선택하라는 것이다.2)

⇒ 제임스증권사는 한 달 후 주가가 12만 원 이상이 되면 차익을 얻을 수 있는 권리를 매입한 것이다. 12만 원 이하가 되면 권리행사 차익이 없다.

〈그림 1-1〉 12만 원 콜 옵션의 가치 분포

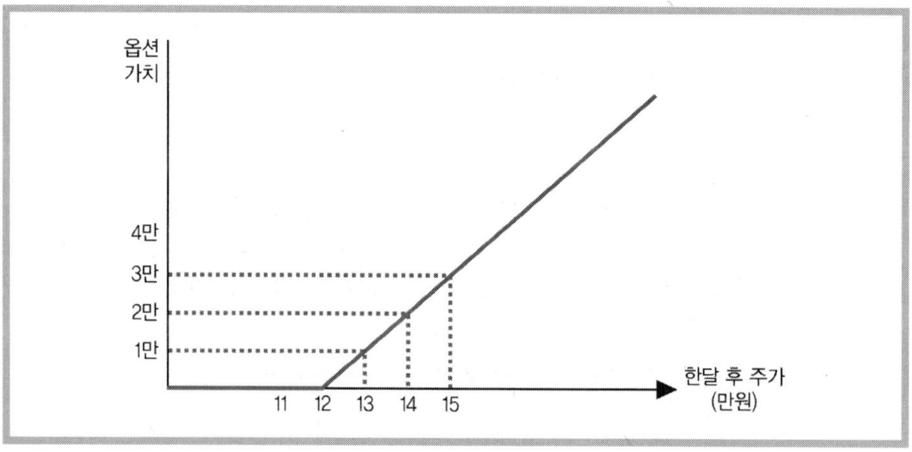

2) 콜 만기가치 = Max[0, $(S_T - 120{,}000)/120{,}000$]와 같이 가격증가율로 표시할 수도 있다.

이 옵션의 가격을 어림잡기 위해 한 달 후 주가가 만 원 오를 확률이 반, 만 원 내릴 확률이 반이라고 가정해보자. 만 원이 오르면 13만 원에 권리를 행사해서 만 원의 이익을 볼 수 있지만 만 원이 내리면 '꽝'이 된다. 따라서 이 옵션의 가격을 간단하게 계산하면 다음과 같이 5,000원이 나온다.

12만 원 콜 옵션 가치 = 50%(확률) × 10,000원 = 5,000원

이 가정이 너무 단순하다 싶으면 다음 <표 1-1>과 같이 조금 현실화해보자. 즉 한 달 후 삼청제철의 주가는 현재 가격 12만 원을 평균으로 해서 변동하는데, 지금 가격 수준에 머물 가능성이 30%로 제일 큰 반면 위아래로 크게 벗어날 가능성은 점차 작아진다고 가정하자(통계학을 배운 사람은 '아하 정규분포를 말하는군요!' 하고 눈치를 챌 것이다).

〈표 1-1〉 한 달 후 예상주가와 확률

예상주가(원)	확률(%)
150,000	5
140,000	10
130,000	20
120,000	30
110,000	20
100,000	10
90,000	5

<표 1-1>의 예상주가분포를 시각적으로 나타내면 다음 그림과 같을 것이다.

〈그림 1-2〉 한달 후 예상주가 분포

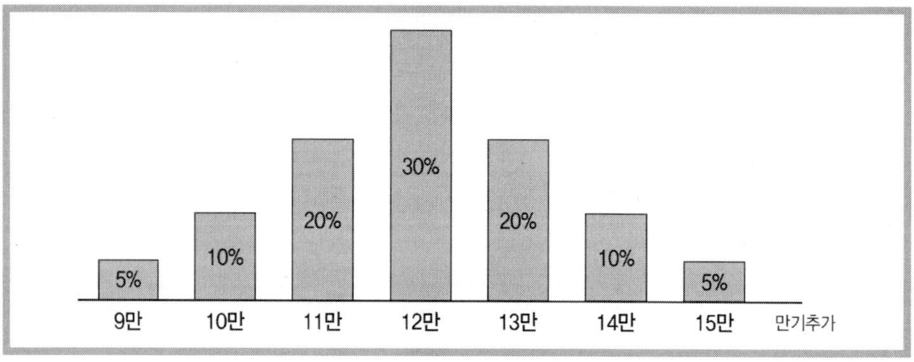

<그림 1-1>과 <그림 1-2>를 합쳐 놓으면 다음 <그림 1-3>이 된다.

〈그림 1-3〉 12만원 콜 옵션의 행사이익 분포

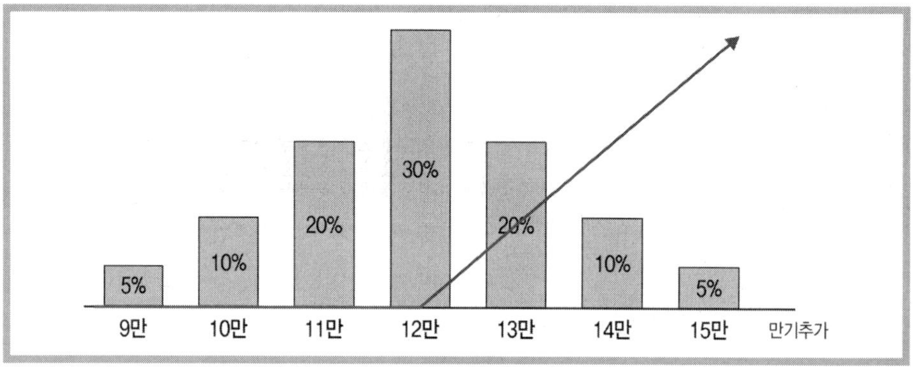

이 그림에서 보면 12만원 콜 옵션의 권리 행사이익은 한달뒤 주가가 13만원이 되면 만원, 14만원이 되면 2만원, 15만원이 되면 3만원으로 각각 발생한다. 이들이 발생할 확률이 각각 20%, 10%, 5%라고 하였으므로, 행사이익의 기대값은 다음과 같이 5,500원이 될 것이다.

$$10,000 \times 0.2 + 20,000 \times 0.1 + 30,000 \times 0.05 = 5,500\text{원}$$

기대이익 5,500원은 한 달 뒤 예상되는 현금흐름이므로 한 달 이자율이 1%라고 한다면 이 기대이익의 현재가치, 즉 옵션 프리미엄은 5,500/1.01

= 5,445원이 될 것이다.

만약 한 달 뒤 주가예상이 <표 1-1>과 다르다면 옵션가격은 그에 따라 조금씩 달라질 것이다. 각자 주가예상표를 만들어 옵션가격이 어떻게 변하는지 연습하여 보자.

문제 **행사가격 130,000원과 110,000원 콜 옵션의 프리미엄은 각각 얼마나 될까?**

이 문제에 대한 답을 구하기 위해 다음 <그림 1-4>를 살펴보자. 여기서 보면 11만원 콜의 경우에는 만기 주가가 12만원, 13만원, 14만원, 15만원에서 이익이 발생하지만, 13만원 콜의 경우에는 14만원과 15만원에서만 이익이 발생한다.

〈그림 1-4〉 행사가격별 콜옵션의 기대이익 분포

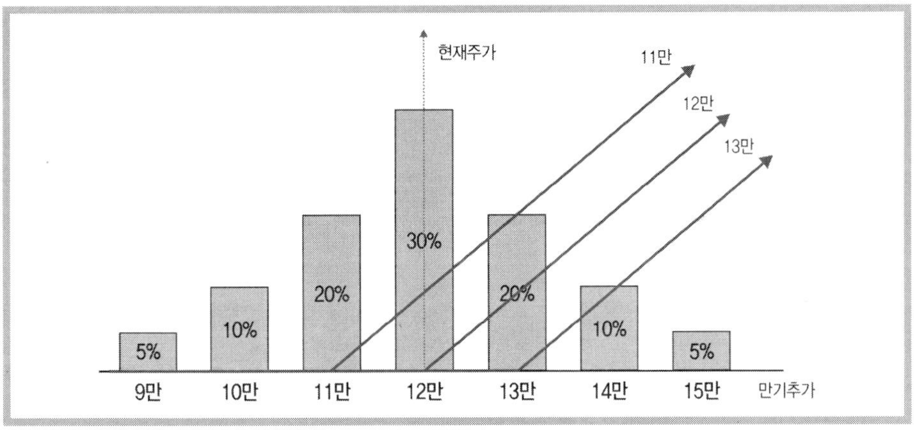

예를 들어 13만원 콜의 경우 한달후 주가가 14만원이 될 때 만원(확률 10%), 15만원이 될 때 2만원(확률 5%)의 권리행사 이익이 기대된다. 따라서 13만원 콜의 기대이익은 다음과 같이 2,000원으로 계산된다.

13만원 콜 기대이익 = 10,000 × 0.1 + 20,000 × 0.05 = 2,000원,
프리미엄 = 2,000/1.01 = 1,980원

11만원 콜의 경우에는 만기 주가가 12만원, 13만원, 14만원, 15만원에서 이익이 발생하므로 같은 원리로 기대이익을 계산하면 12,000원이 나온다.

$$11\text{만원 콜 기대이익} = 40{,}000 \times 0.05 + 30{,}000 \times 0.1 + 20{,}000 \times 0.2 + 10{,}000 \times 0.3 = 12{,}000,$$
$$\text{프리미엄} = 12{,}000/1.01 = 11{,}881\text{원}$$

<그림 1-4>에서 보듯이 콜 옵션은 주어진 주가분포에서 행사가격이 낮을수록 기대이익이 증가하고 따라서 가격이 비싸진다.

<u>콜옵션은 행사가격이 낮을수록 비싸진다!</u>

2. 풋 옵션

삼국연금은 삼청제철 주식을 많이 보유하고 있다. 단기적으로 주식보유의 리스크를 헤지할 수 있는 방안을 경복은행과 협의한 결과 12만 원 풋 옵션을 매입하라는 권고를 받았다. 풋 옵션의 가격은 얼마로 정할 것인가?

삼국연금: 풋 옵션 매입
경복은행: 풋 옵션 매도

〈120,000원 풋 옵션의 만기가치〉

(단위: 원)

한 달 후 주가	70,000	80,000	90,000	100,000	110,000	120,000 이상
풋 옵션 가치	50,000	40,000	30,000	20,000	10,000	0

$$12\text{만 원 풋 옵션의 가치} = MAX[0,\ 120{,}000 - S_T] = -Min[0,\ S_T - 120{,}000]$$

즉, 12만 원 풋 옵션은 주가가 12만 원 이하가 될 때 차익을 얻을 수 있는 권리이다.

〈그림 1-5〉 12만 원 풋 옵션의 가치 분포

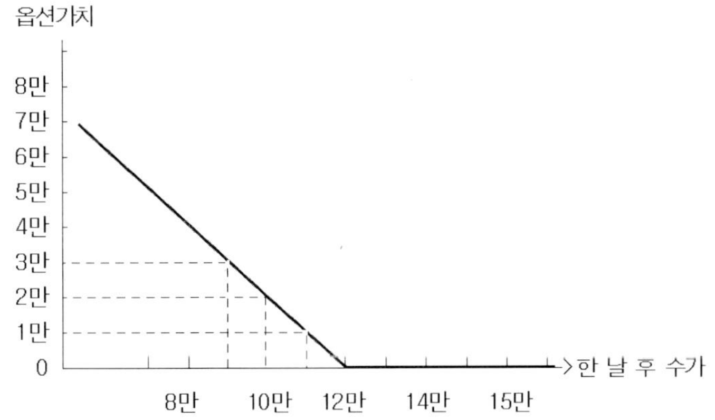

한달 후 예상주가 분포가 <표 1-1>과 같다면, 앞에서 학습한 옵션 기대이익 계산원리를 사용해서 12만원 풋의 기대이익은 다음과 같이 5,500원이 나온다.

> 12만원 풋 옵션 기대이익 = 30,000 × 0.05 + 20,000 × 0.1 + 10,000 × 0.2 = 5,500원
> 프리미엄 = 5,500/1.01 = 5,445원

13만원 풋과 11만원 풋의 프리미엄도 같은 원리로 계산할 수 있다.

> 13만원 풋 옵션 프리미엄 = (40,000 × 0.05 + 30,000 × 0.1 + 20,000 × 0.2 + 10,000 × 0.3)/1.01 = 11,881원
> 11만원 풋 옵션 프리미엄 = (10,000 × 0.1 + 20,000 × 0.05)/1.01 = 1,980원

즉 풋 옵션은 행사가격이 높아질수록 비싸진다. 왜냐하면 기대이익이 그만큼 크기 때문이다. 콜옵션과 반대이다.

〈그림 1-6〉 행사가격별 풋옵션의 기대이익 분포

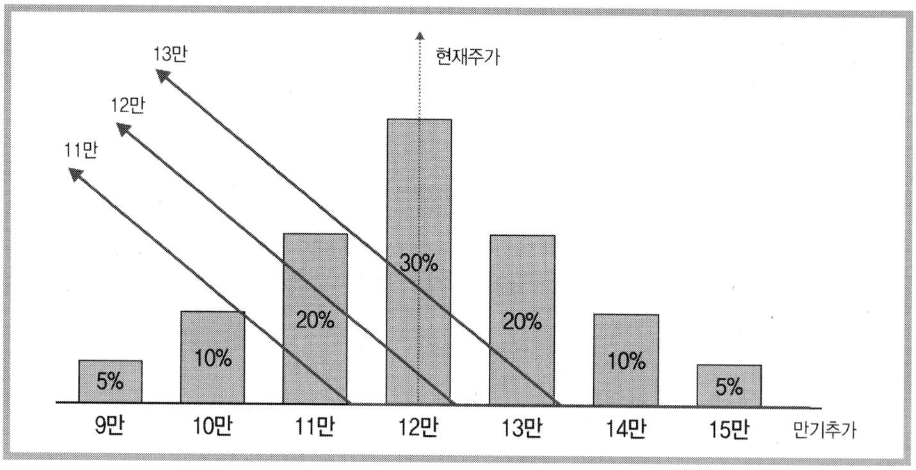

풋옵션은 행사가격이 높을수록 비싸진다!

3. 내가, 등가, 외가옵션

앞에서 주가가 12만 원인 경우 11만 원 콜의 프리미엄은 11,881원이었다. 이것은 다음과 같이 나눌 수 있다.

내재가치 = 만 원, 시간가치 = 1,881원

즉, 옵션 프리미엄은 내재가치와 시간가치를 더한 것이다. 내재가치(intrinsic value)는 옵션을 당장 행사할 때 발생하는 가치를 말하며, 시간가치(time value)는 옵션 만기일까지 내재가치가 증가할 가능성을 가리킨다. 따라서, 만기 시간가치는 '0'이 된다.

예: 12만 원 콜의 내재가치 = 0, 시간가치 = 5,445원

행사가격에 의한 옵션 분류

- 내가(內價)옵션(ITM; In-the-Money Option): 내재가치가 있는 옵션
  예: 11만 원 콜, 13만 원 풋
- 외가(外價)옵션(OTM; Out-of-the-Money Option): 내재가치가 없는 옵션
  예: 13만 원 콜, 11만 원 풋
- 등가(等價)옵션(ATM; At-the-Money Option): 행사가격이 시장가격과 같은 옵션
  예: 12만원 콜, 12만원 풋

4. 옵션의 종류

4-1. 선물옵션과 현물옵션

현물옵션은 옵션계약의 기초자산이 현물자산 또는 증권이다. 따라서 옵션 행사시 또는 만기일에 기초자산을 인도하거나 손익을 현금으로 차액결제한다. 한국거래소에 상장된 KOSPI200지수옵션을 들 수 있다.

선물옵션은 옵션계약의 기초자산이 선물포지션이다. 옵션 행사시 또는 만기일에 선물포지션으로 이행한다. 콜 매입 및 풋 매도 포지션은 선물 매입 포지션으로, 콜 매도 및 풋 매입 포지션은 선물 매도포지션으로 이행한다. 예로서는 시카고 상업거래소(CME; Chicago Mercantile Exchange)에 상장된 S&P500지수옵션을 들 수 있다.[3)]

〈현물옵션과 선물옵션의 행시 결과 비교〉

	매 입 자	매 도 자
현물 콜 옵션	현물인수와 대금지급	현물인도와 대금영수
선물 콜 옵션	선물 매입포지션 이행	선물 매도포지션 이행
현물 풋 옵션	현물인도와 대금영수	현물인수와 대금지급
선물 풋 옵션	선물 매도포지션 이행	선물 매입포지션 이행

3) 2021년 9월물부터 S&P500지수옵션은 더 이상 거래되지 않고 대신 계약단위가 1/5로 축소된 E-mini S&P500지수옵션이 거래되고 있다.

4-2. 미국식(American) 옵션과 유럽식(European) 옵션

미국식 옵션은 만기일 이전 권리행사가 가능한 옵션이며, 유럽식 옵션은 만기일에만 권리행사가 가능하다. 거래소에 상장된 옵션은 대부분 유럽식 옵션이다.

미국식 옵션 가치는 '유럽식 옵션가치 + 조기 행사권 가치'로 나타낼 수 있다. 그러나 옵션을 중도에 시장에서 반대매매할 수 있는 경우 조기 행사권의 가치는 거의 무시할 수 있다.

어떤 경우에는 만기일 이전에 기간을 정해 옵션 행사기회를 여러 번 주는 경우가 있다. 이러한 중간 형태를 버뮤다형 옵션(bermudan option)이라 한다.

4-3. 상장옵션과 장외옵션

최초의 거래소 상장옵션은 1973년 시카고 옵션거래소(Chicago Board of Option Exchange; CBOE)가 설립되면서 거래한 개별주식 옵션(Stock option)이다. 거래소에서 반대매매가 가능하다는 장점이 있으며 주식시장에서 많이 활용된다.

상장옵션의 거래조건은 선물거래와 마찬가지로 거래조건이 표준화되어 있고 권리의 이행보증을 거래소가 책임진다. 거래소는 옵션 매도자에게 증거금을 징구한다.

장외옵션(OTC option)에서는 옵션 매수자와 매도자가 직접 계약이행 상대방이 된다. 옵션 매도자는 옵션증서를 매수자에게 발행해주는 것이기 때문에 option writer라고도 한다.

실제 시장에서는 만기계약 불이행 위험에 대비하기 위하여 지급보증신용장을 징구하거나 또는 신용한도(Credit Line)이 설정되어 있는 상대방끼리 거래가 한정된다. 주로 신용도가 높은 금융기관 또는 대기업간에 거래된다. 거래조건을 필요에 따라 다양하게 만들 수 있다는 장점이 있는 반면에 만기 이전에 포지션을 청산하려면 상대방과의 합의가 필요하다는 단점이 있다. 즉 장외옵션은 시장 유통성이 거의 없기 때문에 제3자 양도가 어렵다. 외환시장이나 자금시장에서 많이 활용된다.

제2절 옵션거래의 위험과 수익

1. 콜 옵션 매입거래

제임스증권사가 12만 원 콜 옵션을 5,445원(한 달 후 가치는 5,500원)에 매입했다고 가정하면, 제임스증권사의 만기손익은 다음과 같다.

$$콜\ 옵션\ 매입자의\ 만기손익 = Max\,[0,\ (S_T - 120{,}000)] - 5{,}500$$

120,000원 콜 옵션의 만기손익

(단위: 원)

만기주가(원)	120,000 이하	130,000	140,000	150,000
손 익	△ 5,500	4,500	14,500	24,500

〈그림 1-7〉 12만 원 콜 매입 포지션의 만기손익

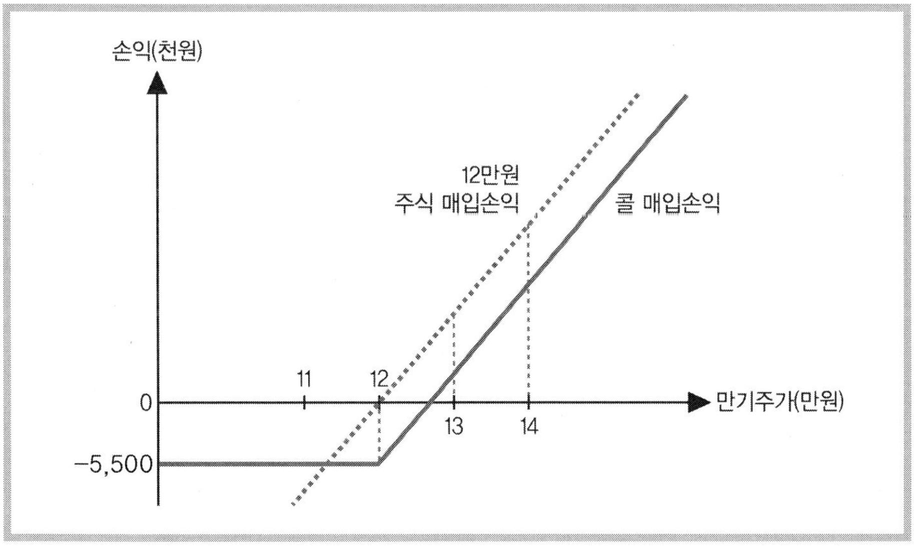

제임스증권사(콜 매입자)의 만기손익

① 삼청제철 주가가 12만 원 이하로 될 경우: 권리행사 가치가 영(0)이기 때문에 5,500원의 손실이 발생한다. 그러나 최대손실은 제한된다.
② 삼청제철 주가가 12만 원보다 높아지는 경우: 권리행사 차익이 발생하며 이 차익은 주가가 상승할수록 증가한다. 이익기회가 개방(open)된다. 즉 주가 급등시 '대박'을 기대할 수 있다.
③ 손익분기 만기주가는 '행사가격 + 프리미엄 만기비용'이므로 125,500원이 된다.
④ 12만 원에 주식을 매입한 경우(점선)와 비교하면 손실은 제한되는 대신에 이익금액은 옵션비용만큼 감소한다.

옵션과 주가변동보험

12만원 콜 옵션을 매입한 것은 장래 주가가 12만원 이상 올라갈 때 차익을 얻기 위해 5,445원의 보험료를 납부한 결과로 해석할 수도 있다. 즉 콜 옵션 매입은 주가상승보험 매입과 같은 효과가 있다.

실제로 옵션가격 계산공식은 보험 프리미엄 계산에도 활용된다.

2. 콜 옵션 매도거래

효자은행의 만기손익은 제임스증권사의 손익과 정반대의 입장이다.

콜 옵션 매도자의 만기손익 = 5,500 – Max [0, $(S_T - 120{,}000)$]

〈120,000원 콜 매도 포지션의 만기손익〉

(단위: 원)

만기주가(원)	120,000 이하	130,000	140,000	150,000
손 익	5,500	△ 4,500	△ 14,500	△ 24,500

〈그림 1-8〉 12만 원 콜 매도 포지션의 만기손익

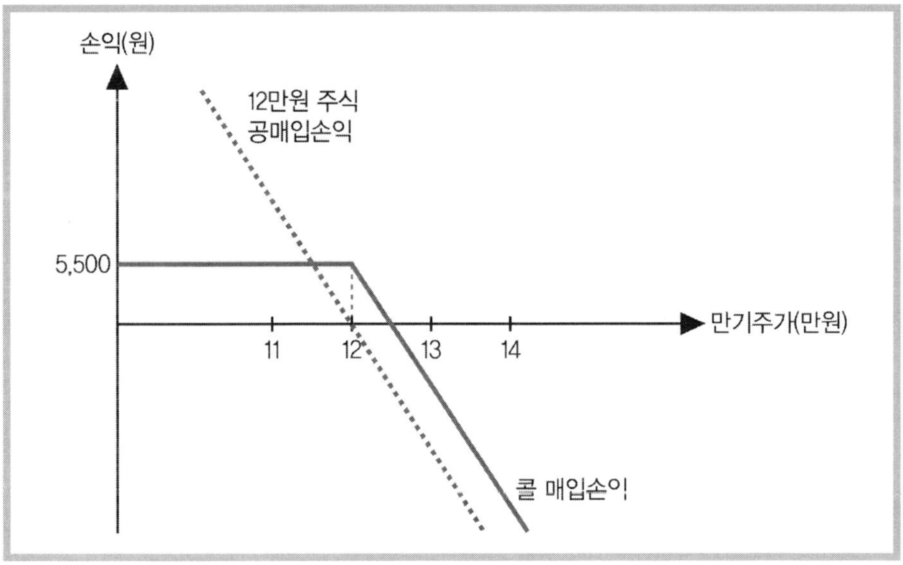

효자은행(옵션매도자)의 만기손익

① 삼청제철 주가가 12만 원 이하로 될 경우: 권리행사 가치가 영(0)이기 때문에 5,500원의 이익이 발생하지만 최대이익은 제한된다.
② 삼청제철 주가가 12만 원보다 높아지는 경우: 권리행사에 따른 손실이 발생하며 이 손실은 주가가 상승할수록 증가한다. 손실기회가 개방(open)된다. 즉 주가가 대폭 상승 시 '쪽박'이 가능하다.
③ 손익분기 만기주가는 '행사가격 + 프리미엄 만기수익'이므로 125,500원이 된다.
④ 12만 원에 주식을 공매도한 경우와 비교하면 이익은 제한되는 대신에 주가 상승 시 손실이 옵션 매도수입만큼 감소한다. 즉 손실완충효과가 있다.

옵션과 주가변동보험

콜 옵션 매도 = 주가상승보험 매도

3. 풋 옵션 매입거래

12만 원 풋 옵션을 5,445원(한 달 후 가치는 5,500원)에 매입한 삼국연금의 만기손익은 다음과 같다.

풋 옵션 매입자의 만기손익 = Max [0, (120,000 − S_T)] − 5,500

120,000원 풋 매입 포지션의 만기손익

(단위: 원)

만기주가(원)	80,000	90,000	100,000	110,000	120,000 이상
손 익	34,500	24,500	14,500	4,500	△ 5,500

〈그림 1-9〉 12만 원 풋 매입 포지션의 만기손익

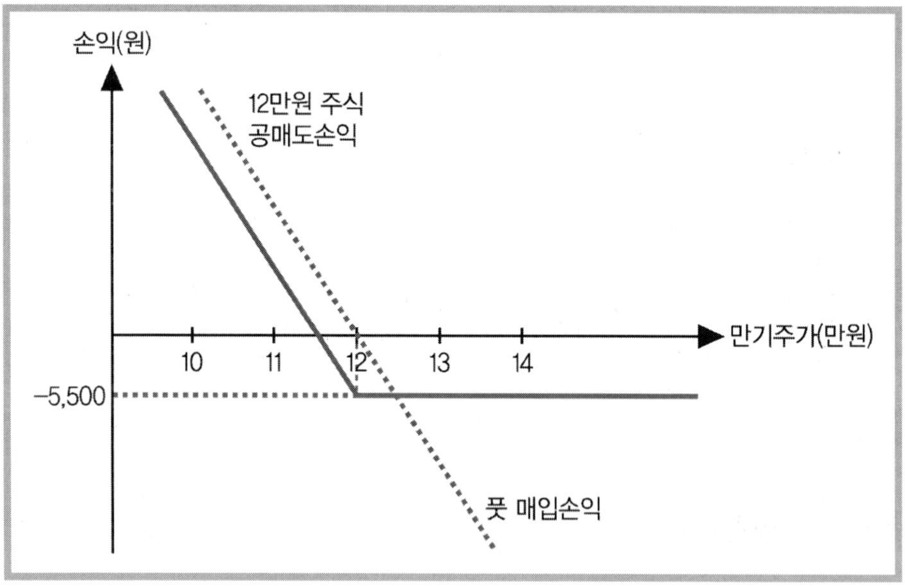

삼국연금(풋 매입자)의 만기손익

① 삼청제철 주가가 12만 원 이하로 떨어지는 경우: 권리행사 차익이 발생하며 이 차익은 주가가 하락할수록 증가한다. 이익기회가 개방(open)된다. 즉 주가 급락 시 '대박'을 기대할 수 있다.
② 삼청제철 주가가 12만 원보다 높아지는 경우: 권리행사 가치가 영이기 때문에 5,500원의 손실이 발생하는데 최대손실은 제한된다.
③ 손익분기 만기주가는 '행사가격－프리미엄 만기비용'이므로 114,500원이 된다.
④ 12만 원에 주식을 공매도한 경우와 비교하면 주가상승 시 손실이 제한되는 대신에 주가하락 시 이익금액은 옵션비용만큼 감소된다.

옵션과 주가변동보험

12만원 풋 옵션을 매입한 것은 장래 주가가 12만원 이하로 떨어질 때 차익을 얻기 위해 5,445원의 보험료를 납부한 결과로 해석할 수도 있다. 즉 풋 옵션 매입은 주가하락보험 매입과 같은 효과가 있다.

풋 옵션 = 주가하락보험
풋 옵션 매입 = 주가하락보험 매입

4. 풋 옵션 매도거래

삼국연금에게 12만 원 풋 옵션을 5,445원(한 달 후 가치는 5,500원)에 매도한 경복은행의 만기손익은 다음과 같다.

풋 옵션 매도자의 만기손익 = 5,500 – Max [0, (120,000 – S_T)]

〈120,000원 풋 매도 포지션의 만기손익〉

(단위: 원)

만기주가(원)	80,000	90,000	100,000	110,000	120,000 이상
손 익	△ 34,500	△ 24,500	△ 14,500	△ 4,500	5,500

〈그림 1-10〉 12만원 풋 매도 포지션의 만기손익

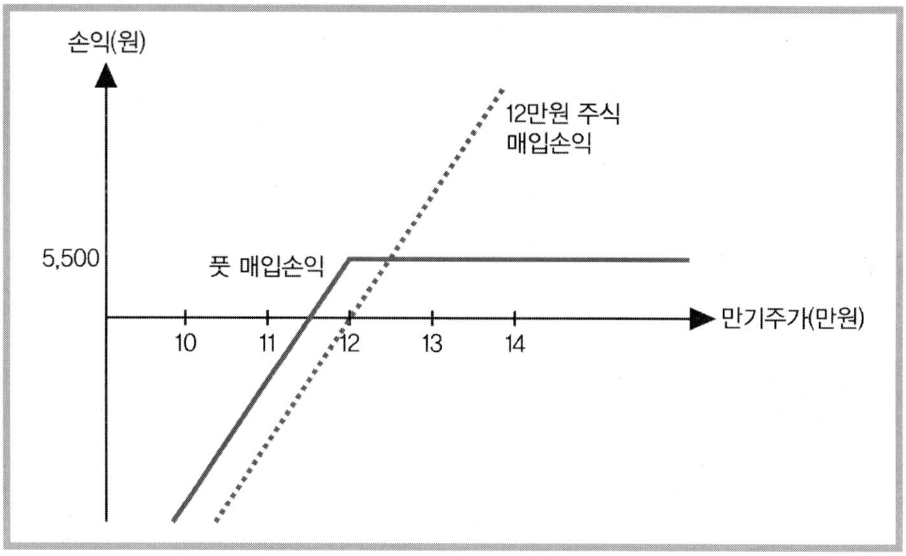

경복은행(풋 매도자)의 만기손익

① 삼청제철 주가가 12만 원 이하로 될 경우: 삼국연금의 권리행사에 따른 손실이 발생하며 이 손실은 주가가 하락할수록 증가한다. 손실기회가 개방(open)된다. 즉 주가 대폭 하락 시 '쪽박'이 가능하다.
② 삼청제철 주가가 12만 원보다 높아지는 경우: 권리행사 가치가 영(0)이기 때문에 5,500원의 이익이 발생한다. 최대이익은 제한된다.
③ 손익분기 만기주가는 '행사가격－프리미엄 만기수익'이므로 114,500원이 된다.
④ 12만 원에 주식을 매입한 경우와 비교하면 이익은 제한되는 대신에 주가 하락 시 손실이 옵션 매도수입만큼 감소한다.

옵션과 주가변동보험

풋 옵션 매도 = 주가하락보험 매도

5. 옵션 포지션 손익

5-1. 옵션 매입포지션(long position)과 매도포지션(short position)

지금까지 각 기관의 옵션거래 결과 다음의 리스크 포지션이 발생한다.

제임스증권사: 콜 매입포지션 발생
효 자 은 행: 콜 매도포지션 발생
삼 국 연 금: 풋 매입포지션 발생
경 복 은 행: 풋 매도포지션 발생

이들 기관이 옵션포지션을 잡은 직후에 삼청제철의 주가가 변동한다면 손익이 어떻게 될 것인가? 만기가 아직 도래하지 않았으므로 손익이 불변인가? 대답은 'No'이다. 주가변동에 따라 옵션포지션에서 평가손익이 바로 발생한다. 특히 거래소에 상장된 옵션의 가격은 주가변동과 거의 동시에 움직이며 이에 따라 발생하는 평가손익은 현금결제가 뒤따르기도 한다.[4)]

5-2. 주가상승과 옵션포지션 손익

주가변동에 따른 옵션손익을 살펴보기 위해서 한 달 후 예상주가가 다음 <표 1-2>에서와 같이 평균 12만원에서 13만원으로 만원 상승한다고 가정해보자. 분포 모양은 이전과 변동이 없다고 가정한다.

4) 옵션 매도자의 경우 평가손실이 크게 발생할 수 있기 때문에 거래소에 증거금을 납부하며 유지증거금 미만으로 증거금잔액이 떨어질 경우 추가 증거금을 납부해야 한다. 옵션 매입자의 경우는 이미 프리미엄을 지급한 것이기 때문에 증거금을 납부하지도 않고 손익 일일 정산도 하지 않는다.

〈표 1-2〉 예상주가 변동 시나리오

예 상 주 가(원)	확 률(%)
160,000	5
150,000	10
140,000	20
130,000	30
120,000	20
110,000	10
100,000	5

재미있는 것은 한 달 후 주가가 평균 만 원 정도 상승할 것이라고 시장에서 모두가 예상한다면 주가는 한 달 기다렸다가 오르는 것이 아니라 당장 13만 원으로 상승한다는 것이다.

〈그림 1-11〉 주가상승과 12만원 콜 옵션의 기대이익 증가

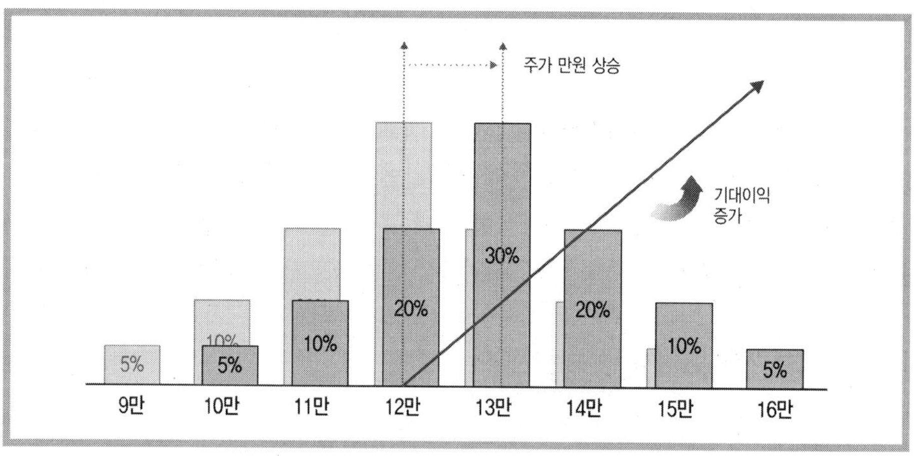

<그림 1-11>은 주식시장에서 주가가 만원 상승할 때 12만원 콜 옵션의 기대이익이 이전보다 증가하는 이유를 보여주고 있다. 즉 주가가 12만 원에서 13만 원으로 상승하는 경우 이제 행사이익을 얻을 수 있는 경우가 13만원(확률 30%), 14만원(확률 20%), 15만원(확률 10%), 16만원(확률 5%) 4가지로 늘어나고 기대이익은 아래 계산한 바와 같이 12,000원으로 늘어난다.

12만원 콜 기대이익 = 10,000 × 0.3 + 20,000 × 0.2 + 30,000 × 0.1 + 40,000 × 0.05 = 12,000원

프리미엄 = 12,000/1.01 = 11,881원

13만원 콜과 11만원 콜의 기대이익도 다음과 같이 증가한다.

13만원 콜 기대이익 = 5,500원

프리미엄 = 5,500/1.01 = 5,445원

11만원 콜 기대이익 = 20,500원

프리미엄 = 20,500/1.01 = 20,297원

기대이익의 증가로 콜 옵션 가격은 바로 같이 상승한다. 이에 따라 콜 매입포지션 보유자에게는 이익이, 매도포지션 보유자에게는 손실이 발생한다. 여기서 유의할 점은 주가가 만원 상승할 때 콜 프리미엄 상승폭은 행사가격별로 각각 다르다는 점이다.

주가상승 ⇒ 콜 가격 상승 ⇒ 콜 옵션 매입자(제임스증권사) 이익

콜 옵션 매도자(효자은행) 손실 발생

다음으로 주가 상승시 풋 프리미엄은 어떻게 변하는지 살펴보자. <그림 1-12>은 주가상승시 12만원 풋 옵션의 기대이익이 감소하는 것을 보여주고 있다. 주가가 13만원으로 상승하면 이제 행사이익을 낳는 주가는 10만원(확률 5%)과 11만원(확률 10%), 두 경우뿐이다. 따라서 기대이익은 2,000원으로 감소한다.

12만원 풋 프리미엄 = (120,000 – 110,000) × 0.1 + (120,000 – 100,000) × 0.05} ÷ 1.01 = 2,000/1.01 = 1,980원

〈그림 1-12〉 주가상승과 12만원 풋 옵션의 기대이익 하락

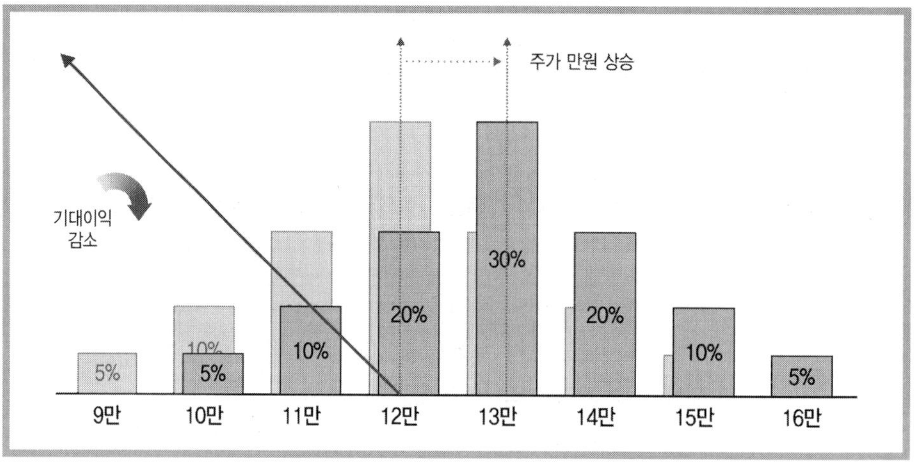

또한 13만원 풋과 11만원 풋의 기대이익과 프리미엄도 다음과 같이 감소한다.

13만원 풋 프리미엄 = {(130,000 – 120,000) × 0.2 + (130,000 - 110,000) × 0.1 + (130,000 – 100,000) × 0.05} ÷ 1.01 = 5,500/1.01 = 5,445원

11만원 풋 프리미엄 = {(110,000 – 100,000) × 0.05} ÷ 1.01 = 495원

주가상승 ⇒ 풋 가격 하락 ⇒ 풋 옵션 매입자(삼국연금) 손실
풋 옵션 매도자(경복은행) 이익 발생

이상 주가 만원 상승시 옵션가격 변화를 요약하면 다음 <표 1-3>과 같다.

〈표 1-3〉 주가상승시(12만 원 ➡ 13만 원) 옵션가격 변화

종목	프리미엄	변동	증감률(%)
13만 원 콜	1,980 ➡ 5,445	3,465	175
12만 원 콜	5,445 ➡ 11,881	6,436	118
11만 원 콜	11,881 ➡ 20,297	8,416	71
13만 원 풋	11,881 ➡ 5,445	-6,436	-54
12만 원 풋	5,445 ➡ 1,980	-3,465	-64
11만 원 풋	1,980 ➡ 495	-1,485	-75

주가상승시 콜 옵션 가격은 상승하는데 내가옵션인 11만 원 콜가격의 상승폭이 가장 크다. 그러나 프리미엄 투자수익률(%)로 보면 외가옵션인 13만 원 콜이 가장 높다. 즉 투기성은 외가옵션이 크다. 이때문에 시장에서 거래량은 외가옵션이 많다.

주가상승시 풋가격은 하락하는데 내가옵션인 13만 원 풋가격의 하락폭이 가장 크다. 그러나 프리미엄 투자 손실률(%)로 보면 외가옵션인 11만 원 풋이 가장 높다. 콜과 마찬가지로 투기성은 외가옵션이 크다.

5-3. 주가 변동성 확대와 옵션 포지션 손익

만약 한달 후 주가 예상이 다음 <표 1-4>와 같이 변동한다고 하면 행사가격 12만원 콜 옵션의 프리미엄은 어떻게 될 것인가? 이것을 그림으로 나타내면 <그림 1-13>과 같다.

〈표 1-4〉 예상 주가 변동성의 확대

예 상 주 가(원)	확률(%)
160,000	5
150,000	10
140,000	10
130,000	10
120,000	30
110,000	10
100,000	10
90,000	10
80,000	5

〈그림 1-13〉 주가 변동성 확대

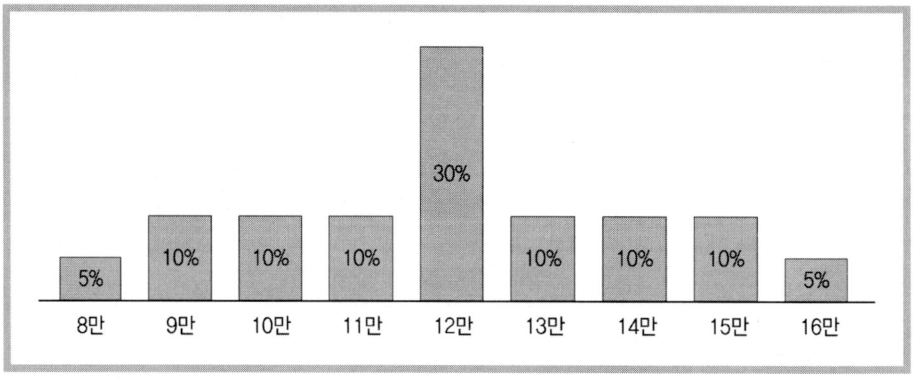

<그림 1-13>에서 보면 예상주가 평균은 12만원으로서 동일하나 주가 상승폭과 하락폭의 크기가 다르고 각각의 확률도 달라졌다. 즉 주가변동이 이전보다 불안해졌다. 이러한 상황을 주가 변동성(volatility)이 확대되었다고 한다.5)

변동성 확대의 효과를 보기 위해 앞에서 사용한 원리를 적용해서 프리미엄을 계산하면 그 결과는 다음과 같다.

12만원 콜 프리미엄 = 8,000/1.01 = 7,921
13만원 콜 프리미엄 = 4,500/1.01 = 4,455
11만원 콜 프리미엄 = 14,500/1.01 = 14,356

12만원 풋 프리미엄 = 8,000/1.01 = 7,921
13만원 풋 프리미엄 = 14,500/1.01 = 14,356
11만원 풋 프리미엄 = 4,500/1.01 = 4,455

즉 콜과 풋의 가격은 모두 상승한다. 따라서 콜 매수자와 풋 매수자가 이익을 본다. 반면에 옵션 매도자는 변동성 증가로 손해를 본다.

5) 통계학에서는 표준편차가 커졌다고 한다.

5-4. 옵션 거래자의 이익 확률과 리스크

5-4-1. 이익확률

옵션 매입자와 옵션 매도자의 이익확률은 50대 50이 아니다. 옵션 매도자가 이익을 볼 확률이 옵션 매입자보다 크다. 그 이유는 주가가 현재 수준에서 그대로 머물 확률이 현재 수준에서 크게 벗어나 변동할 확률보다 크기 때문이다. 또한 시간이 경과함에 따라 시간가치가 줄어드는 것도 옵션 매도자가 돈을 딸 확률을 높여주는 요인으로 작용한다. 특히 만기가 다가올수록 옵션 매입자가 손해를 볼 가능성이 높아진다.

5-4-2. 리스크

리스크를 '가격 급변시 대형 손실 가능성'으로 정의할 때, 옵션 매도자의 리스크는 옵션 매입자의 리스크보다 크다. 옵션 매입자는 작은 손실을 자주 당하는 반면 희소하나마 '대박'의 기회가 있다. 옵션 매도자는 작은 이익을 자주 얻을 수 있는 반면 여차하면 '쪽박'을 당할 가능성이 있다.[6]

5-4-3. 적절한 거래 요령

① **옵션 매입자:** 손실을 자주 볼 수 있는 반면에 큰 이익을 추구하므로 거래 주기를 다소 길게 하고 손절 한도를 크게 하는 것이 필요하다. 따라서 여러 번의 작은 손실을 충분히 상쇄시킬 수 있도록 목표이익을 크게 잡아야 할 것이다.

② **옵션 매도자:** 작은 이익이나마 부지런히 취하도록 목표이익을 작게 설정하고 손절 한도도 작게 설정하여 큰 손실이 발생하기 전에 포지션

6) 옵션 매입자라 함은 옵션을 먼저 매입하고 청산하는 거래자를, 옵션 매도자는 옵션을 먼저 매도하고 청산하는 거래자를 각각 의미한다.

을 재빨리 청산하도록 해야 할 것이다.

옵션 매입자가 매매를 자주 한다든지 또는 옵션 매도자가 큰 이익을 추구하여 포지션을 오래 끈다든지 하는 것은 옵션의 기본원리에 어긋나는 매매방법이라 할 수 있다.

제3절 옵션시장거래 사례

1. 주가지수 옵션거래[7)]

1-1. 지수옵션 시세표

다음의 <표 1-5>는 20△△년 2월 29일 3월 만기 KOSPI200지수옵션거래 결과이다. 이날 KOSPI200지수는 216.85로서 전일대비 3.74포인트, 3월 선물지수는 219.90으로서 전일대비 2.80포인트 각각 하락하였다. 선물의 하락폭이 작았는데 그 이유는 현물주식거래가 끝난 3시 이후 선물시세가 반등하였기 때문이다. 이날 옵션 시황의 특징을 요약하면 다음과 같다.

① 주가가 하락하였으므로 콜시세는 하락하고 풋시세는 상승하였다.

② 콜시세의 하락폭을 보면 내가옵션일수록 컸다. 210콜은 전일대비 2.65포인트 하락한 데 반해서 외가옵션인 225콜은 1.18포인트 하락하였다.

③ 그러나 하락률은 외가인 225콜이 47.58%로서 더 컸다. 즉 레버리지 효과는 외가옵션이 높았다.

④ 풋의 경우에도 상승폭은 내가옵션일수록, 행사가격은 반대로 높을수록 컸다. 그러나 상승률은 외가옵션의 경우가 높았다.

⑤ 표에서 내재변동성은 옵션 종목마다 거래자의 주관적 주가불안 심리를 나타낸다. 특정 종목의 내재변동성이 크다는 것은 다른 종목에 비해서 상대적으로 과대평가되었음을 의미한다. 이날 풋의 내재변동성이 콜의 내재변동성보다 전반적으로 크게 나타나고 있는데 이는 거래자들이 풋의 가치를 콜에 비해 높게 평가하고 있음을 뜻한다. 즉 주가하락의 리스크를 보호해야 할 필요성을 더 의식하고 있다는 것이다.

7) 1997년 7월 7일 한국거래소에서는 주가지수선물거래에 이어 KOSPI200지수옵션거래를 상장하였다.

⑥ 217.5콜은 프리미엄이 4.10으로서 내재가치는 0, 시간가치는 4.10인 외가옵션인 반면에 217.5풋은 프리미엄이 5.10으로서 내재가치는 0.65(= 217.5 − 216.85), 시간가치는 4.45이다.

〈표 1-5〉 20△△년 2월 29일 3월 만기 KOSPI200지수옵션거래 상황

내재 변동성	등락률 %	전일비 변동	콜 옵션종가	행사가	풋 옵션종가	전일비 변동	등락률 %	내재 변동성
3.0	−5.70	−1.75	29.05	187.5	0.13	0.03	30.0	37.9
3.0	−10.8	−3.25	26.75	190.0	0.15	0.01	7.1	36.1
3.0	−10.4	−2.90	24.90	192.5	0.30	0.10	50.0	37.4
32.0	−13.5	−3.55	22.75	195.0	0.39	0.11	39.3	36.0
16.0	−10.1	−2.25	20.10	197.5	0.55	0.15	37.5	35.4
24.0	−16.0	−3.30	17.35	200.0	0.75	0.22	41.5	34.5
22.0	−19.2	−3.55	14.95	202.5	1.00	0.27	37.0	33.6
28.0	−18.7	−3.00	13.05	205.0	1.36	0.40	41.7	32.9
26.0	−21.2	−2.90	10.80	207.5	1.82	0.45	32.8	32.4
26.0	−23.6	−2.75	8.90	210.0	2.40	0.68	39.5	31.5
25.5	−27.3	−2.65	7.05	212.5	3.35	1.05	45.6	32.1
26.5	−28.3	−2.25	5.70	215.0	3.80	0.97	34.3	29.0
24.8	−33.9	−2.10	4.10	217.5	5.10	1.35	36.0	29.3
24.6	−35.5	−1.65	3.00	220.0	6.40	1.65	34.7	28.8
24.3	−46.0	−1.77	2.08	222.5	7.75	1.80	30.2	27.5
23.4	−47.6	−1.18	1.30	225.0	9.40	2.00	27.0	26.5

* 2월 29일 KOSPI200현물지수 = 216.85(전일비 −3.74), 역사적 변동성 = 28.3%, 이자율 = 5.19%, 3월 옵션 만기일 = 3월 13일(만기 10일 전).

1-2. KOSPI200옵션의 주요 거래조건

① **옵션유형**: 유럽식 현물옵션이다. 즉 만기일에만 행사가능하며 만기일 현물 주가지수에 의해 현금차액이 결제된다.

② **계약단위**: KOSPI200지수×25만원(KOSPI200지수선물계약과 동일). 따라서 행사가 217.5 콜 가격이 4.10이라면 1계약 매입에 102.5만원(=4.10×25

만)이 필요하다.

③ **결제월**: 비분기월 4개 및 분기월 7개(3, 9월 각 1개, 6월 2개, 12월 3개). (비분기월이란 3, 6, 9, 12월이 아닌 달을 뜻함) 따라서 옵션의 만기월은 매달 주어진다. 이에 반해서 선물의 만기월 종류는 3, 6, 9, 12월 4가지뿐이다. 따라서 이들 4개 달의 두 번째 목요일마다 지수선물 및 주식선물 만기일과 지수옵션 및 주식옵션 만기일이 겹치는데 이를 쿼드루플 위칭 데이(quadruple witching day)라고 부른다. 이날이 다가오면 각 시장간 가격차이를 이용한 차익거래(arbitrage)가 증가하기 때문에 증시가격이 불안해질 수 있다.

④ **호가단위**: 프리미엄 10포인트 이상은 0.05포인트(=12,500원), 10포인트 미만은 0.01포인트(=2,500원)

⑤ **최종거래일**: 결제월의 두 번째 목요일로서 선물과 동일하다.

⑥ **증거금**: 옵션 매도자는 거래소가 징구하는 증거금을 납부해야 한다. 옵션 매입자는 증거금을 내지 않는다.

문제 **8월 5일 KOSPI200지수는 전일보다 4.02포인트 하락한 212.0, 9월 선물지수는 0.3포인트 하락한 210.0이었다. 이날 행사가격 215 풋 옵션의 프리미엄(종가)은 3.15였다. 시간가치는 얼마인가(포인트)?**

① 3.15 ② 3.0

③ 5.0 ④ 0.15

힌트 현물옵션이므로 내재가치는 행사가격 215에서 현물지수 212를 뺀 3.0이다.

문제 **7월 20일 KOSPI200 현물지수는 199.05, 9월 선물지수는 200.50이었다. 이날 KOSPI200 9월 만기 200 Call 10개를 3.50에 매도하였다. 다음날 주가하락에 따라 매도한 콜 옵션을 3.10에 청산하였다. 매매손익을 구하면? (KOSPI200지수옵션계약의 1포인트=25만원)**

① 100만원 이익 ② 100만원 손실

③ 200만원 이익 ④ 200만원 손실

힌트 옵션 매도가격 3.50이 매입가격 3.10보다 0.40이 높으므로 이익이다.

2. 외환시장 옵션거래

여기에서는 장외옵션의 대표적 형태인 외환옵션(foreign exchange option 또는 fx option) 거래방식에 대해 살펴 보자. 외환시장에서의 옵션거래는 거래소 상장 옵션과 달리 결제통화, 결제일자 등 개별 거래조건에 대하여 매매당사자간에 합의를 하여야 한다. 실무에서는 일일이 거래조건을 따지는 불편을 피하기 위하여 국제적으로 통용되는 표준계약서를 사용한다.

예시

2월 12일 현재 1달러가 1,250원이고 달러/원 환율의 역사적 변동성은 15%라고 가정하자. 행사가격 1,250원 달러 콜 옵션, 계약원금 10백만 달러의 프리미엄을 표시하는 방법에는 다음의 5가지가 있다.

① 기준통화(base currency)인 달러 계약금액의 1.968%

즉 $10,000,000 \times 0.01968 = 196,800$달러

이 표시법을 따르면 옵션 프리미엄은 달러로 결제한다.

② 상대 통화인 원 계약금액의 1.968%

즉 $12,500,000,000 \times 0.01968 = 246$백만 원

이 표시법을 따르면 옵션 프리미엄은 원화로 결제한다.

③ 1달러당 24.6원

즉 $10,000,000 \times 24.6 = 246$백만 원

이 표시법을 따르면 옵션 프리미엄은 원화로 결제한다.

④ 1만 원당 0.15744달러

즉 $12,500,000,000 \times 0.15744 \times 10^{-4} = 196,800$달러

이 표시법을 따르면 옵션 프리미엄은 달러로 결제한다.

⑤ 변동성 15%

옵션가격모형에서 변동성(volatility) 15%를 사용해서 계산된 프리미엄을 지급한다. 딜링룸에서 옵션거래를 할 때는 현물환율이 시시각각 변동하기 때문에 고정 프리미엄을 계산하기가 어렵다. 따라서 변동성에 대해서만 합의를 해놓고 계약 확정시점의 현물환율을 사용하는 방법을 많이 쓰고 있다.

이 옵션은 USD call/KRW put으로 표시된다. 이것은 만기일에 125억원을 주고 10백만달러를 매입할 수 있는 권리 또는 10백만달러를 받고 125억원을 매도할 수 있는 권리라는 것이다. 즉 달러/원 시장에서 달러 매수권리는 곧 원화 매도권리와 같다.

또한 행사가격이 현재 시장환율과 같으므로 at-the-money(ATM) spot option이라 한다. 만약 그냥 at-the-money(ATM)라고 하면 옵션 만기일에 적용되는 선물환율을 행사가격으로 하는 등가옵션을 거래하게 된다. 외환시장에서는 이 ATM spot 옵션이 가장 많이 거래된다.

3. 금리옵션거래

3-1. 금리 캡(interest rate caps)

금리 캡은 일정기간에 적용되는 금리가 행사금리 이상 되는 경우 그 이자차액을 받을 수 있는 계약을 말한다. 금리상한계약이라고도 한다.

예시

2year 6% caps(결제금리: 6month SOFR)
➡ 향후 2년간 매 6개월마다 6month SOFR가 6% 이상 되는 경우 이자차액을 받을 수 있는 권리를 나타낸다. 6% 미만의 구간에서 권리의 가치는 제로가 되며, 결제금리가 3month SOFR이면 3개월마다 결제한다.

금리 캡은 콜 옵션에서 주가 대신에 금리를 사용하는 것이라고 보면 이해가 빠를 것이다. 예를 들어 3% caps이 4% caps보다 내재가치가 높다.

예시

성북기업은 2년 만기 6% caps을 경복은행으로부터 매입하였다. 계약원금은 100억원, 기초금리는 3개월 CD이고 이자기산은 2007년 3월 15일부터이다. 프리미엄은 원금의 0.3%로서 계약시 전액 지급하는 조건이다. 만약 9월 15일 CD 결제금리가 6.5%라고 한다면 12월 15일 결제금액은 얼마가 되는가?
➡ 답: 100억 × 0.005 × 91 / 365 = 0.125억원. 경복은행이 성북기업에 지급!

만약 이 금액을 9월 15일 결제한다면 현가금액은?

$$100억 \times 0.005 \times (91 / 365) / \{1 + 0.065 \times (91 / 365)\}$$

3-2. 금리 플로어(interest rate floors)

금리 플로어는 일정기간에 적용되는 금리가 행사금리 미만이 되는 경우 그 이자차액을 받을 수 있는 계약을 말한다. 금리하한계약이라고 한다.

예시

2year 4% floors(결제금리: 6month SOFR)
➡ 향후 2년간 매 6개월마다 6month SOFR가 4% 미만이 되는 경우 이자차액을 받을 수 있는 권리를 나타낸다. 4% 이상의 구간에서 권리의 가치는 제로가 된다.

금리 플로어는 풋 옵션에서 주가 대신에 금리를 사용하는 것으로 생각해볼 수 있다.

3-3. 금리 칼라(interest rate collar)

금리 캡과 플로어를 동시에 거래하는 기법을 말한다.

예시

4%/6% collar 매입
➡ 6% caps을 매입하고 동시에 4% floors를 매도하는 것.
➡ 6month SOFR가 6% 이상이 되는 경우 금리차익을 받게 되나 4% 미만이 되는 경우 금리차액을 지급한다(cap 매입비용 절감방안이 된다).

다음에서는 거래 사례를 살펴보자. <표 1-6>은 달러와 파운드 금리옵션시세(bid-offer)를 나타내고 있다. 국제금융시장에서는 파운드자금을 'sterling'이라고 부른다.

〈표 1-6〉 금리옵션 시세표(기준금리 6month rate; bid-offer)

단위 : basis point

U.S. dollar caps			U.S. dollar floors		
2years	9%	57 - 64	2years	8%	48 - 55
2years	10%	24 - 29	3years	8%	90 - 100
3years	9%	124 - 134	5years	8%	183 - 203
3years	10%	59 - 69			
5years	11%	90 - 105			

sterling caps			sterling floors		
1year	12.5%	53 - 57	1year	12%	15 - 19
2years	13%	65 - 72	2years	12%	103 - 111
2years	14%	26 - 32	3years	11%	113 - 126
3years	13%	102 - 116	5years	10%	170 - 185
3years	14%	50 - 60			
5years	13%	145 - 169			

※ 여기서 1basis point는 0.01%를 뜻한다.

예시

삼청상사는 6month SONIA + 100bp 조건으로 3년 만기 파운드금융을 쓰려고 한다. <표 1-6>에서 14% 캡을 매입하여 금리상승위험을 관리한다고 할 때 차입비용은 어떻게 될까?

우선 캡 매입비용은 60basis point, 즉 원금의 0.6%이다(차입규모가 1억 달러라고 한다면 60만 달러). 이자지급이 매 6개월마다 6번 발생하므로 이 비용을 기간 배분해야 한다. 현재 3년 만기 반년복리 파운드금리가 13%라고 한다면 다음 식에서 이를 구한다.

$$0.6 = \frac{X/2}{1.065} + \frac{X/2}{1.065^2} + \cdots\cdots + \frac{X/2}{1.065^6}$$

$$X = 0.25\%$$

즉, 3년간 0.6%의 프리미엄은 매 6개월마다 0.25%/2의 이자비용 추가부담으로 볼 수 있다. 따라서, 삼청상사의 금융비용은 6month SONIA + 125bp가 되며 조달비용 상한은 14% + 125bp = 15.25%가 된다.

예시

> 성북기업은 6month SOFR + 120bp 조건으로 3년 만기 미달러표시 FRN을 발행한다. 금리비용 관리를 위해 10% 캡을 매입하고 8% 플로어를 매도한다(8%/10% Collar 매입거래). 이 거래의 목적은 금리가 10% 이상이 되는 경우 이자비용 상승을 억제하는 대신 금리가 8% 이하로 떨어질 때 그 이익을 포기하는 것이다. 이 금융거래비용의 상한과 하한을 구하라.

10% 캡 매입비용은 69bp이고 8% 플로어 매각수입은 90bp이므로 21bp의 현금수입이 발생한다. 현재 3년 만기 반년복리 달러금리가 9%라고 한다면 이것은 다음 식에서 보듯이 반년마다 0.0407%(연 0.0814%)의 이자비용 경감을 가져다준다.

$$0.21 = \frac{X/2}{1.045} + \frac{X/2}{1.045^2} + \cdots\cdots \frac{X/2}{1.045^6}$$

$$X = 0.0814\%\,(\text{약 } 8bp)$$

따라서, 차입비용은 SOFR + 120 − 8 = SOFR + 112bp

차입비용 상한 = 10% + 112bp = 11.12%

차입비용 하한 = 8% + 112bp = 9.12%

연습문제

문1 가격 상승 예상시 사용할 수 없는 거래는?

① 선물 매입 ② 주식 매입
③ 콜 옵션 매입 ④ 풋 옵션 매입

문2 거래소 증거금에 대한 다음 설명 중 적절하지 않은 것은?

① 선물 매입, 매도시 모두 증거금을 납부한다.
② 옵션 매입자는 증거금을 납부하지 않는다.
③ 옵션 매도자는 증거금을 납부하지 않는다.
④ 옵션 스프레드 증거금은 옵션 매도시보다 적다.

문3 한 달 후 POSCO 주식을 10만 원에 매입하는 콜 옵션을 1만 원을 주고 샀다. 한 달 후 손익분기 주가는?

① 1만 원 ② 10만 원
③ 11만 원 ④ 9만 원

문4 경복은행은 12만 원 삼청제철 주식 풋 옵션을 2만 원에 매도하였다. 만약 주가가 떨어진다면?

① 풋 가치 하락으로 손해를 본다.
② 풋 가치 상승으로 이익을 본다.
③ 풋 가치 상승으로 손해를 본다.
④ 삼청제철 주가가 당장 10만 원 이하로 떨어지지 않는다면 이익이다.

문5 현재 성북전자의 주가가 15만 원일 때 다음 중 내가(ITM)옵션은?

① 13만 원 풋 ② 14만 원 콜
③ 15만 원 풋 ④ 15만 원 콜

문6 다음 중 가장 적절한 설명은?

① 콜옵션 매입자의 이익은 상한이 있다.
② 콜옵션 매도자의 손실은 제한적이다.
③ 콜옵션 매입자와 매도자의 이익 확률은 각각 50%이다.
④ 주가가 불안정해지면 콜 매도자와 풋 매도자 모두 손실을 볼 수 있다.

문7 재동전자 주식 풋 옵션을 1만 원에 매입하였다. 행사가격이 8만 원이었는데 만기에 재동전자 주가가 8만 5천 원이 되었다. 손익은?

① 5천 원 손실　　② 1만 원 손실
③ 5천 원 이익　　④ 1만 원 이익

문8 현재 S&P500 현물지수는 450이고 선물지수는 455이다. 맞는 설명은?

① 행사가격 450 현물지수 콜 옵션이 행사가격 450 선물지수 콜 옵션보다 비싸다.
② 행사가격 455 현물지수 풋 옵션이 행사가격 455 선물지수 풋 옵션보다 비싸다.
③ 행사가격이 같으면 현물 콜 가격과 선물 콜 가격이 같다.
④ 행사가격이 같으면 현물 풋 가격과 선물 풋 가격이 같다.

문9 다음 중 틀린 설명은?

① 같은 조건이라면 미국식 옵션의 가치가 유럽식보다 높다.
② 거래소에 상장된 옵션은 대부분 선물옵션이다.
③ 현물옵션은 외환시장에서 많이 거래된다.
④ 세계 최초의 상장옵션거래는 1973년 CBOE에서 시작되었다.

문10 오늘 현재 KOSPI200지수는 216.85, 3월 지수는 219.90으로 주어졌다. 행사가격 215인 2월 콜 옵션의 프리미엄은 5.70일 때 시간가치를 구하면?

① 1.85　　② 3.85
③ 1.20　　④ 4.90

문11 **현재 KOSPI200지수는 237.92이고 3월 만기 주가지수는 238.35이다. 행사가격 220 풋 옵션 100개를 3.42에 매도하였다. 다음날 이 옵션 포지션을 3.52에 모두 청산하였다. 손익이 어떻게 되겠는가?** (옵션 1포인트의 가치는 25만 원이다.)

① 250만원 이익 ② 100만원 이익
③ 250만원 손실 ④ 100만원 손실

문12 **현재 삼청제철의 주가는 12만 원이다. 다음 공식 중 행사가격 14만 원 삼청제철 콜 옵션의 만기가치를 나타내는 식은(S는 만기일 주가)?**

① Max[0, (S−140,000)] ② Max[0, (140,000−S)]
③ Max[0, (S−140,000)−120,000] ④ Max[0, (140,000−S)−120,000]

문13 **현재 외환시장에서 1달러는 1,350원에 거래되고 있다. K company는 3개월 만기 USD CALL/KRW PUT을 달러 계약원금(NOTIONAL PRINCIPAL)의 50bp(1 basis point는 0.01%)에 매입하였다. 달러 계약원금은 10MM USD(=천만달러), 원화 계약원금은 140억원이다. K Company의 상황에 대한 다음 설명 중 가장 적절한 것은?**

① 달러 콜옵션과 원화 풋옵션을 각각 천만 달러씩 매입한 것이다.
② 달러가 상승하면 손해를 본다.
③ 옵션매입비용은 5만 달러이다.
④ 원화가치가 상승하면 이익을 본다.

문14 **한국신탁은 변동금리부 예금채권에 투자하고 있다. 한국신탁 입장에서 향후 금리변동위험 관리를 위하여 활용할 수 있는 대안 중 가장 적절한 것은?**

① 금리하한 계약 매입 ② 금리하한 계약 매도
③ 금리상한 계약 매입 ④ 채권선물 매도

문15 **현재 3개월 CD금리는 5%이다. 안국기업은 3년 만기 대출을 신청하고 있는데 정상 대출금리는 CD+2%이다. 만약 CD 유통수익률이 4% 이하로 떨어지는 경우 대출금리를 6%로 하는 조건을 대출계약에 첨가한다면 대출금리는 어떻게 되는 것이 이론상 합당할 것인가?**

① CD+2%보다 높아야 한다. ② CD+2%보다 낮아야 한다.
③ CD+2% 그대로 적용해야 한다. ④ 항상 6%로 고정시켜야 한다.

문16 **북촌상사는 여유자금을 은행예금증서(CD)에 투자하고 있다. 현재 3개월 CD금리는 5%이다. 만약 CD 유통수익률이 7% 이상이 될 경우에는 예금이자를 7%로 고정하는 조건이 붙어 있다면 이 예금증서의 지급금리는 어떻게 될 것인가?**

① CD 유통수익률보다 다소 높아야 한다.
② CD 유통수익률보다 다소 낮아야 한다.
③ 변동이 없다.
④ 항상 7%로 고정시켜야 한다.

문17 **만기 3년 행사금리 7%의 금리상한 계약의 프리미엄이 0.5%(연율)이라면 같은 만기 행사금리 8%의 금리상한 계약의 프리미엄은?**

① 0.5%보다 높다. ② 0.5%보다 낮다.
③ 변동이 없다. ④ 8%

문18 **성북기업은 2년 만기 6% Caps을 경복은행으로부터 매입하였다. 계약의 원금은 100억 원, 기초금리는 3개월 CD금리이고 이자기산은 2007년 3월 15일부터이다. 만약 9월 15일 CD 결제금리가 5.5%라고 한다면 결제금액은 얼마가 되는가?**

① 제로 ② 100억 × 0.005 × 91 / 365
③ 100억 × 0.055 × 91 / 365 ④ 100억 × 0.06 × 91 / 365

정답 및 해설

1. ④ 풋 옵션 매입은 가격 하락 예상시 사용한다.
2. ③ 옵션 매도자의 손실은 가격 급변시 프리미엄 이상으로 급증할 수 있으므로 거래소에서 사전에 증거금을 받는다. 옵션 매입자는 최대손실이 지급 프리미엄이므로 증거금을 내지 않는다.
3. ③ 10만 + 1만 = 11만 원
4. ③ 주가 하락시 풋 가치가 상승하므로 손해를 본다.
5. ② 14만 원 콜
6. ④ 가격이 불안해지는 경우 콜, 풋 모두 가치가 상승하므로 옵션 매도자가 손실을 보기 쉽다.
7. ② 권리행사를 하지 못하므로 프리미엄 1만 원 손실
8. ② 행사가격 450 현불지수 콜 옵션 = 능가옵션, 행사가격 450 선불지수 콜 옵션 = 내가옵션(내재가치 = 5).
9. ② 거래소에 상장된 옵션은 대부분 현물옵션이다. KOSPI200옵션도 현물옵션이다.
10. ② KOSPI200옵션은 현물옵션이다. 따라서 215 콜 옵션의 내재가치는 1.85이다. 그러므로 시간가치는 5.70 − 1.85 = 3.85가 된다.
11. ③ 매도가격보다 매입청산가격이 높으므로 손실! 손실금액=(3.52−3.42)×100×25만원 =250만원
12. ①
13. 외환시장에서 달러 매수포지션은 동시에 원화 매도포지션에 해당. 따라서 달러 상승(또는 원화 하락) 하면 이익 발생. 옵션매입비용=10,000,000×0.0001×50 =50,000달러.
14. ① 금리하락위험에 노출되어 있으므로 금리하한 계약(Floors) 매입이 적절하다.
15. ② 대출금리 하락에 따른 이익을 포기하는 것이므로 대출금리를 깎아주어야 합당하다. 즉, 안국기업은 금리하한 계약을 매도하는 것이다.
16. ① 금리 상승시 이익을 포기하는 것이므로 예금이자를 높여야 한다.
17. ② 금리가 7% 이상으로 상승할 가능성보다 8% 이상으로 상승할 가능성이 낮으므로 프리미엄이 낮아진다.
18. ① 외가옵션이 되어 내재가치가 영이다.

제2장 옵션 프리미엄과 리스크 지표

제1절 프리미엄 결정요소

1. 기초자산가격

앞에서 옵션의 기초자산인 주가가 상승하면 콜의 가격은 상승하고 풋의 가격은 하락함을 보았다. <그림 2-1>과 <그림 2-2>는 행사가격 50원 콜과 풋 옵션의 가격이 주가의 변동에 따라 어떻게 변하는지를 시각적으로 보여주고 있다.

〈그림 2-1〉 콜 옵션의 시장가격에 따른 내재가치와 시간가치의 변화

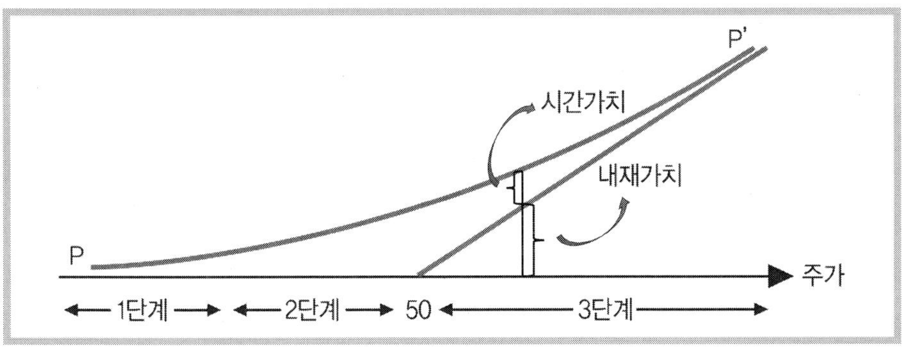

<그림 2-1>에서 보면 주가가 아주 낮은 상태(1단계 'deep OTM' 상태)에서는 주가가 상승해도 옵션가격이 별 변동이 없지만, 주가가 조금씩 오르면서(2단계) 옵션가격이 본격 상승하기 시작한다. 그러나 이 단계까지의 옵션가격 상승은 전부 시간가치 상승에서 비롯된다. 주가가 행사가격 50원을 넘어서면서부터(3단계) 내재가치가 발생하고 이후 주가가 상승할수록 내재가치가 증가한다. 그러나 시간가치는 deep ITM이 될수록 작아진다.

옵션가격선 PP'는 직선이 아니라 내재가치선에 대해서 볼록한 모양(일명 'convex')을 하고 있음을 기억하기 바란다.

풋의 가격변화 특징은 <그림 2-2>에서 살펴볼 수 있다. 콜과 반대로 주가가 행사가격 50보다 작아지면서 내재가치가 발생한다.

〈그림 2-2〉 풋 옵션의 시장가격에 따른 내재가치와 시간가치의 변화

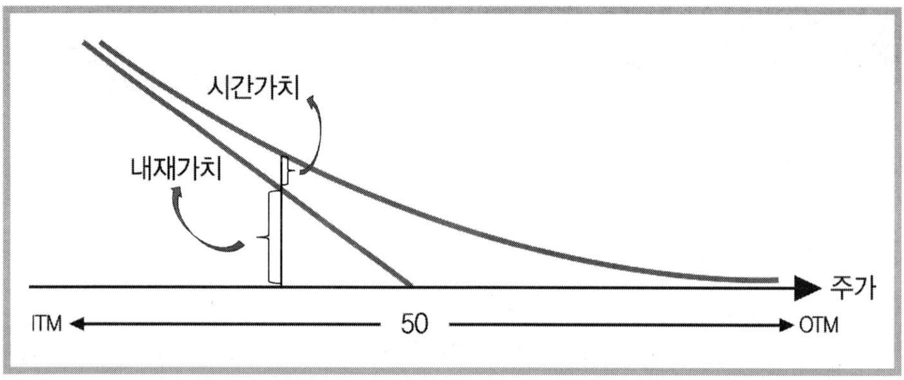

재미있는 것은 콜 옵션의 가치는 기초자산가격보다 높을 수 없으며 풋 옵션의 가치는 행사가격보다 높을 수 없다는 점이다. 주가가 음수가 될 수 없기 때문이다. 한편 행사가격이 영에 접근할수록 콜 옵션 프리미엄은 기초자산 가격과 비슷해지며 풋 프리미엄은 제로가 된다. 반면에 행사가격이 높아질수록 콜 프리미엄은 영에 접근하는 반면에 풋 프리미엄은 같이 높아진다.

이론상 주가는 무제한 상승할 수 있기 때문에 콜옵션 가격의 상한은 무한대이다. 반면에 풋옵션은 이론상 행사가격이 상한이다.

2. 잔존만기

만기가 되면 옵션은 내재가치만 남고 시간가치는 영이 된다. 따라서 만기가 다가올수록 시간가치는 영에 접근하므로 콜, 풋 모두 가격이 하락한다.

옵션의 시간가치(time value)는 옵션의 권리행사 만기일까지 시장가격이 더 유리하게 변동할 가능성의 가치 또는 만기까지 내재가치 증가 가능성의 가치를 말한다. 만기가 무한대로 남아있다면 콜 옵션의 가치는 시장가격에 접근하고 풋 옵션의 가치는 행사가격에 접근한다.

<그림 2-3>은 내가(ITM), 등가(ATM), 외가(OTM) 옵션의 가격이 잔존만기에 따라 각각 어떻게 변하는가를 보여주고 있다. 행사가격 50원 콜 옵션 가격을 시장가격(S)이 45달러일 때(OTM 상태), 50달러일 때(ATM 상태), 55달러일 때(ITM 상태)로 나누어 관찰한 것이다. 여기서 잔존만기는 1년을 1.0으로 하여 연율로 표시하였다.

〈그림 2-3〉 잔존만기와 콜 옵션(행사가격 = 50원) 프리미엄 관계

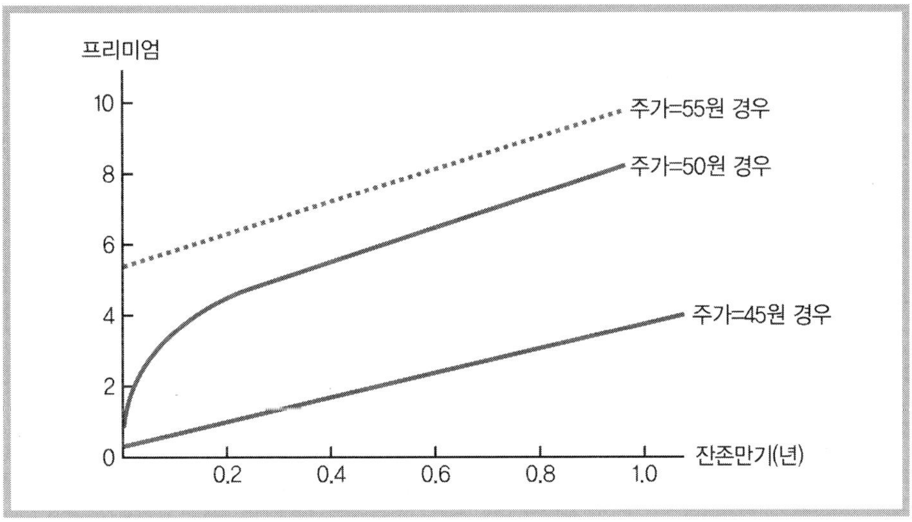

<그림 2-3>에서 보면 주가가 55원을 유지하는 경우 행사가격 50원 콜 옵션은 내가(ITM)상태에 있게 되고 이 옵션의 가격은 잔존만기가 1년에서 계속 줄어듦에 따라 거의 일정한 속도로 감소한다. 주가가 45원을 유지하

는 경우, 즉 외가(OTM)옵션의 경우에도 거의 일정한 속도로 옵션가치가 줄어든다. 그러나 등가상태를 유지하는 경우에는 옵션가치가 만기가 다가감에 따라 가속적으로 줄어든다.

시간가치의 특성

① 기초자산의 시장가격과 행사가격이 비슷할수록 옵션의 시간가치가 크다.
즉 등가(ATM)옵션의 시간가치가 내가(ITM)옵션이나 외가(OTM)옵션의 시간가치보다 크다.
② 시간가치는 시간경과에 따라 감소한다.
이를 시간가치 잠식(time value decay)효과라 한다. 만기에 가서 시간가치는 영이 된다. 따라서 옵션 매도자는 시간이 갈수록 가만히 있어도 시간가치 잠식의 이익을 얻는 셈이다. 그러므로 옵션 매입자는 하루에 자기 옵션의 가치가 어느 정도 잠식되는지를 인지하고 있을 필요가 있다.
③ 시간가치 잠식속도는 등가(ATM)옵션일수록, 만기에 다다를수록 빨라진다.

3. 시장가격 변동성(volatility)

변동성(volatility)은 주가 변화의 정도를 측정하는 지표로서 매일 주가변동률을 계산해서 그것의 표준편차를 구한 것이다.

*변동성 계산 사례: 다음 표에서와 같이 5일간 A사와 B사의 주가가 변동하였다고 가정하자.

A	100	102	99	98	101
B	100	130	80	120	70

이 자료에서 주가의 일변동율을 다음과 같이 계산한다.

A변동율	2.00%	−2.94%	−1.01%	3.06%
B변동율	30.00%	−38.46	50.00%	−41.67%

다음으로 일변동율의 표준편차를 계산하면 A는 2.75%, B는 46.96%가 나온다. 이를 일변동성(daily volatility)라고 하고 여기에 연간 영업일수의 제곱근을 곱하면 연변동성(annual volatility)이 된다. 시장에서는 연변동성을 주로 사용한다.

변동성이 커질수록 권리행사 이익이 발생할 확률이 높아지므로 콜, 풋 모두 가격이 상승한다. 변동성의 효과는 베가(vega; ν)로 측정한다.

만약 주가변동성이 무한대로 커지면 콜 옵션의 가치는 시장가격에 접근하고 풋 옵션의 가치는 행사가격에 접근한다. 반대로 변동성이 영이면 콜, 풋 가격은 모두 내재가치와 같아진다.

주가변동의 방향과 변동성의 변화에 따른 옵션거래의 선택은 다음과 같이 요약할 수 있다.

〈가격변동 방향과 변동성 거래전략〉

방향/변동성	증 가	감 소
상 승	콜 매입	풋 매도
하 락	풋 매입	콜 매도

즉 주가 상승 예상시 쓸 수 있는 거래전략(bull strategy)은 콜 매입과 풋 매도이다. 하지만 변동성이 커지면서, 다시 말해서 주가가 등락이 확대되면서 상승하는 장에서는 콜 매입을 택하고 시장이 안정화되면서 상승하는 장에서는 풋 매도가 효과적이다.

반대로 주가 하락이 예상될 때 거래전략(bear strategy)은 풋 매입과 콜 매도이다. 풋 매입은 주가 불안이 커지면서 하락하는 장에서 쓰고 주가의 안정적 하락세가 예상될 대는 콜 매도가 효과적이다.

4. 이자율

콜 옵션 매입은 손익방향으로 볼 때 주식 매입과 유사하고 풋 옵션 매입은 주식 매도와 유사하다. 따라서 금리가 상승할 때 자금이 적게 드는 콜 매입이 유리하므로 콜의 가치는 상승한다. 반면에 풋의 경우에는 주식 매도에 비해 자금확보금액이 적으므로 하락한다. 그러나 이 효과는 절대적 크기로 볼 때 무시할 정도이다. 이보다는 금리변동이 기초자산가격의 변동을 초래해서 그것이 2차적으로 옵션가격에 영향을 미치는 효과가 훨씬 크다. 통화옵션과 채권옵션을 예로 들면 다음과 같다.

① 통화옵션의 경우

외국통화 금리가 상승하면 해당 통화시세가 상승하고 따라서 콜 옵션의 가치는 상승하고, 풋 옵션의 가치는 하락한다. 예를 들어 $/₩ 외환시장에서 미국 금리가 높아지면 달러 시세가 상승하고 달러 콜 옵션(또는 $ call/₩ put)이 비싸진다. 동시에 $ 풋 옵션($ put/₩ call) 가격은 하락한다. 외환은 항상 두 통화가 '쌍(pair)'으로 거래되기 때문에 여기서 달러 매수권리(call)은 자동적으로 원화 매도권리(put)를 의미한다.

② 채권옵션의 경우

금리가 상승하면 채권의 가격은 하락한다. 따라서 콜 가치는 하락, 풋 가치는 상승한다.

5. 현금배당

주식시장에서 현금배당이 지급되면 그만큼 주가가 하락한다('배당락'이라 한다). 따라서 주식 콜옵션의 가격은 하락하고 주식 풋옵션의 가격은 상승한다.

제2절 옵션 리스크 지표

1. 옵션 리스크 지표(greeks)

옵션은 다른 파생상품과 비교할 때 그 가치에 영향을 미치는 요소가 많을 뿐만 아니라 그 가치 결정과정도 매우 복잡하기 때문에 실제 거래를 할 때는 여러가지 거래지표를 사용하여 거래효과를 정확하게 통제하는 것이 필요하다. 실무에서 가장 많이 쓰이는 지표를 중심으로 그 성격을 파악하여보자.

1-1. 델타

우선 옵션거래자의 일차적인 관심은 주가가 1포인트 상승할 때 자기 옵션의 가격이 얼마나 바뀔 것인지에 있다. 이것은 델타라는 지표에 의해 파악된다.

$$\text{델타} = \frac{\text{옵션가격의 변동}}{\text{주가지수(기초자산가격)의 변동}}$$

앞의 <표 1-5>에서 보면 가격이 비싼 내가옵션일수록 같은 주가지수변동에 대하여 옵션가격의 변동폭이 크고, 가격이 싼 외가옵션일수록 옵션가격의 변동폭이 작음을 알 수 있다. 이와 같이 델타는 주가변동에 대한 옵션가격의 반응도를 측정하는데 내가옵션일수록 1에 접근하고 외가옵션일수록 영에 접근한다. 등가옵션의 델타값은 0.5가 된다.

한편 주가지수가 오를 때 콜 옵션의 가격은 상승하므로 콜 옵션의 델타 부호는 양수로 나타나고, 반대로 풋 옵션의 경우는 하락하므로 풋 옵션의 델타 부호는 음수로 나타난다. 이들 부호는 옵션 매입자 입장에서 손익의 발생 방향과 같다. 따라서 옵션 매도자 입장에서 델타의 부호는 반대가 된다. 즉, 주가가 오를 때 콜 가격은 상승하여 콜 옵션 매도자의 손실이 발생하므로 콜 매도자의 델타 부호는 음수로 나타난다. 이와는 반대로 주가가 오를 때 풋의 가격은 하락하여 풋 매도자에게는 이익이 발생하므로 풋 매도자의 델타 부호는 양수로 나타난다.

이상을 정리하면 다음의 <표 2-1>과 같다.

〈표 2-1〉 델타의 부호

선물 · 옵션 포지션	델타의 부호
선물 매입	+1
선물 매도	−1
콜 매입	+
콜 매도	−
풋 매입	−
풋 매도	+

1-2. 감마

그런데 옵션가격은 주가가 변동할 때 델타값에 비례하여 그대로 움직이지 않는다. 오차가 발생하는데 문제는 이 오차가 주가변동이 커질수록 증가한다는 것이다. 이 오차를 측정하는 지표가 감마(gamma)이다. 즉 감마는 다음과 같이 정의된다.

$$감마(\gamma) = \frac{델타의\ 변동}{주가지수(기초자산가격)의\ 변동}$$

감마효과 또는 볼록성(convexity)효과는 옵션 매입자에게는 유리한 현상이다. 왜냐하면 주가가 상승할 때 이익 발생속도가 주가가 하락할 때의 손실 발생속도보다 크기 때문이다. 반면에 옵션 매도자에게는 불리한 현상이다. 왜냐하면 손실 발생속도가 이익 발생속도보다 크기 때문이다. 쉽게 얘기해서 감마는 옵션 매입자에게는 '대박효과'를, 매도자에게는 '쪽박효과'를 가져다준다.

감마효과는 주가변동폭이 커질수록 더 증가한다. 즉 가격의 급변시에 옵션 매입자의 이익은 가속적으로 늘어나며 이에 따라 옵션 매도자의 손실은 가속적으로 증가한다. 지난 2001년 9월 뉴욕 테러사태가 발생하여 주가가 폭락하였을 때 몇백 배의 이익을 낸 풋 옵션 매입자가 있었다고 하는데 여기에는 감마효과가 주된 요인으로 작용하였다.

감마효과는 만기일이 다가올수록 증가하므로 옵션 매도자에게는 주의가 요구된다. 특히 변동성이 낮은 상태에서 감마값이 크기 때문에 조용한 시장상태에서 가격이 변동할 때 큰 손실을 볼 수 있다.

감마효과는 선물에는 없고 옵션에만 있는 현상이다. 또 옵션 매입자의 감마값은 양수이며 옵션 매도자의 감마값은 음수이다.

〈표 2-2〉 감마의 부호

선물 · 옵션 포지션	감마의 부호
선물 매입	0
선물 매도	0
콜 매입	+
콜 매도	−
풋 매입	+
풋 매도	−

문제 **현재 외환시장에서 달러는 1,050원에 거래되고 있다. 그리고 한달 만기 1,050원 달러 콜 가격은 12.0원으로 주어졌다(델타 0.6). 만약 미 달러환율이 1원 상승한다면?**

① 콜 프리미엄 12.6원으로 상승

② 콜 프리미엄 11.4원으로 하락

③ 콜 프리미엄 12.6원보다 더 상승

④ 콜 프리미엄 하락하나 11.4원보다는 높다.

힌트 델타값에 의하면 0.6원이 상승할 것이나 감마효과가 있으므로 이보다 좀더 상승한다.

1-3. 세타

옵션의 가치는 시간이 경과함에 따라 감소한다. 이 시간가치 감소속도 측정하는 지표가 세타이며 다음과 같이 정의된다.

$$\text{세타}(\theta) = \frac{\text{옵션 프리미엄 변화}}{\text{시간의 변화(연율)}}$$

세타는 감마와 반대로 옵션 매도자에게는 유리하게, 매입자에게는 불리하게 작용한다. 그러나 감마와 같이 만기가 다가올수록 또 등가옵션일수록 커진다.

프리미엄이 같은 콜과 풋의 세타를 비교하면 콜의 세타값이 풋보다 조금 크다. 왜냐하면 콜의 이론가격 최대값이 풋의 이론가격 최대값보다 높기 때문이다.

1-4. 베가

다음으로 중요한 지표가 베가이다. 베가는 다음과 같이 정의된다.

$$\text{베가} = \frac{\text{옵션 프리미엄 변화}}{\text{주가지수(기초자산가격) 변동성 변화}}$$

증시에서 주가불안이 증가할 때, 즉 시장변동성이 확대될 때는 옵션가격이 상승하므로 옵션 매입자는 이익을 보고 옵션 매도자는 손실을 본다. 따라서 옵션 매입자의 베가값은 양수, 옵션 매도자의 베가값은 음수로 정의된다. 베가는 감마와 같이 옵션에만 존재하는 효과이다. 차이라면 베가의 효과는 만기가 다가올수록 그 영향력이 감소한다는 점이다.

실무에서는 연변동성(annual volatility) 변동 단위를 1%, 10%, 100% 등으로 달리하여 베가값을 나타내므로 확인이 필요하다.

2. 옵션 변동성

2-1. 역사적 변동성과 내재변동성

주가의 변동성은 매일 매일의 주가변동률을 구해서 이것들의 표준편차를 계산한 것이다. 이것은 과거의 주가변동 자료로부터 쉽게 계산할 수 있다. 이렇게 해서 얻은 변동성을 역사적 변동성(historical volatility)이라고 한다.

그런데 이것은 지나간 자료를 사용해서 계산한 것이어서 앞으로도 주가가 지금까지와 같이 변동하리란 보장이 없다. 그래서 시장에서는 개별 옵션 종목의 가격에서 거꾸로 투자자들이 느끼는 가격불안의 정도를 역산하여 쓰는 경우가 많다. 이렇게 계산한 변동성을 내재변동성(implied volatility)이라 한다.

<표 1-5>에서 보면 역사적 변동성은 28.3%인데 반하여 내재변동성은 각 옵션별로 나타나 있다. 내재변동성이 높다는 것은 상대적으로 그 옵션이 과대평가되어 있음을 나타낸다.

<표 1-5>에서 재미있는 사실은 풋의 내재변동성이 콜보다 전반적으로 높게 나타나고 있는 것이다. 2008년 2월말은 글로벌 금융위기가 서서히 시작되고 있는 시점으로서 주가 상승보다 주가 하락의 위험을 옵션거래자들이 더 인식하고 있음을 반영한 것이라고 할 수 있다.

〈그림 2-4〉 역사적 변동성(hv)과 내재변동성(IV)의 차이

<그림 2-4> 왼쪽 그림은 주가(기초자산가격)(S), 행사가격(K), 잔존만기(T), 역사적변동성(HV), 시장금리를 옵션가격모형(OPM)에 입력하면 옵션이론가격이 산출됨을 보여 주고 있다.

<그림 2-4> 오른쪽 그림은 주가(기초자산가격)(S), 행사가격(K), 잔존만기(T), 시장금리, 그리고 시장에서 거래되는 옵션 실제 가격을 옵션가격모형(OPM)에 입력하면 해당 옵션의 내재변동성(IV)이 산출됨을 보여 주고 있다.

2-2. 변동성 미소(volatility smile)와 변동성 기간구조(volatility term structure)

실제 옵션 시장가격으로부터 각 옵션의 내재변동성을 구해보면 같은 기초자산의 옵션이지만 행사가격과 만기에 따라 그 값이 다양함을 알 수 있다. 특히, 외가옵션이나 내가옵션이 될수록 내재변동성이 커지는 경향을 발견할 수 있다. 이 현상은 미소를 지을 때 양 입가가 위로 치켜 올라가는 것에 비유해 변동성 미소(volatility smile)라 한다. 외가옵션의 변동성이 큰 이유는 외가옵션의 투기성(일명 레버리지효과) 때문이며 내가옵션의 변동성이 큰 이유는 거래유동성이 부족하여 매도호가와 매수호가의 차이가 크기 때문이다.

한편, 옵션의 변동성은 일정하지 않고 만기가 다름에 따라 달라진다. 만기가 장기일수록 내재변동성이 높은 것이 있는가 하면 평균수준을 두고 상하로 분포하는 형태도 있다. 이자율이 기간에 따라 다른 것을 기간구조라고 하듯이 이것을 변동성의 기간구조(volatility term structure)라 한다. 금리옵션의 경우 변동성의 기간구조가 현저하게 다른 모양을 하므로, 만기까지 변동성이 불변이라고 가정하는 블랙·숄즈 모형을 이용하여 옵션 프리미엄을 계산하면 구조적으로 괴리가 발생한다.

2-3. VIX(volatility index)

VIX는 옵션 내재변동성의 평균을 나타내는데 최초로 작성된 것은 미 시카고옵션거래소(Chicago Board Options Exchange)에 상장된 주가지수 S&P500 Call과

Put 내재변동성 평균이다. 내재변동성 평균은 최근월물, 등가(At-the-money)와 가까운 콜과 풋 옵션들의 내재변동성 평균으로 산출한다. 한국거래소에서도 KOSPI200 옵션변동성지수를 공표하고 있다.

주가가 불안해지면 VIX가 올라가기 때문에 일명 공포지수(fear index)라고도 불린다. CBOE에서는 VIX지수를 기초로 한 선물과 옵션도 거래되고 있다. <그림 2-5>는 2008년 9월 글로벌 금융위기 기간을 포함한 CBOE VIX 지수 추이를 보여주고 있다. 당시 VIX는 평상시 20%대에서 80%대로 치솟았었다.

〈그림 2-5〉 글로벌 금융위기 기간중 CBOE VIX 지수 추이

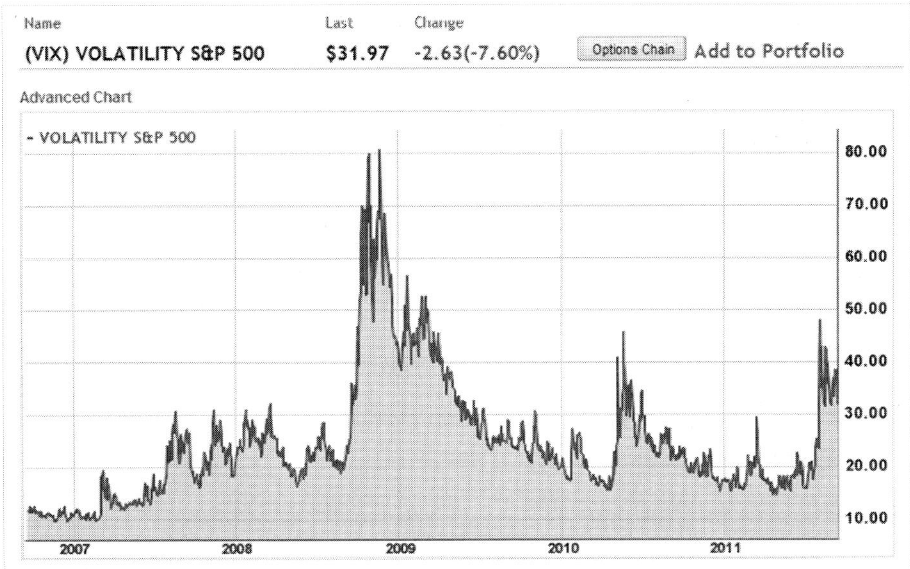

3. 옵션거래 리스크 분석 사례

다음의 <표 2-3>은 20△△년 2월 29일 3월 만기 KOSPI200지수옵션의 종가를 기초로 각 종목별 리스크 지표를 계산한 것이다. 이를 이용해서 217.5콜 매입 및 매도 포지션과 217.5풋 매입 및 매도 포지션의 리스크를 하나씩 살펴보자.

〈표 2-3〉 20△△년 2월 29일 3월 만기 KOSPI200지수옵션 거래지표

베가	세타	감마	델타	C이론가	행사가	P이론가	델타	감마	세타	베가
0.010	-0.027	0.001	1.000	29.72	187.50	0.13	-0.021	0.003	-0.028	0.020
0.035	-0.027	0.005	1.000	27.39	190.00	0.15	-0.025	0.004	-0.032	0.020
0.002	-0.027	0.000	1.000	25.07	192.50	0.30	-0.044	0.006	-0.052	0.035
0.035	-0.067	0.006	0.961	22.81	195.00	0.39	-0.057	0.008	-0.061	0.055
0.002	-0.029	0.000	0.999	20.06	197.50	0.55	-0.078	0.010	-0.076	0.056
0.034	-0.056	0.008	0.963	17.40	200.00	0.75	-0.103	0.012	-0.091	0.082
0.035	-0.060	0.011	0.953	14.94	202.50	0.99	-0.134	0.015	-0.107	0.083
0.083	-0.119	0.019	0.863	13.10	205.00	1.37	-0.175	0.019	-0.124	0.111
0.111	-0.126	0.024	0.824	10.85	207.50	1.83	-0.223	0.022	-0.141	0.138
0.139	-0.146	0.029	0.756	8.91	210.00	2.41	-0.280	0.025	-0.153	0.140
0.159	-0.160	0.033	0.682	7.07	212.50	3.35	-0.350	0.027	-0.170	0.160
0.161	-0.176	0.035	0.591	5.69	215.00	3.81	-0.415	0.032	-0.161	0.162
0.171	-0.166	0.038	0.501	4.11	217.50	5.09	-0.496	0.032	-0.162	0.171
0.166	-0.158	0.037	0.407	3.00	220.00	6.41	-0.576	0.032	-0.153	0.166
0.150	-0.142	0.035	0.317	2.08	222.50	7.77	-0.661	0.032	-0.133	0.149
0.124	-0.115	0.031	0.230	1.31	225.00	9.40	-0.743	0.029	-0.107	0.151
0.095	-0.089	0.025	0.157	0.79	227.50	11.83	-0.774	0.024	-0.112	0.124
0.066	-0.064	0.019	0.102	0.46	230.00	13.55	-0.853	0.020	-0.066	0.095
0.043	-0.045	0.013	0.063	0.26	232.50	15.86	-0.889	0.016	-0.052	0.096

2-1. 콜 매입포지션의 리스크

217.5콜의 종가는 이날 4.10이었다. 이론가는 4.11로 계산되었다. 향후 KOSPI200지수가 변동함에 따라 이 콜 옵션을 4.10에 매입한 경우 손익은 다음 <그림 2-6>와 같이 나타낼 수 있다.

여기 손익그래프는 만기손익이 아니라 현재시점 옵션가격 변동에 따른 평가손익을 나타낸다. X축 변수이름이 만기 주가지수가 아니라 현재시점 주가지수임을 유의하기 바란다.

〈그림 2-6〉 217.5 콜 매입포지션의 손익

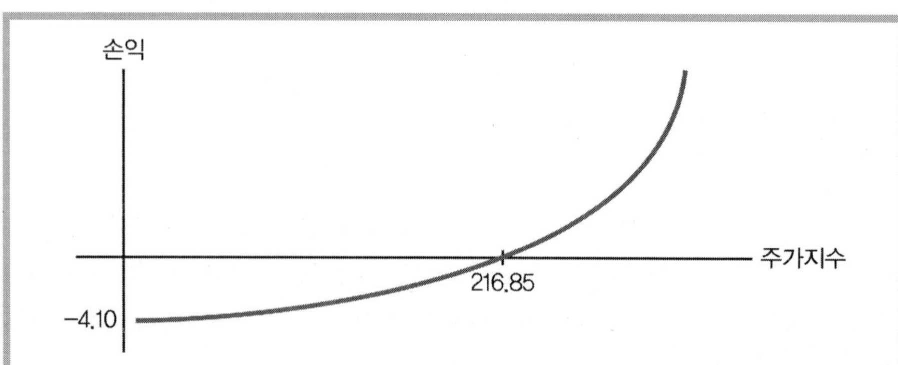

주가지수가 당장 다음날 216.85보다 상승하면 이익, 하락하면 손실이 발생한다. 행사가격이 현재주가와 비슷한 등가옵션으로서 델타값이 0.501로 계산되었다. 옵션을 매입하였으므로 주가 상승시 이익 발생속도가 주가 하락시 손실 발생속도보다 크다. 감마값은 0.038, 베가는 0.171이다. 세타값은 −0.166으로서 하루 경과시 16,600원의 시간가치 잠식 손실이 발생한다.[8)]

2-2. 콜 매도포지션의 리스크

〈그림 2-7〉 217.5콜 매도포지션의 손익

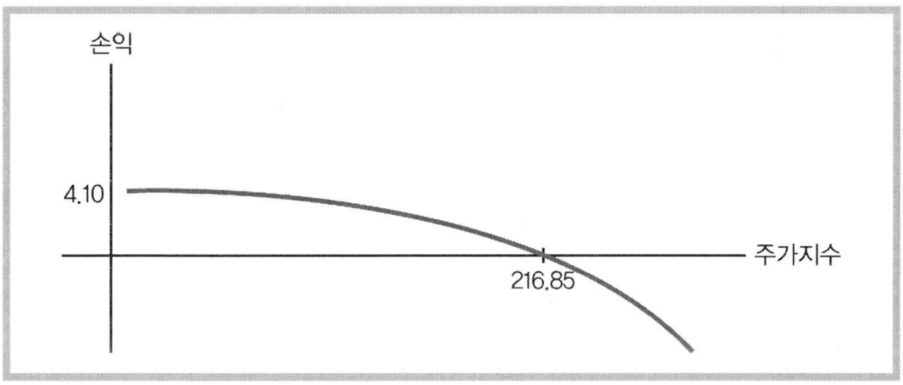

217.5콜 옵션을 매도한 경우의 손익위험은 <그림 2-7>에서 파악할 수 있다. 델타가 −0.501(매도부호는 음수)이므로 주가가 1포인트 하락할 때 옵션가격이 0.5포인트 하락해서 이익이 발생한다. 감마가 −0.038로서 주가가 급등할 때 콜가격이 크게 올라 대형 손실을 볼 수 있다. 세타는 +0.166, 베가는 −0.171로서, 주가변동이 미미하다면 하루 0.166포인트의 시간가치 감소 이익을 볼 수 있다.

8) 당시 옵션 1포인트는 10만원이었다. 현재는 50만원이므로 하루 시간가치 잠식손실이 계약당 83,000원에 달한다.

2-3. 풋 매입포지션의 리스크

〈그림 2-8〉 217.5풋 매입포지션의 손익

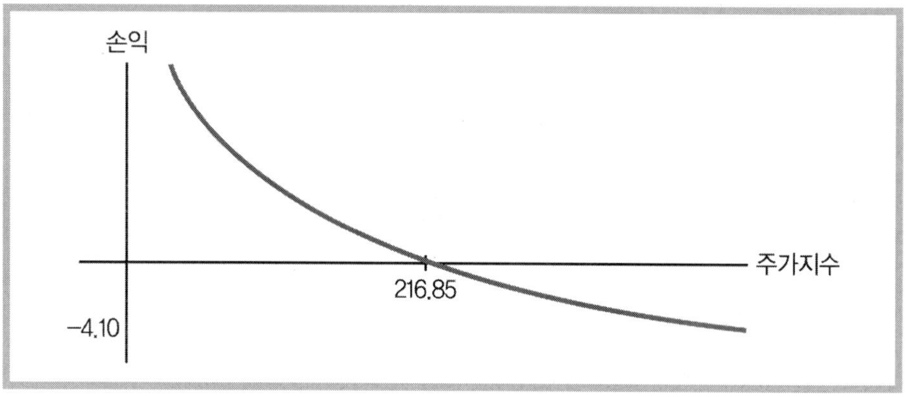

217.5풋 매입의 델타값은 −0.496으로서 주가가 하락해야 이익이 발생하여 최대손실은 제한되어 있다. 옵션을 매입하였으므로 주가 하락시 이익 발생속도가 주가 상승시 손실 발생속도보다 크다. 감마값은 0.032, 베가는 0.171이다. 콜의 경우에 비교해서 감마값이 조금 작은데 등가보다 다소 벗어나 있기 때문이다. 감마값이 조금 작은 만큼 세타값도 −0.162으로서 시간가치 잠식 속도가 217.5콜의 경우보다 작다.

2-4. 풋 매도포지션의 리스크

〈그림 2-9〉 217.5풋 매도포지션의 손익

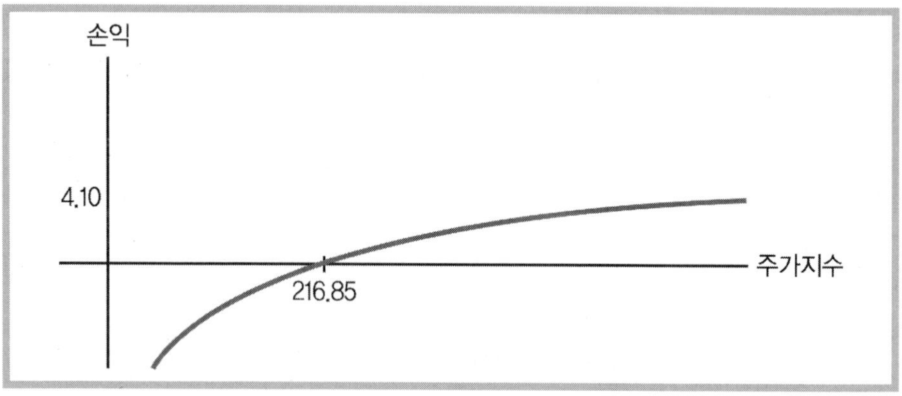

217.5풋 옵션을 매도한 경우에는 주가가 상승해야 이익이 발생한다(그림 2-9). 델타가 0.496(부호는 양수)이므로 주가가 1포인트 상승할 때 옵션가격이 0.496포인트 하락해서 이익이 발생한다. 감마가 −0.038로서 주가가 급락할 때 풋가격이 크게 올라 대형 손실을 볼 수 있다. 세타는 +0.162, 베가는 −0.171로서, 주가변동이 미미하다면 하루 0.162포인트의 시간가치 감소 이익을 볼 수 있다.

이상을 요약하면 각 옵션 포지션의 리스크 지표 부호는 다음 <표 2-4>와 같다.

〈표 2-4〉 옵션 포지션 리스크 지표 부호

	델타	감마	세타	베가	로우
Call 매수	+	+	−	+	+
Call 매도	−	−	+	−	−
Put 매수	−	+	−	+	−
Put 매도	+	−	+	−	+

제3절 옵션가격 모형

1. 개요

옵션가격을 결정하는 변수는 행사가격, 주가 또는 기초자산가격, 잔존만기, 주가변동성, 시장이자율 등 5개가 있다. 이것을 가지고 옵션가격을 어떻게 산출해낼 것인가?

가장 간단한 방법은 제1장에서 했던 것처럼 장래 예상 주가분포표를 만들어서 만기 기대이익을 계산하는 방법이다. 그러나 사람마다 주가 예상이 달라서 객관성이 떨어지는 문제는 물론이고 시간이 지날 때마다 예상주가분포표를 다시 만들어야 하니 쉬운 일이 아닐 것이다. 사실 오랫동안 시장에서 옵션을 거래하던 사람들은 장래 예상 주가분포표를 정교하고 객관적으로 만들려고 노력했다. 그러나 이 방법으로는 근본적인 문제해결을 할 수 없었다.

실무에서 쉽게 사용할 수 있는 모형은 1960년대 후반에야 시장에 소개되었다. 즉 장래 주가예상을 사용하지 않고 현재 시장에서 관찰할 수 있는 변수 5개만 가지고 옵션가격을 계산할 수 있는 모형이 개발된 것이다.

2. 옵션가격 모형의 종류

2-1. 블랙 · 숄즈 모형

미국의 피셔 블랙(Fisher Black) 박사와 마이런 숄즈(Myron Scholes) 교수가 처음으로 실무적 모형개발에 성공하였다. 학계에는 공식적으로 1973년에 발표되었으나 1960년대 후반부터 실무업계에서 도입되어 사용되었다. 이들이 개발한 모형은 두 사람의 이름을 따서 블랙 · 숄즈 모형이라고 불린다. 이 모형의 기본원리는 다음과 같다.

콜 옵션 1개를 판다고 하자. 주가가 상승하면 손실이 발생하므로 적당한 비율로 주식을 매입해서 헤지하면 그 손실을 중화시킬 수 있다. 반대로 주가가 하락하면 콜 매도포지션에서 이익이 발생하지만 주식 매입포지션에서 손실이 발생해서 손익이 상쇄될 수 있다. 이 '콜매도+주식 매입'의 합성 포지션은 단기적으로 무위험 포지션이라고 할 수 있다. 즉, 다음과 같은 방정식이 성립한다.

콜 매도+주식 매입 = 무위험 자금운용

이 방정식을 만족시키는 콜 옵션의 매도가격이 바로 적정가격이라는 것이다. 이 모형을 개발한 공로로 숄즈 교수는 노벨경제학상을 받았다. 블랙 박사는 사망하는 바람에 받지 못하고 머튼 교수가 대신 받았다. 이 모형은 워낙 유명하기 때문에 엑셀을 사용할 수 있는 사람은 다음 식을 만들어서 실제로 사용해보기 바란다.

현재 주가가 S로 주어졌을 때 행사가격 K, 잔존만기 T인 유럽식 주식 콜 옵션의 가치는 다음과 같다.

$$C = S \cdot N(d_1) - Ke^{-rT} \cdot N(d_2)$$

- r : 무위험 이자율(옵션 잔존만기와 같은 기간 이자율 사용)
- $N(d)$: 누적 표준정규분포함수
- $d_1 = \left\{\ln S/K + (r + \frac{\sigma^2}{2})T\right\} / \sigma\sqrt{T}$
- $d_2 = d_1 - \sigma\sqrt{T}$
- σ = 주가 변동성[연 변동성(annual volatility)]
- $\ln S/K$ = S/K의 자연대수
- e^{-rT} = T기간 현가계수

2-2. 이항분포 모형(Binomial model)

제1장 옵션 기초이론에서 옵션가격에 대한 이해를 돕기 위해 한달 후 삼청제철의 주가 예상 분포의 대충 모양새가 정규분포와 유사하다고 가정하고 옵션가격을 추산해 보았다.

앞절의 블랙·숄즈 모형은 이것과 비슷한 로직을 사용해서 옵션가격을 산출한다. 즉 주가의 변동이 만기까지 일정 평균과 표준편차(즉 변동성)에 따라 정규분포의 모양을 취한다고 가정하고 매순간 콜옵션 매도와 주식 매입의 무위험 자산운용 조건식으로부터 콜옵션 이론가격을 유도하는 것이다.

블랙·숄즈 모형의 단점은 만기 전 중도 주가변동에 대한 정보를 전혀 감안하지 않는다는 것이다. 한달 동안 주가가 100원 상승한다고 할 때 꾸준하게 조금씩 100원 오르는 경우와 중도에 50원 하락하였다가 150원 오르는 경우가 있다면 각 경우 옵션가격은 달라질 수 있다. 이 때문에 American option이나 경로종속(path-dependent) 옵션의 이론가격을 제대로 계산할 수 없다.

이항분포 모형은 이러한 단점을 극복하기 위해서 만기까지 기간을 n개로 쪼개서 주가가 각 단계에서 일정 표준편차만큼 상승하거나 하락한다는 가정 아래 무위험 자산운용조건식으로부터 옵션 이론가격을 산출하는 것이다.

간단한 예를 들어 보자.

CRR기업의 현재 주가는 20원인데 한달 변동성이 10%라고 가정한다면 한달간 주가분포는 다음과 같이 나타낼 수 있다.

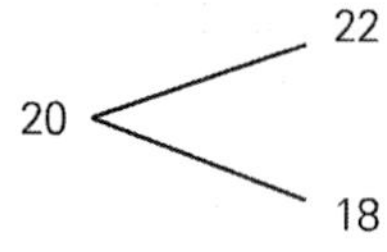

이것이 너무 단순하다고 생각되면 1주일씩 한달을 네 개로 쪼개어 볼 수도 있다. 월 변동성이 10%이면 주 변동성은 $10\%/\sqrt{4} = 10\%/2 = 5\%$가 된다[9]. 즉 현재 주가 20원은 1주간 5% 상승하거나 하락하여 한달 후 분포가 다음과 같이 될 것이다.

9) 월 분산(monthly variance)은 주 분산(weekly variance)의 약 4배가 되므로 월 표준편차는 주 표준편차의 $\sqrt{4}$배가 된다.

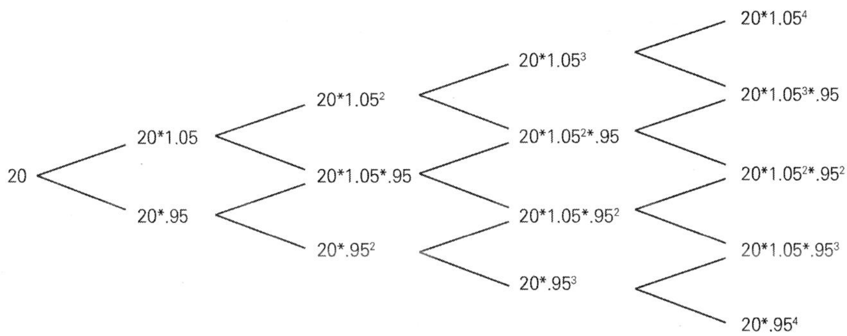

한달 후 주가분포는 5가지뿐이지만 중도 경로(path)는 2^4=16가지이므로 각 경로에 따라 옵션가치가 달라지는 경우를 최종 이론가격에 반영할 수 있다. 일주가 아니라 하루단위로 쪼갠다면 경우의 수는 폭발적으로 늘어나 결국 정규분포에 접근하게 된다. 이 때문에 이항분포의 이론값은 n을 무한대로 늘리면 블랙·숄즈 이론값과 같아진다.

이제 한달 간 주가가 상하로 10%씩 한번만 변동한다고 가정하고 행사가격 21원인 콜옵션의 이론가격을 계산하여 보자.

우선 이 옵션을 1주 매각하고 그에 따른 주가상승 위험을 카버하기 위하여 Δ만큼 주식을 매수하는 포트폴리오의 가치, V는 한달 후 얼마가 될 것인가?

첫째로 주가가 22원으로 상승 시,

$V = 22 \cdot \Delta - 1$,

반대로 주가가 18원으로 하락 시,

$V = 18 \cdot \Delta$

따라서, $22 \cdot \Delta - 1 - 18 \cdot \Delta$

여기서 Δ를 구하면 $\Delta = 0.25$. 또한 $V = 22 \cdot 0.25 - 1 = 4.5$.

즉, 콜옵션 1주를 매각하고 주식 0.25주를 매입하면 주가 상승, 하락과 무관하게 4.5원을 얻게 된다.

콜옵션 가격을 c, 한달 무위험이자율을 12%(연율)라고 한다면 현재 시점에서 무위험투자 비용은 $20 \cdot 0.25 - c$ 가 되고 이것은 V의 현재 가치와 같아야 한다. (그렇지 않으면 다음 연습문제에서와 같이 차익거래 기회가 발생한다!)

즉, $20 \cdot 0.25 - c = 4.5 \cdot e^{-0.12/12} = 4.5 \cdot 0.99 = 4.455$

c를 구하면 $c = 5 - 4.455 = 0.545$.

문제 만약 현재시장에서 행사가격 21원 콜옵션의 가격이 0.7원이라면 어떤 차익거래가 가능한가?

힌트 주식을 0.25주 매수하고 콜을 1개 매도한다. 이것의 비용은 20·0.25−0.7 =4.3원. 이 금액을 차입하면 한달 후 원리금은 4.3·(1+0.12/12)=4.343원[10]. 무위험포트폴리오의 한달 후 수익은 주가 상승 하락에 무관하게 4.5원. 따라서 무위험차익 = 4.5−4.343 = 0.157원.

2-3. 몬테 칼로 시뮬레이션 모형

일정기간의 주가변동성을 알 수 있다면 이것을 사용해서 한 달 후 예상주가를 수십만 번 생성하고 옵션가격을 계산해낸 다음 이들 값의 평균을 이론값으로 하는 방법이다. 무식한 도박사의 방법으로 옵션가격을 계산한다 해서 세계적 도박도시 몬테 칼로라는 이름을 붙였다. 처음에는 전산용량의 제한으로 많이 활용되지 못했으나 다양한 형태의 옵션가격을 산출하는 모형으로서 그 이용도가 날로 높아지고 있다.

3. 이론가격의 한계

지금까지 실무에서 사용되고 있는 옵션가격 모형 중 대표적인 것 세 개를 소개하였다. 그러나 실무에서 보면 어느 정도 경험이 있는 옵션거래자들은 각자 나름대로 모형을 개발해서 사용하고 있을 정도로 매우 다양한 모형들이 존재한다. 그 이유는 시장에서 형성되는 실제 옵션가격과 이

10) 12% 연속복리 한달 원리금 $e^{0.12/12}$ 는 12% 단리 한달 원리금 (1+0.12/12)와 거의 비슷.

들 모형에서 계산된 이론값 간에는 항상 괴리가 발생하기 때문이다. 이 이론값 괴리는 많은 경우 불규칙하게 변동해서 방향을 예측하기 곤란하다. 지금까지 잘 맞던 모형에서도 갑자기 괴리가 커질 수 있다. 특히 옵션 만기가 2~3일밖에 남지 않았다거나 갑자기 시장변동성이 커지는 경우 각 모형별로 천차만별의 이론값을 산출할 수 있다.

따라서 옵션 모형에 의해 제시된 이론값에 대한 과다한 믿음은 문제가 있을 수 있다. 모형의 적정성에 대해 의문을 끊임없이 제기해서 현실을 반영할 필요가 있다.

이론값은 지금까지의 상황이 계속된다는 전제 아래 확률적으로 공정한 가격이라는 것이다. 앞으로 전개될 시장 상황이 예전과 달라질 것이라면 동일한 모형을 그대로 사용하는 것은 위험할 수 있다. 특히 큰 사건이나 발표를 앞두고서 어느 한쪽으로 주가가 점프하는 일이 예상되는 경우 이론가격의 신뢰도는 크게 떨어진다.

4. 풋-콜 등가관계(put-call parity)

4-1. 개념과 공식

앞에서 옵션 이론가격은 기초자산 가격, 변동성, 잔존만기, 이자율이 주어지면 구할 수 있다는 것을 학습하였다. 이제 관심은 같은 행사가격 콜옵션 가격과 풋 옵션 가격, 그리고 기초자산인 주식(또는 주가지수) 가격간의 관계이다. 이들 관계를 풋-콜 등가관계(put-call parity)라 한다. 이들 관계를 식으로 요약하면 다음과 같다.

① 콜매입 = 주식매입 + 풋매입
② 콜매도 = 주식(공)매도 + 풋매도
③ 풋매입 = 주식(공)매도 + 콜매입
④ 풋매도 = 주식매입 + 콜매도
⑤ 콜매입 + 풋매도 = 주식매입
⑥ 풋매입 + 콜매도 = 주식(공)매도

이상의 등가식은 주가변동에 따른 손익변동만을 나타내는 것이고 자금수급까지 고려한다면 다음과 같이 된다.

① '콜매입 + 채권 투자 = 주식매입 + 풋매입
② '콜매도 + 채권 공매도 = 주식(공)매도 + 풋매도
③ '풋매입 + 채권 공매도 = 주식(공)매도 + 콜매입
④ '풋매도 + 채권 투자 = 주식매입 + 콜매도
⑤ '콜매입 + 풋매도 + 채권 투자 = 주식매입
⑥ '풋매입 + 콜매도 + 채권 공매도 = 주식(공)매도

풋-콜 등가관계는 수식으로 증명할 수도 있지만 간단하게 그림으로 증명할 수 있다. 예를 들어 ①식은 다음 <그림 2-10>에서 증명할 수 있다.

〈그림 2-10〉 ATM 콜 매입= 주식 매입+ ATM 풋 매입의 관계

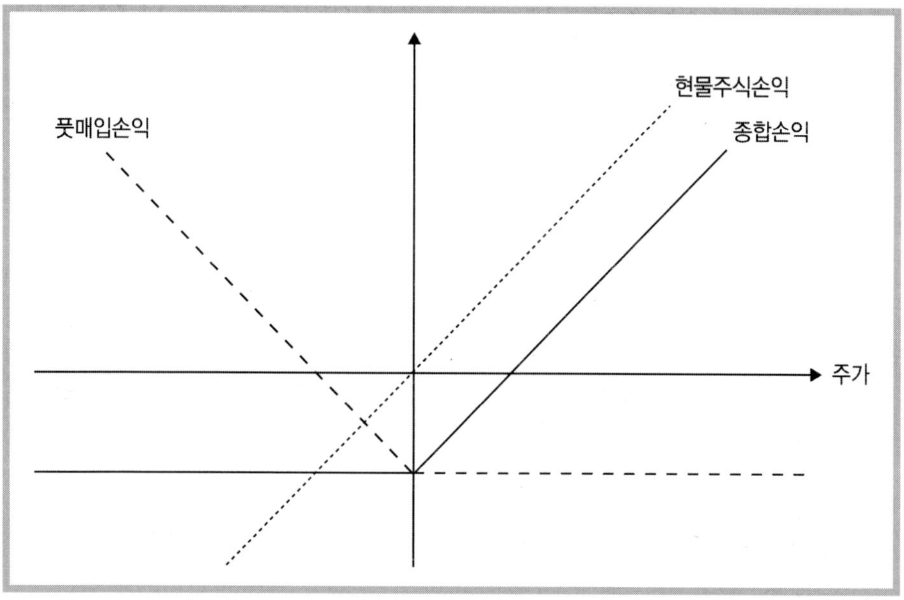

<그림 2-9>에서 보면 현물주식을 보유한 상태에서 등가 풋 옵션을 매입하면 주가 하락시 손실은 풋 옵션 이익으로 상쇄되어 최대손실을 일정범위내로 고정시키게 된다. 반면에 주가가 상승할 경우 풋옵션 행사포기

로 발생하는 프리미엄 손실이 고정되기 때문에 이익이 발생하기 시작한다. 즉 헤지 종합손익의 모양은 콜옵션 매입의 손익과 동일하다.

이때 등가 풋이 아니라 이보다 싼 외가(OTM) 풋옵션을 매수할 경우 풋옵션 이익이 이전보다 더 낮은 주가에서 발생하기 때문에 최대손실이 이전보다 커진다. 대신 헤지 종합이익은 좀더 일찍 발생한다. 즉 <그림 2-9>의 콜 손익 그래프보다 왼쪽, 하향 이동한 내가(ITM) 콜옵션 손익 그래프와 같아진다.

식 ①이 증명되면 나머지 식들은 좌우변 양쪽으로 이동하면서 매입은 매도로, 매도는 매입으로 바꾸면 증명 가능하다.

문제 **식 ⑤ '콜매입 + 풋매도 = 주식매입'을 그림으로 증명하여 보아라.**

4-2. 풋-콜 패리티 활용

풋-콜 패리티는 콜과 풋의 시장가격이 이론가격과 괴리를 보일 때 차익거래하는 용도로 많이 활용된다. 예를 들어 특정 행사가격 콜이 풋에 비해 과대평가된 경우 콜을 매도하고 풋을 매수함과 동시에 선물을 매수하는 차익거래를 할 수 있다. 선물을 매수하는 이유는 기초자산인 주가가 상승하는 경우 콜과 풋 포지션 양쪽에서 손실이 발생하기 때문이다. 이때 선물 매수량은 콜과 풋의 델타값을 모두 합친 것만큼 해야 한다.

이밖에도 유동성이 제한된 특정 옵션 대신에 그 옵션과 손익조건이 같은 합성포지션을 제조할 때에도 활용된다.

사례: 5월 6일 현재 KOSPI200지수는 219.54, 6월 선물지수는 219.90이다.

1) 현재 시장에서 6월 만기 옵션시세가 다음과 같을 때 차익거래(이를 conversion이라 한다) 전략을 제시하여 보시오.
   - 220 6월 콜: 프리미엄 5.35, 내재변동성 19.5%, 델타 0.47
   - 220 6월 풋: 프리미엄 5.85, 내재변동성 21.3%, 델타 0.50

힌트 헤지전략: 콜 매수 100개 + 풋 매도 100개 + 선물 매도 97개

선물매도수량 = 옵션델타(=47+50) = 97

2) 만약 선물만기일인 6월 10일 KOSPI200종가가 230포인트가 된다면 conversion 거래 옵션 각 100계약당 손익이 어떻게 되겠는가?

만기 종가 230의 경우:

- 콜 이익 = (10.0 − 5.35) × 100 × 250,000 = 116,250,000,
- 풋 이익 = 5.85 × 100 × 250,000 = 146,250,000,
- 선물 손실 = (219.90 − 230.0) × 97 × 250,000 = 244,925,000,
- 순이익 = 17,575,000원.

문제 **만약 6월 10일 KOSPI200종가가 210포인트로 하락하는 경우 손익은?**

힌트 순이익 = 2,575,000원

문1 **다음 설명 중 옳지 않은 것은?**

① 콜 프리미엄은 시장가격 상승과 같이 무한대로 상승할 수 있다.
② 풋 프리미엄은 시장가격 하락과 같이 무한대로 상승할 수 있다.
③ 유럽식 주식 풋 옵션의 경우에는 시간경과에 따라 프리미엄이 증가할 수도 있다.
④ 미국식 풋 옵션의 경우에는 시간경과에 따라 프리미엄은 항상 감소한다.

문2 **옵션 프리미엄의 볼록성에 대한 설명 중 옳지 않은 것은?**

① 옵션 매도자에게 유리하게 작용한다.
② 시간가치 잠식효과에 상쇄작용을 한다.
③ 콜 옵션 매입자에게는 시장가격 변동시 이익 증가속도가 손실 증가속도보다 크게 나타난다.
④ 감마지표에 의해 측정된다.

문3 **시간가치의 속성이 아닌 것은?**

① 시간경과에 따라 감소한다.
② ATM의 시간가치 잠식속도가 크다.
③ 시간경과에 따라 잠식속도가 크다.
④ 옵션 매도자에게 불리하게 작용한다.

문4 **1,050원 달러 풋 가격은 12.0원으로 주어졌다**(델타 0.6). **만약 미 달러환율이 1원 상승한다면?**

① 풋 프리미엄 12.6원으로 상승
② 풋 프리미엄 11.4원으로 하락
③ 풋 프리미엄 12.6원보다 더 상승
④ 풋 프리미엄 하락하나 11.4원보다는 높다.

문5 **기초증권의 Volatility 상승효과에 대한 설명 중 틀린 것은?**

① 콜, 풋 프리미엄 모두 상승　② 베가에 의해 측정
③ 만기가 다가올수록 효과 감소　④ ATM 옵션의 경우 효과 최소

문6 **옵션 프리미엄에 영향을 주는 요소로 보기 어려운 것은?**

① 시장가격　② Volatility
③ 잔존만기　④ Basis

문7 **9월 28일 현재 10월 만기 행사가격 1.02달러(100엔당) Yen 콜 옵션의 프리미엄은 1.15센트이다. 같은 행사가격 11월 만기의 콜 옵션 프리미엄은?**

① 1.15센트　② 1.15센트보다 크다.
③ 1.15센트보다 작다.　④ 알 수 없다.

문8 **9월 28일 현재 10월 만기 행사가격 585 S&P500 지수선물 풋 옵션의 프리미엄은 4.05로 주어졌다. 행사가격 590 풋 옵션의 프리미엄은?**

① 4.05　② 4.05보다 크다.
③ 4.05보다 작다.　④ 알 수 없다.

문9 **기러기 아빠가 장래 달러시세 상승을 염려해서 거래은행으로부터 달러 콜 옵션을 매입하였다. 다음 중 기러기 아빠의 리스크 지표가 적절하게 된 것은?**

① 델타 <0　② 감마 <0
③ 세타 <0　④ 베가 <0

문10 **주식 옵션의 행사가격이 영에 접근할수록 나타나는 현상에 맞는 설명은?**

① 콜 프리미엄은 주가에 접근한다.　② 콜 프리미엄은 무한대로 커진다.
③ 풋 프리미엄은 주가에 접근한다.　④ 풋 프리미엄은 무한대로 커진다.

문11 **옵션의 만기가 무한이라면?**

① 콜의 가치는 내재가치에 접근한다. ② 콜의 가치는 주가에 접근한다.
③ 풋의 가치는 주가에 접근한다. ④ 풋의 가치는 무한대로 커진다.

문12 **인플레이션에 대한 우려가 높아질때 T-Bond 콜 옵션의 가치는?**

① 무관하다. ② 상승한다.
③ 하락한다. ④ T-Bond 가격변동만큼 상승한다.

문13 **감마(Gamma) 지표는?**

① 시장가격 변화에 따라 델타값의 변동을 나타낸다.
② 시간경과에 따라 달라진다.
③ At-the-Money에서 가장 크다.
④ 전부 정답이다.

문14 **베가(Vega)값은?**

① 시간경과에 따른 가격변동성의 변화를 측정한다.
② 가격변동성 변화에 대한 프리미엄 반응도를 나타낸다.
③ 만기에 가까워질수록 베가값은 증가한다.
④ 등가옵션보다 외가옵션의 베가값이 크다.

문15 **어떤 옵션의 내재변동성(Implied Volatility)이 크다는 것은?**

① 상대적으로 과대평가되어 있다는 것을 나타낸다.
② 앞으로 만기가치 변동성이 평균 수준으로 떨어져야 함을 의미한다.
③ 내재변동성이 큰 옵션을 매각함으로써 차익거래이익이 성립함을 의미한다.
④ 역사적 변동성(Historical Volatility)과의 괴리가 크다는 것이다.

문16 **보유 옵션 포트폴리오의 델타 > 0, 감마 < 0이다. 이 포트폴리오의 손익상황에 대한 설명 중 옳지 못한 것은?**

① 주가 상승시 이익이 발생한다.
② 주가 하락시 손실이 발생한다.
③ 주가 상승시 이익 발생속도가 주가 하락시 손실 발생속도보다 크다.
④ 주가 상승시 이익 발생속도가 주가 하락시 손실 발생속도보다 작다.

문17 **옵션의 이론값에 대한 설명 중 적절치 못한 것은?**

① 이론값은 지금까지의 상황이 계속된다는 전제 아래 확률적으로 공정한 가격을 나타낸다.
② 시장에서 형성되는 실제 옵션가격과 이들 모형에서 계산된 이론값 간에는 항상 괴리가 발생한다.
③ 옵션 만기가 2~3일밖에 남지 않았다거나 갑자기 시장변동성이 커지는 경우 각 모형별로 천차만별의 이론값을 산출할 수 있다.
④ 시장가격과 이론값 간의 괴리는 옵션 포지션을 평가하는 데 반영해서는 안 된다.

문18 **옵션의 세타값이 −1.55인 것은?**

① 하루 경과마다 프리미엄이 1.55틱씩 감소
② 하루 경과마다 프리미엄에 대한 이자가 1.55틱씩 발생
③ 하루 경과마다 델타값이 1.55틱씩 감소
④ 하루 경과마다 프리미엄이 1.55틱씩 증가

문19 **1,050원 달러 콜 가격은 13.0원으로 주어졌다(델타 0.534). 다음 설명중 적절하지 못한 것은?**

① 달러 환율이 상승하면 델타값은 상승하나 감마값은 하락한다.
② 달러환율이 상승하면 시간가치 잠식속도가 커진다.
③ 콜의 시간가치 잠식속도보다 풋의 시간가치 잠식속도가 작다.
④ 달러환율이 상승하면 베가값은 하락한다.

문20 주가지수 옵션의 내재변동성과 역사적 변동성에 관한 설명중 적절하지 못한 것은?

① 내재변동성은 옵션거래자들의 주관적 시장 불안정도를 나타낸다.

② 콜의 내재변동성이 풋의 내재변동성보다 낮다면 장래 주가 상승보다 하락 위험을 투자자들이 더 염려하고 있다는 것이다.

③ 역사적 변동성은 콜과 풋 옵션 각각 다르게 산출된다.

④ 내재변동성과 역사적 변동성의 차이를 이용해 차익거래가 가능하다.

문21 CRR기업의 현재 주가는 20원, 한달 주가변동성은 10%이다. 즉 한달간 2원 상승하거나 하락할 수 있다. 무위험이자율이 12%(연율)일 때 이항분포 모형에 의해 행사가격 20원 한달 만기 콜옵션의 가격을 구하시오.

힌트 $22 \cdot \Delta - 2 = 18 \cdot \Delta$에서 $\Delta = 0.5$. 무위험투자비용$= 20 \cdot 0.5 - c = 9 \cdot e^{-0.12/12} = 8.91$

문22 (21문제 계속) 만약 현재 시장에서 상기 콜옵션이 0.9원에 거래되고 있다면 어떤 차익거래가 가능할까?

① 콜옵션 1개 매수하고 주식을 0.5주 공매도하며 여기서 얻는 자금은 한달간 예치 운용한다.

② 콜옵션 1개 매수하고 주식을 0.5주 매수하고 필요한 자금을 차입한다.

③ 콜옵션 1개 매도하고 주식을 0.5주 공매도하며 여기서 얻는 자금은 한달간 예치 운용한다.

④ 콜옵션 1개 매도하고 주식을 0.5주 매수하며 필요한 자금을 차입한다.

정답 및 해설

1. ② 풋 프리미엄의 최대 상승한도는 행사가격이다.
2. ① 옵션 매도자에게 불리하게 작용한다.
3. ④ 옵션 매도자에게 유리하게 작용한다.
4. ④ 델타만 생각한다면 11.4원으로 하락하나 감마값의 작용으로 풋 프리미엄이 이보다는 다소 높게 된다.
5. ④ ATM 옵션의 경우 효과 최대
6. ④ Basis
7. ② 시간가치가 크므로 1.15센트보다 크다.
8. ② 풋의 행사가격이 높으므로 4.05보다 크다.
9. ③ 옵션을 매입하였으므로 시간가치 잠식위험에 노출되어 있다.
10. ① 콜 프리미엄은 주가에 접근한다.
11. ② 콜가격은 주가에 접근하고 풋가격은 행사가격에 접근한다.
12. ③ 인플레이션 때문에 장기 금리가 상승하고 이에 따라 채권가격이 하락하므로 콜가격은 하락한다.
13. ④ 전부 정답
14. ② 가격변동성 변화에 대한 프리미엄 반응도를 나타낸다.
15. ① 상대적으로 과대평가되어 있다는 것을 나타낸다.
16. ③ 풋 매도포지션이므로 주가 상승시 최대이익이 프리미엄으로 제한되어 이익 발생속도가 주가 하락시 손실 발생속도보다 작다.
17. ④ 시장가격과 이론값 간의 괴리가 일정 수준 이상이라면 옵션 포지션을 평가하는 데 반영하는 것이 필요하다.
18. ① 하루 경과마다 프리미엄이 1.55틱씩 감소
19. ② 달러환율이 상승하면 등가에서 먼 내가옵션이 되므로 시간가치 잠식속도가 작아진다.
20. ③ 역사적 변동성은 같은 주가지수 과거 데이타에서 계산되므로 콜과 풋 옵션 동일하다.
21. 20·0.5−c=8.91에서 c=1.09원
22. ① 콜 시장가격이 이론가보다 낮으므로 콜 1개를 매수하고 이에 따른 가격하락 위험을 커버하기 위해서 주식 0.5주를 공매도한다. 여기서 발생하는 자금(=20·0.5−0.9=10.1원)은 한달간 예치운용한 후 그 원리금으로 주식 공매도 포지션을 청산한다.

제3장 옵션거래 활용

제1절 옵션 스프레드 및 합성전략

1. 전략 선택 변수 및 고려사항

옵션거래의 가장 큰 특징은 다양성이다. 따라서 거래효과가 매우 복잡다기하기 때문에 주어진 거래의 목적을 달성하도록 통제를 위한 주도면밀한 노력이 필수적이다. 옵션거래 전략 선택 변수로서는 다음의 5가지를 들 수 있다.

① 콜과 풋의 선택
② 옵션 매입과 매도의 선택
③ 행사가격의 선택
④ 만기의 선택
⑤ 미국식과 유럽식의 선택

고려사항

① 가격변동 방향(Direction)과 변동성(Volatility)

기초자산의 가격 상승이 예상될 경우 콜 매입과 풋 매도 둘다 가능하다. 그러나 향후 시장가격 불안정성이 높아진다면 콜 매입쪽을 선택해야 할 것이다.

반대로 기초자산의 가격 하락이 예상될 경우 풋 매입과 콜 매도 둘다 가능하다. 그러나 향후 시장가격 불안정성이 높아진다면 풋 매입쪽을 선택해야 할 것이다.

〈시장가격 예상과 옵션거래 전략〉

방향 \ 변동성	증 가	감 소
상 승	콜 매입	풋 매도
하 락	풋 매입	콜 매도

② 시간가치 잠식

옵션은 가치의 존속 기간이 정해져 있는 일종의 소멸성 자산(Wasting Asset)이다. 따라서 시간경과에 따라 가치가 감소하는데 이 때문에 옵션 매입자는 불리하고 매도자는 유리한 위치에 서게 된다. 시간가치 잠식속도는 세타에 의해 측정되는데 등가(ATM)옵션일수록, 잔존만기가 짧아질수록 커진다는 사실을 앞에서 배웠다.

③ 볼록성(Convexity)

기초자산 시장가격 변동에 따라 옵션가치는 일률적으로 변하는 것이 아니라 옵션 매도자보다 매입자에게 유리하도록 변한다. 이를 볼록성이라 하는데 이 특성은 옵션 매입자가 시간가치 잠식면에서 불리한 위치에 있는 것을 보상해준다. 즉, 콜 옵션 매입자 입장에서 보면 시장가격 상승시 옵션가치 증가폭이 같은 가격 하락시 옵션가치 감소폭보다 크다. 풋 옵션 매입자의 경우에는 시장가격 하락시 옵션가치 증가폭이 같은 가격 상승시의 옵션가치 감소폭보다 크다. 볼록성효과는 감마에 의해 측정된다.

④ 손익위험의 구조

옵션 매입자 입장에서 최대손실은 프리미엄 지급으로 제한된 반면에 이익 가능성은 오픈되어 있다. 반면에 옵션 매도자는 이익 가능성이 제한된 반면에 손실 가능성은 무제한이다.

또한 옵션을 매입하는 경우 내가옵션(ITM)일수록 프리미엄이 높아 손실위험이 커지는 대신에 이익 증가속도가 높다. 외가옵션(OTM)일수록 프리미엄이 작기 때문에 손실위험은 작으나 손해 볼 확률은 높다. 또한 프리미엄 등락률 또는 레버리지는 외가옵션일수록 크다. Deep ITM 옵션일수록 손익위험의 구조는 선물 포지션의 그것을 닮아간다.

⑤ 금융 효과

옵션 매입과 함께 매도자에게 프리미엄을 지급해야 하므로 옵션 매입자는 프리미엄만큼 자금부담을 지는 것이며 매도자는 금융을 얻는 효과가 있다. 내가(ITM)옵션일수록, 시장금리가 높을수록 금융 효과가 크다.

예를 들어 1달러 800원인 상황에서 1달러=5,000원 풋 옵션을 매매할 때 금융 효과를 상상해보라. 풋 옵션 매입자는 매도자에게 적어도 달러당 4,200원을 지급해야 할 것이다.

상장옵션의 경우에는 옵션 매도자가 프리미엄을 인출할 수 없도록 되어 있어 그만큼 금융 효과가 제약되어 있다. 그러나 대규모 기관거래자들에게는 이 제한이 다소 유동적이다.

⑥ 시장유동성

기초자산 한 종류에 대하여 옵션은 행사가격과 만기별로 그 종목을 수도 없이 늘려갈 수 있다. 이 때문에 옵션 개별 종목의 유동성은 크게 떨어진다. 특히 OTC시장에서는 등가 옵션 외에는 거래 형성이 잘 안되며, 콜보다 풋 옵션의 유동성이 더 떨어진다. 이 때문에 시장에서의 경쟁매매보다는 이론가격에 의한 브로커회사와의 매매에 의존해야 하는 경우가 많아 bid/ask spread 등 거래비용 부담이 클 수 있다.

⑦ 거래 통제능력

옵션 매입자는 행사 권리가 있으므로 옵션 포지션에서 발생하는 손익에 대하여 통제능력이 있지만 옵션 매도자는 그러한 능력이 없다. 그러므로 옵션 매도자의 손익은 이론가격에 의해 추정되는 것일 뿐 실현 손익과는 거리가 있다. 물론 언제든지 반대매매를 할 수 있는 정도로 시장유동성이 있는 경우에는 문제가 되지 않는다.

특히 근월물인 경우 실제 시장에서 형성되는 가격과 이론가격과의 괴리가 크다는 점을 감안해야 한다.

2. 옵션 스프레드 거래

옵션 스프레드거래는 두개 이상의 옵션을 동시에 거래하되 매입과 매도를 달리하는 것이다. 옵션별 가격차이의 변동을 노리는 거래기법이다. 다음의 3가지 형태가 많이 사용된다.

① 수직 스프레드(vertical spread): 프리미엄 증가속도(델타값) 차이 이용
강세 예상시; bull call spread, bull put spread
약세 예상시; bear call spread, bear put spread
② 시간 스프레드(time 또는 calendar spread): 근원물 매도+원월물 매입. 이것은 시간가치 잠식 속도 차이를 이용할 목적으로 사용된다.
③ 대각 스프레드: ①과 ②를 동시 이용.

이밖에도 버터플라이 스프레드, 비율 스프레드 등이 있다.

2-1. 행사가격 스프레드(vertical spread)

시장가격 강세가 예상될 때에는 콜 옵션을 매입할 수 있다. 그러나 프리미엄이 부담이 될 때는 콜 옵션 매입과 동시에 그것보다 싼 콜 옵션을 매도함으로써 프리미엄 지급을 줄일 수 있다.

① 강세 옵션 스프레드(bull spread)

낮은 행사가격의 옵션을 매입하면서 높은 행사가격의 옵션을 매도하는 방법이다. 예를 들어 5월 만기 222.5콜을 매입하고 225콜을 매도한다.

이 전략은 최대손실과 최대이익을 제한하고 시간가치 잠식과 감마효과를 서로 상쇄시키는 특징이 있다.

<표 2-3>의 시세표를 보면 222.5 콜가격은 6.50, 225 콜가격은 5.05로 나타나 있다. 이를 이용해서 222.5/225 bull call spread 포지션을 만들면 만기 손익은 다음 <그림 3-1>과 같이 된다. 주가가 225 이상으로 상승할 때 최대이익 1.05가 발생하며, 222.5 이하로 떨어질 때 최대손실은 1.45로 제한된다. 따라서 이 전략은 현재 주가가 대폭적 상승보다 안정적 상승이 예상될 때 적합한 전략이다.

〈그림 3-1〉 222.5/225 bull call spread

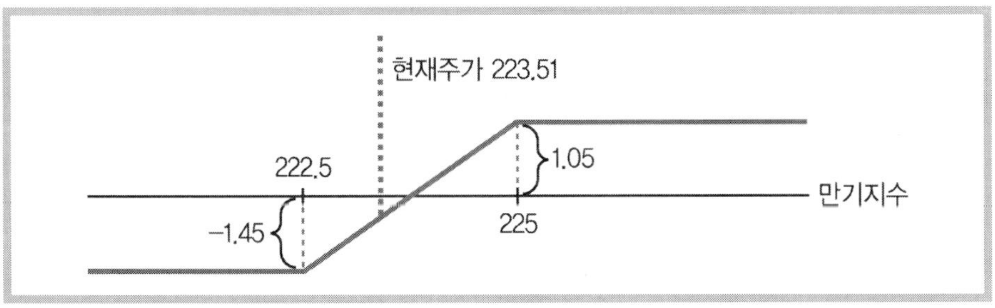

최대이익: 1.05 = −6.5 + 2.5 + 5.05
최대손실: −1.45 = −6.05 + 5.05

② 약세 옵션 스프레드(bear spread)

낮은 행사가격의 옵션을 매도하면서 높은 행사가격의 옵션을 매입하는 방법이다. 예를 들어 5월 만기 222.5콜을 매도하고 225콜을 매입한다.

〈그림 3-2〉 222.5/225 bear call spread

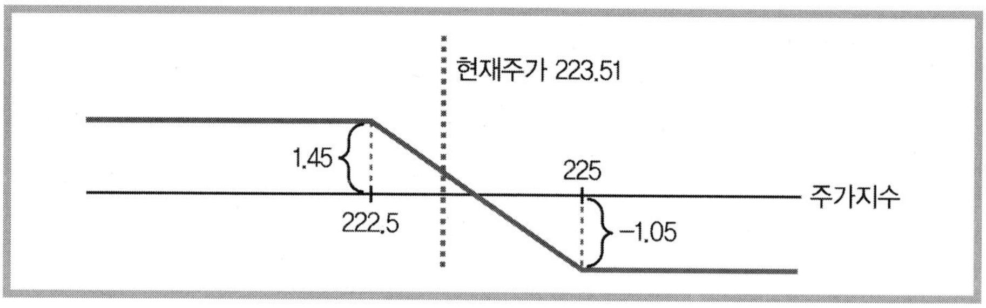

최대이익: 1.45 = 6.5 − 5.05
최대손실: −1.05 = 6.5 − 2.5 − 5.05

문제 **<표 2-3>의 값을 사용해서 222.5/225 bear call spread의 리스크 지표를 계산하시오.**

힌트 이것은 낮은 행사가 222.5 콜을 매입하고 동시에 높은 행사가 225 콜을 매도하는 전략이다.

	222.5콜 매도	225콜 매입	Bear spread
델타	−0.56380	0.49099	−0.07281
감마	−0.02850	0.02995	0.00145
세타	+0.13284	−0.12867	0.00417
베가	−0.22746	0.23116	0.00370

2-2. 시간 스프레드와 대각 스프레드

시간 스프레드 또는 평행 스프레드(horizontal)거래는 옵션의 시간가치 잠식속도의 차이를 이용한 거래이다. 시간가치 잠식속도가 큰 등가(ATM) 근월물 옵션을 매도하고 같은 행사가격의 원월물 옵션을 매입하는 것이다. 여기서 평행 스프레드란 말은 동일 행사가격 옵션시세를 만기별로 게시할 때 옆으로 평행되게 하기 때문에 생겨났다.

예) 5월 만기 225콜 매도/6월 만기 225콜 매입

시간가치 잠식속도의 차이를 더욱 극단적으로 이용하기 위하여 등가옵션을 매입하기보다는 외가(OTM)나 내가(ITM)인 옵션을 매입할 수 있다. 이와 같이 행사가격과 만기가 다른 두 옵션을 동시에 이용하는 스프레드 거래를 대각 스프레드(diagonal spread)거래라고 한다.

예) 5월 만기 225콜 매도/6월 만기 227.5콜 매입

또 다른 방법으로는 등가 근원물 옵션 매각량을 더 늘리는 것이다. 즉 옵션 매도량과 매입량의 비율을 1 : 1로 하는 것이 아니라 2 : 1, 3 : 1 등으로 하는 것이다. 이를 비율 스프레드(ratio spread)거래라고 한다.

등가 매도량 2에 외가 매입량 1, 내가 매입량 1의 비율로 합성한 스프레드를 버터플라이 스프레드(butterfly spread)라고 한다.

3. 변동성 이용 전략(volatility play)

3-1. 스트래들(straddle)

① 스트래들 매입(long straddle)

동일 행사가격의 콜과 풋을 동시에 매입하는 것이다.

➡ 변동성이 확대될 것으로 예상할 때 사용한다. 예를 들어 시장이 장기간 안정되어 있던 중 돌발 상황이 발생할 것을 예상할 때 적합하다.

프리미엄 비용 부담이 크고 시간가치 잠식리스크가 크다는 단점이 있다.

〈그림 3-3〉 225 스트래들 매입: 5월 만기 225 콜 매입 @5.05+풋 매입 @6.25

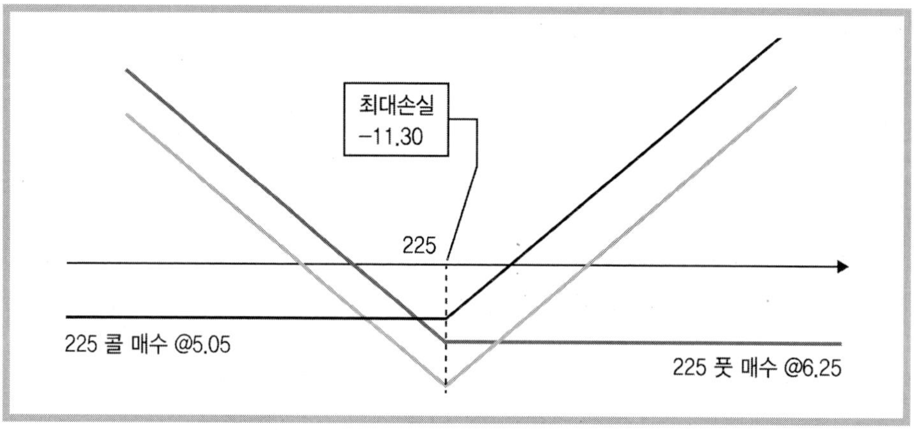

문제 **<표 2-3>의 값을 사용해서 225 스트래들 매입포지션의 리스크 지표를 계산하시오.**

힌트 델타는 거의 제로가 되고 감마와 베가 값이 두배로 늘어나며 세타는 음수로 두배가 된다.

② 스트래들 매도(short straddle)

동일 행사가격의 콜과 풋을 동시에 매도하는 것이다.

➡ 변동성이 축소될 것으로 예상할 때 사용한다. 예를 들어 시장가격의 급변 후 안정화되는 상황에서 적합하다.

3-2. 스트랭글(Strangle)과 거트(Guts)

① 스트랭글(Strangle) 매입

스트래들 매입시의 단점인 옵션 매입비용 부담과 시간가치 잠식 손실을 완화하기 위해서 외가 콜과 외가 풋을 동시에 매입하는 것이다.

〈그림 3-4〉 227.5/222.5 스트랭글 매입: 5월 만기 227.5 콜 매입 @3.75 + 222.5 풋 매입 @5.10

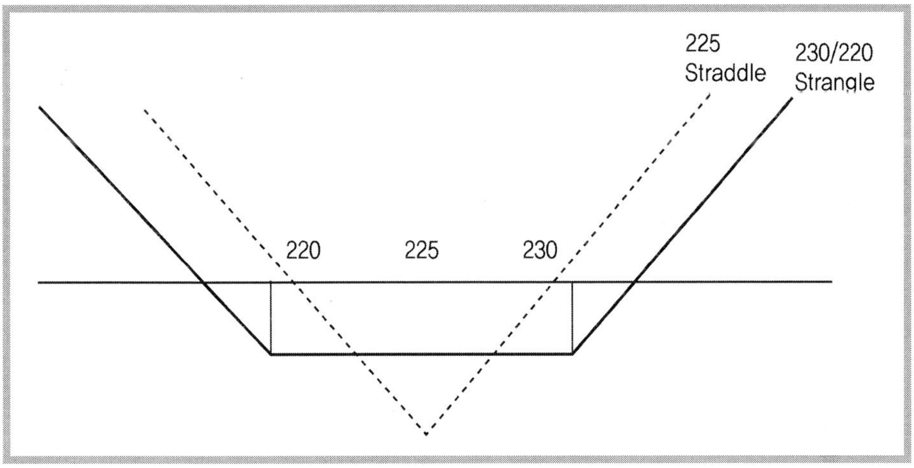

문제 **<표 2-3>의 값을 사용해서 227.5/222.5 스트랭글 매입포지션의 리스크 지표를 계산하고 225 스트래들 매입포지션과 비교하시오.**

힌트 225 스트래들에 비해 프리미엄 비용이 줄어들고 동시에 세타, 감마, 베가의 절대값이 감소한다. 대신 이익을 얻는 범위가 줄어 든다. 즉 스트랭글 전략의 경우 이익을 얻으려면 주가 변동이 더 커야 한다.

② 거트(Guts) 매입

시간가치 잠식을 완화하기 위해서 내가 콜과 내가 풋을 동시에 매입하는 것이다.

예) 5월 만기 222.5콜 매입/225풋 매입(long guts)

4. 현물 옵션 합성 거래

4-1. covered call writing

주식 포트폴리오, 외환 등 현물을 보유한 상태에서 콜 옵션을 매도하는 기법이다. 주식 기관의 딜링룸에서 보유하고 있는 현물의 운용수익을 단기간에 올리는 수단으로 많이 사용된다.

다음 그림에서 주식을 보유한 상태에서 콜을 매도하면 주가 하락시 옵션 프리미엄 수입이 주식손실을 상쇄시키고, 주가 상승시에는 옵션 손실이 발생할 수 있지만 보유중인 현물주식을 고가에 매도할 수 있으므로 이익을 고정시킬 수 있다. 단기간에 시간가치 잠식 이익을 높이기 위해서 등가 콜 옵션을 매도한다.

〈그림 3-5〉 covered call writing 전략

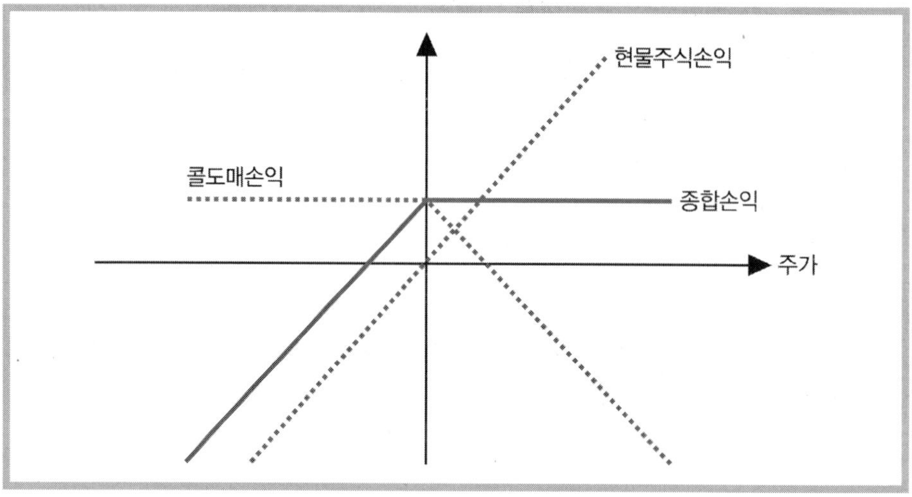

4-2. protective put

현물주식을 보유한 상태에서 풋 옵션을 매수하는 기법이다. 다음 <그림 3-6>에서 보듯이 종합손익은 콜 옵션을 매입한 것과 유사한 모양을 갖는다. 여기서 주식보유 리스크를 모두 헤지하려면 풋 옵션 매입금액

을 주식 보유가액에 풋의 델타값을 곱한 만큼 해주어야 한다. 예를 들어 등가 풋(델타=0.5)으로 100억 원 주식 포트폴리오를 헤지하려면 풋 매입금액이 200억 원이 되어야 한다. 이러한 기법을 옵션 델타헤지(delta hedge)라고 한다. 풋옵션을 그만큼 더 매입하는 것이므로 옵션 매입비용 부담과 시간가치 잠식의 문제가 뒤따른다.

대개 시장에서 풋옵션의 거래 유동성이 떨어진다. 그래서 실무에서는 풋 매입 대신에 매입하고자 하는 풋의 델타값만큼 선물 또는 주식을 매도하는 기법도 있다. 그런데 이 기법을 쓰면 애초 설정했던 풋옵션의 델타값이 주가 변동에 따라 달라지기 때문에 이를 맞추기 위해서 선물 매도량(또는 주식 매도량)을 수시로 조정해 주어야 한다. 이 기법은 시장 상황에 따라 헤지량을 조절하는 것이므로 동적 헤지(dynamic hedge)라고 부른다.

〈그림 3-6〉 protective put 전략

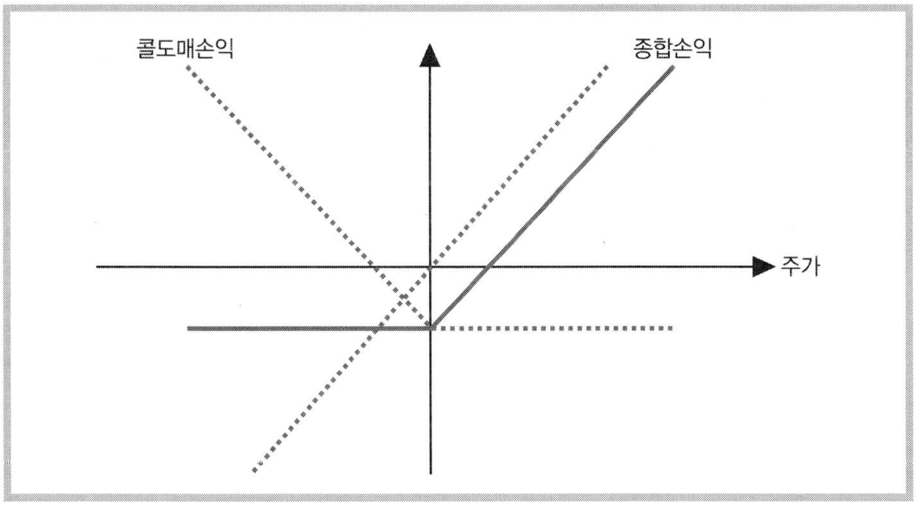

4-3. 원금 보장 콜(fiduciary call) 전략

투자 원금의 현재가치액만큼을 채권에 투자하고 나머지 금액으로 주식 콜 옵션을 매입하여 주가 상승시 수익 증대를 도모하면서 주가 하락시에도 원금을 보장받을 수 있도록 설계한 상품이다.

이것은 원금손실을 회피하고자 하는 기관투자자들을 위한 사모펀드상품을 만들 때 많이 활용된다.

옵션거래 전략 종합정리

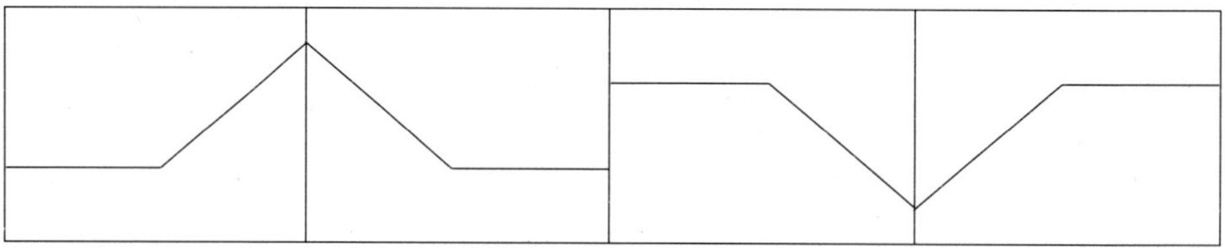

콜 매입 / 풋 매입 / 콜 매도 / 풋 매도

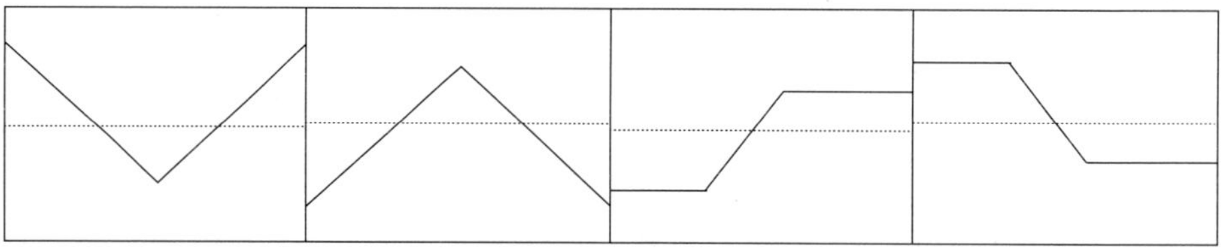

스트래들 매입 / 스트래들 매도 / Bull spread / Bear spread

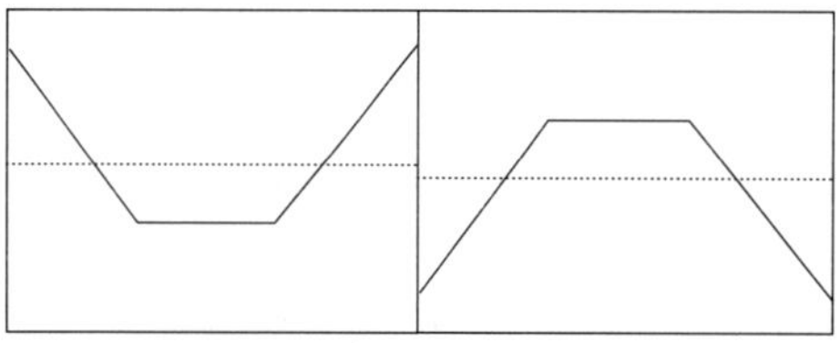

Strangle 매입 / Strangle 매도

제2절 옵션 헤지거래

1. 환위험 헤지 사례

4월 22일 서울 외환시장 상황이 다음과 같이 주어졌다고 하자.

> 현물환달러 = 1,290원
> 한 달 만기 선물환 달러(결제일 5월 24일) = 1,293.17원
> 한 달 만기 달러금리 = 3%, 한 달 만기 원화금리 = 6%
> 한 달 만기 옵션시세(결제일 5월 24일)
> 1,280원 달러 콜 옵션 = 18.11원
> 1,290원 달러 콜 옵션 = 11.95원
> 1,300원 달러 콜 옵션 = 7.29원
> *옵션 프리미엄은 연변동성(annual volatility) 7%를 가정하였다.

1-1. 콜 옵션 매입 헤지 사례

효자상사는 5월 24일 백만 달러 수입자금을 결제할 예정이다. 즉 달러 시세 상승위험에 노출되어 있다. 효자상사는 이 위험을 헤지하기 위하여 달러 선물환을 매입할 수도 있고 달러 콜 옵션을 매입할 수도 있다. 만약 1,290원 달러 콜 옵션을 백만 달러 매입한다고 하자. 한 달 후 달러시세에 따라 1달러당 헤지손익은 다음과 같이 계산될 것이다.

> 달러시세 1,330원으로 상승시
> • 실수포지션 손실(결제비용 증가) = 1,330 − 1,290 = 40원
> • 콜 이익 = (1,330 − 1,290) − 11.95 = 40 − 11.95
> • 헤지손실 = 11.95원

달러시세 1,250원으로 하락시
- 실수포지션 이익(결제비용 감소) = 40원
- 콜 손실 = 11.95원
- 헤지이익 = 28.05원[11)]

다음 <그림 3-7>이 한 달 후 달러시세에 따라 헤지손익 결과를 나타내고 있다.

달러시세가 1,290원 이하로 떨어질 경우에는 옵션 프리미엄 지급액 11.95원(백만 달러에 대해서는 11,950,000원) 전액이 손실이 된다. 반면에 달러가 1,301.95원(=1,290+11.95) 이상으로 상승하는 경우 이익이 발생한다.

효자상사의 실수포지션은 달러시세가 1,290원 이상이면 현재보다 수입대금 결제금액이 증가하는 손실이 발생하고 1,290원 이하로 떨어지면 그 만큼 이익이 발생한다.

〈그림 3-7〉 1,290원 콜 매입 헤지손익

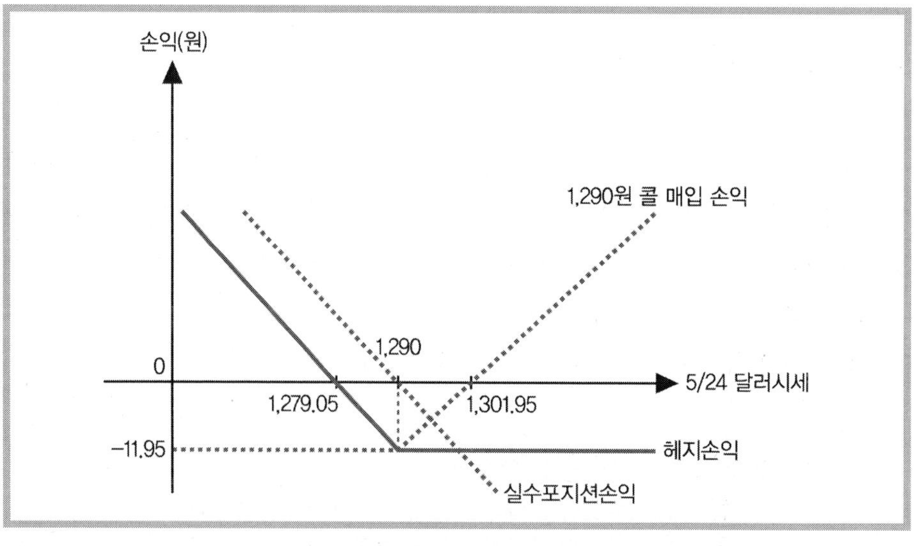

11) 여기서 헤지손실 또는 헤지이익의 값은 4월 22일 현재 실수포지션 손익을 제로로 할 때 5월 24일 발생하는 종합손익을 나타낸다.

위 그림에서 옵션 헤지 결과를 보면, 5월 24일 달러시세가 지금과 변동 없는 1,290원이 되는 경우 11.95원의 손실이 발생한다. 하지만 달러시세가 1,290원 이상 계속 상승하는 경우에도 손실은 11.95원으로 고정된다. 반면에 달러시세가 1,279.05원(=1290−11.95) 이하로 떨어질 때는 옵션손실이 고정되는 한편 실수포지션에서 이익이 증가하므로 종합적으로 이익을 얻을 수 있다.

선물환 매입 헤지를 할 경우에는 실수포지션 손익과 선물포지션 손익이 서로 상쇄되기 때문에 달러시세 상승이나 하락에 관계없이 헤지 손익이 제로로 고정된다. 하지만 콜 매입 헤지의 경우에는 가격 상승시 손실이 어느 정도 발생하는 반면에 하락시 이익도 기대할 수 있다는 차이가 있다. 즉, 콜 매입 헤지는 최대손실을 일정범위 내에서 통제하는 기법이라고 할 수 있다.

다음으로 수입대금 1달러당 결제비용을 살펴보자. 만기일 달러시세가 1,330원으로 상승시 옵션거래에서 28.05원의 이익(=40−11.95)이 발생해서 달러당 결제비용이 1,301.95원이 된다. 반대로 1,250원으로 하락하는 경우는 콜 옵션 행사를 포기하게 되므로 달러 결제비용은 1,250원에 옵션비용 11.95원을 추가한 1,261.95원이 된다.

<그림 3-8>은 수입대금 1달러당 결제비용을 보여주고 있다.

〈그림 3-8〉 수입대금 1달러당 결제비용

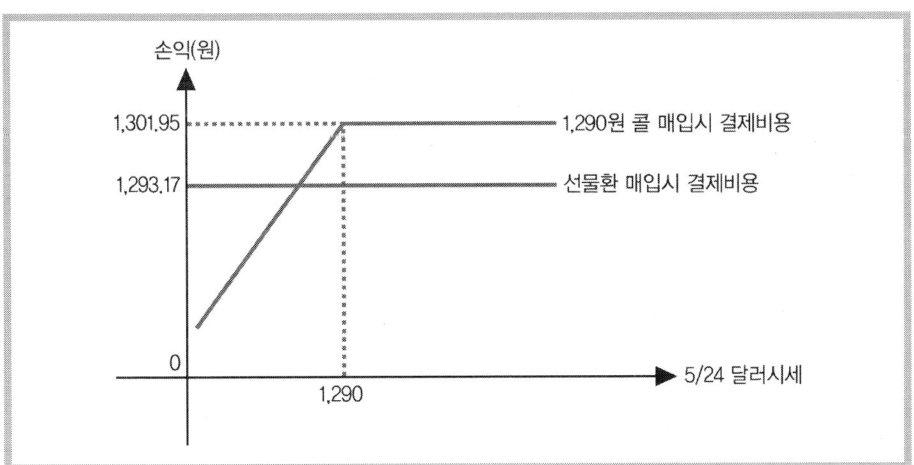

선물환을 1,293.17원에 매입한 경우 한 달 뒤 달러 결제비용은 시세등락에 관계없이 1,293.17원에 고정된다. 하지만 콜 옵션을 매입한 경우에는 달러시세가 1,290원 이상으로 상승하는 때에는 결제비용이 옵션비용만큼 높아지고 달러시세가 1,279.05원 이하로 떨어질 때는 결제비용을 계속 낮출 수 있다. 따라서 콜 매입 헤지방법은 최고비용을 고정시키는 전략이라고 할 수 있다.

효자상사가 달러시세 상승위험을 헤지하기 위하여 콜 옵션을 매입하는 경우 행사가격을 어떻게 선택하느냐에 따라 헤지 결과가 달라질 수 있다. 예를 들어 1,290원 콜 대신에 내가옵션인 1,280원 콜이나 외가옵션인 1,300원 콜을 매입할 수 있다. 옵션 매입비용이 달라지는 만큼 헤지손익이나 달러 결제비용의 차이가 발생한다. <그림 3-9>는 각 경우의 헤지손익을 비교하고 있다.

〈그림 3-9〉 행사가격별 헤지손익 비교

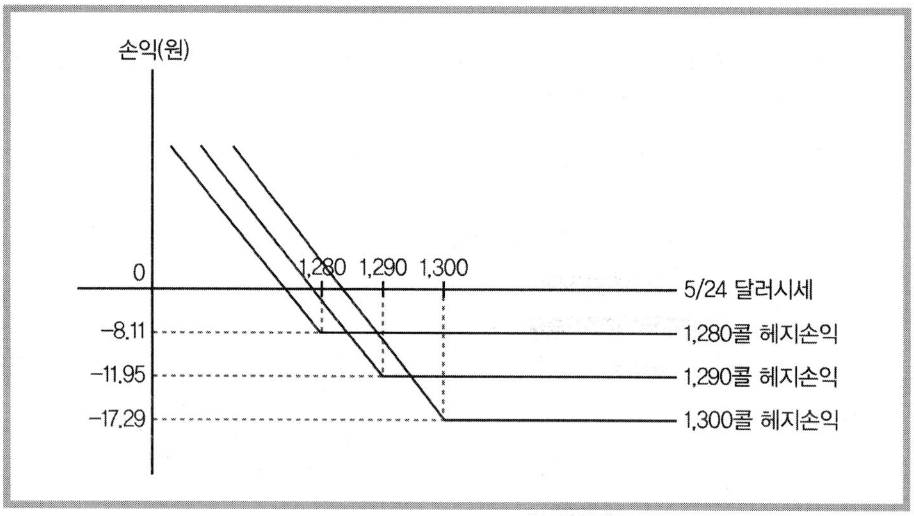

내가옵션(In-the-money)인 1,280원 콜 옵션을 매입한 경우 옵션비용이 18.11원으로 비싸지만 달러 상승시 최대손실은 달러당 8.11원으로 가장 작다. 예를 들어서 한 달 뒤 달러시세가 1,300원으로 상승하는 경우 실수포지션에서 10원의 손실이 발생하지만 옵션 포지션에서 1.89원의 이

익(=20-18.11)이 발생하므로 손실은 8.11원에 그치게 된다.

반면에 외가옵션(Out-of-the-money)인 1,300원 콜 옵션을 매입한 경우 옵션비용이 싼 반면에 최대손실은 달러당 17.29원으로 가장 크다. 달러시세가 1,300원으로 상승할 때 실수포지션에서 10원의 손실이 발생하지만 옵션에서 7.29원의 손실이 발생하여 손실이 17.29원으로 늘어난다.

그러나 달러시세가 하락하는 경우에는 외가옵션을 매입한 경우가 가장 유리하다. 외가인 1,300원 콜을 매입한 경우에는 달러시세가 1,290원에서 옵션 프리미엄을 뺀 1,282.31원 이하로 떨어지면 헤지이익이 발생하기 시작한다. 제일 비싼 1,280원 콜을 매입한 경우에는 달러시세가 1,271.89원(=1290-18.11) 이하로 하락해야 헤지이익이 발생한다. 즉, 헤지이익이 발생하려면 외가옵션 매입시보다 달러시세가 더 많이 떨어져야 한다.

각 옵션별 손익분기 환율은 다음과 같이 계산된다.

1,280원 콜 매입 헤지 손익분기 환율 = 1,271.89원
1,290원 콜 매입 헤지 손익분기 환율 = 1,279.05원
1,300원 콜 매입 헤지 손익분기 환율 = 1,282.31원

내가옵션 매입 헤지의 경우는 헤지이익을 내기가 어려울 뿐만 아니라 가격상승시 헤지손실도 가장 작다. 따라서 내가옵션 매입 헤지의 결과는 선물 헤지의 결과와 근접하게 된다고 말할 수 있다.

가격상승위험에 직면하여 콜 옵션을 매입하는 것은 보험가입 원리와 비교할 수 있다. 비싼 보험에 가입하면(내가옵션 매입) 가격상승이라는 보험사고가 발생할 때 혜택이 크고 보험 적용 범위가 넓지만, 보험사고가 발생하지 않을 때는 보험료 손실이 크다.

다음 <그림 3-10>은 행사가격별 달러당 결제비용을 비교하고 있다.

〈그림 3-10〉 행사가격별 달러당 결제비용 비교

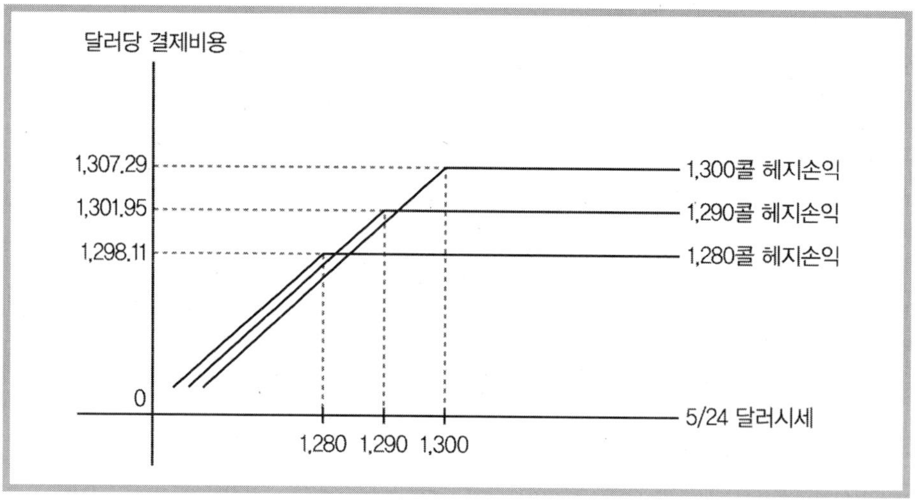

5월 24일 달러시세가 1,300원으로 상승할 때 외가인 1,300원 콜을 매입한 경우에는 수입대금 결제금액이 달러당 1,300원이 되고 여기에 콜 매입비용 7.29원이 더해져서 총결제비용은 1,307.29원으로 늘어난다. 반면에 내가옵션인 1,280원 콜을 매입한 경우에는 달러시세가 1,300원으로 상승하면 1.89원의 이익(=20-18.11)이 발생하여 수입대금 결제비용이 그만큼 감소하게 된다.

그러나 달러시세가 1,280원으로 하락할 때는 1,300원 콜을 매입한 경우에는 옵션거래 손실이 7.29원에 불과하기 때문에 달러당 결제비용은 1,287.29원(=1280+7.29)이 된다. 반면에 1,280원 콜을 매입한 경우에는 달러당 결제비용은 1,298.11원(=1280+18.11)으로서 가장 높아진다.

행사가격별 최고 결제비용은 다음과 같다.

1,280원 콜 매입 헤지 최고 결제비용 = 1,300 + 7.29 = 1,307.29원
1,290원 콜 매입 헤지 최고 결제비용 = 1,290 + 11.95 = 1,301.95원
1,280원 콜 매입 헤지 최고 결제비용 = 1,280 + 18.11 = 1,298.11원

여기에서 보듯이 가장 비싼 내가옵션을 매입한 경우 최고 결제비용이 가장 낮아진다.

1-2. 달러시세 하락위험 헤지

앞 절의 사례에서 달러 풋 옵션 프리미엄은 다음과 같이 주어졌다고 하자.

1,280원 달러 풋 옵션 = 5.00원(OTM Spot)
1,290원 달러 풋 옵션 = 8.79원(ATM Spot)
1,300원 달러 풋 옵션 = 14.08원(ITM Spot)

(여기서 풋 옵션 시세가 앞 절의 콜 옵션 시세보다 싼 이유는 한 달 만기 선물환시세가 현물환시세보다 높아서 풋 옵션 내재가치가 같은 행사가격 콜 옵션의 내재가치보다 작기 때문이다.)

경복상사는 5월 24일 백만 달러 수출대금을 결제받을 예정이다. 즉 달러시세 하락위험에 노출되어 있다. 다음 물음에 각각 답해보라.

01 경복상사가 환위험을 관리하기 위하여 한 달 만기 달러 선물환을 백만 달러 매도할 경우 수출대금 수입은 달러당 얼마인가?

답) 1,293.17원

02 경복상사가 1,290원 달러 풋 옵션을 매입하여 달러시세 하락위험을 헤지하였다고 가정하자(프리미엄 = 8.79원). 만약 달러시세가 1,250원으로 하락할 경우 옵션거래손익과 헤지손익은 각각 얼마인가?

답) 옵션거래이익 = 40 − 8.79 = 31.21원
실수보지션 손실(매출수입 감소) = 40원
헤지손실 = 40 − 31.21 = 8.79원

03 1,290원 풋 대신에 1,280원 풋 또는 1,300원 풋을 매입할 경우 각각의 최대 헤지손실은 얼마가 될까?

답) 1,280원 풋 매입 헤지 최대손실 = 15원
1,300원 풋 매입 헤지 최대손실 = 4.08원

04 **1,290원 달러 풋 매입 헤지를 한 경우 달러 시세가 1,250원으로 하락한다면 수출 1달러당 총수입은 얼마인가?**

답) 수출대금 영수액 = 1,250원
옵션거래이익 = 31.21원
1달러당 총수입 = 1,281.21원

05 **문제 4에서 만약 달러시세가 1,320원으로 상승할 경우 수출 1달러당 총수입은 얼마인가?**

답) 수출대금 영수액 = 1,320원
옵션거래손실 = 8.79원
1달러당 총수입 = 1,311.21원

06 **풋 매입 헤지시 각 행사가격별 최저수입(달러당)을 계산하면?**

답) 1,280원 풋 매입 헤지시 최저수입 = 1,280 − 5 = 1,275원
1,290원 풋 매입 헤지시 최저수입 = 1,290 − 8.79 = 1,281.21원
1,300원 풋 매입 헤지시 최저수입 = 1,300 − 14.08 = 1,285.92원

2. 옵션 매도 헤지 기법

선물 헤지를 한 경우 예상과 반대로 시장가격이 변동하여 선물거래에서 손실이 과다하게 발생했을 때 내부적으로 책임 문제가 대두될 가능성이 있다. 현물포지션에서 이익이 나기 때문에 종합적인 손익은 제로라고 주장하거나 원래 헤지계획을 세울 때 감안되었던 상황이라고 해도 그 주장이 받아들여지지 않을 수 있다.

다음으로 헤지를 위해 옵션을 매입하는 경우 옵션 프리미엄 지급비용 문제가 있다. 또한 옵션의 시간가치가 만기에 가서 제로가 되면서 시간가치 감소 손실이 발생한다.

이 때문에 실무에서는 옵션 매도를 헤지수단으로 사용하는 경우가 적지 않다. 예를 들어 달러 상승위험에 노출되어 달러 풋 옵션을 매도하거나 달러 하락위험에 노출되어 달러 콜 옵션을 매도하는 것이다.

그러나 풋 매도 후 달러의 급격한 하락 또는 콜 매도 후 달러의 급격한 상승시 대규모 손실이 발생할 수 있다. 이 경우 손실 크기가 현물 이익을 상회할 수 있다. 예를 들어 가격상승위험에 직면하여 풋 옵션을 매도하면 가격이 대폭 상승함에 따라 현물포지션에서 손실이 크게 발생하는 데 반하여 옵션 매도 이익은 프리미엄 수입으로 제한되기 때문에 헤지 효과에 한계가 있다.

여기에서는 단순한 콜 매도나 풋 매도 대신에 실무에서 많이 활용되는 range forward 기법을 소개한다. 이것은 고객의 시세관(market view)을 감안해서 옵션거래비용을 절약하는 헤지기법으로 많이 사용된다.

3. range forward 기법

3-1. 상승헤지형

① 기본구조

달러 상승위험 노출시 저가의 콜 옵션을 매수하고 이 비용을 충당하기 위해서 저가의 풋 옵션을 동시에 매도한다. 즉, 달러 상승위험을 일정수준까지는 감수하고 그 이상의 위험은 보험을 들되 그 비용을 충당하기 위해서 달러시세가 하락하여도 별 타격이 없거나 가능성이 없다고 생각되는 범위의 가격변동에 대해서는 보험을 매각한다.

② 예시

현재 시장상황

현물 1달러=1,000원
만기 한 달 옵션시세;
행사가격 1,000원 콜 옵션; 20원, 1,050원 콜 옵션; 5원
1,000원 풋 옵션; 20원, 950원 풋 옵션; 5원

상승헤지형 예
달러가 1,050원 이상 상승시 위험을 커버하기 위해서 1,050원 콜 옵션(OTM)을 매입하고 950원 풋 옵션(OTM)을 매도. 옵션 비용은 제로.

이것은 1,050원 이상 크게 상승하는 경우 손실 발생위험을 헤지하는 대신, 헤지비용을 줄이기 위해서 달러가 950원 이하로 하락하는 경우의 이익 가능성을 포기하는 전략이다.

대개의 경우 매도하는 풋 옵션의 행사가격은 콜 옵션과 프리미엄이 같은 풋 옵션의 행사가격으로 정한다. 이를 Zero Cost Option Spread 또는 Zero Cost Collar 거래라고 한다. 그런데 실제로는 은행의 마진을 반영해서 풋 옵션의 행사가격은 950원보다 다소 높게 설정된다.

<그림 3-11>은 1,050 콜 매입/950 풋 매입의 합성손익을 보여 주고 있다. 달러가 950원과 1,050원 사이에서는 비용이 제로이고, 1,050원 이상이 되면 이익이 발생하는 반면에 950원 이하에서는 손실이 발생한다.

〈그림 3-11〉 1,050 콜 매입/950 풋 매입의 합성손익(상승헤지형)

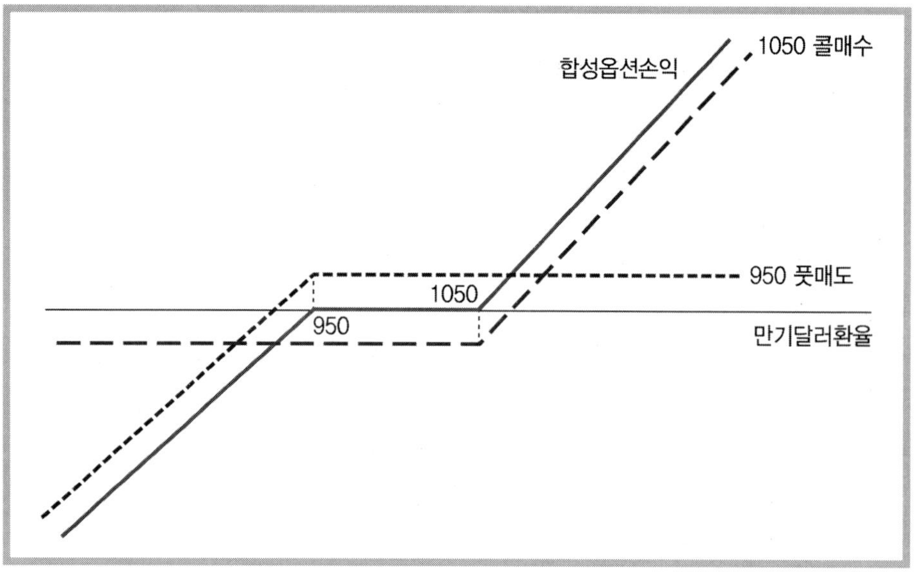

<그림 3-12>는 이 상승헤지형을 달러 상승 위험에 직면한 경우 사용한 결과를 나타내고 있다. 여기에서 보면 만기에 가서 달러가 하락할 때 실수포지션에서의 이익을 일부 유지할 수 있으며, 달러가 상승할 때는 손실을 일정범위 내에서 제한할 수 있다. 하지만 950원과 1,050원 사이에서는 헤지효과가 없다.

〈그림 3-12〉 1,050/950원 Range forward(상승헤지형) 사용 결과

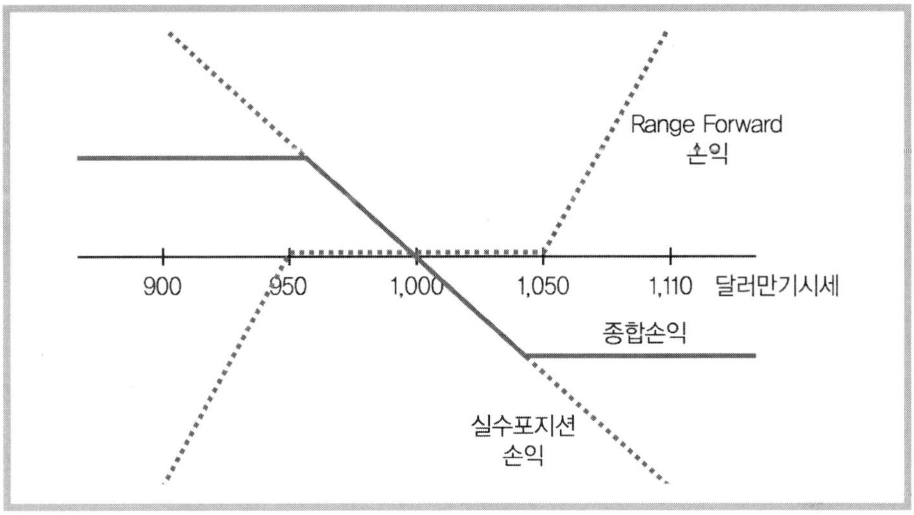

3-2. 하락헤지형

① 기본구조

달러 하락위험 노출시 저가의 풋 옵션을 매수하고 이 비용을 충당하기 위해서 저가의 콜 옵션을 동시에 매도한다. 달러 하락위험을 일정 수준까지는 감수하고 그 이상의 위험은 보험을 들되 그 비용을 충당하기 위해서 달러시세가 상승하여도 별 타격이 없거나 가능성이 없다고 생각되는 범위의 가격변동에 대해서는 보험을 매각한다.

② 예시

하락헤지형 예

> 950원 풋 옵션(OTM)을 매입하고 1,050원 콜옵션(OTM)을 매도. 옵션 비용은 제로.

이것은 950원 이상 크게 하락하는 경우 손실 발생위험을 헤지하는 대신, 헤지비용을 줄이기 위해서 달러가 1,050원 이상으로 상승하는 경우의 이익 가능성을 포기하는 전략이다.

이 경우에도 매도하는 콜 옵션의 행사가격은 풋 옵션과 프리미엄이 같은 콜 옵션의 행사가격으로 정하여 Zero Cost Option Spread거래라고 한다. 실제로는 은행의 마진을 반영해서 콜 옵션의 행사가격은 1,050원보다 다소 낮게 설정된다.

<그림 3-13>에서 보면 만기에 가서 달러가 상승할 때 실수포지션에서의 이익을 일부 유지할 수 있으며, 달러가 하락할 때는 손실을 일정범위 내에서 제한할 수 있다.

〈그림 3-13〉 950/1,050원 Range Forward(하락헤지형) 사용 결과

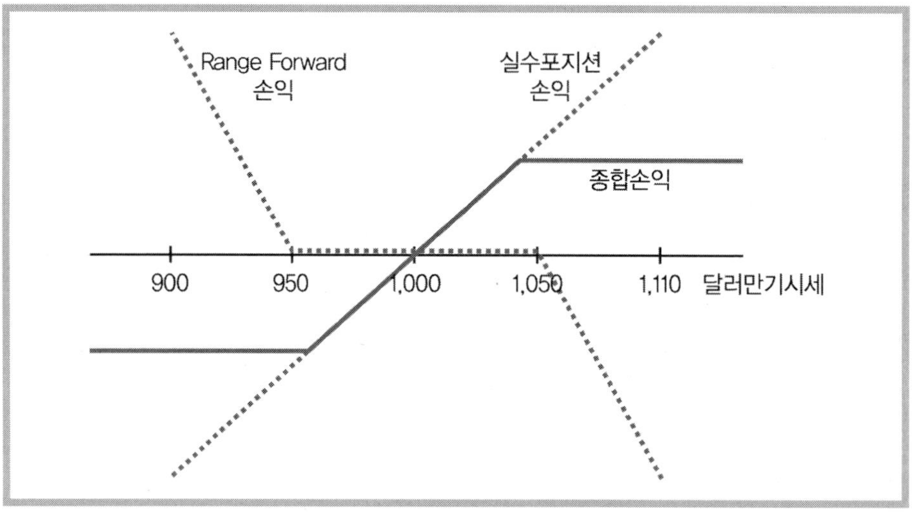

4. 옵션 헤지시 유의사항

4-1. 선물 헤지거래와의 차이

옵션을 이용해서 헤지를 할 경우 선물헤지에 비하여 다음 면에서 차이가 있다.

(1) 옵션거래의 손익은 가격 상승과 하락시 비대칭적이다. 헤지를 위해 옵션을 매입할 경우 손실위험은 프리미엄 지급액으로 제한되는 데 반

하여 옵션을 매도할 경우에는 이익 크기가 제한된다. 따라서 실수거래에서 발생하는 손익과 옵션의 손익이 대칭적으로 상쇄되지 않는다.

(2) 선물거래의 손익이 가격 변동방향 하나에만 의존하는 데 반하여 옵션거래의 손익은 가격 변동방향뿐만 아니라 가격변동성(volatility)과 시간에 따라 영향을 받는다. 또 행사가격에 따라 결과가 달라진다. 그만큼 헤지 관리 측면에서 고려해야 할 요소가 많으며 따라서 복잡하다. 금융기관 입장에서는 고객의 필요에 다양하게 대처할 수 있다는 장점이 되기도 한다.

(3) 옵션 헤지에는 자금수급이 수반된다. 옵션 매입 헤지시에는 프리미엄을 지급해야 하는 반면에 옵션 매도 헤지시에는 수입이 발생한다. 대신 옵션을 매도하는 경우에는 부분적인 헤지효과만을 얻을 수 있다. 옵션 매도시 받는 프리미엄수입으로 실수거래에서 발생하는 손실을 일부 보전하는 것이다. 이 전략은 시간가치 잠식의 효과를 얻는 것이나 가격이 급변하는 경우 헤지효과를 거의 기대할 수 없다.

(4) 선물 헤지에서는 얻을 수 없는 우발 헤지(contingent hedge), 변동성 헤지(volatility hedge)가 가능하다. 즉 감마리스크, 베가리스크 헤지가 가능하다.

(5) 선물 헤지는 가격상승과 하락에 관계없이 헤지손익을 최소화하는 것이 목표이나 옵션 매입 헤지는 어느 정도 손실을 허용하면서 헤지를 하지 않았을 경우에 얻을 수 있는 이익을 일부 도모한다. 즉 최대손실을 고정시키면서 한편으로 이익기회에도 일부 참여할 수 있다는 것이다.

기초자산의 매입비용 또는 매도수익 관점에서 볼 때 선물 헤지는 헤지 후 총매입비용 또는 총매도수익을 고정시키는 것이 목표인 반면에 옵션 헤지는 콜 매입 헤지시 최고 매입비용을 고정시키고 풋 매입 헤지시는 최저 매도수익을 고정시키는 것이 목표가 된다.

4-2. 옵션헤지 관리의 문제

① 변동성 문제

현실을 보면 옵션의 행사가격과 만기에 따라 내재변동성이 다르다. 이에 따라 옵션 매입비용이 달라질 수 있다. 헤지를 하기 위해 옵션 매입을 선택할 때는 내재변동성이 낮은 옵션을 매입하는 것이 유리할 것이다.

또 앞의 예시에서는 헤지만기일과 옵션만기일이 동일하다고 가정했기 때문에 만기일 옵션가치가 내재가치와 일치하는 것으로 계산하였으나 실제로 옵션만기가 남아있는 상태에서 헤지포지션을 종결하는 경우가 대부분이기 때문에 헤지만기일에 옵션의 시간가치를 감안해야 한다. 이때 옵션의 시간가치는 내재변동성에 좌우되기 때문에 헤지만기일의 내재변동성에 대한 가정이 필요하다. 만약 헤지만기일 내재변동성이 헤지 출발 시점에서보다 크다면 그만큼 옵션포지션을 비싸게 청산하는 것이므로 유리하나 반대의 경우에는 불리하다.

② 옵션거래 수수료 및 금융비용

상장옵션을 이용시 옵션거래 수수료가 발생하고 장외옵션의 경우는 bid-ask spread가 클 수 있다. 또 옵션 프리미엄은 매입시 지급되므로 헤지기간 동안 금융비용을 발생시킨다.

③ 베이시스 리스크

우리의 예시에서는 헤지만기일 선물가격이 이론가격과 같은 것으로 가정하였으나 실제 시장가격은 이론가격과 괴리를 보이는 경우가 많다. 특히 많은 부분 헤지 기간 중 금리변동에 따라 베이시스 리스크가 초래된다. 따라서 헤지금액이 큰 경우에는 시장단기금리 변화에 따른 베이시스 변화에 대비할 필요가 있다. 헤지대상자산과 옵션의 기초자산이 다른 경우에는 베이시스 오차가 발생하므로 여기에 대한 고려가 필요하다.

④ 옵션의 유동성 문제

하나의 기초자산에 대해 옵션은 행사가격과 만기에 따라 종목수가 다양하게 존재한다. 이 때문에 선물거래에 비해 옵션의 유동성은 매우 제한적이다. 시장에서는 옵션매매가 시장가로 이루어지기보다는 이론가에 따라 매입자와 매도자 간의 협상에 의해 체결되는 경우가 많다. 따라서 옵션거래가격은 종종 이론가격에 유동성 프리미엄이 가감되어 결정된다.

옵션거래의 유동성 문제를 우회하기 위하여 다이나믹 헤지의 기법이 사용되기도 한다.

예를 들어 장래 엔시세 상승리스크를 헤지하기 위하여 9850콜(델타0.5) 800개를 매입한 효과는 시장가격 변화가 크지 않다면 엔선물계약 400개를 매입한 것과 비슷하다. 델타값이 0.5이므로 선물가격이 1틱 상승할 때 옵션 프리미엄은 0.5틱 상승할 것이기 때문이다. 따라서 콜 옵션을 시장에서 직접 매입할 수 없을 때는 '필요 옵션 매입수 × 델타' 만큼의 선물계약을 매입할 수 있다.

하지만 옵션 델타값이 기초자산가격에 따라 변동하기 때문에 이후 델타값이 변동하는 만큼 선물헤지량을 조절해주어야 한다. 예를 들어 엔선물시세가 10틱 상승하여 델타값이 0.51로 상승한다면 선물계약을 8개 추가로 매입한다. '필요선물헤지량 = 800 × 0.51 = 408개'이기 때문이다. 다시 말하면 델타 0.51인 콜 옵션 800개를 매입한 효과를 선물 매입에 의해 복제하려면 선물 매입 408개 상태를 유지해야 한다. 반대로 엔선물시세가 10틱 하락하여 델타값이 0.49로 떨어진다면 선물계약을 8개 매도 청산한다. '필요선물헤지량 = 800 × 0.49 = 392개'이기 때문이다.

이와 같이 시장가격 변화에 따른 델타값 변동만큼 선물헤지량을 수시로 조절해주면 옵션 매입 효과를 달성할 수 있다. 이때 복제효과의 정확도를 높이기 위해 헤지량을 자주 조절해주어야 한다. 그러나 거래비용이 문제가 될 수 있으므로 양자를 감안하여 최적 조절 간격을 사전에 설정해야 한다.

그러나 여기에도 위험이 따른다. 시장가격이 갑자기 큰 폭으로 변동하는 경우에는 선물 헤지량 조절이 사후적으로 일어나기 때문에 오차가 커질 수 있다. 실제 1987년 주가 대폭락시에 풋 옵션 매입보다 선물매도량 조절이라는 다이나믹 헤지기법을 사용하던 기관들은 필요한 만큼의 선물 매도량을 추가시키지 못하여 손실을 감수해야 했던 사례가 있었다.

4-3. 옵션 헤지 고객과 상담시 고려사항

옵션 헤지를 고려하고 있는 고객과 상담할 때는 다음 사항들을 사전에 확인할 필요가 있다.

① 현재의 고객포지션 리스크

가격 변동시 손익이 어떻게 변동하는가를 파악한다. 보다 정확하게는 앞에서 학습한 델타, 감마, 베가, 세타, 로의 리스크 지표를 계산한다. 최소한 지난 5년간 가격변동 시나리오를 대입해서 고객 입장에서 최악의 손실이 어느 정도 되는지를 파악한다.

② 고객의 시황예상

고객이 장래 시황을 어떻게 보는가를 파악한다. 수출기업이 달러하락을 예상할 때는 풋 매입을 권유하지만 달러상승을 예상할 때는 내가(ITM) 콜 매도를 권하는 것이 효과적일 수 있다. 풋 매입시에도 일정가격 이상은 하락하지 않을 것이라고 예상한다면 Knock-Out Barrier를 설정해서 풋 비용을 절감할 수 있다. 또한 고객이 장래가격의 상승/하락뿐만 아니라 변동성 증감도 생각하고 있는지 확인할 필요가 있다. 변동성 증가를 예상한다면 옵션 매입을 권하는 것이 안전할 것이다.

고객의 시황예상이 얼마나 견고(firm)하고 구체적인지를 파악하는 것도 중요하다. 현재 달러가 1,000원일 때 50원 상승할 확률이 40% 정도라는 것과 100원 상승할 확률이 20% 정도라는 것은, 기대값은 20원으로서 같지만 전자가 훨씬 견고한 예상이라고 할 수 있다. 전자와 같은 경우에는 풋 매도를 권유하는 것이 적절하지만 후자의 경우에는 콜 매입을 권유하는 편이 나을 것이다. 물론 100원 이상 대폭 상승할 확률이 최소 70% 이상으로서 견고하다면 선물 매입이 더 효과적일 것이다.

또한 예상기간도 중요하다. 한 달 이내 30% 상승할 가능성과 6개월 이내 30% 상승할 가능성을 구분해야 할 것이다. 가격이 최근에 대폭 변동하였다면 예상기간은 짧아지는 경향이 있다.

③ 리스크 성향 및 수용능력

손익변동을 싫어하는 보수적 기업일수록 리스크헤지에 적극적일 것이라고 생각하기 쉽다. 그러나 옵션손익을 실수포지션손익과 별개로 생각하는 기업이라면 옵션에서 발생하는 손익은 추가적인 리스크라고 생각해서 헤지를 하지 않는 경향이 있다.

리스크 수용능력이 적을수록 헤지에 적극적일 수밖에 없다. 예를 들어 해외에서 치열하게 경쟁하고 있는 국내 자동차기업의 경우는 환율변화가 바로 매출이익에 영향을 주기 때문에 헤지에 적극적이다. 반면에 정유사의 경우는 환율상승에 따른 원가상승분을 판매가격에 전가할 수 있으므로 헤지에 소극적이다.

④ 리스크 관리능력

시황을 파악하고 옵션 헤지에서 발생하는 리스크를 별도로 관리하는 조직의 경우에는 옵션 매도에 의한 헤지를 권할 수 있지만 그런 조직이 없는 경우에는 사후분쟁 가능성을 감안해서 옵션 매입 헤지를 권유하는 것이 안전할 것이다.

리스크 관리능력이 클수록 리스크 수용능력이 커진다고 하나 일반기업의 경우 별도의 재무팀을 가지고 있다 해도 전문적인 리스크 관리능력을 보유하고 있다고 판단하기 곤란한 경우가 많다.

⑤ 경영진의 파생상품 이해도

경영진이 옵션가격변동의 결정요인에 대해 제대로 이해하거나 실수포지션손익과 옵션손익을 통합해서 파악해야 한다는 인식을 가지고 있는지 여부를 확인해야 한다. 이해도가 낮은 경우에는 선물 헤지나 옵션 매도 헤지보다는 옵션 매입 헤지를 권유하는 편이 나을 것이다.

제3절 이색옵션(exotic options)

1. 표준형 옵션(plain vanilla or generic option)의 한계

Rocket Scientist의 월가 진출

1969년 금융업계에 처음으로 소개된 블랙·숄즈 옵션가격 모형은 당시 금융기관의 영업에 큰 변화를 초래하였다. 월가(Wall Street)의 금융기관들은 옵션을 이용하여 다양한 금융상품을 제조할 수 있고 나아가 금융기관의 리스크를 효과적으로 관리하는 수단으로 활용할 수 있음을 깨닫기 시작한 것이다. 당시 월가에는 제미니, 아폴로 등 인공위성계획에 참여하였다가 실직된 수학자, 과학자들이 대거 쏟아져 들어왔다. 이들은 출신직업을 빗대어 'rocket scientist'라고 불렸는데 초기에는 후선부서에서 장부정리, 전산화 등의 단순한 업무를 담당하는 데 그쳤다. 그러다가 블랙·숄즈 모형의 발표를 시발로 대형 투자은행 등에서 각종 이론가격모형을 개발하여 시장에서 차익을 얻는 것에 관심을 두자 이들 rocket scientist의 활용도가 높아졌다.

80년대 들어 파생금융상품의 거래가 급격하게 늘어나면서 rocket scientist들의 몸값도 더욱 높아지기 시작했다. 각 금융기관의 trading center에는 rocket scientist를 몇 명이나 보유하고 있는가에 따라 명성이 좌우될 정도가 되었다. rocket scientist들 간의 경쟁도 치열해지기 시작했으며 80년대 후반에 와서는 표준적 거래조건의 파생상품으로서는 더 이상 높은 수익을 올리기가 어렵게 되었다. 이렇게 되자 각 금융기관에서는 앞다투어 신종파생상품을 내놓기 시작했는데, 이들 중 대표적인 것이 바로 이색옵션(exotic options)이다.

현재 1달러가 1,000원 수준이라고 하자. 연변동성을 9%로 가정할 때 만기 한 달, 행사가격 1,000원 달러 표준형 콜 옵션의 프리미엄은 달러당 약 10원으로 계산된다.

삼청상사가 한 달 뒤 달러시세 상승위험에 노출되어 있다고 하자. 이 회사는 콜 옵션을 매입할 것인가? 이 결정을 내리기 전에 무언가 망설여지는 점들이 있을 것이다. 다음의 점들을 생각할지 모른다.

① 프리미엄이 비싸다.

천만 달러어치 콜 옵션을 구입하려면 1억 원이 소요된다. 그리고 한 달 뒤 달러시세가 1,010원 이상으로 상승해야 이익이 발생한다. 만약 한 달 동안 달러시세에 변동이 없다면 1억 원이 모두 손실로 확정된다.

② 원하지 않는 가격범위가 있다.

이 콜 옵션은 달러가 1,000원 이상 상승하면 권리행사 이익이 발생한다. 그런데 만약 매입자 입장에서 1,100원 이상은 상승하지 않는다고 예상한다면 이 부분의 이익 가능성을 포기하고서 옵션 매입비용을 줄일 수 있다.

③ 만기 지급은 만기가격에만 의존

이 옵션의 만기일이 5월 15일이라고 할 때 만약 5월 14일 달러시세가 1,050원이라면 50원의 권리행사 이익을 기대할 수 있다. 그런데 막상 만기일 5월 15일에는 1,000원으로 내렸다가 16일에 다시 1,050원으로 회복된다면 권리행사 이익이 한 푼도 없게 된다.

④ 후회하는 인간의 습성

만기일에 가서 달러시세가 1,000원 이하가 되면 이 콜 옵션은 아무런 가치가 없게 되고 옵션 매입을 후회할 수 있다. 그렇지만 중도에 달러가 1,000원 이상 되는 날이 있을 때 그에 따라 지급이 발생한다고 하면 후회가 덜어질 수 있다.

⑤ 행사이익이 단순/고정

이 콜 옵션은 한 달 뒤 달러시세가 1,000원 이상 되는 크기에 따라 비례적으로 이익금이 늘어난다. 즉 지급액 공식이 단순하다. 지급률을 좀 더 다양하게 할 필요가 있을 것이다.

⑥ 기초자산가격의 다양화 필요성

이 콜 옵션의 손익은 달러환율에만 의존한다. 달러환율뿐만 아니라 기타 통화의 환율, 금리 등을 동시에 복합적으로 기초자산가격으로 하는 상품이 필요할 것이다.

⑦ 옵션을 매도한 금융기관의 헤지리스크 제한

콜이나 풋을 매도한 경우 시장가격이 급격하게 변동할 때 비록 헤지를 한다 해도 헤지오차가 통제할 수 없는 수준으로 발생할 수 있다. 이것은 옵션의 감마효과 때문에 발생하는 것으로서 옵션을 매도하는 금융기관에서는 이 감마리스크를 제한하기 위해서 Barrier 설정, 최고지급액 제한 등 각종 조건을 원래 옵션에다 첨가하는 경우가 많다.

2. 주요형태

이색옵션은 수도 없이 많은 종류가 개발되어왔기 때문에 이를 정형화하기가 매우 곤란하다. 각종 금융자산의 현금흐름에 결부되어 복합 현금흐름을 창조하는 것도 있고 선물, 스왑 등 파생상품과 연계된 옵션도 있으며, 앞에서 소개된 표준적인 콜 옵션과 풋 옵션을 변형시킨 것도 있다. 이색옵션을 분류하는 방법은 여러 가지가 있겠지만 Tompkins(1994)의 방식에 따라 다음 네 가지로 분류하여 살펴보기로 하자.

① 복합옵션(compound option)

옵션의 옵션으로도 불리며 예로서는 콜 옵션의 매입권리(콜 옵션의 콜 옵션), 콜 옵션의 매도권리(콜 옵션의 풋 옵션) 등을 들 수 있다.

② 표준거래조건 변형옵션

표준적인 콜 옵션이나 풋 옵션의 거래조건을 변형시킨 형태로서 디지털옵션, 후급옵션, 선택옵션 등이 있다.

③ 경로종속옵션(path dependent option)

옵션의 지급조건이 중도 시장가격의 변동상황에 연동되어 있는 옵션으로서 룩백옵션, 배리어옵션 등이 대표적이다.

④ 다중요소옵션(multi-factor option)

옵션의 만기지급이 여러 개의 기초자산가격에 좌우되는 형태로서 무지개옵션 등이 있다.

2-1. 복합옵션

복합옵션(compound option)은 옵션의 기초자산이 옵션이기 때문에 옵션의 옵션이라 하며 개념상 다음의 4가지로 분류된다.

① 콜 옵션의 매입권리(call on a call)
② 콜 옵션의 매도권리(put on a call)
③ 풋 옵션의 매입권리(call on a put)
④ 풋 옵션의 매도권리(put on a put)

예를 들어, 현재 IBM 주가가 100달러이고 행사가격 100달러인 IBM 콜 옵션의 프리미엄이 5달러, 풋 옵션이 4달러라고 하자. 이들 옵션의 만기일은 3개월 후이다. 그러면 이 콜 옵션을 일정가격에 매입할 수 있는 콜 옵션과 일정가격에 매도할 수 있는 풋 옵션을 만들 수 있다. 예를 들어, 기초자산이 행사가격 100달러 콜 옵션이라고 하면 이것을 5달러에 매입할 수 있는 콜 옵션을 생각할 수 있다. 이 콜 옵션의 프리미엄이 2달러라고 할 때 향후 주가가 상승하여 100달러 콜의 가치가 7달러(=5+2달러) 이상 상승하면 이 옵션의 매입자는 이익을 얻을 수 있다.

복합옵션의 장점은 단순옵션 매입에 비해 프리미엄을 크게 줄일 수 있다는 점이다. 또 다른 장점은 우발성(contingency)에 대비하는 능력이 우수하다는 것이다. 예를 들어 헤지를 위해 복합옵션을 매입한 경우에 중도에 헤지가 불필요하게 될 때는 기초자산이 옵션이기 때문에 그만큼 적은 비용으로 포지션을 손쉽게 정리할 수 있다.

2-2. 표준거래조건 변형옵션

① 디지털옵션(digital or binary option)

이것은 옵션이 In-the-money가 될 때 그 옵션을 행사하면 시장가격과 행사가격의 차이를 지급하는 것이 아니라 사전에 약정된 일정금액을 지급하는 것이다. 일종의 정액보상보험과 같은 것이다. 옵션의 행사가격을 일정기간 동안의 주가변동률 같은 것으로 정할 수 있다. 예를 들어 만기일에 주가가 5% 이상 상승하면 원금의 107%를 지급하는 식이다.

〈그림 3-14〉 일반형 콜과 디지털 콜의 내재가치 비교

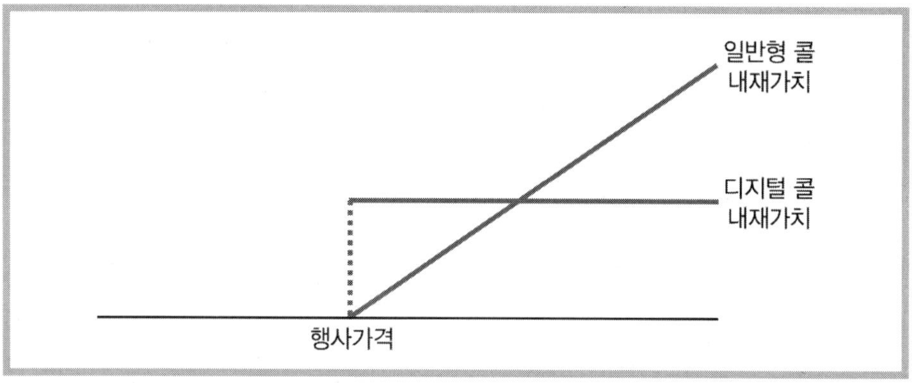

앞에서 언급한 대로 디지털옵션은 옵션 매도자 입장에서 가격 급변시 통제불가능한 손실이 발생하는 리스크를 완화할 수 있는 특징이 있다. 그러나 한편 등가옵션 부근에서 델타값이 순간적으로 급상승하는 리스크가 남아 있다. 예를 들어 디지털의 행사가격이 100이라고 할 때 주가가 100.00에서 100.01로 변하면 지급액이 영에서 약정된 일정 양수값으로 변하기 때문에 델타값이 순간적으로 급상승한다.

디지털옵션은 all-or-nothing형과 one-touch형이 있는데 전자는 in-the-money가 될 때 약정된 금액 전액을 지급하나 out-of-the-money가 되면 지급이 전혀 없는 형태이며, one-touch형은 만기 전에 시장가격이 행사가격을 touch하는 여부에

따라 지급이 결정되는 형태이다. 따라서 one-touch형은 다음에 설명할 경로종속형으로도 분류될 수 있다.

디지털옵션을 일정 만기별로 연속적으로 연결해서 발행할 수도 있다. 예를 들어 3개월 단위로 4개의 디지털옵션을 연결해서 1년간 4번의 행사기회('4 chance')를 주는 것이다. 이 경우 권리행사 기회를 매기마다 계속 보유하게 하면 옵션가격이 누적적으로 증가한다. 대안으로 한 번의 행사기회가 오면 잔여기회가 소멸('knock-out')되는 형태로 만들기도 한다.

어떤 형태의 옵션이든 여러 개 디지털옵션으로 분해해 볼 수 있다. 이런 의미에서 디지털옵션은 모든 옵션의 원초적 형태라고 할 수 있다.

② 후급옵션(pay later option)

이것은 옵션 프리미엄이 사전에 지급되는 것이 아니라 in-the-money가 될 때 지급되는 형태이다. 옵션 매입자는 일단 옵션이 in-the-money가 되면 무조건 행사하고 약정된 프리미엄을 지급해야 한다. 따라서 가격변화가 작아서 in-the-money 금액이 프리미엄보다 적은 경우에는 손실을 볼 수 있다.

③ 행사가격연기형 옵션(delayed/forward start option)

이것은 옵션의 행사가격이 나중에 결정되는 옵션이다. 예를 들어보자. 현재 달러시세는 1,000원일 때 정상적인 한 달 만기 달러 콜 옵션은 10원이었다. 만약 행사가격을 일주일 후 외환시장 현물환율로 정하기로 한다면 이 변형옵션의 프리미엄은 9원 정도로 감소한다. 이 옵션은 사실상 행사가격이 일주일 만기 선물환율이 되고 잔존만기는 한 달에서 3주로 줄어드는 것이 된다.

이 형태는 헤지 필요성이 미래 특정일에 가서야 생기는 경우에 사용할 수 있다. 행사가격을 현물환율의 110%와 같이 비율로 설정할 수도 있다.

④ 선택권옵션(chooser option)

오늘 프리미엄을 지급하지만 콜과 풋은 만기일 이전 지정된 일자에 옵션 매입자가 선택하는 형태이다. 이것은 현재시점에서 같은 행사가격의 콜과 풋을 동시에 매입하는 스트래들(straddle) 포지션과 같은 효과를 갖지만 프리미엄이 스트래들보다 싸다. 그 이유는 일단 콜이나 풋 중 하나를 선택한 후에는 한쪽 옵션만 보유하게 되기 때문이다. 선택권옵션의 옵션 형태 선택은 기초옵션의 만기일보다 전에 하도록 되어 있다.

⑤ 승수옵션(power option)

표준형태 옵션의 행사시 In-the-money 가치는 시장가격과 행사가격의 차이로 되지만 승수옵션은 그 차이의 제곱 등으로 주어지는 형태이다. 즉, 옵션의 레버리지효과가 증폭되는 것이다.

⑥ supershares

만기일 기초자산가격이 두 행사가격의 범위 내에서 결정되면 기초자산 가격의 일정률만큼을 지급하는 형태이다. 예를 들어, 3월 15일 주식가격이 100달러일 때 6개월 후 주가가 120달러와 125달러 범위 내가 된다면 그때 주가의 50%를 지급하고, 범위를 벗어나는 경우에는 아무런 지급을 하지 않는다는 것이다.

2-3. 경로종속옵션

① 평균가격옵션(average rate option)

옵션만기일 이전 일정기간 동안의 시장평균가격을 결제일의 시장가격 또는 행사가격으로 삼는 형태이다. 평균가격을 사용하면 가격변동성이 줄어들기 때문에 옵션 프리미엄은 일반형보다 감소한다.

만기일 기초자산의 가격을 S_T, 만기 이전 일정기간 동안 평균가격을 ES_T, 행사가격을 K라고 하면 내재가치가 $Max[0, ES_T-K]$로 되는 형태와 $Max[0, S_T-ES_T]$로 되는 형태 두 가지를 생각할 수 있다. 후자를 평균행사가격옵션(average strike option)이라고 부른다.

이 형태는 홍콩, 싱가포르 등 아시아 지역에서 먼저 고안되어 사용되었기 때문에 Asian option이라고도 불린다. 일정기간 동안 연속적으로 차입이 이루어질 때 기간 중 차입비용을 일정수준으로 관리하거나 항공사와 같이 외환수입이 지속적으로 발생할 때 환리스크를 관리하는 용도 등으로 활용된다.

② 룩백옵션(look back option)

룩백옵션은 권리의 행사가격을 만기일에 가서 지난 계약기간 중 최고가격 또는 최저가격으로 정하는 형태이다. 여기에는 look back call과 look back put이 있는데 권리행사시 지급액은 각각 다음과 같다.

> look back call의 지급액 = Max[0, S_T − inf(S)],
> look back put의 지급액 = Max[0, sup(S) − S_T]
> - S_T: 만기 기초자산가격
> - inf(S): 일정기간 중 기초자산의 최저가격
> - sup(S): 일정기간 중 기초자산의 최고가격

이 식에서 보듯이 look back call의 행사가격은 만기 이전 일정기간 중 최저가격이 되며, look back put의 행사가격은 일정기간 중 최고가격이 된다. 이때 최저가격 및 최고가격의 선택은 기간 중 장중 최저 및 최고가격으로 할 수도 있고 그 기간 동안 매일 종가 중 최저가격 및 최고가격으로 할 수도 있다.

룩백콜옵션은 장래 가격상승위험에 대비하여 사용할 수 있는 외에 기간 중 가격하락 가능성도 상당할 때 더욱 효과적으로 활용할 수 있다. 룩백풋옵션은 가격하락위험 외에 기간 중 가격상승 가능성이 있을 때 효과적으로 사용할 수 있다.

이해를 돕기 위해 예를 들어보겠다. 삼청전자의 가격이 일정 기간 중 다음과 같이 변동하였다고 가정하자.

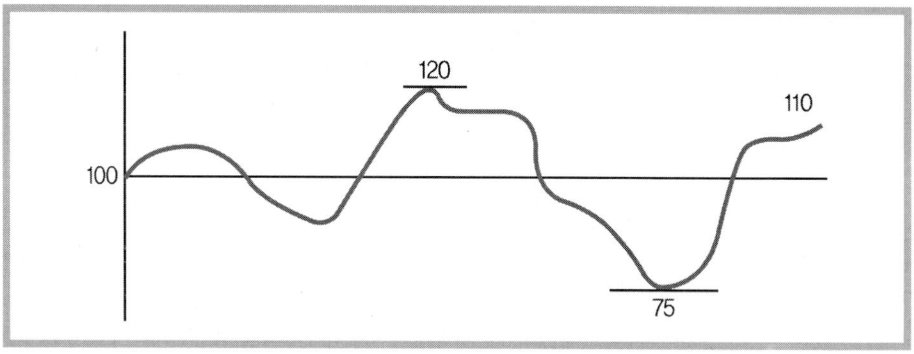

그러면, sup(S)=120, inf(S)=75, ST = 110이 된다.
따라서 look back call의 지급액 = 110 − 75 = 35,
look back put의 지급액 = 120 − 110 = 10.

③ hindsight(modified lookback) option

룩백옵션의 응용상품으로서 hi-lo option이 있는바 이것은 만기 지급액을 일정기간 중 최고가격과 최저가격의 차이로 정하는 형태이다. 룩백옵션과 비슷한 형태인데 차이는 행사가격이 주어진다는 점이다. 일반 룩백옵션의 만기 지급액이 만기일 하루 가격에 좌우되는 불확실성을 제거한 형태이다.

hindsight call의 지급액= Max[0, sup(S) − X]
hindsight put의 지급액= Max[0, X − inf(S)]
• X= 행사가격

④ 클리켓옵션(cliquet or ratchet option)

이것은 프랑스 주가지수(Cac 40) 옵션시장에서 유래된 거래로서 일정기간마다 옵션의 내재가치가 지급됨과 동시에 다음 기간에 적용되는 행사가격이 지급시 주가지수로 조정되는 형태이다. 이것은 행사가격 결정일을 일정기간마다 분산시킨 forward start option과 같다. 클리켓옵션은 행사기회를 여러 번 가지는 것이므로 옵션가격이 비싸진다.

예를 들어, 2005년 12월 31일 주가지수가 800이고 ATM 콜 옵션의 만기는 1년이라고 하자. 이 옵션은 매 3개월마다 행사기회가 부여되며 행사가격은 매 분기 말 결제지수로 한다. 만약 3월 31일 주가지수가 900이 되면 100만큼의 내재가치가 발생하고 결제금액이 결정된다. 이것은 3월 31일 지급될 수도 있고 만기일에 지급될 수도 있다. 다음 결제일 행사가격은 900으로 조정된다. 만약 6월 30일 주가지수가 850으로 하락한다면 아무런 지급이 없는 대신 행사가격은 850으로 조정된다. 9월 30일에 가서 주가지수가 다시 950으로 상승한다면 100의 내재가치 지급이 발생하고 행사가격은 다시 950으로 조정된다. 만약 12월 31일에 가서 주가지수가 처음 수준인 800으로 된다면 이 옵션은 out-of-the-money가 되어 아무런 지급이 없게 된다.

처음부터 만기 1년 행사가격 800 표준형 콜 옵션을 매입한 경우와 비교하면 만기일 주가가 800이 될 때 표준형 옵션 매입자에게는 아무런 지급이 발생하지 않지만 클리켓옵션을 매입한 경우에는 200만큼의 지급이 발생한다.

⑤ 사다리옵션(ladder option)

이것은 클리켓옵션의 응용으로서 기초자산가격이 사전에 단계별로 정해놓은 행사가격을 넘어설 때에만 행사가격이 조정되는 형태이다. 이것은 행사가격이 사전에 주어지는 forward start option을 순차적으로 묶어놓은 것이기도 하다.

예를 들어, 2005년 6월 21일 현재 주가가 44달러일 때 행사가격은 45, 만기는 10개월 후인 2006년 4월 21일이라고 할 때 2개월 단위로 행사가격 단계가 48, 50, 52, 54, 56달러로 주어지는 것이다. 만약 8월 21일 주가가 50이 되면 5달러(=50−45)의 지급이 발생하고 행사가격은 48달러로 조정된다. 만약 이때 주가가 행사가격 48을 넘지 못하면 다음 단계 행사가격은 그대로 45달러가 된다.

사다리옵션은 상승계단형(step-up) 또는 하락계단형(step-down)으로 만들 수 있다. 또 다른 변형으로는 내재가치가 지급될 때 중도에 소멸하는 형태로 만들 수 있다. 이렇게 하면 뒤에 설명할 다중 장애물(multi-barrier) 형태와 같아진다.

⑥ 샤우트옵션(shout option)

Shout call의 경우를 예를 들어 설명하도록 하겠다. 처음 옵션 매입시 행사가격이 100달러인데 중도에 가격이 110달러로 상승할 때 이 가격을 행사가격으로 변경하겠다고 선언하면, 10달러의 이익이 만기에 지급되는 것이 확정됨과 동시에 추후 만기가격이 110달러 이상 상승할 때 추가이익 가능성도 주어지는 형태이다. 만약 만기가격이 110달러 이하가 되면 10달러의 이익만 지급된다. 만기까지 가격상승이 없거나 하여 shout할 수 있는 기회가 전혀 없게 될 수도 있다.

이것은 forward start option에서 행사가격 결정일자를 매입자가 선택할 수 있도록 한 형태이다.

⑦ 배리어옵션(barrier option)

행사가격 외에 만기 이전에 옵션계약의 성립 또는 소멸 여부를 결정하는 barrier 가격을 추가하는 형태이다. knock-out과 knock-in 두 가지 형태가 있다. knock-out형은 시장가격이 일정가격에 도달하면 옵션이 소멸되는 것이며, knock-in형은 시장가격이 일정가격에 도달해야 옵션계약이 성립되는 것이다. knock-out형에서 옵션이 소멸되거나 또는 knock-in형에서 만기일까지 옵션이 성립하지 않으면 일정금액을 지급하는 조건을 추가하기도 한다.

knock-out과 knock-in 여러 개를 동시에 사용할 수도 있다. 이를 multi-barrier형이라고 한다. 이중 knock-out과 knock-in을 동시에 사용한 것을 KIKO라 부른다. barrier를 많이 둘수록 옵션가격은 하락한다.

barrier옵션의 분류(행사가격 1,000call의 경우)

knock-out call

i) down and out(barrier price: 950)

시장가격이 950이 되면 옵션이 소멸된다. 배리어가격이 현재가격에 가깝게 설정될수록 옵션이 소멸될 가능성이 높아지므로 프리미엄이 낮아진다.

ii) up and out(barrier price: 1,050)

시장가격이 1,050이 되면 내재가치 50이 지급되면서 옵션이 소멸된다. 내재가치가 지급되지 않고 소멸되는 형태도 있다. knock-out 콜 옵션의 경우 up and out 배리어의 영향이 down and out 배리어보다 크다. 시장가격이 상승하면서 콜에서 이익이 발생하나 배리어가격 이상으로 상승할 경우 옵션이 소멸하기 때문이다. 풋의 경우에는 down and out 풋이 up and out 풋보다 저렴하다.

knock-in Call

i) down and in(barrier price: 950)

시장가격이 950이 되면 행사가격 1,000의 콜 옵션 계약이 성립된다. 배리어가격이 현재가격에 가깝게 설정될수록 옵션이 성립될 가능성이 높아지므로 프리미엄이 높아진다.

ii) up and in(barrier price: 1,050)

시장가격이 1,050이 되면 행사가격 1,000의 콜 옵션 계약이 성립된다. 콜 옵션의 경우 down and in형이 up and in형보다 저렴하다. 시장가격이 하락해야 옵션이 성립하지만 외가콜이 되기 때문이다. 풋의 경우에는 down and in형보다 up and in형이 저렴하다.

배리어옵션은 옵션 프리미엄 비용을 절감하기 위한 목적이나 특정 가격변동 예상을 반영하기 위한 수단으로 많이 활용한다. knock-in될 때 원금의 액수를 변동시키는 조건도 사용된다. 이 경우에는 리스크가 커지므로 주의를 요한다.

여러 개의 배리어를 일정기간마다 적용하도록 하는 형태도 있다. 시중에서는 '6 Chance', 'HiFive' 등으로 불리는데 이것은 복수의 배리어를 하나로 연결해놓은 것과 같다.

다음은 배리어옵션에 대한 이해를 돕기 위해 실제 외환시장 거래자료를 사용해서 계산한 결과이다.

8월 6일 현재 1달러는 1,016.5원이다. 3개월 달러금리는 2.77%, 원화금리는 3.193%이다. 달러/원 환율의 변동성(년)은 10% 수준이다. 행사가격 1,016.5달러 콜(이를 'ATM spot call'이라 함)의 가격은 달러당 20.6원으로 계산되었다. 이 옵션에 knock-out과 knock-in가격이 다음과 같이 설정될 때 옵션가격이 어떻게 변동하는지를 계산하였다.

knock-out barrier	프리미엄
1,046.5	0.61
1,066.5	3.28
966.5	20.19
986.5	17.70
knock-in barrier	
1,046.5	20.00
1,066.5	17.34
966.5	0.42
986.5	2.92

즉 콜의 경우 up and out과 down and in 배리어옵션가격이 저렴하다.

2-4. 다중요소옵션

① 무지개옵션(rainbow option)

이것은 기초자산이 여러 개로서 그 가격이 행사가격과 가장 차이가 많이 발생하는 것을 만기 또는 옵션행사시 지급액으로 하는 형태이다. 예를 들어, 각 자산의 만기가격을 S_1, S_2, S_3라 하고 행사가격을 K라고 한다면 무지개옵션의 만기지급액은 다음과 같다.

$$Max[0,\ (S_1-K),\ (S_2-K),\ (S_3-K)]$$

변형으로서 다음과 같이 하락률이 가장 큰 것을 지급액으로 하는 경우도 가능하다. 이 경우는 최대손실을 정할 때 주로 사용된다.

$$\text{Min}[0,\ (S_1 - K),\ (S_2 - K),\ (S_3 - K)]$$

종목을 2개 사용하는가 3개 사용하는가에 따라 '2 star', '3 star'와 같이 불린다. 다중옵션은 조건이 'and'인가 또는 'or'인가의 구별이 중요하다.

무지개옵션의 가치는 각 기초자산가격 변동뿐만 아니라 가격변동간의 상관관계에 따라 달라진다. 즉 상관관계가 낮을수록 내재가치가 발생할 확률이 높아지므로 옵션의 가치는 높아진다.

문제 **홍길여사는 주가연계 예금 '무악'과 '사직' 두개를 소개 받았다. 둘다 만기는 6개월로서 원금 보장형이다. '무악'은 만기까지 포스코와 기업은행의 주가가 어느 하나라도 10% 이상 상승하면 이자를 8% 지급하는 것이고 '사직'은 기업은행과 하나은행의 주가가 어느 하나라도 10% 이상 상승하면 이자를 8% 지급하는 조건이다. 포스코와 하나은행의 변동성은 동일하고 장래 주가 상승 예상도 동일하다고 가정한다면 어느 상품에 투자하는 것이 유리할까?**

힌트 포스코와 하나은행의 상관관계가 더 낮다.

② 바스켓옵션(basket option)

이것의 원리는 무지개옵션과 유사하나 만기결제에 사용되는 시장가격이 각 자산가격의 가중평균가격으로 된다는 점이 다르다.

③ 스프레드옵션(spread option)

이것은 두 자산의 가격차이가 일정 행사가격 이상일 때 지급하는 형태이다. 예를 들어 현재 원유가격이 배럴당 16달러, 중유가격이 배럴당 14달러라고 할 때, 행사가격 2달러 스프레드옵션은 두 가격의 차이가 2달러 이상 될 때 내재가치가 발생한다.

④ Quanto(quantity adjusted option)

홍콩 투자자가 한국 주가지수의 변동을 이용하여 투자한다고 할 때 한국 주가지수의 차이를 미국 달러로 표시하여 결제금액을 정할 수 있다. 예를 들어, 현재 KOSPI200이 90일 때 행사가격 90콜을 매입한다고 한다. 1포인트 변동의 가치가 50만원이므로 만약 만기주가지수가 95, 원/달러 환율은 900원이라면 250만원/900 = 2,777.78달러의 이익을 얻는다.

이 quanto거래에서는 여러 가지 응용이 가능한데 이 예시에서처럼 적용되는 환율을 계약시 미리 고정시킬 수도 있으며, KOSPI200지수 또는 행사가격을 달러로 환산하여 거래할 수도 있다.

주가지수 quanto거래는 무지개옵션을 첨가하여 할 수도 있다. 예를 들어 일본 니케이지수, 홍콩 항셍지수 및 한국 KOSPI200지수를 기초자산으로 하는 무지개옵션에다 결제금액 계산은 미 달러로 하도록 quanto option 조건을 첨가시키는 것이다.

문제 **현재 KOSPI200지수가 1,606포인트이다. 또한 1달러는 1,150원이다. 주가가 1,610포인트에서 1포인트 상승할 때마다 1,150원씩을 지급하는 콜옵션과 1달러씩을 지급하는 콜옵션중 어느 것이 더 유리할까?**

힌트 국내 증권시장에서 주가가 상승할 때는 달러시세가 하락하는 경향이 있다.

문1 **옵션거래 전략 선택 변수에 속하지 않는 것은?**

① 행사가격의 선택 ② 만기의 선택
③ 미국식과 유럽식 옵션의 선택 ④ 목표 이익

문2 **가격 하락과 변동성 확대가 예상될 때 알맞은 거래는?**

① 콜 매도 ② 풋 매입
③ 풋 매도 ④ 선물 매도

문3 **시간가치 잠식과 볼록성(Convexity)의 관계는?**

① 시간가치 잠식은 옵션 매입자에게 불리하게 작용
② 볼록성(Convexity)은 콜 매입자에게 불리
③ 볼록성(Convexity)은 스트래들 매입자에게 불리
④ 시간가치 잠식은 강세 옵션 스프레드 매입자에게는 무관

문4 **현재 1달러는 1,100원 수준에서 거래되고 있다. 삼청상사는 거래 은행에게 행사가격 2,000원 달러 풋 옵션을 매각하였다(만기 한 달). 다음 중 이 옵션 포지션의 환리스크를 헤지하는 데 가장 적합한 것은 어느 것인가?**

① 1,100원 달러 콜 매입 ② 1,100원 달러 풋 매입
③ 달러선물 매입 ④ 달러선물 매도

문5 **현재 달러가격은 1,020원에서 움직이고 있는데 2~3일 내에 달러가격이 한 단계 상승하여 1,030원 수준에서 안정화될 것이라 예상한다면?**

① 1,030 달러 Call 매도 ② 1,030 달러 Put 매도
③ 1,030 달러 Straddle 매도 ④ 1,030 달러 Straddle 매입

문6 **대각 스프레드(diagonal spread) 전략으로 가장 바람직한 것은?**

① ATM near month 매도 OTM distant month 매입

② ATM near month 매입 OTM distant month 매도

③ ITM near month 매도 ATM distant month 매입

④ ITM near month 매입 ATM distant month 매도

문7 **현재 KOSPI200지수는 195 수준에서 오르내리고 있다. 190콜 100개와 200풋 100개를 각각 매입하였다. 이 전략에 대한 다음 설명 중 적절하지 못한 것은?**

① 주가가 대폭 하락하거나 상승할 때 이익이 기대된다.

② 주가가 소폭 하락할 때는 손실이 발생한다.

③ 주가가 소폭 상승할 때는 손실이 발생한다.

④ 시간가치 잠식효과는 서로 상쇄되어 문제가 없다.

문8 **현재 1달러는 1,100원선에서 거래되고 있다. 만기 한 달 행사가격 1,100원 콜을 매도하고 1,140원 콜을 매입하였다. 이에 대한 설명 중 옳지 못한 것은?**

① 달러 하락시 이익이 발생한다.

② 시간가치 잠식면에서 이익이다.

③ 만기 달러시세가 1,100원이 되면 이익이 발생한다.

④ 이 옵션 전략을 처음 구성할 때 비용이 발생한다.

문9 **다음 등가관계식이 적절치 않은 것은?**

① 주식 매입 + 풋 매입 = 콜 매입 ② 콜 매입 + 풋 매도 = 주식 매입

③ 주식 매입 + 콜 매도 = 풋 매도 ④ 주식 (공)매도 + 콜 매도 = 풋 매도

문10 현재 시장에서 1달러는 1,100원에 거래되고 있다. 만기 3개월 1,080원 달러 콜을 매입하고 동시에 1,100원 달러 콜을 매도하였다. 이 포지션의 만기 손익은 다음 그림 중 어느 것과 제일 비슷할 것인가?

①
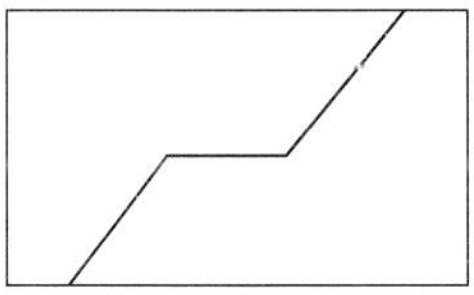

②
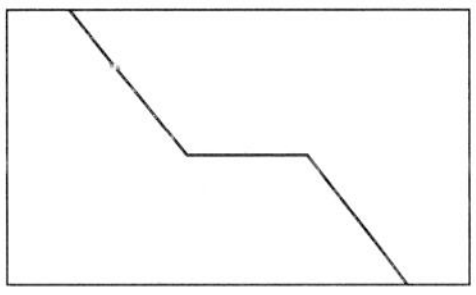

③
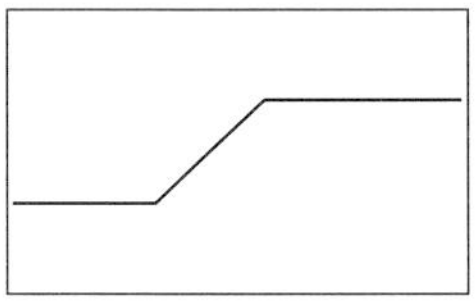

④
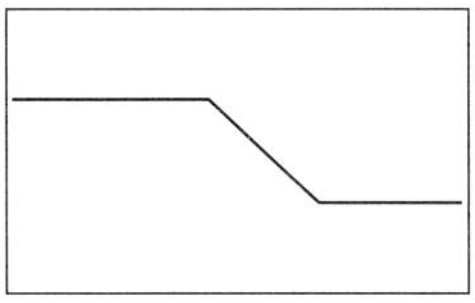

문11 현재 KOSPI200지수는 223.51이다. 5월 만기 225콜과 225풋의 프리미엄과 리스크 지표는 다음과 같다. 225콜을 매도하고 225 풋을 매도한 경우 델타리스크 값은 얼마가 되는가?

	프리미엄	델타	감마	세타	베가
225콜	5.05	0.49	0.02995	−0.12867	0.23116
225풋	6.25	0.51	0.02725	−0.10649	0.23095

① −0.49
② +0.02
③ −0.02
④ −1.00

문12 달라스펀드는 한국주식에 상당금액을 투자하고 있다. 당분간 한국주가의 불안이 예상되므로 KOSPI200지수 풋 옵션을 매입해서 헤지를 하려고 한다. 헤지손익의 구조는 다음 그림 중 어느 것과 유사할 것인가?

①
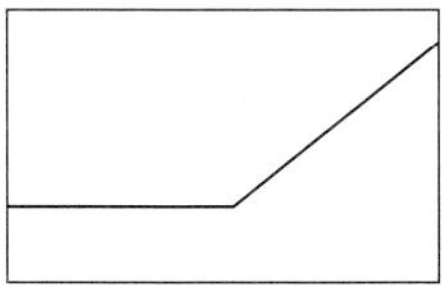

②
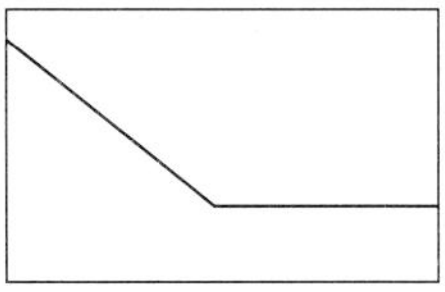

③
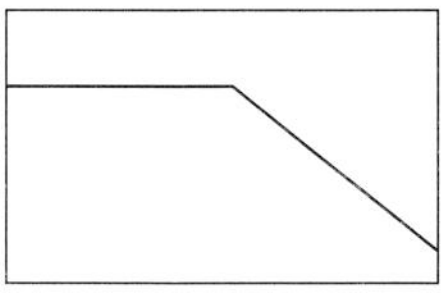

④
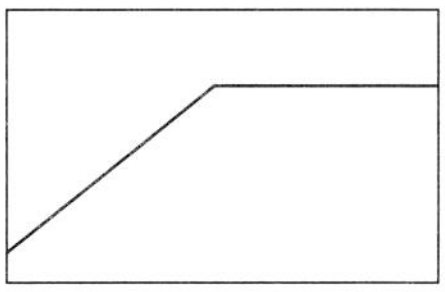

문13 옵션을 매매하는 것은 가격변동보험증권을 매매하는 것과 비교할 수 있다. 다음 중 그 효과상 비교가 옳지 않은 것은?

① 콜 매입 = 가격상승보험 매입

② 콜 매도 = 가격상승보험 매도

③ 풋 매도 = 주식 매입 + 주가하락보험 매도

④ 콜 매입 = 주식 매입 + 주가하락보험 매입

문14 선물 헤지 거래와 옵션 헤지 거래의 차이로 보기 어려운 것은?

① 실수포지션손익과 옵션 헤지손익의 비대칭

② 베이시스 리스크가 없음

③ 우발 헤지 가능

④ 변동성 헤지 가능

문15 장래 엔(Yen) 차관을 상환할 예정인 기업에서 Yen 콜 옵션을 매입하면 그 효과는?

① Yen 차관 상환단가 고정효과

② Yen 차관 최고 상환단가 고정효과

③ Yen 차관 최저 상환단가 고정효과

④ Yen 환차손 고정효과

문16 옵션 헤지시 고려할 사항은?

① 옵션 프리미엄 지급에 따른 금융비용

② 중도 가격 변동성 및 금리 변화

③ 시간가치 변화

④ 전부 정답

문17 **Brown기금은 한국 주식시장에 투자하고 있다. 미국에서 서브프라임 사태로 인해서 금융시장 불안이 확대됨에 따라 한국 주식시장에서 철수를 하려고 한다. 만약 이 기금이 이러한 결정에 따른 리스크를 헤지하기 위해서 옵션을 이용하기로 했을 때 다음 중 가장 적절한 전략을 고른다면?**

① KOSPI200 콜 매입 + 달러 콜 매입

② KOSPI200 콜 매입 + 달러 풋 매입

③ KOSPI200 풋 매입 + 달러 콜 매입

④ KOSPI200 풋 매입 + 달러 풋 매입

문18 **한길상사는 인도네시아 현지법인에서 석탄을 채굴하여 일본에 달러표시로 판매한 다음 이를 원화로 바꾸어 수익으로 처리하고 있다. 한동안 달러가 강세이어서 환차익을 많이 보았지만 최근에 와서는 원화시세가 안정을 되찾으면서 수입이 줄어들었다. 향후 원화수입 안정을 위하여 달러 옵션을 매입하려고 한다. 다음중 어느 행사가격 옵션을 매입했을 때 달러시세 하락시의 수입감소를 최소화 할 수 있을까?**

① 1,300원 Put

② 1,400원 Put

③ 1,300원 Call

④ 1,400원 Call

문19 **두길상사는 미국에서 전자부품을 수입하고 있다. 향후 달러시세 불안이 예상되어 헤지를 하려고 한다. 두길상사는 달러시세가 상승할 때 손실을 보전하여 최고수입비용을 일정수준으로 통제해줄 뿐만 아니라 달러시세가 반대로 크게 내릴 때에는 부품수입비용을 낮출 수 있는 방법을 찾고 있다. 다음 헤지 방법중 두길상사의 희망을 달성하되 최고수입비용을 가장 낮게 통제할 수 있는 헤지 방안은?**

① 1,300원 Put 매도

② 1,400원 Put 매도

③ 1,300원 Call 매수

④ 1,400원 Call 매수

문20 **한 달 후 엔 차관 원리금 상환을 예정하고 있다. 엔시세 상승(미 달러 대비) 위험을 헤지하기 위하여 9750Yen 콜 옵션을 125틱(즉 1.25센트/100Yen)에 매입하였다. 옳은 설명은?**

① 엔 상환비용을 100엔당 97.50센트에 고정시킨 것이다.
② 엔 상환비용을 100엔당 98.75센트에 고정시킨 것이다.
③ 엔 상환 최고비용을 100엔당 98.75센트에 고정시킨 것이다.
④ 엔 상환 최저비용을 100엔당 98.75센트에 고정시킨 것이다.

문21 **현재 서울 외환시장에서 1달러=1,030원선에서 거래되고 있다. 3개월 뒤에 달러 송금이 필요한 기러기 아빠가 range forward 기법을 사용해서 환리스크를 헤지한다고 할 때 다음 중 가장 적합한 것은?**

① 1,030원 달러 콜 매입 + 1,030원 달러 풋 매입
② 1,030원 달러 콜 매도 + 1,040원 달러 콜 매입
③ 1,020원 달러 풋 매도 + 1,040원 달러 콜 매입
④ 1,020원 달러 풋 매입 + 1,040원 달러 콜 매도

문22 **최근 달러가 세계적으로 강세를 보이고 있다. 달러/원 시장에서 현물달러시세는 1,100원이다. 성북기업은 미국에 양말을 수출하고 있는데 한 달 후 백만 달러 수입(受入)을 예정하고 있다. 만기 한 달 1,100원 달러 콜은 20원, 1,100원 풋은 21원이다. 달러 풋 100만 달러를 매입하였는데 한 달 후 달러가 1,000원으로 하락한다면 달러당 헤지손익은 얼마가 되는가?**

① 21원 이익　　② 21원 손실
③ 79원 이익　　④ 79원 손실

문23 **문제 22에서 만약 한 달 후 달러시세가 1,200원으로 상승시 달러 매도수입은 얼마가 되는가?**

① 1,100원　　② 1,179원
③ 1,200원　　④ 1,221원

문24 문제 22에서 만약 성북기업이 풋 매입 대신에 1,100원 달러 콜을 매도한다면 어떤 차이가 있는가?

① 달러가 1,120원 이상 상승할 때 콜 매도 헤지의 이익이 더 크다.

② 달러가 1,080원 밑으로 떨어질 경우 콜 매도 헤지의 손실은 더 작다.

③ 달러가 1,080원에서 1,120원 사이에 있는 경우 콜 매도 헤지가 손익면에서 낫다.

④ 차이가 없다.

문25 문제 22에서 만약 성북기업이 1,100원 풋 대신에 이보다 싼 1,050 풋을 매수하고 그 비용을 충당하기 위해서 1,150원 콜을 매도한 경우 한 달 후 헤지손익을 그림으로 나타낸다면 다음 중 어느 것과 가장 비슷할 것인가?

①
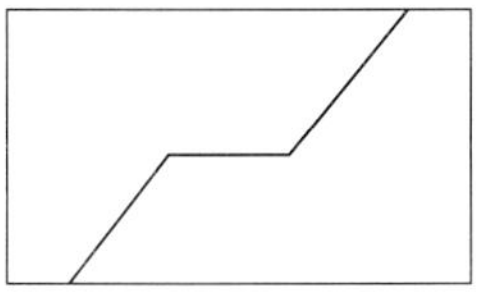

②
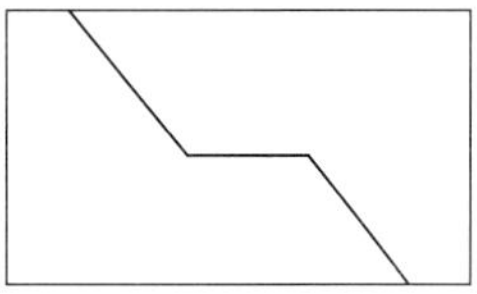

③
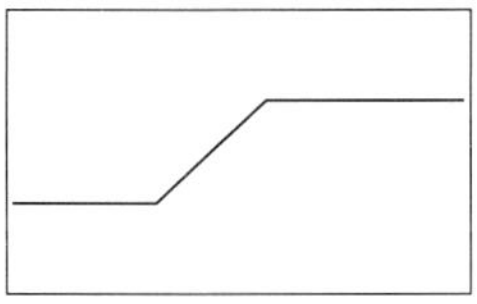

④
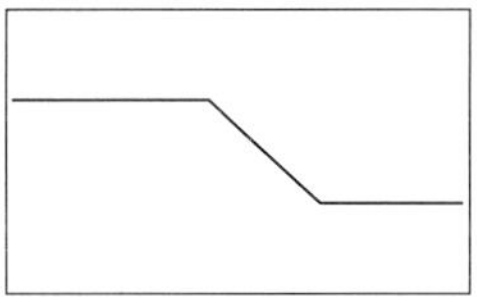

문26 문제 22에서 성북기업은 1,100원 풋을 매입하면서 동시에 1,100원 콜도 매도하는 헤지방법을 생각하고 있다. 달러시세 하락시 양쪽에서 이익이 발생하면서 옵션 매입비용을 절감할 수 있기 때문이다. 그런데 성북기업에서는 또한 한 달 동안 달러가 1,000원 밑으로 떨어지거나 1,200원 이상으로 상승하는 일은 없을 것이라고 생각하고 있다. 만약 이러한 예상을 반영한다면 배리어를 어떻게 설정할 수 있을까? 단 옵션 매입비용은 1,100원 풋 매입/콜 매도의 경우보다 줄어들어야 한다고 한다.

① 1,000원 knock-out put + 1,200원 knock-in call

② 1,200원 knock-out put + 1,000원 knock-out call

③ 1,000원 knock-in put + 1,000원 knock-in call

④ 1,200원 knock-in put + 1,200원 knock-out call

문27 **이색옵션(exotic option)에 대한 설명 중 적절하지 못한 것은?**

① 옵션 만기일 이전 일정기간 동안 권리행사기간을 설정하는 것이 버뮤다 옵션이다.

② one-touch형은 디지털옵션의 일종이다.

③ 승수옵션이란 만기일 기초자산가격이 두 행사가격의 범위 내에서 결정되면 기초자산가격의 일정률만큼을 지급하는 형태이다.

④ 녹아웃 콜(knock-out call)에서 barrier가격을 행사가격보다 높게 설정하는 경우(up and out형) barrier가격이 행사가격에 가까울수록 옵션 프리미엄은 낮아진다.

문28 **현재 1달러는 1,050원 수준이다. 만기 한 달 1,050원 달러 콜 옵션의 프리미엄은 15원, 동일 행사가격 풋 프리미엄은 12원으로 계산되었다. 만기 한 달 1,050원 chooser option의 프리미엄은 어느 정도가 될 것인가?**

① 15원　　② 12원

③ 15원과 27원 사이　　④ 27원보다 높다.

문29 **현재 1달러는 1,050원 수준이다. 만기 6개월 1,050원 달러 콜 옵션의 프리미엄은 45원으로 계산되었다. 이 콜 옵션에 barrier를 설정한다고 할 때 다음 중 가장 저렴한 것은?**

① 1,000원 knock-in barrier　　② 1,100원 knock-in barrier

③ 1,000원 knock-out barrier　　④ 1,080원 knock-in barrier

문30 **디지털옵션에 대한 설명 중 적절하지 못한 것은?**

① 옵션이 in-the-money가 될 때 사전에 약정된 일정금액을 지급하는 것이다.

② 디지털 콜 옵션은 행사가격이 배리어가격과 같은 knock-in 콜 옵션과 같은 형으로 볼 수 있다.

③ 등가옵션 부근에서 델타값이 순간적으로 급상승하는 리스크가 있다.

④ 시간가치 잠식효과가 없다.

문31 **서울 외환시장에서 1달러는 1,016.5원, 변동성은 10%, 달러금리는 2.77%, 원금리는 3.193% 수준이다. 행사가격 1,016.5원 3개월 만기 달러 콜 옵션의 프리미엄은 20.6원으로 계산되었다. 이 옵션에 다음의 knock-out가격을 설정할 때 가장 가격이 저렴한 것은?**

① 1,046.5 knock-out
② 1,066.5 knock-out
③ 966.5 knock-out
④ 986.5 knock-out

정답 및 해설

1. ④ 목표 이익은 사전에 정하기가 곤란하다.
2. ② 풋 매입
3. ① 시간가치 잠식은 옵션 매입자에게 불리하게 작용한다.
4. ④ 가격 하락시 손실이 증가하므로 선물 매도에 의한 헤지가 필요하다. 즉 deep ITM의 리스크는 선물 포지션과 유사하다.
5. ② 1,030달러 풋 매도
6. ① 시간가치 잠식속도가 가장 빠른 ATM near month를 매도하고 잠식속도가 상대적으로 느린 OTM distant month를 매입하는 것이 적절하다.
7. ④ 옵션을 둘 다 매입하였으므로 시간가치 잠식효과면에서 불리하다.
8. ④ 등가 콜 옵션을 매도하고 외가 콜을 매입하였으므로 처음 옵션거래시 자금 수급면에서 플러스이다.
9. ④ 주식 (공)매도 + 콜 매입 = 풋 매입
10. ③ 낮은 행사가격 콜을 매입하고 높은 행사가격 콜을 매도하였으므로 Bull Call spread position이다. 달러시세가 상승할 때 이익을 낸다.
11. ② +0.02=0.51−0.49. 콜 매도의 델타값은 −0.49, 풋 매도의 델타값은 +0.51이다.
12. ① 주식 매입과 풋 매입의 결합손익은 콜 매입의 손익과 같다. 이 거래는 protective put 전략이라고도 한다.

13. ③ 주식 매입+주가상승보험 매도=풋 매도(covered call writing 전략)
14. ② 둘 다 현 선물가격차이 변동에 따라 헤지손익이 달라지는 베이시스 리스크가 있다.
15. ② Yen 콜 옵션을 매입하면 차관 최고 상환단가 고정효과가 있다.
16. ④ 전부 정답
17. ③ 주가지수 하락위험은 KOSPI200 풋 매입으로 헤지하고 달러 상승위험은 달러 콜 매입으로 헤지할 수 있다.
18. ② 가장 비싼 1,400원 put 매입이 필요하다.
19. ③ 행사가격이 낮은 1,300원 call 매입이 정답. 풋을 매도할 경우는 달러 대폭 상승시 수입비용 증대 손실을 헤지하는데 한계가 있다.
20. ③ 엔 상환 최고비용을 100엔당 98.75(=97.5+1.25)센트에 고정시킨 것이다.
21. ③ 외가 달러 풋 매도 + 외가 달러 콜 매입이 가장 적합하다. ①은 스트래들 매입 전략, ②는 베어 스프레드 전략, ④는 하락리스크 헤지를 위한 range forward형이다.
22. ② 21원 손실. 수출대금 하락손실 100원－풋 이익 79원(=100－21)
23. ② 1,179원(= 1,200－21원)
24. ③ 달러가 1,080원에서 1,120원 사이에 있는 경우 콜 매도 헤지가 손익면에서 낫다.
25. ③ 하락형 range forward의 헤징 결과이다.
26. ① 옵션 매입비용을 1,100원 풋 매입/콜 매도의 경우보다 줄이기 위해서는 매입하는 풋의 비용을 크게 줄일 수 있도록 down and out 또는 up and in barrier설정이 필요하다. 다음으로 매도하는 콜의 수입을 보존하기 위해서는 up and out과 down and in을 피해야 한다.
27. ③ 만기일 기초자산가격이 두 행사가격의 범위 내에서 결정되면 기초자산가격의 일정률만큼을 지급하는 형태는 supershares이다.
28. ③ chooser option의 프리미엄은 스트래들보다는 낮다.
29. ① 가격상승시 knock-in되는 콜은 barrier의 영향이 작다. 또한 가격하락시 knock-out되는 콜도 barrier의 영향이 작다. 그러나 가격이 하락해야만 콜이 성립하는 down and in option은 확률적으로 내재가치가 생길 가능성이 작기 때문에 옵션가격이 크게 감소한다.
30. ④ 디지털옵션의 가치도 시간경과에 따라 감소한다.
31. ① 1,046.5 knock-out콜은 내재가치를 상실할 가능성이 매우 크다. 986.5 knock-out도 옵션 소멸의 가능성이 크나 외가상태이기 때문에 영향이 크지 않다.

03 스왑거래

제1장 스왑거래의 기초

제1절 스왑의 개념과 종류

1. 스왑의 개념과 종류

스왑은 두 개의 상품 또는 자산에서 파생되는 장래 현금흐름(cash flow) 또는 가격지수 등을 계약 상대방과 일정기간마다 교환(swap)하기로 약정하는 파생상품거래의 한 방식이다. 스왑은 만기일에 교환(또는 결제)을 1회만 하는 선도계약이 연속적으로 결합된 것으로 볼 수도 있다. 여기에 여러가지 옵션 조건이 가미되기도 한다.

스왑계약에서 교환의 대상으로는 서로 다른 통화표시 자금이나 이자, 시장가격이나 지수, 투자수익 등 다양하다. 각 결제일에 결제를 할 때는 상대방과 주고받는 금액을 총액결제하는 것보다 차액결제하는 방식이 더 일반화되어 있다.

스왑거래는 상대방과 직접 계약이행의무를 갖는 선도계약(forward contract)이다. 거래가 이루어지는 시장은 외환, 자금, 상품, 채권, 주식시장 등 매우 다양하지만 거래규모로 볼 때는 채권시장에서 장기금리와 단기금리를 2년 이상 장기로 교환하는 금리스왑 형태가 압도적으로 많다. 이 때문에 스왑을 일반적으로 장기자본시장상품(capital market product)으로 취급하고 있다.

시장에서 거래되는 스왑상품 종류는 무수히 많지만 대개 다음 네가지 정형화된 형태로 구분된다.

① 통화스왑: 이종통화 현금흐름 교환

② 금리스왑: 동일통화 서로 다른 이자 흐름 교환

③ 주식스왑: 어느 한쪽에 주가 또는 주가지수 변동이 포함된 형태

④ 상품스왑: 상품의 가격 또는 가격 변동이 포함된 형태

2. 통화스왑

원래 스왑거래는 서로 다른 두 개 통화표시의 대출(loan)을 일정기간 동안 교환하는 약정에서 출발하였다. 예를 들어 향후 3년간 10백만 달러 금융이 필요한 반면에 100억 원의 여유자금이 있다고 가정하자. 현재 환율은 1달러 = 1,000원이다. 이 경우 상대방과 10백만 달러 차입과 100억 원 대출을 동시에 계약할 수 있다면 매우 편리할 것이다. 한 번의 계약으로 두 건의 거래를 할 수 있으니 비용을 절감할 수 있을 뿐만 아니라 이자소득에 붙는 세금까지 절약할 수 있다. 이 거래를 통화스왑(currency swap)이라 한다. <그림 1-1>이 이것을 보여 주고 있다.

이 거래의 결과 구체적으로는 10백만 달러 대출에서 발생되는 원리금 흐름과 100억 원 대출에서 발생되는 원리금 흐름을 매년 또는 6개월마다 정기적으로 교환 결제하게 된다. 그림에서 거래자는 10백만 달러를 조달함과 동시에 100억 원을 대출하게 되며 스왑거래후 10백만 달러의 외환 short position(또는 100억 원 long position)을 보유하게 된다.

〈그림 1-1〉 통화스왑거래의 구조

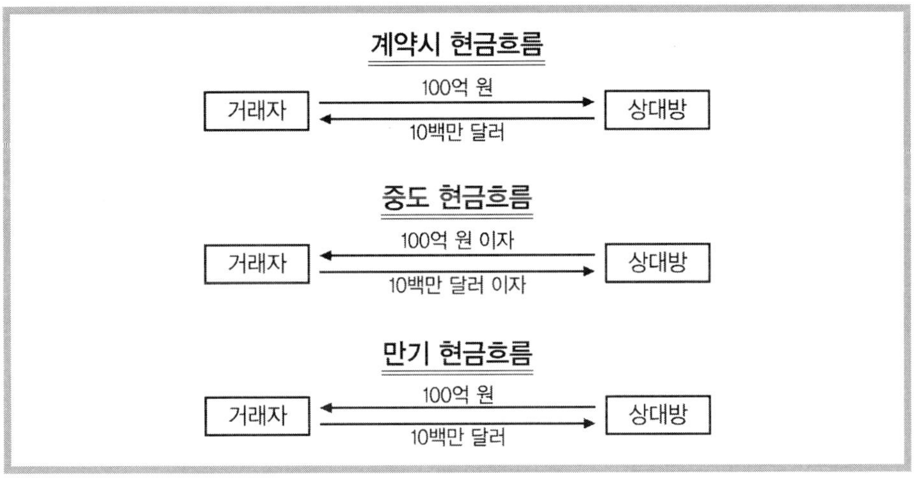

통화스왑은 2종류 이상의 통화에 관하여 원금 및 이자를 교환하는 것인데 교환하는 금리종류에 따라서 ① 고정금리 대 고정금리 ② 고정금리 대 변동금리 ③ 변동금리 대 변동금리 3종류로 분류될 수 있다. ③ 형태를 통화 베이시스 스왑(currency basis swap)이라 한다.

통화스왑과 유사한 상품으로서 외환시장 스왑(foreign exchange swap)이 있다. 이것은 현물환(spot exchange)과 선물환을 동시에 교환하는 거래를 말한다. <그림 1-2>가 그 구조를 보여주고 있다. 이 그림에서 보면 한성은행은 3월 12일 현재 현물환계약 천만 달러를 매입하고 동시에 한 달 만기인 선물환계약 천만 달러(4월 12일 만기)를 매도하고 있다. 이 거래의 결과 한성은행은 한 달 간 천만 달러의 금융을 얻는 대신에 백억원의 금융을 제공하게 된다. 즉 달러 금융과 원 금융을 상호 교환하는 거래를 하는 것이다.

외환시장 용어로서는 한성은행은 Buy and Sell USD swap against won거래를 했다고 하며 싱가폴 케미칼 은행은 Sell and Buy USD swap against won 거래를 했다고 한다.

현재 외환시장에서 현물환 1달러 = 1,000원, 달러 금리(1년 만기) = 3%, 원 금리(1년 만기) = 5%라고 한다면 1년 만기 선물환율(forward rate)은 1,019.4원 수준에서 결정될 것이다.[12] 한성은행은 1달러를 1,000원에 매입했다가 1년 뒤 1,019.4원에 매도함으로써 19.4원의 환차익을 얻는다. 그러나 이것은 고금리인 원화금융을 제공하고 저금리인 달러금융을 얻는 것에 따른 금리차 보상이다.

〈그림 1-2〉 외환스왑거래의 구조

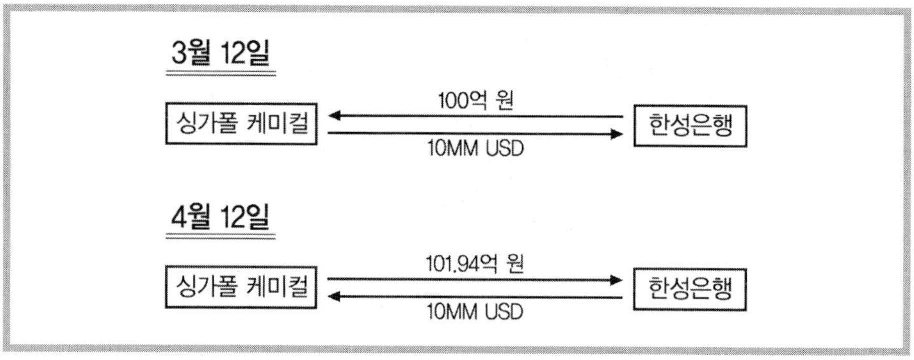

이 거래에서 현물환율과 선물환율의 차이 19.4원을 swap rate 또는 forward margin이라고 한다. 이것은 한 달 동안 달러금리와 원금리 차이에 의해 결정된다.

외환시장 스왑거래는 앞에서 소개한 통화스왑거래와 몇 가지 차이가 있다. 우선 외환 스왑거래는 자금교환이 계약시점과 만기시점 두 번만 발생하는데 반하여 통화스왑 거래에서는 중도 이자교환이 발생한다. 그리고 만기교환환율이 외환스왑 거래에서는 선물환율이 사용되나 통화스왑거래에서는 현물환율이 사용된다. 외환스왑거래는 대부분 만기가 3개월 이내인 단기로 이루어지고 만기가 1년 이상으로는 거의 이루어지지 않는다. 그 이유는 만기가 장기일수록 현물환율과 선물환율의 차이가 커지면서 환차손 또는 환차익의 처리가 곤란해지기 때문이다. 즉 장기 자본시장 상품으로 적합하지 않다.

12) 선물환율 1,019.4=1,000*1.05/1.03

3. 금리스왑 또는 이자율스왑(interest rate swap)

스왑시장은 처음 통화스왑거래에서 비롯되었지만 현재 시장에서 가장 거래가 많이 되는 형태는 고정금리와 변동금리를 교환하는 금리스왑(interest rate swap)이다. 이것은 장기 고정금리와 단기 변동금리간의 차이를 이용한 거래이다. 금리스왑거래에서는 두 현금흐름의 표시통화가 같기 때문에 통화스왑거래와는 달리 원금 교환을 하지 않고 정기적으로 고정금리 이자와 변동금리 이자의 차액을 결제한다.

금리스왑거래는 장래 금리변동을 예상하여 이루어진다. 금리상승을 예상하거나 상승위험에 노출되어 있을 때는 <그림 1-3>의 거래자의 경우처럼 고정금리를 지급하고 변동금리를 받는 스왑거래를 할 수 있다. 왜냐하면 금리가 상승할 경우 고정금리 지급액의 현재가치는 떨어지고 변동금리 영수액이 늘어나기 때문이다. 반대로 금리하락을 예상하거나 금리하락위험에 노출되어 있을 때는 그림의 상대방처럼 고정금리를 받고 변동금리를 지급하는 스왑거래를 할 수 있다. 왜냐하면 금리가 하락할 경우 고정금리 영수액의 현재가치는 증가하고 변동금리 지급액은 감소하기 때문이다.

금리스왑거래에서 사용되는 고정금리를 스왑가격이라고 한다.

〈그림 1-3〉 금리스왑거래의 구조

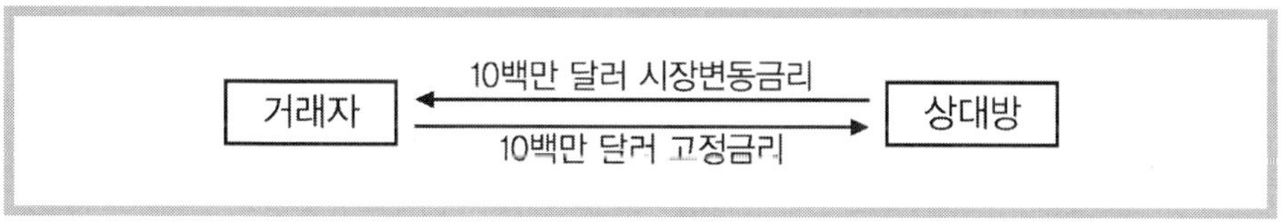

4. 주식스왑(equity swap)

이것은 S&P500지수, 니케이지수 등 주가지수의 변동률과 고정금리 또는 변동금리를 일정기간마다 교환하는 형태이다. <그림 1-4>이 한 가지 사례를 보여주고 있다. 여기서 투자가는 미국 S&P500 주식 포트폴리오에 투자하고 있는 경우 이 주식스왑을 이용해서 주식투자를 고정금리 채권투자로 전환하는 효과를 얻을 수 있다. 반대로 스왑딜러는 고정금리로 자금을 조달해서 S&P500 주식 포트폴리오에 투자하는 효과를 얻을 수 있다.

〈그림 1-4〉 equity swap의 흐름

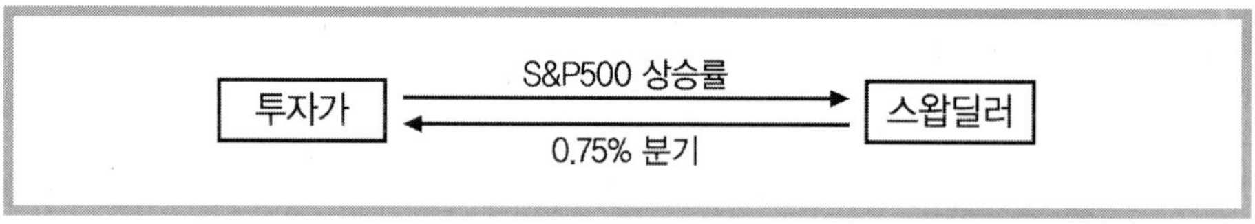

equity swap거래에서 만약 분기중 주가지수가 하락하면 스왑딜러는 0.75% 이자 외에도 지수 하락분까지 지급한다. 여기서 분기중 주가지수의 변동률을 계산할 때 분기중 배당금을 포함하는 것이 일반적이나 이것을 제외할 수도 있으므로 확인을 요한다. 또한 스왑계약 원금을 계약 만기까지 일정한 것으로 하기도 하고 주가지수 변동률만큼 원금을 분기마다 조정하기도 한다. 원금을 조정하는 형태는 현물주식 포트폴리오 시장가액 변동을 헤지하고자 할 때 사용될 수 있다.

equity swap에서는 고정금리 지급을 다양한 변동금리 지급으로 할 수도 있다. 또한 특정산업 주가를 사용할 수도 있다. 이밖의 변형으로서 rainbow나 quanto 조항을 넣을 수 있다. 전자의 예를 들자면 S&P500지수 변동 40%, 니케이 지수 변동 60% 등으로 지수 변동율을 혼합하거나 또는 두 지수 변동율중 최대치를 이용하기도 한다.

quanto 조항은 여러 가지 형태로 반영할 수 있다. S&P500지수와 니케이지수의 변동률을 국내통화로 교환하는 형태 또는 두 개 지수의 변동률 차이를 제3국 통화로 결제하는 형태 등 무수히 많은 종류가 가능하다.

equity swap은 독자적 상품으로 거래되기보다는 금리 또는 만기 원리금이 주가변동률에 연동된 structured note를 만들 때 내재된 거래로서 많이 활용된다. equity swap은 Warrant 등 equity option과 함께 주식파생상품(equity derivatives)시장에서 중요한 몫을 차지한다.

5. 상품스왑(commodity swap)

상품시장에서 일정한 고정가격과 시장변동가격 간의 교환결제를 약정하는 스왑거래도 가능하다. 현재 거래되는 대상을 보면 원유, 동, 알루미늄, 콩 등 선물거래가 이루어지는 대부분의 품목이 되고 있다.

<그림 1-5>는 원유스왑거래의 예를 보여주고 있다.

〈그림 1-5〉 원유스왑거래 예시

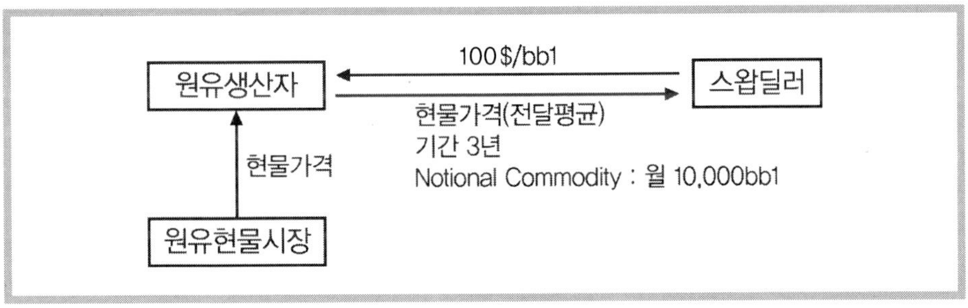

원유 생산자는 향후 3년에 걸쳐 매월 1만bbl에 대하여 배럴당 100달러의 고정가격을 영수하고 현물가격을 지급한다. 여기서 현물가격으로는 주로 NYMEX(New York Mercantile Exchange)의 front month(만기가 당월로 다다른 선물계약)가격의 월중 평균을 사용한다.

<그림 1-5>에서 원유 생산자는 원유스왑거래를 사용해서 판매가격을 고정시킬 수 있다.

여기서 상대 스왑딜러는 기간, 물량의 불일치(mismatch)를 여러 가지 스왑포지션을 합성시켜 관리하기도 하고 NYMEX 등 상품거래소에 상장된 원유선물거래를 이용, 헤지하기도 한다.

원유스왑거래가 도입되기 전에는 원유 생산업자와 정유업자간에 장기 공급계약이 많이 활용되었다. 그러나 시장 경험에 의하면 이것은 별로 효과적이지 못하였다. 거래 상대방과 만나서 기간, 물량 등을 정확하게 매칭시키기가 어려울 뿐만 아니라 계약이행 리스크가 크고 중도에 시장상황이 변할 때 신축적으로 대처하기도 어렵기 때문이었다.

제2절 거래 예시 및 주요거래조건

1. 스왑거래 예시

여기서는 고정금리와 변동금리를 상호 정기적으로 교환결제하는 금리 스왑거래의 실제 사례를 연구해보자.

한성은행과 BTC는 2024년 8월 23일 만기 3년 원금 1억 달러에 대해서 다음과 같은 스왑계약을 체결하였다.

- 스왑거래일(trade date): 2024년 8월 23일
- 스왑계약시작일(effective date): 2024년 8월 27일
- 스왑원금(notional principal): 1억 달러
- 만기일(maturity date): 2027년 8월 27일
- 고정금리(fixed rate): 6%(semi-annual, 30/360)
- 변동금리(floating rate): 6month SOFR(act/360)
- 고정금리 지급자(fixed rate payer): 한성은행
- 변동금리 지급자(floating rate payer): BTC
- 2024년 8월 23일 현재 6month SOFR: 5.5%

이 거래의 만기일까지 결제흐름은 다음과 같다.

〈그림 1-6〉 금리스왑 결제흐름

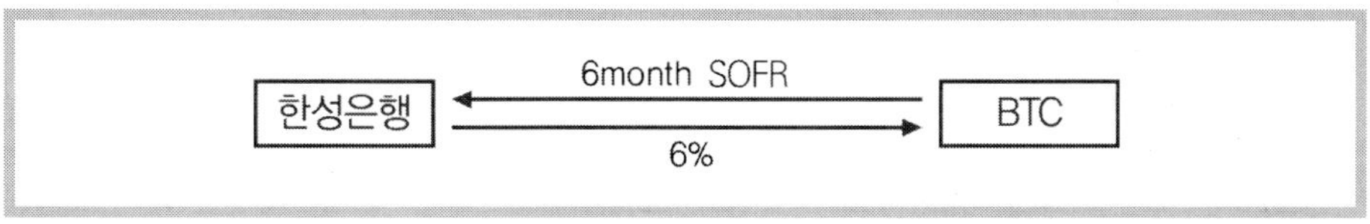

각 결제일마다 한성은행의 스왑 결제를 위한 현금흐름은 다음 <표 1-1>과 같다. 한성은행은 향후 3년간 현재 계약시점에서 결정된 고정금리 이자를 6개월마다 지급하는 대신에 매 6개월마다 시장에서 결정될 변동금리 SOFR 이자를 영수하게 된다. 여기서 결제에 사용될 변동금리 SOFR가 결정되는 날을 reference date라 한다. 예를 들어 2025년 8월 27일 지급될 변동금리(S_1)는 2025년 2월 25일 결정되며 이자기간은 2025년 2월 27일부터 8월 27일까지 181일이 된다.[13]

〈표 1-1〉 한성은행의 스왑결제흐름

일자	고정지급	변동영수
2024. 8. 27	0	0
2025. 2. 27	1억×0.03	1억×0.055×184/360
2025. 8. 27	1억×0.03	1억×S_1×181/360=V_2
2026. 2. 27	1억×0.03	1억×S_2×184/360=V_3
2026. 8. 27	1억×0.03	1억×S_3×181/360=V_4
2027. 2. 27	1억×0.03	1억×S_4×184/360=V_5
2027. 8. 27	1억×0.03	1억×S_5×181/360=V_6

S_1: 2025.2.25. SOFR　S_2: 2025.8.25. SOFR　S_3: 2026.2.25. SOFR
S_4: 2026.8.25. SOFR　S_5: 2027.2.25. SOFR

13) 2012년 런던 은행간자금시장(interbank market)에서 LIBOR 조작사건이 밝혀진 이후 영국금융당국은 영국은행협회(British Bankers Association: BBA)의 LIBOR 공표권한을 박탈하고 InterContinental Exchange(ICE) Benchmark Administration에서 공표하도록 함. LIBOR의 공신력이 떨어짐에 따라 각국에서는 단기금융시장에서 대표금리를 중앙은행이 직접 조사해서 공표하는 체제를 갖춤. 구체적으로는 각국 repo시장에서 국채 담보 overnight 거래금리를 계약기간 중 복리 가중평균한 것을 사용하도록 함.
주요 통화별 중앙은행이 공표하는 대표금리는 다음과 같음,
1) 미달러: SOFR(Secured Overnight Financing Rate)
2) 유로화: ESTR(Euro Short Term Rate)
3) 영국 파운드화: SONIA(Sterling Overnight Index Average)
4) 일본 엔화: TONA(Tokyo Overnight Average rate)
LIBOR는 무담보자금거래 금리인 반면에 이들 금리는 국채담보거래 금리이기 때문에 무위험금리(risk free rate: RFR)라고 불림. 유로자금시장에서 이러한 benchmark 금리의 변동은 파생금융상품시장에 큰 변혁을 초래함. 자세한 내용은 P.287의 '제3절 스왑시장 발전과정' 참조.

한성은행의 스왑결제흐름은 다음 <그림 1-7>로도 나타낼 수 있다. 그림상으로 볼 때 한성은행은 매 6개월마다 변동하는 이자흐름을 5년간 고정된 이자흐름과 교환한 셈이다.

〈그림 1-7〉 한성은행의 스왑결제흐름

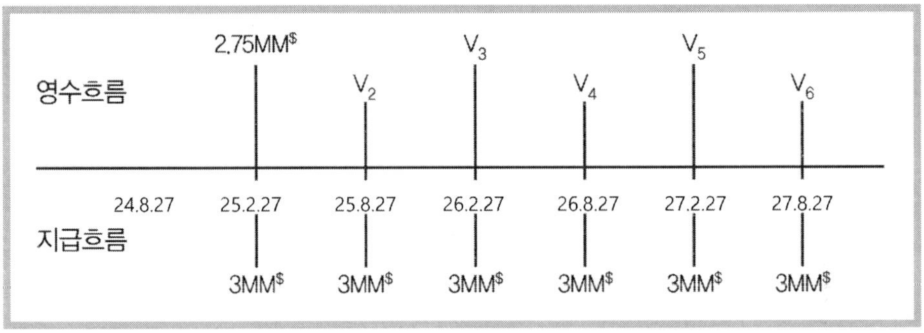

2025년 2월 27일 한성은행의 스왑결제금액은 통화표시가 같기 때문에 고정이자와 변동이자 금액의 차액이 된다.

$$\text{스왑결제금액} = 1\text{억} \times (0.03 - 0.055 \times 184 / 360) = 188{,}889\text{달러}$$

2. 주요 거래 조건

3-1. long swap, short swap position

앞의 사례에서 한성은행은 스왑거래에서 변동영수(receive floating), 고정지급(pay fixed) 포지션 또는 long swap position을 취했다고 한다. 반면에 상대 BTC 은행은 고정영수(receive fixed), 변동지급(pay floating) 포지션 또는 short swap position을 취했다고 한다.

3-2. 명목 원금(notional principal)

금리스왑거래에서 원금은 상호 교환되는 것이 아니고 단지 이자계산에만 사용된다. 앞의 예시에서 1억 달러는 두 은행간에 교환되는 변동금리와 고정금리 이자계산을 위해서만 필요한 것이다. 그러나 통화스왑(currency swap)에서는 원금이 상호간에 교환되기 때문에 중요한 요소가 된다.

스왑계약시 원금은 항상 일정한 것이 아니라 점차 증가하는 형태 또는 감소하는 형태로 할 수도 있다. 전자를 accreting swap, 후자는 amortizing swap이라 하는데 두 가지 형태를 복합적으로 포함하고 있는 경우를 rollercoaster swap이라 한다.

앞의 사례에서 만약 한성은행이 1억 달러를 차입하고서 매년 2천만 달러씩 원금을 상환한다고 하면 이에 따라 스왑원금도 매년 2천만 달러씩 감소하는 amortizing swap을 할 수 있을 것이다. 스왑계약에서 이와 같은 원금의 변화를 swap profile이라고 한다.

amortizing swap에서 원금의 감소율을 주가지수 변동률이나 변동금리 등에 연동시킬 수 있다. 이러한 형태를 index amortizing swap(IAS)이라 한다. IAS는 일반 형태의 스왑에 비해 손익변동위험이 높다.

3-3. 변동금리(floating index)

스왑계약에서 사용되는 변동금리 종류 및 지급 조건이다. 주로 3개월 또는 6개월 만기 RFR(SOFR, ESTR, SONIA 등)가 많이 사용되나 BA(은행인수어음)금리, CD금리 등도 사용된다. 6개월 RFR가 사용될 경우 변동금리 지급은 매 6개월마다 이루어지며 3개월 RFR이 사용되면 이자지급은 매 3개월마다 이루어진다. 이론적으로 변동금리 지급기간은 스왑 고정금리 결정에 영향을 미치지 않는다. 그러나 현실적으로 볼 때 변동금리 지급기간에 따라 자금결제 미스매치가 발생함으로써 신용위험이 달라지기 때문에 소폭의 조정은 있을 수 있다.

변동금리 이자계산은 단기금융시장방식(MMB; money market basis)이 가장 많이 쓰인다. 이 방식은 미 달러의 경우 actual/360 방식을 말하고 영국 파운드, 한국 원화의 경우는 actual/365 방식을 말한다.

1990년대에 들어와서는 고정 만기 국채수익률(CMT; constant maturity treasury)과 고정 만기 스왑수익률(CMS; constant maturity swap)도 스왑계약에서 변동금리로 많이 사용되고 있다.

3-4. 고정금리(fixed rate)

스왑계약상 가장 중요한 변수로서 보통 스왑가격이라고 일컬어진다. 앞의 예시에서 한성은행은 매 6개월마다 고징금리를 지급하는 것으로 하였으나 구체적인 계산방법에는 여러 가지가 있다. 6%의 절반인 3%를 지급하거나 6% × act/360 또는 6% × act/365 등 몇 가지 시장관행들이 있다. 자세한 내용은 제3장 부록을 참조하기 바란다. 이밖에도 고정이자를 반년마다 지급하는 방법(semi-annual basis) 외에 일 년에 한 번 지급하는 방식(annual basis)도 많이 사용될 수 있다.

고정금리 이자지급조건은 해당 통화의 국내 채권시장 관행을 따른다. 이 때문에 스왑시장의 이자계산은 세계 각국의 채권시장 방식이 사용되면서 매우 복잡하고 혼란스럽기까지 하다.

3-5. 스왑계약 사용 날짜들

① trade date: 스왑계약을 체결하는 날이다.

② effective date: 스왑거래의 이자기산이 되는 날이다. 앞의 예시에서 첫 번째 결제기간의 이자기산일은 2024년 8월 27일이다. 보통 거래일 2영업일 후(spot date)가 되지만 따로 정할 수도 있다. spot date 이후 이자기산이 되면 forward start swap이라 한다.

③ settlement date: 스왑결제일로서 매년 2월 27일과 8월 27일이 된다. 만

약 결제일이 공휴일이면 전일(preceding day) 또는 다음날(following day) 중 어느 것으로 할 것인지를 정해야 한다. following day를 따를 경우 만약 공휴일 다음날이 달이 바뀌는 날이 되면 이때만 결제일을 전일로 조정하는 방식이 있는데 이를 modified following day방식이라 한다.

이자지급일이 공휴일이어서 다음날로 지급이 연기될 경우 하루치 이자가 문제가 된다. money market 방식과 bond market 방식이 있는데 전자에서는 하루치 이자를 추가하나 후자에서는 정해진 이자를 그대로 지급한다.

④ reference date: 변동금리 이자계산에 사용되는 변동금리를 선택하는 날이다. 앞의 예시에서 2025년 2월 27일 이자지급이 처음 이루어지는 바, 이 날 적용되는 SOFR는 2024년 8월 23일 뉴욕 Fed(New York Federal Reserve)에서 오전 8시 공표하는 SOFR이다.[14] 두 번째 reference date는 2025년 2월 25일(이자기산일 2월 27일의 2영업일 전)이 되며 이때 결정된 SOFR가 2025년 8월 27일에 지급된다.

한 가지 변형형태로서 2025년 2월 27일에 지급되는 금리를 2025년 2월 25일에 가서 결정할 수도 있다. 이 스왑거래를 back-set swap 또는 In-arrears swap이라 한다.

3. 스왑계약서

스왑계약서에는 다음의 3가지가 있다. 하지만 주요거래조건은 대부분 거래확인서에 정해 놓고 나머지 두 가지 서류에는 요식상 쌍방이 서명만 한다.

14) 구체적으로는 180일 평균 SOFR. NY Fed에서는 1일 SOFR index와 함께 30일, 90일, 180일 평균 지수도 매일 발표하고 있다.

① Master Agreement(기본계약서)

계약의 해석, 의무사항, 부도 및 종결 조건, 관할법원 등에 관한 시장 표준협약으로서 국제파생상품협회(International Swaps and Derivatives Association: ISDA)에서 정한 것을 그대로 따른다.

② Schedule(부속계약서)

기본계약서에 있는 사항중 별도의 조건을 명시하기 위해 사용하는 서류이다. 거래종결 요건, 과세조건, 제공의무서류, 통지방법, 등이 있는데 여기에 별도로 기재하는 내용이 많을수록 조건이 까다로워지고 시장 유동성도 떨어지게 된다.

③ Confirmation(거래확인서)

계약일자, 이자기산일, 만기일, 거래대금, 약정이자 등 거래시 전화 등으로 확인하는 핵심거래조건을 기입하는 서류이다. 스왑계약의 조건들은 여기서 거의 결정된다.

연습문제

※ 1번에서 10번 문제까지는 O, X로 답하시오.

문1 금리스왑에서는 원금이 상호 교환되지 않는 것이 보통이다 ( )

문2 swap price란 스왑거래에서 고정금리와 교환되는 변동금리를 말한다 ( )

문3 스왑거래에서 6개월 LIBOR를 사용하면 변동금리는 6개월마다 결제하는 것이 원칙이다 ( )

문4 외환스왑거래에서 단순히 결제기간을 장기화시킨 것이 통화스왑거래이다 ( )

문5 swap계약의 원금액을 매년 줄여나가는 계약을 한다면 이를 amortizing swap이라 한다 ( )

문6 금리상승이 예상될 때는 고정금리지급 스왑거래를 할 수 있다 ( )

문7 스왑계약에서 settlement date는 계약 만기일을 말한다 ( )

문8 통화스왑거래에서는 계약 초기에 원금교환을 반드시 하여야 한다 ( )

문9 long swap position은 고정금리지급 스왑거래를 한 경우에 발생한다 ( )

문10 상품스왑이란 일정 계약상품의 고정가격과 시장변동가격 간의 교환결제를 약정하는 스왑거래이다 ( )

문11 **금리스왑과 통화스왑의 특성에 관한 설명 중 옳지 못한 것은?**

① 금리스왑에서는 원금이 상호 교환되지 않는다.
② 통화스왑에서는 만기에 원금이 교환되기 때문에 환율변동이 매우 중요한 요소가 된다.
③ 미 달러 금리스왑계약에서는 변동금리로서 SOFR가 주로 사용된다.
④ 통화스왑에서는 만기에 원금이 교환되기 때문에 계약시 채권채무가 B/S 상에 각각 자산, 부채 항목으로 기록된다.

문12 swap price**란 다음 중 어느 것을 뜻하는가?**

① 스왑거래에서 변동금리와 교환되는 고정금리를 말한다.
② 스왑거래에서 고정금리와 교환되는 변동금리를 말한다.
③ 스왑시장 딜러에게 지불되는 up-front-fee를 말한다.
④ 유로본드 수익률에 swap spread를 더한 것을 말한다.

문13 **팔판기업은 삼청은행과 고정금리지급 5년짜리 스왑계약을 체결하였다. 스왑계약 개시일**(effective date)**은 2002년 9월 10일이며 6개월마다 결제하기로 하였다. 변동금리는 6month LIBOR를 사용하기로 하였는데** arrear**조건이다. 2003년 3월 10일 결제시 변동금리 지급조건은 다음 중 어느 것인가?**

① 2002년 9월 10일 6month LIBOR를 적용한다.
② 2003년 3월 8일 6month LIBOR를 적용한다.
③ 2002년 11월 8일부터 2003년 3월 8일까지 6month LIBOR 평균을 적용한다.
④ 2002년 11월 8일 3month LIBOR × 2를 적용한다.

문14 **스왑시장에서의 결제관행에 대한 설명으로서 가장 적절하지 못한 것은?**

① 금리스왑거래에서는 차액결제가 일반적이다.
② 통화스왑거래에서는 비용을 절약하기 위해서 차액결제를 한다.
③ 미국 Treasury금리가 고정금리로 사용되면 6개월마다 결제한다.
④ 국내시장에서 원화 금리스왑거래는 3개월마다 결제한다.

문15 **미 달러 스왑거래에서 사용되는 변동금리에 대한 설명 중 적절하지 못한 것은?**

① SOFR에 Spread를 더해서 결정될 수 있다.

② 6month SOFR를 사용하면 6개월마다 결제해야 한다.

③ 미 달러의 경우 ACT/360 기준이 사용된다.

④ 반드시 SOFR를 사용한다.

문16 **다음 국제기관중 스왑시장거래의 표준협약을 정하는 곳은?**

① IMF ② ISDA

③ ECB ④ BIS

정답 및 해설

1. O. 금리스왑은 주어진 명목원금에 대한 이자흐름만을 상호 교환하는 거래이다.
2. x. 스왑가격이란 변동금리와 교환되는 고정금리를 말한다.
3. O. 변동금리 기간에 따라 스왑계약의 변동금리 결제주기가 결정된다.
4. x. 선물환 계약기간을 장기화시킨 것은 장기 선물환거래라고 한다. 장기 선물환거래에서는 중도 이자결제가 발생하지 않고 만기에 선물환 프리미엄 또는 디스카운트로서 한 번에 선물환율에 반영되어 결제된다. 반면에 통화스왑거래에서는 중도에 두 통화의 이자흐름의 상호결제가 발생하며 만기 상환원금은 계약원금과 동일하다.
5. O. 교재 참조
6. O. 금리 상승시 고정금리 지급흐름의 현가가 감소하므로 스왑포지션에서 이익이 발생한다.
7. x. settlement date는 각 이자흐름이 상호 교환결제되는 스왑결제일을 말한다.
8. x. 계약 초기의 원금교환은 선택사항이다.
9. O. long swap position의 정의이다.
10. O. 상품스왑의 정의이다.
11. ④ 통화스왑은 부외거래이다.
12. ① 스왑가격은 스왑의 고정금리를 말한다.
13. ② arrear조건은 이자 선취조건이다.
14. ② 통화스왑거래에서는 차액계산의 문제가 있어 원칙적으로 차액결제를 하지 않는다.
15. ④ 스왑거래에서는 SOFR 외에도 commercial paper rate, T-Bill rate, BA rate 등 다양한 변동금리가 사용된다.
16. ② ISDA는 국제파생상품협회(International Swaps and Derivatives Association)의 약자이다.

제2장 스왑시장거래

제1절 스왑시장시세표

1. 시세표 예시

스왑시장은 딜러가 시장의 중심이 되는 장외시장(over-the-counter market)이다. 즉 딜러가 먼저 시장에 자신의 호가(price quote)를 내고 고객들이 이 호가에 거래를 한다. 딜러는 시장에서 매매의 상대방이 되어주는 서비스(이를 시장조성 서비스라 함)를 제공하는 대신에 매매호가차(bid/ask spread)에서 수입을 얻는다.

<표 2-1>은 스왑시장 시세표이다.[15] 첫째 열은 스왑계약기간(contract period or tenor)을 표시하고 그 다음 열에서부터 원화 금리스왑, 원/달러 통화스왑,

15) 이 시세는 스왑거래를 전문적으로 취급하는 딜러조직('swap desk'라 함)이 있는 은행 또는 대형 투자기관들이 참여하는 도매시장 가격이다. 따라서 기업이 거래은행과 거래하는 시세는 여기에 마진을 추가적으로 고려해야 한다. 즉 기업이 거래하는 bid가격은 여기 bid보다 낮고, ask 가격은 여기 ask보다 높은 가격이 적용될 것이다.

원/달러 베이시스스왑(basis swap), 달러 금리스왑, 엔 금리스왑, 엔/달러 베이시스스왑의 bid/ask 시세를 차례로 보여주고 있다. 시세중 낮은 쪽이 bid이고 높은 쪽이 ask이다. 두 시세중 bid를 먼저 고시하는 방식을 뉴욕식, ask를 먼저 고시하는 방식을 런던식이라고 한다.

〈표 2-1〉 스왑시장 시세(2014년 4월 15일)

	QRT/A365	SEMI/A365	BASIS	S.A. A360	S.A. A365	BASIS
	KRW/KRW	KRW/USD	KRW/USD	USD/USD	JPY/JPY	JPY/USD
1YR	2.715/2.685	2.230/1.630	−67/−87	0.261/0.263	0.175/0.205	−13.0/−17.0
2YR	2.825/2.795	2.215/1.615	−80/−100	0.509/0.514	0.175/0.205	−20.5/−24.5
3YR	2.915/2.885	2.395/1.795	−71/−91	0.935/0.94	0.1963/0.2263	−29.0/−33.0
4YR	3.000/2.965	2.575/1.975	−61/−81	1.358/1.363	0.2388/0.2688	−37.0/−41.0
5YR	3.075/3.045	2.750/2.150	−51/−71	1.727/1.732	0.3013/0.3313	−44.0/−48.0
7YR	3.185/3.155	2.975/2.375	−40/−60	2.274/2.279	0.4725/0.5025	−52.3/−56.3
10YR	3.300/3.270	3.105/2.505	−38/−58	2.768/2.773	0.7638/0.7938	−55.8/−59.8

* 자료: Thomson Reuters에서 저자 편집

2. 적용 사례[16)]

<표 2-1>에서 계약기간 3년을 맨처음 시세부터 보면 2.915/2.885라고 되어 있는데 이것은 원화 금리스왑의 ask/bid 가격이다. <그림 2-1>에서 보는 바와 같이 딜러가 3개월 만기 CD 시장금리를 지급하고 원화 고정금리를 영수할 때는 2.915%를 받고, 반대로 CD 금리를 영수하고 원화 고정금리를 지급할 때는 2.885%를 지급한다. QRT/A365는 고정 이자 지급이 분기(quarter)마다 이루어지며 이자 계산은 act/365방식으로 한다는 것이다.[17)] 여기서 사

16) 2012년 영국은행협회에서 공표하는 LIBOR 조작사건이 밝혀진 이후 LIBOR는 각국 중앙은행에서 발표하는 RFR로 대체되고 있다. 우리 사례에서는 미 달러 LIBOR의 경우 SOFR로, 일본 엔화 LIBOR의 경우 TONA로 변경 사용되고 있다. 하지만 스왑시장에서 거래나 결제 관행은 이전 LIBOR 사용 시와 동일하기 때문에 LIBOR 용어를 그대로 사용하기로 한다.

용되는 CD금리는 금융투자협회에서 고시하는 것을 사용한다.

〈그림 2-1〉 3년 만기 원화 금리스왑 시세 적용 예시

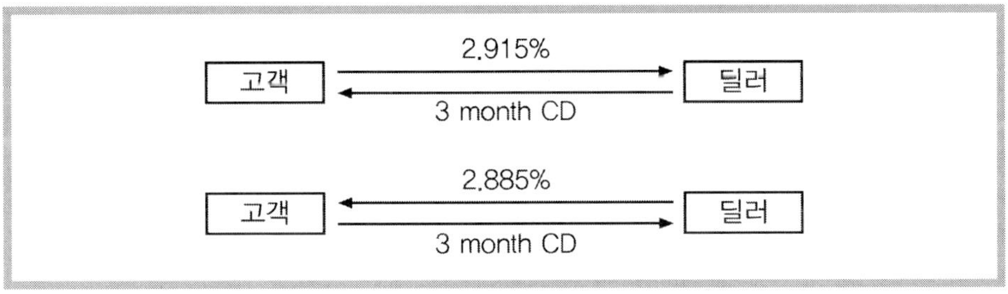

두번째 시세 2.395/1.795는 3년 만기 원/달러 통화스왑의 ask/bid 가격이다. 딜러가 6개월 LIBOR를 지급하고 원화 고정금리를 영수할 때는 2.395%를 적용하고 반대로 6개월 LIBOR를 영수하고 원화 고정금리를 지급할 때는 1.795%를 적용한다. SEMI/A365는 원화 고정이자 지급이 반년마다(semi-annual) act/365방식으로 계산된다는 뜻이다. 6개월 LIBOR 대신에 3개월 LIBOR를 사용할 수 있으나 가격에는 거의 영향을 미치지 않는다. 대신 3개월 LIBOR를 사용하면 달러 이자를 3개월마다 지급해야 하므로 자금수급의 불일치(mismatch)가 커진다.

여기서 한가지 덧붙일 것은 원달러 통화스왑의 bid/ask 차이(spread)가 상당히 크다는 것이다. 이것은 그만큼 거래가 자주 발생하지 않기 때문에 시장유동성이 낮고 따라서 딜러들의 스왑포지션 관리 위험이 높다는 것을 뜻한다.

〈그림 2-2〉 3년 만기 원/달러 통화스왑 시세 적용 예시

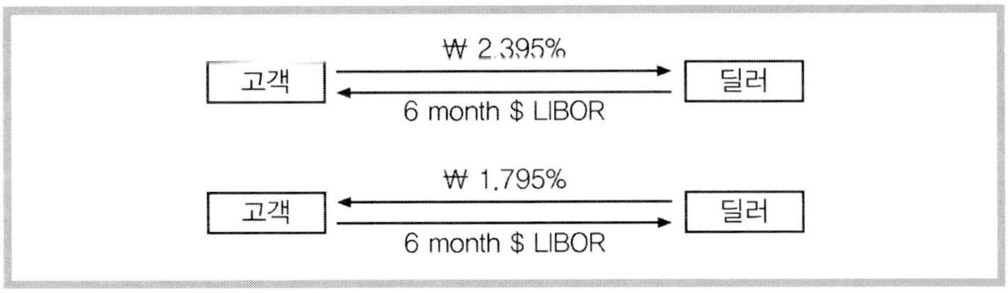

17) act/365방식은 일년을 365로 해서 실제 경과일수(actual number of days)만큼 이자를 계산하다는 것이다. 예를 들어 2014년 1월 15일부터 4월 15일까지 이자계산일수는 31+28+31=90일이 된다. 자세한 설명은 3장 부록을 참조하기 바란다.

세번째 시세는 원/달러 베이시스스왑이다. 3년 만기가 −71/−91이라고 되어 있는데 ask가 CD−71bp, bid가 CD−91bp라는 것이다. bp는 basis point의 약자로서 1bp는 0.01%이다. 딜러가 6개월 USD LIBOR를 지급하고 원화 변동금리를 영수할 때는 CD−0.71%를 적용하고, 반대로 USD LIBOR를 영수하고 원화 변동금리를 지급할 때는 CD−0.91%를 적용하는 것이다. CD는 3개월 만기를 사용한다. 이와 같이 변동금리와 변동금리를 교환하는 형태를 베이시스 스왑(basis swap)이라고 한다.

여기서 −71과 −91을 각각 통화스왑 bid basis, ask basis라고 한다. 원달러 통화스왑 베이시스가 마이너스 값을 갖는다는 것은 시장에서 달러자금 차입이 원화자금 차입보다 어렵다는 것을 반영한다. 또는 달러 short position 수요가 달러 long position 수요보다 크다는 것을 의미한다.

〈그림 2-3〉 3년 만기 원/달러 베이시스스왑 시세 적용 예시

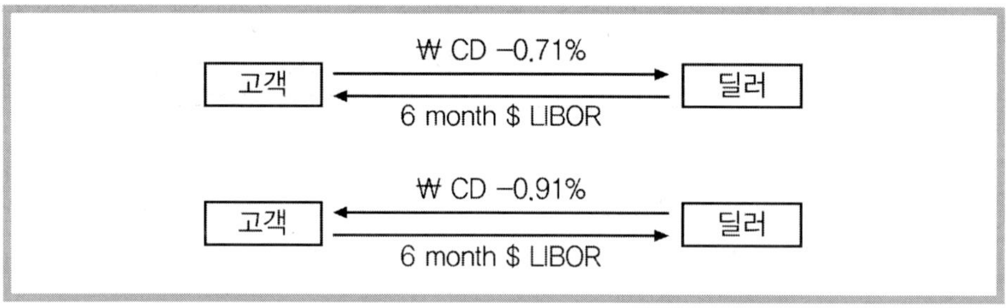

네번째 시세는 달러 금리스왑 시세이다. 즉 달러 LIBOR와 달러 고정금리를 교환하는 스왑계약에 적용되는 시세이다. 3년 만기 달러 금리스왑 시세는 0.935/0.94로 나와 있는데 그 의미는 <그림 2-4>와 같다. 여기서 bid 가격이 0.935%로서 ask 가격 0.94%보다 먼저 표시되고 있으며, 달러 이자가 act/360방식(1년을 360일로 놓고 계산)으로 계산되고 있음을 주의하기 바란다.[18)]

18) act/360기준 ask rate 0.94%를 act/365 기준으로 바꾸면 0.953%(=0.94*365/360)가 된다.

〈그림 2-4〉 3년 만기 달러 금리스왑 시세 적용 예시

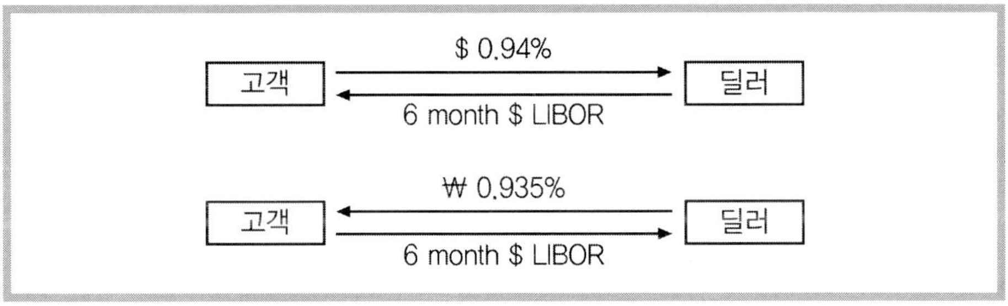

달러 금리스왑의 시세를 같은 만기의 국채(US treasury bond 또는 note) 수익률에 스프레드를 더한 형식으로 표시하기도 한다. 예를 들어 현재 채권시장에서 US Treasury 5년물의 수익률이 1.625%이고(bid-offer 수익률의 중간율), swap 시장에서 5yr swap spread가 10.25/10.75라고 한다면 5년 만기 달러 스왑시세는 1.7275/1.7325가 될 것이다. 즉,

USD swap bid rate = 1.625+0.1025 = 1.7275%
USD swap ask rate = 1.625+0.1075 = 1.7325%

다섯번째 시세는 엔 금리스왑 시세이다. 엔 변동금리(6개월 엔 LIBOR)와 엔 고정금리를 교환하는 스왑의 가격을 표시한다. 원리는 원화와 달러 금리스왑의 경우와 같다.

마지막 시세는 6개월 엔 LIBOR와 6개월 달러 LIBOR를 교환하는 엔/달러 베이시스 스왑 시세이다. 3년 만기 시세는 −29/−33.0으로 나와 있는데 이것은 ask가 ¥ LIBOR−0.0029%, bid는 ¥ LIBOR−0.0033%라는 뜻이다.

2008년 글로벌 금융위기 이전만 하더라도 엔달러 통화스왑 베이시스는 거의 제로였으나 이후 국제금융시장에서 달러자금 조달이 어려워지면서 값이 마이너스가 되었다. 최근 국제금융시장 안정에 따라 엔 달러 스왑 베이시스는 다시 제로로 접근하고 있는 중이다.

〈그림 2-5〉 3년 만기 엔/달러 베이시스스왑 시세 적용 예시

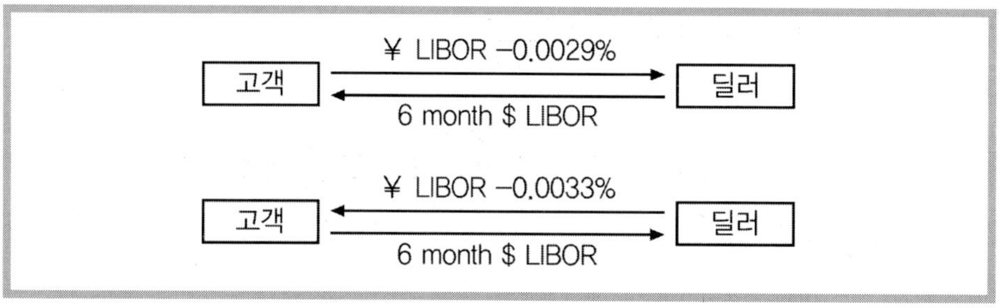

문제 **3년 만기 엔 고정금리와 달러 LIBOR 스왑계약의 시세를 <표 2-1>에서 구하시오.**

힌트 〈그림 2-6〉에서와 같이 3년 만기 엔 금리스왑과 엔/달러 베이시스 스왑을 결합해서 합성해야 한다.

bid rate = 0.1963−0.0033 = 0.193%

ask rate = 0.2263−0.0029 = 0.2234%

〈그림 2-6〉 3년 만기 엔 고정/달러 LIBOR 스왑 시세 합성

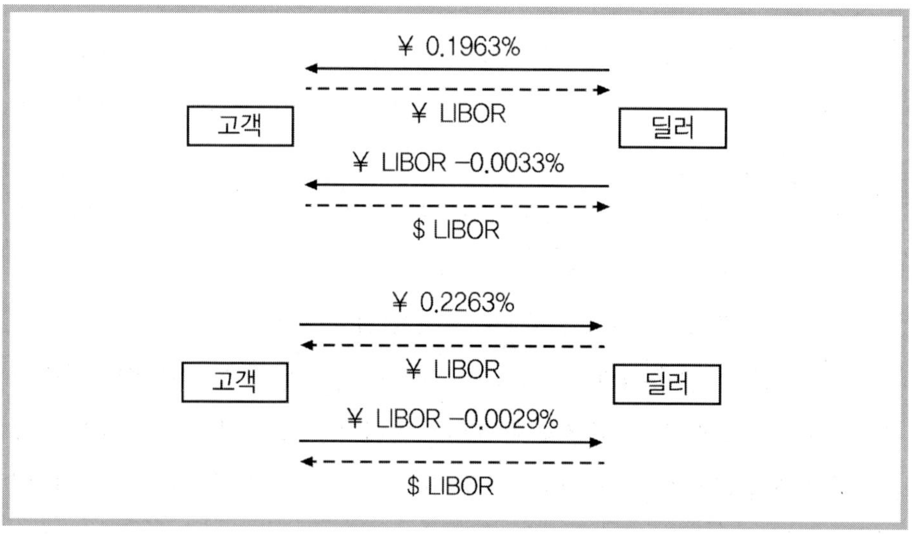

제2절 활용 사례

1. 원화 투자수익 고정

종로투신사는 CD+1%를 지급하는 3년 만기 원화 변동금리채(floating rate note: FRN)에 투자하고 있다. 향후 금리하락예상에 따라 투자수익율을 고정시키고자 한다. 방안은?

해답은 CD 금리를 지급하고 2.885%를 영수하는 스왑계약을 체결하는 것이다. 2.885%는 <표 2-1> 시세표에서 3년짜리 원화 금리스왑의 bid rate이다. 이 결과 종로투신사는 3.885%의 고정 투자수익 확보 효과를 얻는다. 즉 스왑거래를 이용해서 변동금리 투자를 고정금리 투자로 전환한 것이다.

〈그림 2-7〉 종로투신사의 현금흐름

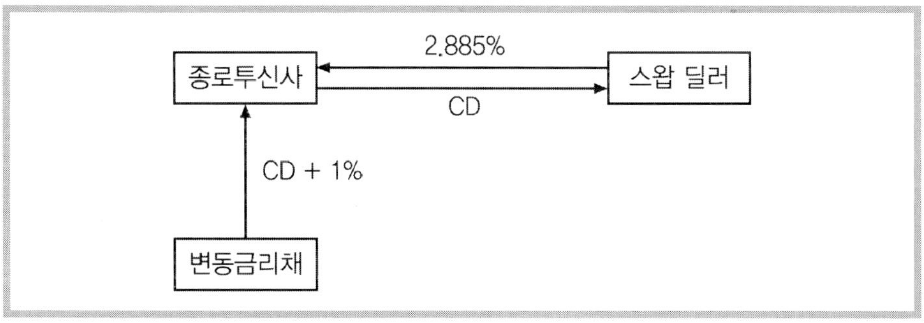

2. 해외 차입이자 고정

삼청은행은 1억 달러를 유럽시장에서 변동금리채를 발행하여 조달하고 (발행금리=LIBOR+2%, 만기 3년) Smith Bank와 스왑계약을 체결하였다. 삼청은행의 달러 차입비용을 구하면?

삼청은행은 <그림 2-8>에서와 같이 달러 LIBOR 상승위험에 노출되므로 LIBOR를 영수하고 0.94%를 지급하는 달러 금리스왑계약을 체결한다. 0.94%는 <표 2-1> 시세표에서 3년 만기 달러 금리스왑의 ask rate이다.

삼청은행은 달러 고정금리스왑을 통해 달러 차입비용을 3년간 2.94%로 고정시키게 된다. 변동 차입 후 스왑거래를 통하여 고정금리 차입 효과를 얻으면, 직접 고정금리 차입을 한 경우와 비교하여 대개 유리한 차입조건을 달성할 수 있다.

〈그림 2-8〉 달러 금리스왑거래 사례

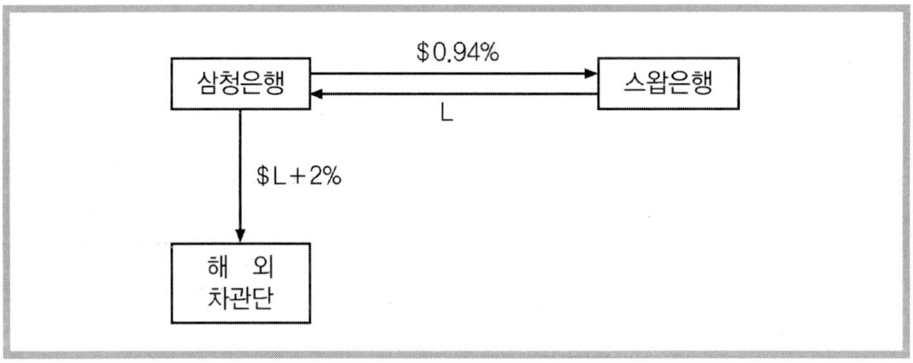

이때 유의할 점은 변동금리 차입 후 무조건 스왑을 하는 것이 항상 유리한 것은 아니라는 사실이다. 예를 들어 LIBOR가 상당기간 안정적일 것으로 예상되거나 수익률 곡선의 우상향 기울기가 매우 급할 때(단기금리에 비해 장기금리가 매우 높을 때)에는 변동금리 차입 상태를 그대로 유지하는 것이 유리할 수 있다.

3. 외화대출의 원화 대출 전환

성북기업은 천만 달러 외화대출을 사용 중이다. 잔존만기는 3년, 금리는 LIBOR+2%이다. 달러시세가 불안하다고 생각되어 원화 고정금리 차입으로 전환하고자 한다. 방안은?

성북기업은 천만 달러 LIBOR를 영수하고 105억원 2.395%를 지급하는 통화스왑을 이용할 수 있다. 여기서 원화환율은 외환시장 현물환율의 bid/ask 중간율을 사용하여 1달러=1,050원으로 하였으며, 2.395%는 시세표에서 원달러 통화스왑 3년 만기 ask rate이다.

〈그림 2-9〉 성북기업의 현금흐름

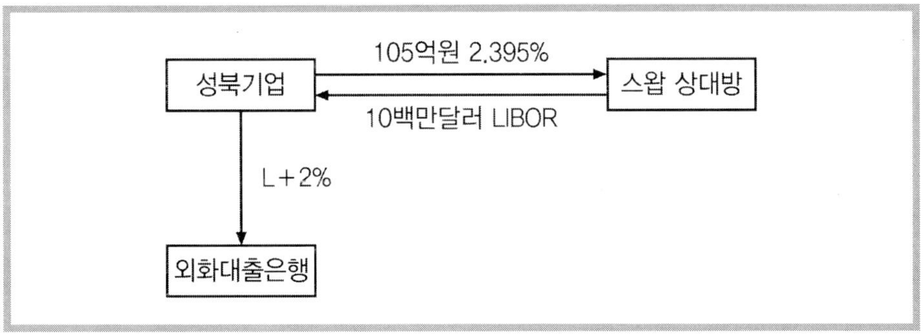

이 사례에서 만약 성북기업이 외화대출 원리금 지급 흐름을 스왑 영수 현금흐름과 일치시키기를 원한다면 스왑계약 상의 LIBOR를 LIBOR+2%로 조정하고 그 금액만큼 원화 지급흐름에 조정하여 주어야 한다. 3년간 1% 달러 이자흐름과 현재가치가 같은 원화 금리가 대략 1% 정도로 계산된다면 성북기업은 10백만 달러 외화채무를 원금 105억원, 금리는 약 4.395%의 원화채무로 전환할 수 있다.[19)]

앞의 사례에서 만약 성북기업이 국내 금리 하락을 예상해서 원화 고정금리가 아니라 원화 변동금리로 전환하기를 희망한다면 어떻게 할 수 있을 것인가?

방법은 천만 달러 LIBOR를 영수하고 105억 원 CD−0.71%를 지급하는 베이시스 스왑을 이용하면 된다. 여기서 CD−0.71%는 <표 2-1> 시세표에서 3년

19) 달러 1% 이자 흐름의 현가와 원화 1% 이자 흐름의 현가는 차이가 많이 날 수 있으므로 반드시 확인이 필요하다.

만기 원/달러 베이시스 스왑의 ask rate이다.

이 결과 성북기업의 원화 차입비용은 3년간 1% 달러이자흐름 현재가치와 1% 원화이자 흐름의 현재가치가 같다는 가정 아래 원금 105억 원에 대해 대략 CD+1.29%가 될 것이다.

〈그림 2-10〉 성북기업의 원/달러 베이시스 스왑 현금흐름

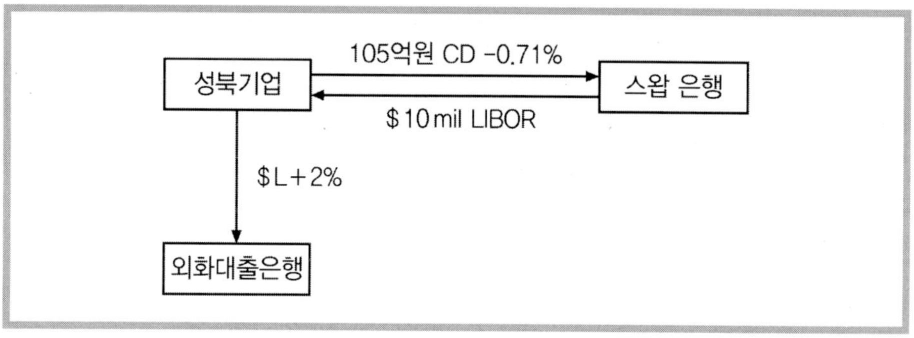

4. 국채투자와 원/달러 통화스왑

서울에 진출한 브라운 은행은 해외에서 달러를 조달해서 국채 투자를 하면 안정적으로 높은 수익을 올릴 수 있을 것으로 생각하고 있다. 이를 어떻게 실현할 수 있을 것인가?

두가지 문제가 해결되어야 할 것이다. 첫째는 국채투자에 필요한 원화를 확보해야 하고 둘째는 국채투자에 따른 장기 환위험을 헤지해야 하는 것이다. 해외에서 조달한 달러를 외환시장에서 직접 내다 팔아 원화를 조달하는 것은 비용이 많이 들기 때문에 불리하며, 선물환 달러 매수헤지를 하는 것은 장기 선물환시장 유동성이 제약되어 있어 사실상 이용이 어렵다.

두가지 문제를 동시에 해결하는 가장 효과적 방법은 원/달러 통화스왑거래를 활용하는 것이다. 예를 들어 1억 달러를 LIBOR에 조달해서 2년 만기 국채(수익률 3.5%)에 투자한다고 할 때 <표 2-1> 시세표에 따라 통화스왑거

래 이용하면 다음 <그림 2-11>과 같은 현금흐름 결과를 얻을 수 있다. 달러 환율은 1달러=1,050원으로 가정한다.

여기서 통화스왑 시세는 브라운 서울지점이 고객입장에서 국내은행과 2년 만기 원/달러 통화스왑을 하는 것으로 가정하였다.

〈그림 2-11〉 국채투자 및 통화스왑거래의 현금흐름

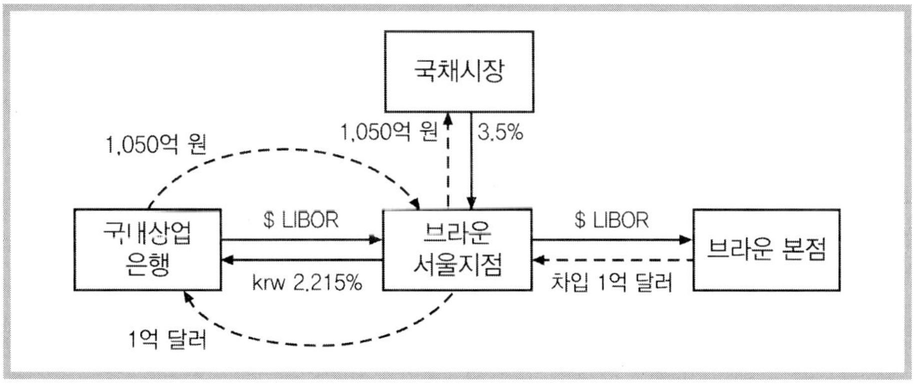

그런데 현실을 보면 국내은행들이 서로 달러를 조달하기 위해서 경쟁을 하기 때문에 오히려 국내은행이 고객입장에서 거래를 하게 된다. 따라서 통화스왑 레이트는 2.215%가 아니라 1.615%로 결정되기 쉽고 이에 따라 브라운 서울지점의 총마진은 1.285%(=3.5−2.215)에서 1.885%(=3.5−1.615)로 늘어나게 된다.

국내은행의 달러 조달 경쟁이 치열할수록 원/달러 통화스왑금리가 하락하게 되고 이에 따라 원화 금리스왑금리와의 차이가 커진다. 이 차이를 원/달러 통화스왑 베이시스라고 부른다. 2008년 9월 Lehman사태로 글로벌 금융위기가 정점에 달했을 때 통화스왑 베이시스가 −300 bp(basis point) 이상 확대되기도 하였다.

국내시장에서 통화스왑거래는 자주 발생하는 것이 아니기 때문에 거래를 하는 시점에서 시장시세를 바로 얻기가 어렵다. 그래서 실무에서는 거래가 자주 이루어지는 원화 금리스왑과 원/달러 베이시스 스왑 시세로부터 통화스왑 시세를 얻는다.

문제 **<그림 2-11>의 사례에서 브라운 서울지점은 2.215%에 하는 것으로 되어 있다. 만약 브라운 서울지점이 원/달러 베이시스 스왑과 원화 고정금리 스왑을 해서 원/달러 통화스왑 포지션을 얻는다면 그 결과는 얼마나 차이가 날까?**

힌트 〈그림 2-12〉에서와 같이 브라운 서울지점은 달러 LIBOR를 영수하고 원 CD-0.8% 지급의 베이시스스왑과 원 고정금리 지급 2.825% 스왑을 동시에 함으로써 통화스왑을 한 것과 같은 결과를 얻을 수 있다. 이 두 스왑에서 CD금리를 서로 상쇄시키면 브라운 서울지점의 원/달러 통화스왑 금리는 2.025%(=2.825-0.8%)로 되고 따라서 국채투자 마진은 1.475%(=3.5-2.025)가 나온다.

〈그림 2-12〉 원/달러 베이시스 스왑과 원화 금리스왑의 결합 결과

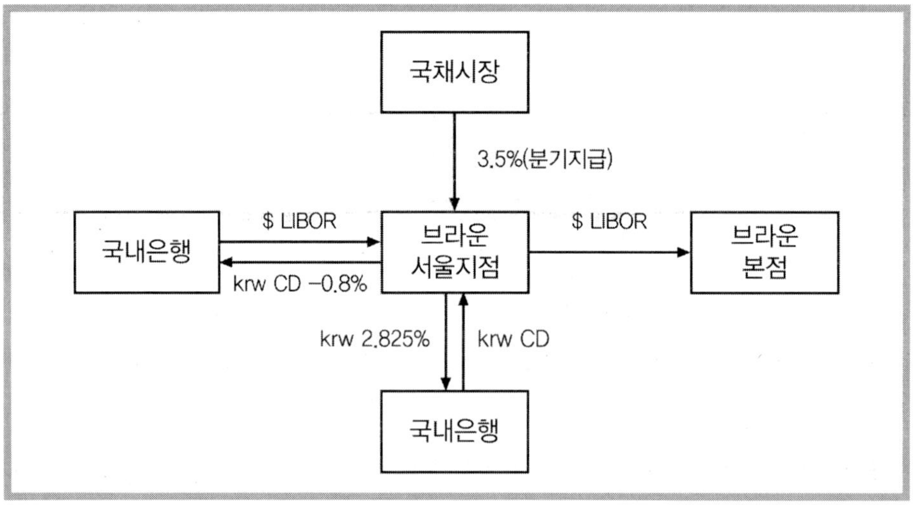

5. 은행의 장기선물환 포지션 헤지

국내 대형 조선사들의 선박수출은 건당 규모가 클 뿐만 아니라 만기가 장기로서 환리스크가 매우 크다. 조선사들로서 이러한 환리스크를 관리하기 위해서는 장기 선물환 매도거래를 해야 하는데 이때 문제는 거래은행으

로서 조선사의 환리스크를 떠안은 뒤 환위험관리가 마땅치 않다는 것이다. 실무에서는 은행들이 원/달러 통화스왑을 활용해서 장기 환리스크를 헤지하고 있다.

이제 은행은 조선사들에 적용하는 선물환율을 어떻게 결정할 것인가?

구체적 예를 들어 보자. 조선중공업에서는 2년후 1억 달러의 선박수출대금 영수를 예정하고 있다. 환리스크를 헤지하기 위해서 삼청은행에 2년 만기 달러 선물환을 매도하였다. 삼청은행은 선물환 매입을 하였으므로 장래 달러 하락위험에 노출되어 있다. 따라서 달러 short position이 필요하다. 이를 위해서 원/달러 통화스왑거래에서 달러를 조달해서 매각을 한다. 동시에 달러 LIBOR 상승위험을 헤지하기 위해서 달러 고정금리 지급 스왑을 추가한다. 전체구조는 다음 <그림 2-13>과 같다.

〈그림 2-13〉 달러 선물환 매입은행의 헤지구조

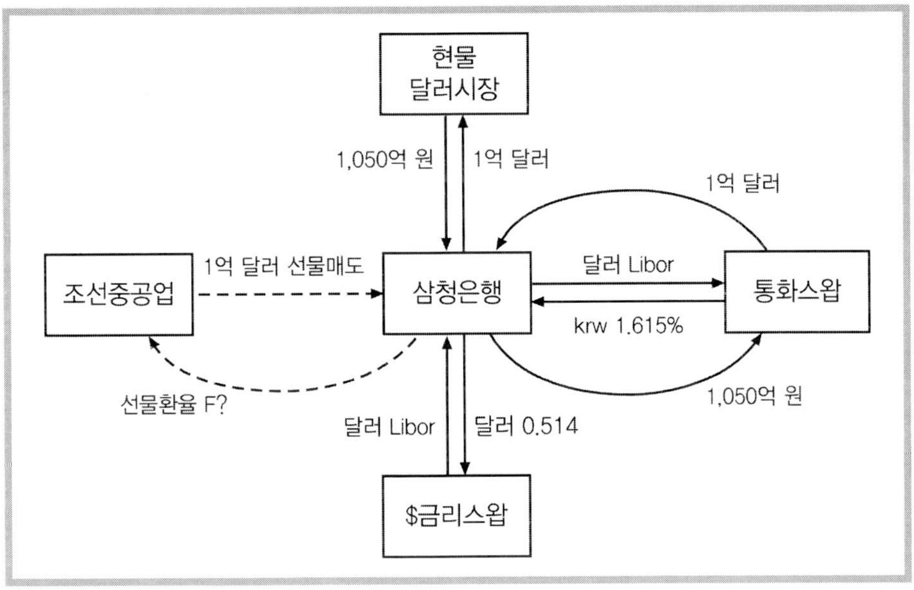

선물환 매도율(은행의 선물환 매수율) F는 얼마로 해야 할 것인가? 현재 자금시장에서 2년 만기 원화 금리가 3%, 달러 금리가 0.514%라고 한다면 2년 만기 이론 선물환율은 1,102.58원($=1,050 \times 1.03^2 / 1.00514^2$)으로 계산된다. 그러

나 은행입장에서 볼 때 원화 이자수입은 <그림 2-13>의 통화스왑계약에서 얻는 1.615%에 불과하다. 따라서 은행의 손익분기 선물환율은 1,073.13원 $(=1,050 \times 1.01615^2 / 1.00514^2)$에 그치게 된다.

이론선물환율에 비해 달러를 싸게 매도하는 것이므로 조선사 입장에서는 불리한 것이라고 할 수 있으나 은행 입장에서는 리스크 헤지비용이 그만큼 소요되기 때문에 불가피한 가격이라고 할 수 있다. 만약 원/달러 통화스왑 금리가 원화 금리스왑금리와 비슷하게 된다면, 즉, 원/달러 스왑 베이시스가 제로가 된다면 이러한 괴리는 발생하지 않을 것이다.

글로벌 금융위기후 몇년간 국내은행들의 외화조달이 극히 어려워지자 원/달러 통화스왑레이트가 달러 금리스왑 레이트보다 오히려 낮아지는 현상이 발생하였다. 이때는 선물환율이 오히려 현물환율에 비해 디스카운트되기도 하였다.

제3절 스왑시장의 발전과정

1. 초기 스왑시장 발전과정

스왑거래는 금융시장에서 장기금융거래 수요를 충족시키기 위해서 탄생되었다. 이것은 크게 다음의 세가지 경로를 따라서 발전되어 왔다. 첫째는 외환시장에서 장기적 환위험을 관리하기 위하여 외환스왑(foreign exchange swap)거래나 선물환거래의 만기를 장기화하려는 시도에서 통화스왑(currency swap)거래가 만들어졌다. 둘째는 장기 기업금융시장에서 이종통화표시 자금을 서로 교환하는 대출교환(exchange of borrowings)계약에서 통화스왑거래가 생겨나기 시작했다. 이 이종통화표시 대출교환계약은 parallel loan과 back-to-back loan의 형태에서 비롯되었다. 셋째 유로채(euro-bond)시장에서 장기금리 리스크를 관리하기 위해서 발행채권의 금리구조를 고정금리와 변동금리 간에 변환이 가능하도록 하는 상품을 개발하는 과정에서 금리스왑(interest rate swap)거래가 발전되었다. 예를 들면 변동금리부로 발행된 채권의 현금흐름을 고정이자흐름으로 변환하기 위해서 금리스왑거래가 사용된 것이다.

선물환거래 만기를 장기화하는 것은 계약에 사용된 선물환율이 현재 환율과 괴리가 큰 경우 이것을 회계처리하는 문제가 쉽지 않기 때문에 거의 발전되지 못하였다. 대신 대출계약의 교환(exchange of long term borrowings) 형태인 parallel loan과 back-to-back Loan이 국제금융거래에서 많이 활용되었다.

원래 parallel loan은 영국에서 해외투자에 관련된 외환규제를 회피하기 위하여 1960년대에 고안되어 1973년에 이 규제가 철폐되기까지 널리 이용된 것이다. 당시 영국은 경상수지 적자와 파운드 약세의 어려움을 겪고 있었는데 자본유출을 억제하기 위하여 해외투자용 달러의 구입에 대해 세금을 부과하고 있었다. 이에 따라 해외 자회사를 가지고 있는 영국기업들은 이 세금을 피하기 위해서 영국에 진출해 있는 외국 기업의 자회사에게 대출을 하는 대신에 외국 모기업이 영국기업 해외 자회사에게 대출하는 방법이 사용되었다.

<그림 2-14>는 영국기업과 미국기업 간의 Parallel Loan 구조를 나타내고 있다.

〈그림 2-14〉 Parallel Loan의 구조

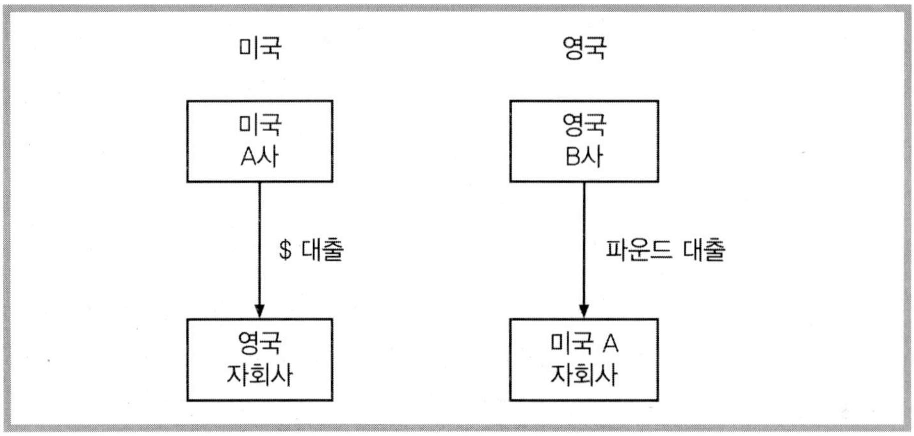

이 Parallel Loan의 현금흐름 구조는 앞에서 배운 통화스왑의 경우와 똑같다. 대출시 현물환율에 의해 교환되는 원금이 정해지고 이자는 각 시장금리가 적용되었다. A, B 두 자회사는 해외송금에 따른 세금을 피하면서 필요한 현지 운영자금을 손쉽게 저리로 조달할 수 있었다. 사실 스왑거래의 이용 동기를 보면 리스크관리보다 자금조달의 편의나 이자비용 또는 세금 절감의 목적이 더 크다.

이 Parallel Loan에도 문제점이 있었다. 첫째로 Parallel Loan계약은 두 개의 대출계약이 국적을 달리하는 상대방과 별개로 실행되는 것이어서 만약 한쪽의 채무 불이행 사태가 발생했을 때 상대방과 채무상쇄(set-off)가 가능하느냐 하는 문제가 있다. 두 번째 문제는 A사, B사 모두 자금조달 순효과가 없음에도 불구하고 대출계약이 두건 발생하므로 여기에 대한 이자소득세 원천징수 의무가 각각 발생한다는 것이다.

set-off 문제를 해소하는 방법으로서 back-to-back loan이 고안되었다.[20] 이것은 앞의 사례에서 A, B 두 모회사가 직접 필요한 파운드와 달러 대출을 조달받아서 각 자회사에 본지사간 대출(inter-office loan)을 하는 것이다. 두 모기업이 직접 대출 당사자가 되므로 신용위험이 상당히 개선되는 효과가 있다. 그러나 여전히 이자소득세 원천징수(withholding tax) 문제가 남는다. 계약서 제목이 대출교환(exchange of borrowings)인데다 이자지급(interest payment)라는 표현을 쓰고 있으므로 세무당국에서 이자소득세 원천징수를 주장할 근거는 상당하였다.[21]

통화스왑은 70년대 후반에 처음 유로시장에 소개되었다. 하지만 스왑시장의 계약조건이 표준화되고 거래시스템이 정비된 것은 80년대 초반 세계은행과 IBM간의 스왑거래가 계기가 되었다. 당시 세계은행은 금리비용을 낮추기 위해 저금리 통화였던 독일 마르크 및 스위스 프랑 차입을 원했으나 이들 통화표시 유로채권시장 규모가 작아서 추진할 수 없었다. 대신 세계은행은 규모가 큰 달러표시 유로채권시장에서 채권을 발행하고 그 원리금을 당시 마르크 및 스위스 프랑 채무를 보유하고 있던 IBM의 원리금과 교환하는 통화스왑계약을 체결하였다. 이 거래는 매우 성공적이어서 8차례나 반복되면서 초기 스왑시장 제도정비에 기여하였다.

금리스왑은 이보다 늦은 80년대 초에 유로시장에 선을 보였다. 당시 2차 오일쇼크후 국제금리의 급등에 따라 투자은행들 사이에서 금리변동위험 관리의 중요성이 부각되었다. 장기금리변동 위험관리 수단으로서는 미 국채 선물거래가 이미 시카고에서 활성화되고 있었으나 유로은행들은 자기네 상품을 시카고거래소에서 거래하는 것을 꺼려하였다. 이러한 동기가 복합적으로 작용해서 유로은행들은 자체적으로 장기 채권 발행에 따른 리스크를

20) Parallel Loan과 Back-To-Back Loan 계약은 실제 대출계약서가 작성되므로 부외(off-balance sheet)거래가 아니다.

21) 스왑계약서라고 제목을 바꾼 이후에도 특히 통화스왑계약 이자에 대해서는 이자소득세를 부과하려는 당국과 실질적 자금차입이 발생하지 않으므로 이자소득이 아니라고 주장하는 은행간의 다툼은 상당기간 지속되었다.

전문적으로 다루는 스왑데스크를 조직해서 영업에 나섰다. 이들 데스크에서는 다양한 스왑거래 고객을 발굴하는 일 외에 다양한 만기 및 통화 표시 스왑계약들을 종합적으로 관리하는 소위 'swap warehousing'이 주요업무가 되었다.

80년대 중반에 와서 스왑시장은 급속하게 커졌다. 신규 발행되는 유로본드의 대부분이 스왑거래를 하기 위해서 또는 스왑거래에 연계되어 발행되었다. 국제은행들은 유로본드를 발행해서 조달한 자금을 브라질, 멕시코 등 개도국 공기업에 신디케이트 대출을 해주고 개도국 기업들로 하여금 금리 리스크를 관리하기 위해서 고정금리 지급스왑을 하도록 하였다. 즉 신디케이트 대출은 변동금리로 되어 있었기 때문에 개도국 기업입장에서는 금리 상승 리스크에 노출되어 있었다. 그래서 스왑데스크에서 먼저 유로채권을 발행해서 자금을 조달한 다음 신디케이트 대출과 스왑거래를 패키지로 할 기업들을 찾아 나서는 것이 관행이 되었다.

〈그림 2-15〉 유로채 발행 + 신디케이트 대출 + 스왑거래 흐름

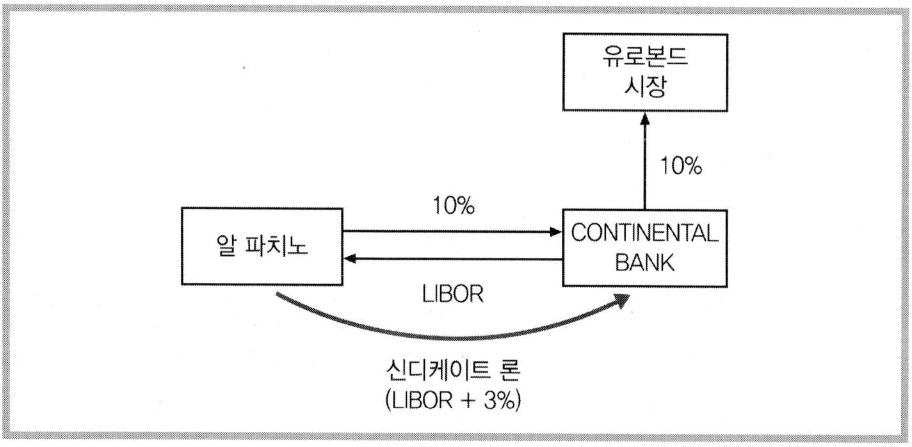

<그림 2-15>가 그 구조를 보여 주고 있다. 개도국 기업인 알 파치노 입장에서는 스왑거래가 금리 상승 리스크 관리수단이기 보다는 사실상 외자조달 수단이었다.[22] CONTINENTAL BANK 입장에서는 유로채권시장에서 저렴하게 조달해서 높은 금리로 신디케이트 대출을 해주고 다시 스왑거래를

추가함으로써 사실상 자기자금 투자도 없고 시장 금리변동 위험도 없는 거래가 가능하였다. 그러면서 고정된 마진 3%를 얻고 있다.

그러나 이 구조와 같이 대출이 계속 반복되면서 알 파치노 같은 기업들의 신용위험이 누적되고 급기야 이들 기업들이 지급불능에 빠지면서 1987년 컨티넨탈 일리노이 은행을 비롯해서 많은 은행들이 도산하였고 스왑시장은 붕괴상태에 빠졌다. 즉 당시 유로은행들의 스왑데스크에서는 시장위험(market risk)만 관리하고 신용위험(credit risk) 관리는 심각하게 인식하지 않았다.

선진국 재무장관과 중앙은행 총재들은 국제결제은행(BIS)에 모여 대책을 협의하였다. 그 결과 탄생한 것이 Basel 협정(소위 'Basel I')이다. <그림 2-15>에서 국제은행들의 대출을 자기자본금의 일정 배수 이내로 제한하는 것이 그 골자였다.

80년대 중반에는 상품시장에서도 스왑거래가 도입되었다. 상품스왑은 국제적으로 널리 거래되는 상품의 고정가격과 변동가격을 정기적으로 교환결제하는 형태를 말한다. 거래되는 상품으로서는 원유, 연료유, 천연가스, 귀금속, 비철금속, 콩, 옥수수 등의 곡물 등이 있다.

88-89년 신용위기 여파로 스왑시장은 잠시 침체기에 빠졌으나 1990년대 들어 다시 성장세를 회복하였다. 이 때는 자산스왑(asset swap)과 total return swap 등 신용위험을 관리하는 상품이 인기를 끌었다. 자산스왑은 유로채권에 투자하는 기관들을 위해 투자수익구조를 신축적으로 변화시키는 수단으로 사용되었다. 종래 자금조달 수단으로만 사용되던 스왑기법이 자산운용의 기법으로도 활용되게 된 것이었다. 이 당시에는 또한 기관투자가들의 주식시장 침여가 본격화되고 있있다. 이들의 필요를 충족시켜수기 위해서 equity swap 등 각종 주식관련 파생상품들이 활발하게 개발되었다. 동시에 스왑거래의 현금흐름과 결제조건에 이색옵션 등 복잡한 구조(exotic structure)를 가미시키는 형태들이 등장하였다. 1997년 아시아 금융위기 기간중 유로은행들은 자신들의 신용위험 포지션 청산을 위해 이들 복합파생상품들을

22) 아직도 유로시장에서는 스왑거래를 대출계약에서 끼워팔기 상품으로 하는 경향이 남아 있다.

많이 활용하였다고 한다.

2000년대 들어와서 스왑시장은 구조화상품(structured product) 붐을 타고 더욱 확대되었다. sub prime mortgage 대출자산과 벤쳐기업 등 저신용등급 대출 및 투자자산들을 모아 유동화 증권을 발행하는 일에 유로은행들이 경쟁적으로 뛰어 들었다. 이 유동화 영업에 따른 신용위험관리 수단으로서 CDS(credit default swap)거래가 크게 증가하였다. 반면에 total return swap은 Enron사가 이를 이용해서 대규모 손익을 조작한 사건이 발각되어 도산하면서 인기를 잃어 갔다. 은행들은 타은행들이 발행한 유동화 증권 또는 신용연계증권(credit linked note)에 투자하면서 그 리스크를 관리하기 위해서 다른 은행과 CDS거래를 하곤 하였다. 이러한 유로은행들의 행태는 시장에서 신용위험을 집중시켜 시스템위험(systemic risk) 누적을 낳았고 급기야 2008년 글로벌 금융위기 발발의 직접적 원인이 되었다.

2. 글로벌 금융위기와 LIBOR 스캔들 영향

글로벌 금융위기는 처음 미국의 Sub-prime 모기지 대출시장에서 비롯되었다. 1990년 들어 Sub-prime 모기지 대출의 신용위험이 CDS, CDO 등 복합파생상품을 통해서 관리되는 새로운 혁신적 금융기법이 소개되었다. 이를 주도한 세력은 대형 투자은행의 derivatives desk였다. 모기지대출계약들을 모아서 'pool'을 만든 다음 그것의 수익과 위험 구조를 다양한 형태 새로운 자산(이들 자산 조각을 'Tranche'로 불렀다)으로 분산 가공하는 영업(이를 유동화(securitization)라고 하였다)이 각 투자은행 derivatives desk의 주요 수익원으로 등장했다.

모기지대출에서 부실이 발생해도 투자은행들이 발매하는 이들 복합파생상품에 투자하는 투자자들이 그것을 감당하는 한, 시장에서 유동성위험은 발생하지 않을 수 있다. 모기지대출에서 부실이 증가하면 그만큼 파생상품

투자자들의 손실이 증가할 것이므로 투자자금 유입이 줄어들고 은행들은 모기지대출을 신중하게 관리하게 될 것이다.

문제는 투자은행들이 모기지대출 부실위험이 높아질 때 파생상품 영업을 축소한 것이 아니라 2차, 3차로 다시 위험을 가공 제조하는 새로운 복합파생상품을 창출해서 대처하는 것이었다. 심지어는 인공적으로 신용위험을 합성한 파생상품 'pool'을 먼저 만들어서 투자자들에게 예매를 한 다음 해당 pool에 편입할 모기지 대출들을 거꾸로 모집을 하는 경우도 생겨났다.

당시 각국 감독당국에서 바젤Ⅱ,Ⅲ 등 은행의 자본규제를 강화하고 있었음에도 이러한 투자은행들의 과도한 유동화 영업을 막지 못하였다.

그 원인으로서 첫째 은행들이 대출자산을 유동화하면 보유자산이 줄어드는 것이므로 자본금 규세에서 벗어날 수 있었다. 눌째로 은행들은 이러한 영업과정에서 발생하는 신용위험을 반대방향의 파생상품거래로 상쇄하는 것이 허용되었다. 이 결과 모기지대출 부실이 누적될 때에도 투자은행의 자본건전성은 그대로 유지될 수 있었다. 더구나 감독당국의 자본금 규제가 파생상품 총 거래대금이나 total position이 아니라 net position 또는 포지션 평가손실을 기준으로 하였기 때문에 실제 위험의 극히 일부분만이 시장에 노출되었다.

장외파생상품시장에서 선물거래소와 같은 central counterparty가 없는 것도 시장위험 누적을 미리 감지하지 못한 가장 큰 요인이었다. 여기에다가 감독당국의 자본금규제를 받지 않는 각종 사모펀드들이 신용파생상품 투자자로 참여한 것도 사태를 악화시키는 요인이었다. 모기지대출 부실이 커질 때 복합파생상품 각 조각들의 위험이 다같이 커지는 이른바 'correlation risk'를 기존 시장평가모형이 제대로 측정하지 못하는 문제가 있었음에도 파생상품시장 거래규모는 '대폭발'전까지 계속 증가하였다.

2008년 9월 Lehman의 부도 등 일단 시장붕괴가 시작되자 거래상대방 위험(counterparty risk) 때문에 장외파생상품 신규거래는 대부분 중단되었다. 거래소 상장 파생상품도 투자은행들의 위축으로 거래가 줄어들었다.

주요국 감독당국에서는 장외파생상품시장에 거래소시장과 유사한 장치를 도입하는 방향으로 제도개선책을 마련하였다.

가장 중요한 것은 중앙집중 결제(central clearing) 제도 도입이었다.[23)]

일단 스왑계약이 체결되면 당국이 승인한 중앙결제기구(central counterparty: CCP)와 즉시 반대계약을 맺도록 하는 것이었다. 예를 들어 은행이 고객과 short swap position 거래를 하면 은행은 바로 CCP와 long position 거래를 하도록 하는 것이다. 이 제도는 자발적으로 시행되었지만 CCP거래에 대해서는 은행의 자본금 요건을 완화해주고 서로 반대 방향의 포지션에 대해 포지션 차감 - 이를 compression service라 함 -의 혜택을 주었기 때문에 초기에는 90% 이상의 거래가 CCP 거래로 커버되었다.

또한 CCP 거래 포지션에 대해서는 거래소 거래와 같이 증거금 시장정산(mark-to-market)을 시행하였다.[24)]

이 외에도 스왑거래 체결을 '육성(voice)거래'보다도 자동화 시스템인 SEF(swap execution facility)를 사용하도록 하고, 체결되는 모든 거래는 당국(central depository)에 total position 기준으로 전산 보고하도록 의무화하는 등 규제를 강화하였다.

이러한 제도 도입 결과 시장거래 투명성이 높아지고 거래상대방 위험이 감소하면서 스왑시장은 점차 회복되기 시작하였다. 또한 보험회사나 fund들도 CCP에 등록하여 거래를 하도록 하였다.

그러나 2012년 런던시장에서 LIBOR 스캔들이 터져 나오면서 시장은 다시 변혁을 겪게 되었다.[25)]

---

23) 주요 중앙집중결제기구로서는 London Clearing House, Euroclear, ICE Clear, CME, 등이 있다.

24) 거래소 시장에서는 증거금을 매일 정산하지만 CCP에서는 5영업일 단위로 증거금을 정산하였다.

25) LIBOR 스캔들은 영국은행협회(BBA)의 LIBOR결정을 위한 서베이에 참여하는 국제 대형은행들의 자금딜러들이 자신들의 포지션에 유리한 방향으로 LIBOR가 정해지도록 서베이 금리보고를 조작 공모한 사건임. 이 사건 결과 관련 은행들은 90억 달러(약 12조 원)의 벌금

LIBOR 사건 이후 각국은 LIBOR 대신에 자국 국채 1일 환매(overnight Repo)이율을 중앙은행이 직접 시장에서 취합해서 각 이자계산기간에 적용되는 복리 가중평균 금리를 계산해서 공표하도록 하였다. 이 금리는 국채 담보거래 이율이기 때문에 RFR(risk free rate)이라고 불렸다.[26]

이러한 benchmark 변경은 스왑시장에서 여러 가지 변화를 가져 왔다. 첫째, LIBOR는 무담보자금거래 이율이기 때문에 유로은행들의 신용위험이 포함되어 있으나 RFR은 국채 담보 이율로서 무위험거래 이율이다. 따라서 유로시장에서 신용위험을 관리하기 위해서는 다른 추가적인 금리 index나 상품들이 필요하게 되었다.

둘째, LIBOR는 이자기산일부터 미래 계약기간에 적용되는 forward looking rate인 반면에 RFR은 Overnight 이자율을 이자기간만큼 거슬러 올라가며 가중평균한 값으로 계산한 backward looking rate이다. 예를 들어 오늘이 9월 26일이라고 하면 3개월(90일) LIBOR는 이자기산일인 9월 27일부터 12월 27일까지 이자계산에 적용되는 반면에 90일 SOFR(미 달러 RFR)는 지난 6월 27일부터 오늘 9월 26일까지 overnight repo rate 약 90개를 가중평균한 값이다. 물론 미래기간에 적용되는 SOFR도 가능하다. 예를 들어 3month term SOFR가 그것인데 이것은 3month LIBOR처럼 9월 27일부터 12월 27일까지 적용된다.

셋째, SOFR 등 RFR이 도입되면서 시장에서 소위 'fixing risk'가 줄어들어 이것을 헤지하기 위한 선도금리계약(FRA)거래 수요가 크게 줄었다. 예를 들어 일주일 뒤 3month LIBOR 이자지급이 예정된 경우 금리 상승 위험을 헤지하기 위하여 3month FRA거래를 할 수 있다. 그런데 3month SOFR 이자지

을 부과 당했으며 BBA의 LIBOR 공표권한은 박탈되었다. 각국 중앙은행은 자국 통화 자금거래 기준금리(benchmark)를 국채 1일 환매채(overnight repo) 거래 금리로 변경하는 방안을 발표하였다. 재미있는 것은 이것에도 불구하고 국제자금거래나 장외파생상품거래 시장에서 런던의 위상은 금새 회복이 되었다는 것이다.

26) RFR은 USD는 SOFR, 유로화는 ESTR, 영국 파운드는 SONIA, 엔화는 TONA, 등으로 불렸다. 또한 이들 RFR은 스왑거래뿐만 아니라 유로자금거래, 국제채권발행거래 등에도 LIBOR 대신에 사용되기 시작했다.

급이 예정된 경우는 이미 3개월 중 2개월 3주 동안의 이자가 확정되었으므로 추가적 이자변동 위험이 LIBOR보다 훨씬 작다.

마지막으로 SOFR가 overnight금리를 사용하는 것이기 때문에 스왑시장에서 overnight index swap(OIS)의 거래가 크게 늘어났다.

이상과 같이 글로벌 금융위기와 LIBOR 사건을 계기로 central clearing 등 감독강화 조치가 시행되고 종래 전화기 등을 사용한 육성거래가 전산시스템거래로 전환되면서 장외파생상품시장의 투명성과 신뢰도가 크게 향상되었다. 이를 바탕으로 스왑 등 장외파생상품거래가 다시 증가하기 시작해서 근래에 와서는 그 비중이 전체 파생상품시장거래의 45% 수준에까지 달하는 것으로 보고되었다.[27)]

스왑시장 최근 동향의 또다른 특징은 종래 major currency인 미 달러, 유로화, 영국파운드, 일본 엔화 외에 브라질 레알화, 중국 위안화, 태국 바트화 등 emerging 통화로 스왑시장이 확대되고 있는 점이다. 최근 BIS 서베이에서는 이들 시장 거래규모를 합치면 major currency 스왑시장에 육박하고 있다고 한다.

마지막으로는 미 달러 swap spread가 2008년 글로벌 금융위기 이후 현재까지 계속 negative상태를 유지하고 있다는 점이다. Swap spread는 동일 만기 swap 고정금리와 Treasury채권 수익률의 차이를 말한다.

주요 원인으로서는 미국 정부에서 금융위기 해소와 재정적자 해소를 위해 기록적인 수준의 Treasury 발행을 계속해 온 반면에 중국 등 기존 Treasury 주요 보유국에서 국채투자를 줄이면서 국채수익률이 스왑 금리를 상회하게 된 것이 지적되고 있다. 미 국채의 신용위험도가 그만큼 시장에 반영된 것으로 해석되는 것이다.

27) BIS, 2022 BIS Triennial Central Bank Survey.

문제 **현재 시장에서 5년 만기 swap rate는 3.2%, treasury 수익률은 4.0%이고 향후 3개월간 이들 금리가 변동이 없을 것이라고 예상될 경우 어떤 차익거래가 가능할 것인가?**

힌트 국채를 매입하고(매입자금은 국채 담보로 repo시장에서 차입), 5년 만기 고정금리 지급 스왑거래를 한다. repo 차입이율을 3.2% 수준에서 관리할 수 있다면 80bp(0.8% = 4.0 − 3.2)의 negative swap spread이익을 얻을 수 있다.

논의과제 **이상의 차익을 실제로 얻으려면 뒤따르는 추가적 비용에는 어떤 것들이 있는지 알아보자.**

3. 국내 스왑시장 발전

국내 스왑시장은 1997년 IMF 금융위기를 기점으로 본격 발전하기 시작하였다. 우선 IMF 금융위기 이후 환율과 이자율 급등락에 따라 이들 리스크 관리가 중요한 과제로 부각되었다.

이 당시 외화대출이나 해외차입을 이용하던 대기업에서 장기 환위험 관리를 위해 원/달러 통화스왑거래를 시작하였다. 또한 채권 시가평가제가 도입되면서 장기 원화 금리 리스크를 관리할 수 있는 수단이 필요해졌다. 특히 변동금리 채권을 많이 보유한 채권펀드에서 시장금리 하락위험에 대처하기 위한 원화 금리스왑거래가 늘어났다.

글로벌 금융위기 이후에는 외국기관들이 국채 투자에 참여하면서 원화 조달과 장기 환리스크 관리수단으로서 국내은행들과 통화스왑거래를 많이 하였다. 또한 해외투자에 나선 국내 펀드들도 환위험을 관리하기 위해서 통화스왑거래를 이용하였다.

국내은행들은 또 수출기업고객의 장기 선물 환매도에 따라 발생하는 은행의 환포지션을 헤지하는 용도로 통화스왑거래를 활용하였다. 이 거래는 국채투자를 하는 외국기관과 반대방향의 스왑 포지션을 잡는 것이기 때문에 국내은행들 입장에서는 리스크 부담이 거의 없었다.

국내 스왑시장의 특징으로서는 스왑베이시스가 계속 negative상태를 유지하고 있다는 점이다. 반면 USD 스왑시장과 달리, 스왑금리와 국채 수익률 차이 즉 swap spread는 별로 크지 않다. negative swap basis의 주된 이유는 국내기관들의 장기 달러자금 조달 능력이 부족하기 때문이다.

스왑베이시스 = 원달러 스왑 고정금리 − 원화 스왑 고정금리

문제 **현재 서울시장의 금리 상황은 다음과 같다.**

3month CD = 3.48%, 3yr krw IRS(**금리스왑**) = 2.8%
3month SOFR = 5.33%, 3yr krw/usd CRS(**통화스왑**) = 2.0%
현물환율: **1달러** = 1,300**원**

1) **원/달러** swap basis**는**?
2) **3년간 달러자금을** SOFR+50bp**에 조달하고 원화자금을** CD **수준으로 운용할 수 있는** S bank**는 어떤 차익거래를 할 수 있을까**?

힌트 S bank는 원 2.8% 영수 금리스왑과 원 2.0% 지급 통화스왑(원금 = 1억 달러 = 1,300억 원)을 아래 그림과 같이 실행.
차익 = basis 80bp − 50bp = 30bp.

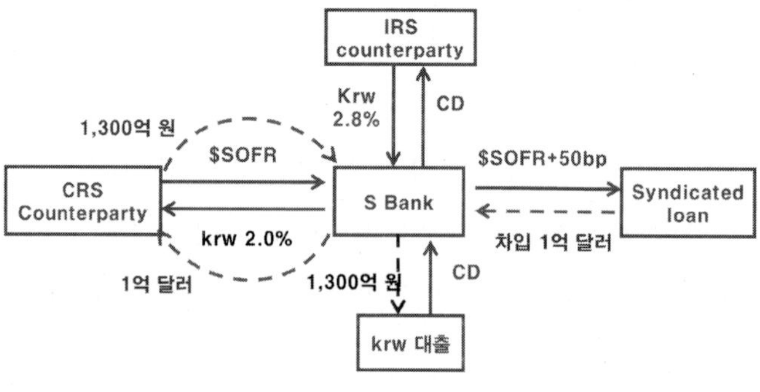

논의과제 **이상의 차익에 뒤따르는 추가적 비용과 수익에는 어떤 것들이 있는지 알아보자.**

달러자금 조달이 어려워질수록 이러한 원/달러 통화스왑의 수요가 증가하므로 받는 원화 고정금리는 하락하게 된다. 결국 negative 스왑베이시스가 확대된다. 반대로 달러 공급이 원활할수록 이 basis는 축소될 것이다. Negative basis는 달러 조달 어려움이 있는 emerging 통화의 공통현상이기도 하다.

연습문제

※ O, ×로 답하시오(1~7).

문1 국제스왑시장에서 변동금리로서는 3개월 또는 6개월 미 달러 LIBOR가 많이 사용된다 (　)

문2 스왑가격을 고시할 때 US Treasury방식이란 스왑 고정금리를 같은 만기의 미 국채수익률로 하는 것을 말한다 (　)

문3 고정금리지급 스왑을 할 때는 swap bid rate가 적용된다 (　)

문4 변동금리 차입을 한 후 고정금리지급 스왑거래를 하면 차입비용을 항상 절감할 수 있다 (　)

문5 국내시장 스왑거래에서 변동금리는 6개월 CD금리가 사용된다 (　)

문6 국내에서 원화와 달러와의 결제자금을 교환하는 스왑거래는 금지되어 있다 (　)

문7 변동금리 채권에 투자한 후 고정금리지급 스왑을 하면 금리수입을 고정시킬 수 있다 (　)

문8 swap bid rate**와** offered rate**의 차이는**?

① 신용도가 낮을수록 감소한다.
② swap금액이 클수록 증가한다.
③ hedge금액이 클수록 증가한다.
④ local통화일수록 커진다.

문9 **삼청은행은 유로본드를 발행한 후[발행비용: 7%(AMM)] 아리랑기업에 외화대출을 제공하였다. 대출금리는** LIBOR + 50bp**이다. 동시에 아리랑기업으로 하여금 금리상승위험 관리목적으로 금리스왑을 하도록 하였다. 스왑금리를** 6.7%(AMM)**로 했을 때 삼청은행의** total margin**은 얼마인가**?

① 50bp
② 20bp
③ LIBOR − 80bp
④ 80bp

문10 **고정금리 지급 스왑**(pay fixed swap)**의 용도가 아닌 것은**?

① 장래 금리상승위험 헤지
② 장래 금리하락 예상시 이익실현 수단
③ 변동금리 채무를 고정금리 채무로 전환
④ 고정금리 수입을 변동금리 수입으로 전환

문11 **현재 시장에서 3년 만기** swap rate**는** Treasury + 45/40**으로 고시되어 있다. 3년 만기** Treasury **수익률이 6%로 주어진다면 고정금리영수 스왑에 적용되는** rate**는**?

① 6%
② 6.40%
③ 6.45%
④ 6.45%를 연율로 환산한 것

문12 **영등포상사는 유로시장에서 5년 만기 변동금리채를 1억 달러 발행하고**(**차입금리는** LIBOR + 150bp) **금리스왑거래를 통하여 금리비용을 고정시키고자 한다.** 5year swap rate**가** 5.05/4.95%(AMM)**라고 할 때 순차입비용은**?

① 5.05
② 4.95
③ 6.55
④ 6.45

문13 여의도기업은 향후 3년간 130억 원에 대한 투자수익 수입을 기대하고 있는 반면에 천만 달러의 차관 원리금을 상환해야 한다. 현재 환율은 1달러당 1,300원 수준이나 향후 3년간 안정화 여부가 불확실하다. 다음 중 여의도기업에게 향후 3년간 위험관리를 위하여 가장 적절한 대안이라고 할 수 있는 것은?

① 달러 원리금을 지급하고 원화 원리금을 영수하는 통화스왑거래를 한다.
② 원화 원리금을 지급하고 달러 원리금을 영수하는 통화스왑거래를 한다.
③ 달러 고정금리를 지급하고 LIBOR를 영수하는 달러 금리스왑거래를 한다.
④ 달러 고정금리를 영수하고 LIBOR를 지급하는 달러 금리스왑거래를 한다.

문14 Parallel Loan과 Back-to-Back Loan에 대한 설명으로 부적당한 것은?

① Parallel Loan에서는 set-off risk가 크다.
② Back-to-Back에서는 모기업끼리 직접 상호대출 계약을 체결한다.
③ 둘 다 원천징수 부담의 문제가 있다.
④ 둘 다 derivative 상품거래로서 B/S에 기록되지 않는다.

문15 2000년대 들어 국내 스왑시장의 발전 배경에 대한 다음 설명중 가장 관련성이 적은 것을 고른다면?

① 채권시가평가제 도입에 따라 채권형 펀드 평가손익 확대
② IMF 금융위기 이후 외화대출 사용 기업의 환리스크 확대
③ 정유사들의 환리스크 관리에 대한 관심 증가
④ 대형 수출기업들의 장기 선물환 매도 헤지 증가

문16 국제금융시장에서 swap거래의 역할에 대한 다음 설명중 가장 적합하지 않은 것은?

① 유로은행 영업에서 취급되는 파생상품(선물, 선도, 옵션, 스왑)중 가장 리스크가 높은 그룹에 속한다.
② 최근 국제금융 위기의 직접 발발 원인과 밀접한 관련이 있다.
③ swap거래 투명성에 대한 감독당국의 규제가 강화되고 있는 추세이다.
④ 거래소 상장상품에서 장외파생상품으로 전환되는 추세이다.

※ 17-19: **현재 시장에서 다음 시세표를 가정해서 문제를 푸시오**(이자계산 방법은 모두 동일 가정).

	CRS KRW/USD		KRW IRS KRW/KRW		BASIS SWAPS KRW/USD		USD IRS USD/USD	
2Y	2.15	1.15	2.65	2.61	−103	−113	0.972	0.997
3Y	2.18	1.18	2.75	2.71	−100	−110	1.546	1.576

문17 **대성연금은** CD+1%**를 지급하는** 3**년 만기 원화 변동금리채**(floating rate note: FRN)**에 투자하고 있다. 향후 금리하락 예상에 따라 투자수익율을 고정시키고자 한다. 현재 시장에서 가능한 방안으로서 가장 적절한 것은?**

① 원화 2.75% 지급 금리스왑을 한다.
② 원화 2.71% 영수 금리스왑을 한다.
③ 원화 CD−1.00% 지급 금리스왑을 한다.
④ 원화 CD−1.1% 영수 금리스왑을 한다.

문18 **경복상사는 기자재수입용으로** 1**억달러의 외화대출을 쓰고 있다. 대출 잔존만기는** 3**년이고 대출금리는** LIBOR+3%**이다. 달러시세 불안이 예상되어 스왑계약을 이용해서 원화 변동금리 부채로 전환하려고 한다. 다음중 가장 적절한 방안을 고른다면?**

① 달러 LIBOR를 지급하고 원화 CD+2.10%를 영수하는 스왑을 한다.
② 달러 LIBOR를 영수하고 원화 CD+2.00%를 지급하는 스왑을 한다.
③ 달러 LIBOR를 지급하고 원화 CD−1.10%를 영수하는 스왑을 한다.
④ 달러 LIBOR를 영수하고 원화 CD−1.00%를 지급하는 스왑을 한다.

문19 **중기은행은 해외에서** LIBOR+2%**로** 1**억달러를 조달하고**(**만기** 3**년**) **동시에 달러 고정금리 지급스왑을 추가해서 고정금리로 자금을 조달하였다. 위 시세표를 사용할 때 중기은행의 달러조달이율은 얼마가 되는가?**

① 1.576%　② 3.546%
③ 3.576%　④ 4.75%

문20 **New York Fund는 여의도증권과 LIBOR를 지급하고 대신 KOSPI200 상승률 + 50bp를 받는 주가지수 swap거래를 하였다. 이 결과로 볼 수 있는 것은?**

① New York Fund는 한국증시에 주식투자를 한 효과가 된다.

② New York Fund는 주가 하락시에는 LIBOR 지급비용만 안게 된다.

③ New York Fund가 고정금리로 자금을 조달하여 상기 스왑을 하면 국제 금리변동리스크 없이 한국 주식투자의 효과를 얻는다.

④ New York Fund는 LIBOR 상승시 이익을 본다.

문21 **하바드펀드에서는 런던투자은행으로부터 1억 달러를 차입해서(이자 = 6개월 LIBOR) 한국의 3년 만기 국채에 투자하였다. 투자금액=1,000억 원, 수익률 = 5%. 동시에 이 펀드에서는 투자리스크를 헤지하기 위해서 달러/원 통화스왑계약을 삼청은행과 체결하려고 한다. 서울시장에서 3년 만기 스왑 레이트가 다음과 같을 때 하바드펀드의 3년간 투자마진은 대략 어느 정도가 되겠는가?**

	USD/KRW CRS	KRW/KRW IRS
3year	4.0–3.9	4.5–4.4

① 0.5% ② 0.6%

③ 1% ④ 1.1%

정답 및 해설

1. O. 유로시장에서 미 달러자금시장이 가장 크며 6개월 LIBOR가 중심금리지표 역할을 한다
2. x. 미 국채수익률에 스왑 스프레드를 더하는 방식을 말한다.
3. x. swap offered rate가 적용된다.
4. x. 고정금리지급 스왑을 한 후 금리가 하락해버리면 오히려 스왑거래 전보다 이자금액이 늘어난다.
5. x. 변동금리로서 3개월 CD금리가 사용된다.
6. x. 원화와 달러간의 스왑거래가 잘 이루어지고 있다.
7. x. 고정금리영수 스왑을 해야 금리수입을 고정시킬 수 있다.
8. ④ 소규모거래 통화일수록 유동성위험이 있으므로 호가스프레드가 커진다.
9. ② 삼청은행 영수액-(L+50bp)+6.7%, 지급액=7%+L.
10. ② 고정금리지급 스왑거래를 한 후 금리가 하락하게 되면 고정금리지급 흐름의 시장가치는 상승하는 반면에 변동금리 영수금액은 감소하므로 스왑포지션의 시장가치가 감소하게 된다.
11. ② 고정금리영수(변동금리지급) 스왑거래시에는 swap bid rate가 적용된다. 따라서 이 경우 적용금리는 6%+0.40%=6.40%가 된다.
12. ③ 변동금리채를 발행하면 LIBOR 상승위험에 노출되며 이를 관리하기 위해서 LIBOR를 영수하고 고정금리 5.05%를 지급하는 스왑거래를 한다는 얘기이다. (고정금리 지급시에는 offered rate 5.05%가 적용된다.) 따라서 순차입비용은 LIBOR + 1.5% − LIBOR + 5.05% = 6.55%가 된다.
13. ② 달러흐름과 원화흐름을 상계시키는 스왑거래를 해야 한다.
14. ④ Parallel Loan과 Back-to-Back Loan은 파생상품이 아니다.
15. ③ 대표적 수입기업인 정유사들은 장래 달러 상승에 대비해서 선물환매입헤지보다 국내 제품값 인상 또는 환수입금액과 수출금액을 매칭시키는 방법을 선호한다.
16. ④ 금융위기 이후 스왑거래는 거래소 상장상품과 같은 시스템을 거쳐 거래하도록 규제 받고 있다.
17. ② 원화 2.71% 영수 금리스왑을 한다.
18. ④ 달러 LIBOR를 영수하고 원화 CD−1.00%를 지급하는 스왑을 한다.
19. ③ 3.576%=1.576+2%
20. ① KOSPI지수가 상승하면 스왑 영수금액이 늘어나고 하락하면 영수금액이 줄어들기 때문에 New York Fund는 한국주식에 간접적으로 투자한 셈이 된다. 주가하락시에는 LIBOR이자뿐만 아니라 주가하락분까지 지급해야 한다.
21. ③ 5+LIBOR−4−LIBOR=1%

제3장 스왑가격 결정과 스왑포지션 평가

제1절 비교우위 모형(comparative advantage model)

1. 차입조건상의 비교우위

신용도 차이가 있는 두 당사자가 스왑거래를 할 때 스왑 고정금리가 어떻게 결정되는지를 이론적으로 살펴보자. 이를 위해 우선 A은행(신용 등급 AAA)과 B기업(신용 등급 BBB)이 다음과 같은 차입조건 차이가 있다고 가정하자.

	A은행(AAA)	B기업(BBB)	금리차이
고정금리차입	5.7	6.5	0.8
변동금리차입	L	L+0.4	0.4

국제적인 고정금리 차입시장으로는 대표적으로 유로본드시장을 들 수 있다. 이 시장에서의 투자가들은 연금, 신탁, 보험사 등 기관투자가와 개인 부호 등 장기 투자자들로서 채권발행기업의 신용도에 민감하다. 변동금리 차입시장은 유로달러시장(Eurodollar market)을 대표적인 것으로 들 수 있는데 이 시장에서의 자금공여자는 국제적 상업은행들로서 대규모 단기자금을 전문적으로 운용하고 있기 때문에 신용관리능력이 뛰어나다. 따라서 신용도 차이에 유로본드 시장 투자가들만큼 민감하지 않다. 결국 똑같은 신용도 차이에 대해 시장에 따라 금리차이 또는 신용도 가격차이가 달라지는 현상이 국제금융시장에 나타나게 되는 것이다. 이것은 일반적으로 시장에서 일물일가의 법칙이 성립하지 않는 일종의 시장 비효율성(market inefficiency)의 결과라고도 할 수 있다.

국제차입시장에서 이러한 시장 비효율성의 결과로 차입자간의 비교우위가 생기게 된다. 즉 신용도가 높은 A은행은 고정금리 차입과 변동금리 차입 면에서 모두 B기업보다 우위에 있지만 고정금리 차입시장에서의 우위가 0.8%로서 더 뛰어나다.

반면에 신용도가 낮은 B기업은 양 시장에서 모두 차입조건면에서 뒤떨어지지만 변동금리 차입시장에서 비교적 열등한 정도가 덜하다. 이러한 논리는 19세기 영국의 경제학자 David Ricardo가 국제무역의 이익을 설명하기 위하여 도입한 비교우위(comparative advantage)의 개념을 원용한 것이다. 여기서 A은행은 고정금리 차입에 비교우위가 있고 B기업은 변동금리 차입에 비교우위가 있다고 할 수 있다. 따라서 둘이 각자 비교우위가 있는 시장에서 차입을 한 다음에 그 이자지급흐름을 상호 교환한다면 둘 다 유리한 차입조건을 달성할 수 있다는 논리를 세울 수 있다. 여기서 이자지급흐름의 교환이 바로 스왑거래이다.

2. 스왑금리의 결정

A은행과 B기업의 차입 및 스왑거래의 현금흐름은 다음 <그림 3-1>처럼 나타낼 수 있다.

〈그림 3-1〉 A, B의 차입 및 스왑거래 현금흐름

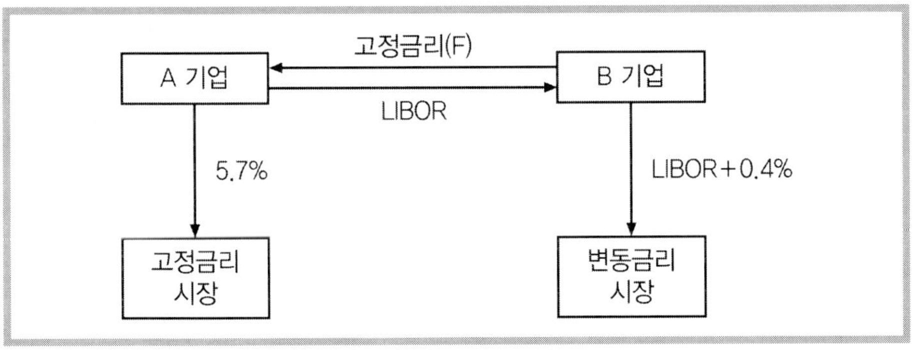

<그림 3-1>에서 A은행이 B기업에게 지불하는 변동금리를 LIBOR로 정하면 고정금리 F를 결정하는 문제가 남는다. F를 높게 정할수록 A가 유리하고 낮게 정할수록 B가 유리할 것이다.[28] 예를 들어 F = 5.7%라고 하자. 그러면 A은행은 스왑거래를 할 이유가 없다. 고정금리 차입과 스왑거래를 합성함으로써 LIBOR로 차입하게 되는데 그 결과는 직접 변동금리 차입을 하는 경우보다 나은 게 없기 때문이다. 반면에 B기업은 스왑거래 참여 동기가 충분하다. 변동차입과 스왑거래를 통하여 6.1%(= L + 0.4 − L + 5.7%)의 고정금리 차입효과를 얻기 때문이다. 직접 고정금리 차입을 할 경우 B는 6.5%를 부담해야 한다.

한편 F = 6.1%라고 하자. 그러면 B기업은 스왑거래 참여 동기가 없다. 변동차입과 스왑거래를 합하면 고정금리 차입 6.5%가 나오는데 직접 고

28) 여기서 변동금리를 B의 차입금리인 L+0.4%로 할 수도 있는데 그렇게 되면 고정금리도 F+0.4%로 해야 할 것이다. 실제 시장에서 스왑 변동금리를 LIBOR에 일정 스프레드를 더한 형태로 하기도 하는데 이를 LIBOR margin swap이라 한다. LIBOR margin swap은 변동금리 차입자의 결제 편의를 위해서 많이 사용된다.

정금리로 차입하는 경우와 비교해서 나을 게 없기 때문이다. 반면에 A은행은 LIBOR−0.4%의 변동금리 차입을 얻을 수 있기 때문에 스왑거래를 하고자 할 것이다.

종합하면 스왑 고정금리는 5.7%보다는 크고 6.1%보다는 작아야 함을 알 수 있다. 여기서 5.7%는 신용도가 앞선 A은행의 고정금리 차입조건, 즉 유로본드 발행금리이며 스왑금리 상한 6.1%와 하한 5.7%의 차이인 0.4%는 A, B 양 기관의 고정금리 차입조건 차인 0.8%와 변동금리 차입조건 차 0.4%와의 차이다. 이 0.4%를 credit spread differential(CSD)라 한다. 따라서 스왑 고정금리의 범위는 다음과 같이 주어진다.

$$5.7\% < F < 5.7\% + CSD$$

CSD는 스왑거래에서 얻을 수 있는 총 스왑이익(total swap gain)이며 스왑거래조건을 정한다는 것은 결국 A, B 양자간에 이 스왑이익을 배분하는 문제라고 할 수 있다.

예를 들어 양자간에 스왑이익을 반분하기로 했다고 하자. 즉 F = 5.9%로 하고서 A, B의 순차입비용을 계산하면 다음과 같다.

A의 순차입비용 = 5.7 + LIBOR − 5.9 = LIBOR − 0.2%
B의 순차입비용 = L + 0.4 − L + 5.9 = 6.3%
A의 스왑이익 = 0.2% = L − (L − 0.2)
B의 스왑이익 = 0.2% = 6.5 − 6.3%

이 모형에서 스왑거래가 성립하려면 스왑금리 F가 A의 고정금리 차입 조건 5.7%와 여기에 CSD를 더한 6.1% 사이에서 결정되어야 하는 외에, B기업이 변동금리 차입을 하여 금리 고정화를 희망하여야 한다. 만약 B기업이 금리하락을 예상할 경우에는 변동금리 차입 상태를 그대로 유지하려 할 것이다. 실제 국제금융시장에서 보면 국제금리가 안정세를 보이는 시기에는 스왑거래가 줄어든다.

비교우위모형에 따르면 스왑시장금리는 신용도가 AAA인 유로채권의 수익률을 하한으로 하고 그것에 신용스프레드차이(CSD)를 더한 것을 상한으로 해서 시장수급에 따라 결정된다는 것이다. 국제금융시장이 안정적일수록 스왑금리는 하한에 가깝게 형성되고 불안할수록 상한에 접근한다는 것이다. 실제 스왑시장에서 고시되는 스왑금리는 대형 투자은행들이 참여하는 도매시장에서 형성되는 것이므로 신용도가 AA내지 AAA인 금융기관의 채권수익률과 비슷한 수준에서 움직인다.

3. 통화스왑시장에서의 비교우위

A, B 두기업의 차입조건이 다음과 같을 때 각각 비교우위가 있는 시장을 고른다면?

〈그림 3-2〉 $ 차입 및 € 차입시장에서의 차입조건 비교

	A	B
€고정금리 차입	€ 2%	€ 4%
달러변동 차입	$ L	$ L+1%

A는 유로화 차입에서 2%나 더 유리하므로 유로화 차입에 비교우위가 있고, B는 둘다 불리하나 $ 차입시장에서 상대적으로 덜 불리하므로 $ 차입에 비교우위가 있다고 할 수 있다. 스왑이득 CSD를 계산하면 1%(=2－1)가 나오므로 A, B, 양자간 이득을 반분한다고 하면 다음 <그림 3-3> 와 같이 각자 비교우위가 있는 시장에서 차입을 하고 상대와 현금흐름을 교환할 수 있다.

〈그림 3-3〉 € 고정/$ 변동 통화스왑거래

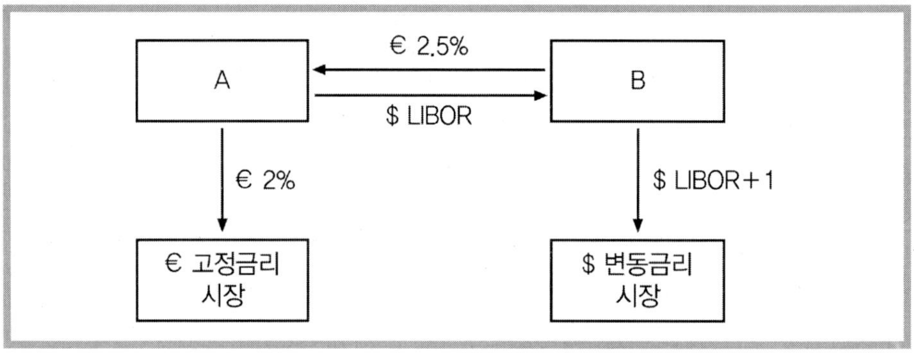

그런데 특기할 것은 여기서 만약 B가 [1] 자금조달을 고집한다면 스왑거래가 성립하지 않는다는 것이다.

4. 스왑 스프레드(swap spread)

앞에서 swap spread는 동일 만기 swap rate와 국채수익률의 차이라고 하였다.

스왑시장은 국채시장 및 단기자금시장과 밀접하게 연관되어 있으며 각 시장에서 참가자들의 금리변동 위험 노출이나 유동성 사정, 위험헤지 수요, 그리고 규제 환경 등이 복합적으로 작용해서 스왑 스프레드에 반영된다. 따라서 스왑 스프레드 변화를 보면 금융시장의 전반적 상황과 향후 경기변동 등을 예측해 볼 수 있다.

일단 스왑 스프레드의 기본 성격에 대해서 살펴보자.

첫째, 스왑 스프레드는 스왑시장 참가자들의 신용위험을 반영한다. 국채는 이러한 신용위험이 없기 때문에 스왑레이트는 다른 요인이 없다면 국채수익률보다 높다. 즉, 정상적 시장상황에서 스왑 스프레드는 양의 값을 가진다.

둘째, 스왑 스프레드는 장기 금리변동 위험 헤지수요에 영향을 받는다. 장기 금리 상승이 예상되는 경우 이를 헤지하기 위하여 고정금리 지급 스왑(long swap) 거래 수요가 증가하여 스왑레이트가 상승하고 스왑 스프레드가 커진다. 반대로 장기 금리 하락이 예상되는 경우 short swap 거래 수요가 증가하고 스왑레이트가 하락하고 스왑 스프레드는 작아진다.

셋째, 경기변동이나 시장유동성 변동에도 영향을 받는다. 경기불안이나 시장 유동성 긴축 상황의 경우 스왑 스프레드는 커진다.

넷째, 국채 수급에 따라 변동한다. 미국은 글로벌 금융위기 수습을 위해 대규모 재정적자와 이를 보전하기 위한 국채발행을 늘렸다. 반면에 투자은행들의 장기 금리 변동을 헤지하기 위한 수요는 줄었기 때문에 스왑 스프레드가 계속 축소되었다. 특히 30년 만기의 미 달러 스왑 스프레드는 2008년 말 마이너스로 돌아선 이후 최근까지도 마이너스 상태에 있다.

2015년 이후에는 중국이 미 국채 보유를 축소하면서 10년 만기 스왑 스프레드도 마이너스로 돌아섰다. 이를 두고서 국제금융계에서는 미 국채의 신용위험도가 높아지면서 스왑 스프레드가 마이너스를 보이고 있다고 지적하기도 한다.

마지막으로 스왑 스프레드는 금융시장에서 규제와 거래비용 변화를 반영한다. 예를 들어 미국시장에서 장기 스왑 스프레드가 마이너스 상태일 때 투자은행들은 repo시장에서 자금을 차입하여 국채를 매입하고서 고정금리 지급 스왑을 하면 마이너스 스왑 스프레드만큼 차익을 얻을 수 있다. 그런데 현실적으로는 은행의 차입비율 규제, 자산보유에 따른 자본비용 증가, CCP와 스왑거래에 따른 증거금 관리 비용 등이 뒤따르기 때문에 차익거래 실행에 나서지 못하는 경우가 많다. 따라서 시장에서 마이너스 스왑 스프레드 상태가 장기간 방치될 수밖에 없다는 것이다.

5년 이하의 단기 만기의 경우에는 거래비용 등 제약조건이 덜하기 때문에 스왑 스프레드가 플러스 상태를 보이고 있다. 2024년 8월 국내 스왑시장에서도 장기 만기 스왑 스프레드는 마이너스 상태에 있다.

스왑시장에서는 스왑 스프레드를 Treasury 수익률에 덧붙는 스프레드라고 하지만 채권시장에서는 의미가 다르다. 개별 채권의 스왑 스프레드는 채권의 수익률과 이 채권과 비슷한 만기의 benchmark swap rate와의 차이를 의미한다. 특히 asset swap spread는 채권투자+고정금리 지급 스왑을 결합한 경우(이를 'synthetic FRN'이라 함)의 수익률인 'LIBOR(또는 SOFR)+spread'에서 이 spread를 의미한다.

5. 통화스왑 베이시스

앞장에서 원/달러 통화스왑 베이시스는 원화 금리스왑 레이트와 원/달러 통화스왑 레이트의 차이라고 하였다. 이것은 달러 변동금리(LIBOR)와 원화 변동금리(CD rate)를 교환할 때 원화 금리에 붙는 디스카운트로 나타난다고 하였다. 예를 들어 <표 2-1>에서 3년 만기 원/달러 베이시스 스왑 레이트는 −71/−91 또는 ask CD−71bp, bid CD−91bp로 되어 있다.

원달러 통화스왑 베이시스가 마이너스 값을 갖는다는 것은 시장에서 달러자금 차입이 원화자금 차입보다 어렵다는 것을 반영한다. 또는 달러 short position 수요가 달러 long position 수요보다 크다는 것을 의미한다.

<표 3-1>은 2014년 4월 18일 세계 주요 통화의 미 달러 LIBOR와 교환하는 통화스왑 베이시스 시세이다. 이를 보면 영국 파운드(GBP)와 유로(EUR) LIBOR는 미 달러(USD) LIBOR와 거의 등가로 거래되는 반면에 일본 엔(JPY)와 스위스 프랑(CHF)는 달러 LIBOR에 비해 디스카운트 되어 있다. 시장에서 엔이나 스위스 프랑에 비해 달러 차입이 그만큼 곤란하다는 것이다. 스위스의 경우는 스위스 프랑화 투기를 억제하기 위해 달러를 차입해서 스위스 프랑을 취득하는 것을 규제하고 있으며 이 때문에 디스카운트가 발생하고 있다.

〈표 3-1〉 주요통화의 통화스왑 베이시스

	GBPUSD		EURUSD		JPYUSD		CHFUSD	
	OFFER	BID	OFFER	BID	OFFER	BID	OFFER	BID
1Y	1.8	−2.3	0.8	−3.3	−12.0	−16.0	−7.5	−11.5
2Y	2.0	−2.0	1.5	−2.5	−20.0	−24.0	−8.5	−12.5
3Y	2.5	−1.5	1.5	−2.5	−28.3	−32.3	−11.0	−15.0
4Y	2.5	−1.5	1.8	−2.3	−36.0	−40.0	−13.8	−17.8
5Y	2.3	−1.8	2.0	−2.0	−42.8	−46.8	−16.5	−20.5
6Y	2.0	−2.0	2.0	−2.0	−47.8	−51.8	−18.8	−22.8
7Y	1.8	−2.3	2.3	−1.8	−51.0	−55.0	−21.0	−25.0
8Y	1.5	−2.5	2.5	−1.5	−53.3	−57.3	−21.5	−25.5
9Y	1.0	−3.0	2.8	−1.3	−54.5	−58.5	−22.0	−26.0
10Y	0.5	−3.5	3.0	−1.0	−54.8	−58.8	−22.5	−26.5

국내시장에서는 달러 조달이 어려워질수록 원/달러 통화스왑금리가 하락하게 되고 원/달러 통화스왑 베이시스 디스카운트는 커진다. <그림 3-4>는 원/달러 통화스왑 bid 레이트 추이를 보여 주고 있다. 2014년 4월 18일 현재 −85bp로서 예전에 비해 많이 개선되었다. 2011년 10월 그리스 부도 위기가 정점에 달했을 때는 300bp를 넘어섰으며, 2013년 6월에는 미국의 양적 완화 축소(QE tapering) 보도가 나오면서 달러 구하기가 어려워지자 다시 200bp를 넘기도 하였다.

〈그림 3-4〉 원/달러 통화스왑 베이시스 bid 레이트 추이
(2010년 8월~2014년 4월)

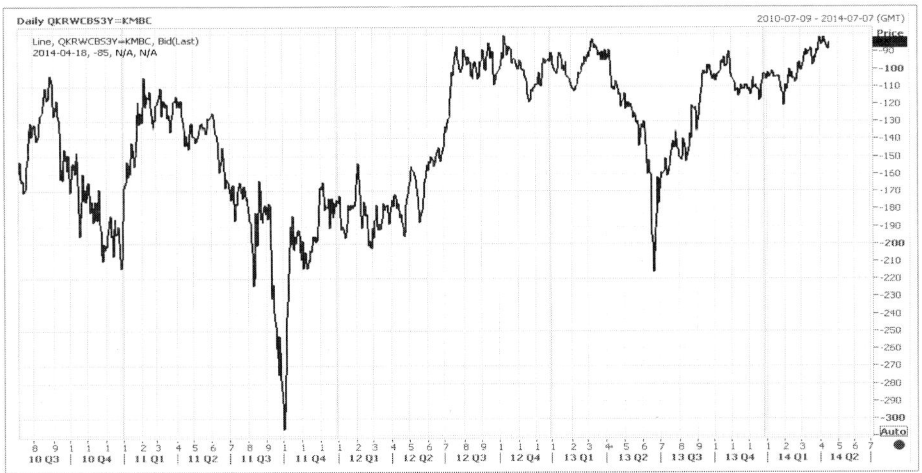

제2절 스왑포지션 평가

1. 기본원리

스왑거래는 두 개의 자금 흐름을 상호 교환하는 것이므로 계약시점에서 각각의 시장가치는 기본적으로 같아야 한다. 금리스왑의 경우를 예로 들면 계약을 맺는 시점에서 변동금리흐름 현가의 합과 고정금리흐름 현가의 합은 bid-ask spread를 감안하지 않으면 둘 다 계약원금(notional principal 또는 par amount)과 같다. 통화스왑의 경우에는 두 통화 현금흐름을 각각 구한 다음 현재 시장환율을 적용하면 두 흐름의 가치는 같아진다. 따라서 계약시점에서 스왑계약의 순가치(net value)는 제로이다.

스왑거래시의 고정금리를 스왑가격 또는 swap rate라고 하는데 이것은 1년 이상 만기의 대표적 시장금리 지표로서 수익률곡선을 산출하는 데에 널리 사용된다.

전형적인 금리스왑계약에서 각 현금흐름의 가치는 액면(par)과 같기 때문에 고정금리 현금흐름의 가치는 시장가격이 액면과 같은 par bond의 가치와 같다. 또한 변동금리 현금흐름의 가치는 매 결제기간마다 시장에서 형성되는 변동금리를 지급하는 FRN(Floating Rate Note)의 가치와 같다고 할 수 있다. 이런 이유로 스왑계약의 고정금리인 swap rate는 par bond rate 또는 par rate라고 부른다.

물론 실제 계약을 할 때 각 현금흐름의 가치가 반드시 액면과 같아지도록 하는 것은 아니다. 사전에 up-front-fee라고 해서 일정금액을 별도로 지급하는 경우는 그 금액만큼 스왑가치가 액면과 달라진다. 하지만 도매금융시장에서 일반적으로 호가되는 표준적 스왑(generic swap)의 가격 또는 benchmark swap rate를 구할 때는 이 원리가 적용된다.

스왑포지션 평가를 위해서는 현가계산이 필수적이다. 또 이 현가계산에는 다양한 방식이 존재한다. 자세한 내용은 제3장 부록을 참조하기 바란다.

2. 금리스왑포지션 평가

실제 스왑 포지션 평가작업을 해보면 필요한 시장시세 데이타를 확보하는 것이 만만치 않은 일임을 느끼게 된다. 장래 현금흐름의 현가 계산을 위해서는 각 현금흐름 발생시점의 현가계수를 구해야 하는데 시장에서 발표되는 이자율만으로는 부족한 경우가 많다. 없는 구간의 이자율은 보간법으로 구해야 하고 서로 값이 다른 이자율은 절충을 하기도 한다. 물론 기준이 다른 이자율은 하나의 기준으로 통일시키는 작업도 해야 한다. 특히 스왑시장은 장외시장이기 때문에 딜러들마다 bid-ask가 다르고 시시각각 변동한다. 따라서 여러 스왑포지션을 보유하고 있는 경우에는 일정한 평가기준을 제정해야 할 것이다.

bid-ask 차이가 큰 경우에는 어느 가격을 쓰느냐에 따라 평가 손익이 달라진다. 실무에서는 청산기준가격과 중간율(mid rate) 둘중의 하나를 쓴다. 청산기준가격은 기존 스왑포지션을 현재 시장가격으로 청산한다고 할 때 적용하는 가격이다.[29]

스왑포지션 평가는 두가지 목적으로 한다. 첫째는 보유 스왑포지션의 평가손익을 계산함으써 리스크를 파악하려는 것이고 둘째는 계약 만기 이전에 조기 청산하고자 하는 경우 조기청산가치를 계산하고자 하는 것이다.

보유 스왑계약이 한두개에 불과한 경우에는 어느 목적이든 청산기준 가격을 사용하는 것이 합리적이다. 그러나 스왑시장에서 market making도 겸하는 은행에서는 청산기준가격이 손익을 너무 보수적으로 산출하기 때문에 리스크 관리 목적에서는 중간율을 사용하는 것이 일반적이다.

29) 시장에서 딜러의 bid-ask시세가 없는 경우에는 이론적으로 합성한 가격을 사용하기도 한다.

사례

삼청은행에서는 2013년 4월 16일 3년 만기 원화 2.63% 지급 스왑계약을 체결하였다. 이자기산일(effective date)은 4월 18일로서 만기일은 2016년 4월 18일이다. 변동금리는 3개월 CD를 사용하고 원금은 1,000,000원이다. 2014년 4월 18일 고정이자와 변동이자 차액을 결제하였다. 4월 19일 현재 시점에서 이 스왑포지션의 평가손익을 계산해보자. 4월 17일 CD 이율은 2.65%(act/365)이었다.

이 스왑포지션에서는 향후 2년간 매 3개월마다 총 8번의 결제가 발생한다. 따라서 잔존 만기 2년 swap rate뿐만 아니라 3개월, 6개월, 9개월, 1년, 1년 3개월, 1년 6개월, 1년 9개월, 총 8개의 zero rate 또는 선도이율이 필요하다. 다음 <표 3-2>는 Thomson Reuters에서 제공하는 4월 18일 시세자료와 현가계산 결과이다.

〈표 3-2〉 2016년 4월 18일 만기 원화 2.63% 지급 스왑의 현가 계산

일자	고정 흐름(A)	고정 이율	zero rate	현가 계수(B)	고정흐름 현가(A*B)	변동 흐름(C)	선도 이율	변동흐름 현가(C*B)
2014-07-18	-6,556.99	2.63	2.6667	0.99346	-6,514.10	6,606.85	2.65	6,563.64
2014-10-20	-6,773.15	2.63	2.6891	0.98664	-6,682.66	6,912.22	2.684	6,819.88
2015-01-19	-6,556.99	2.63	2.7059	0.980013	-6,425.93	6,762.11	2.7123	6,626.96
2015-04-20	-6,556.99	2.63	2.7425	0.973163	-6,381.02	7,038.97	2.8233	6,850.06
2015-07-20	-6,556.99	2.63	2.7764	0.966221	-6,335.50	7,185.01	2.8819	6,942.30
2015-10-19	-6,556.99	2.63	2.8061	0.959229	-6,289.65	7,289.53	2.9238	6,992.33
2016-01-18	-6,556.99	2.63	2.8342	0.952177	-6,243.41	7,405.28	2.9702	7,051.14
2016-04-18	-6,556.99	2.63	2.8657	0.945059	-6,196.74	7,532.58	3.0213	7,118.73
계					-51,069.01			54,965.04

<표 3-2>에서 첫 번째 이자지급은 91일 후인 7월 18일 발생한다. 이날 고정이자지급은 6,556.99원(=1,000,000*0.0263*91/365)이 된다. 현재 시장에서 zero rate는 주어졌다고 가정한다. 3개월 zero rate는 2.6667%이므로 3개월 현

가계수는 $(1+0.026667)^{-91/365}=0.99346$, 따라서 고정이자 현가는 6514,10원이다. 변동이자는 현재 3개월 CD 2.65%를 적용하면 6,606.85원이 되고 여기에 현가계수 0.99346을 곱하면 변동이자 현가 6,563.64원이 나온다.

두 번째 고정이자 현가도 같은 원리로 계산한다. 3개월 일수는 94일을 적용한다. 문제는 3개월 뒤 3개월간 변동이자를 계산하는 일이다. 이것은 3*6 선도이율을 적용해서 계산한다. 표에서 3개월 뒤 3개월 선도이율은 2.684%인데 이것은 3개월과 6개월 두 개의 현가계수를 사용해서 다음과 같이 계산한 것이다.[30]

$$3*6\ \text{선도이율} = \{(0.99346/0.986640-1\}*365/94 = 0.02684$$

이렇게 해서 나머지 고정이자 현가와 변동이자 현가를 계산해서 각각 합계를 구하면 51,069.01원과 54,965.04원으로서 그 차이는 3,896.03원이 나온다. 즉 1년전에 고정금리 지급스왑을 2.63%에 했는데 그 사이 스왑금리가 상승함으로써 평가이익이 3,896.03원이 발생한 것이다.

그러면 스왑금리가 얼마나 상승한 것인가? 4월 19일 현재 2년 만기 스왑금리는 2.815−2.84%(bid-ask)이다. 중간율(mid rate)은 2.83%인데 이것을 적용해서 평가손익을 계산한 것이다.

여기서 만약 청산기준을 사용하면 bid rate인 2.815%를 사용하므로 평가이익이 조금 감소할 것이다.

우리 사례에서는 계산을 간단하게 하기 위해서 평가 시점을 변동이자 지급일로 가정하였다. 만약 평가시점이 변동이자 지급기간 중간에 있다면 자투리기간 이자율들을 보간법을 사용해서 산출해서 현가계산을 해야 하므로 상당히 복잡해진다.

30) 계산에 대한 설명은 부록 참조

3. 통화스왑포지션 평가

이 절에서는 잔존만기 3년 3.5% 지급 액면 10백만 달러 / 4% 영수 114억 통화스왑 포지션의 가치를 평가하여 보자. 오늘 현재는 2004년 11월 14일이라 하면 이자기산일은 11월 16일이 될 것이다. 달러/원 현물환율과 각 통화의 금리가 다음과 같이 주어졌다고 가정하자.

〈표 3-3〉 시장환율 및 금리

	U$(s.a. A/360)	KRW(q. A/365)
현물환율		1110.0
1M	2.1052	3.6558
3M	2.2863	3.7623
6M	2.3959	3.4770
1Y	2.6151	3.3876
2y	3.0505	3.4831
3Y	3.3181	3.5592

이 통화스왑포지션은 리스크면에서 4% 114억원 자산과 3.5% 10백만달러 부채의 포지션을 보유한 것과 같다.

통화스왑 포지션	
4% 114억원 자산흐름	3.5% 10MM 달러 흐름

평가손익 계산원리는 원화자산흐름의 현가와 달러부채흐름의 현가를 각각 계산한 다음 현재환율을 달러 현가에 곱해서 이를 원화자산흐름의 현가와 비교하는 것이다.

즉, 스왑포지션 평가손익 = 원화자산흐름 현가 − 달러부채흐름 현가 × 현재환율

평가손익 계산을 위해서는 우선 원화 및 달러의 현가계수와 zero rate의 계산이 필요하다. 현가는 계산의 간편을 위해서 이자기산일인 16일까지만 하기로 한다. 14일 현재까지 현가계산을 위해서는 spot date까지 이틀치 금리정보가 추가로 필요하며 계산부담이 크게 증가하기 때문이다.

주어진 시장 정보를 사용해서 달러 현가계수와 기간별 zero rate를 계산한 결과는 <표 3-4>와 같다. 구체적 계산방법은 부록에서 참고하기 바란다.

〈표 3-4〉 11월 16일 미 달러 현가계수 및 zero rate

일자	경과일자	연율	swap rate (s.a. a/360)	swap rate (a.a/365)	PV factor	zero rate
2004-12-16	30	0.0822	0.0210520		0.9982727	0.0210520
2005-01-16	61	0.1671			0.9962715	0.0223934
2005-02-16	92	0.2521	0.0228630		0.9942703	0.0228630
2005-03-16	120	0.3288			0.9923789	0.0233588
2005-04-16	151	0.4137			0.9902849	0.0237138
2005-05-16	181	0.4959	0.0239590		0.9882585	0.0239590
2005-06-16	212	0.5808			0.9858573	0.0246988
2005-07-16	242	0.6630			0.9835335	0.0252516
2005-08-16	273	0.7479			0.9811323	0.0257111
2005-09-16	304	0.8329			0.9787311	0.0260916
2005-10-16	334	0.9151			0.9764074	0.0264053
2005-11-16	365	1.0000	0.0261510	0.0266876	0.9740062	0.0266876
2006-02-16	457	1.2521			0.9662786	0.0277761
2006-05-16	546	1.4959			0.9580831	0.0290393
2006-08-16	638	1.7479			0.9494324	0.0301319
2006-11-16	730	2.0000	0.0305050	0.0311646	0.9403403	0.0312346
2007-02-16	822	2.2521			0.9316989	0.0319124
2007-05-16	911	2.4959			0.9228205	0.0327045
2007-08-16	1003	2.7479			0.9137134	0.0333836
2007-11-16	1095	3.0000	0.0331810	0.0339209	0.9043860	0.0340671

다음으로 원화 현가계수와 zero rate의 계산결과는 <표 3-5>와 같다.

〈표 3-5〉 11월 16일 원화 현가계수 및 zero rate

일자	경과 일자	연율	swap rate (q. a/365)	swap rate (a.a/365)	PV Factor	zero rate
2004-12-16	30	0.0822	0.036558		0.9970	0.03656
2005-01-16	61	0.1671			0.9938	0.03730
2005-02-16	92	0.2521	0.037623		0.9906	0.03762
2005-03-16	120	0.3288			0.9882	0.03623
2005-04-16	151	0.4137			0.9856	0.03532
2005-05-16	181	0.4959	0.034770		0.9831	0.03477
2005-06-16	212	0.5808			0.9803	0.03457
2005-07-16	242	0.6630			0.9777	0.03444
2005-08-16	273	0.7479	0.022626		0.9749	0.03437
2005-09-16	304	0.8329			0.9722	0.03432
2005-10-16	334	0.9151			0.9696	0.03431
2005-11-16	365	1.0000	0.033876	0.034309	0.9668	0.03431
2005-12-16	395	1.0822			0.9640	0.03442
2006-01-16	426	1.1671			0.9612	0.03452
2006-02-16	457	1.2521			0.9584	0.03450
2006-03-16	485	1.3288			0.9557	0.03470
2006-04-16	516	1.4137			0.9528	0.03479
2006-05-16	546	1.4959			0.9500	0.03490
2006-06-16	577	1.5808			0.9471	0.03495
2006-07-16	607	1.6630			0.9444	0.03502
2006-08-16	638	1.7479			0.9415	0.03510
2006-09-16	669	1.8329			0.9386	0.03518
2006-10-16	699	1.9151			0.9358	0.03525
2006-11-16	730	2.0000	0.034831	0.035289	0.9330	0.03531
2006-12-16	760	2.0822			0.9302	0.03539
2007-01-16	791	2.1671			0.9273	0.03546
2007-02-16	822	2.2521			0.9245	0.03547
2007-03-16	850	2.3288			0.9218	0.03559
2007-04-16	881	2.4137			0.9189	0.03565
2007-05-16	911	2.4959			0.9160	0.03577
2007-06-16	942	2.5808			0.9133	0.03579
2007-07-16	972	2.6630			0.9105	0.03585
2007-08-16	1003	2.7479			0.9075	0.03594
2007-09-16	1034	2.8329			0.9047	0.03598
2007-10-16	1064	2.9151			0.9019	0.03604
2007-11-16	1095	3.0000	0.035592	0.036070	0.8990	0.03611

원화는 분기 지급을 가정하였기 때문에 분기별 현가계수가 필요하다. 이상의 현가계수를 사용해서 주어진 통화스왑의 잔존가치를 계산한 결과가 <표 3-6>이다. 계산결과를 보면 환율과 금리의 변동으로 397백만원의 평가이익이 발생한 것으로 나타났다. 비록 처음 스왑 계약 당시의 금리 자료가 없기 때문에 정확한 계산을 할 수는 없지만, 달러금리의 하락은 스왑지급흐름의 가치를 상승시켜 평가손실 요인으로 작용하였고 원화금리의 하락은 스왑영수흐름의 가치를 상승시켜 평가이익 요인이 되었다고 할 수 있다. 그러나 통화스왑 가치변동을 좌우하는 가장 큰 요인은 환율변동이다. <표 3-7>에서 달러 환율이 계약 당시와 같은 1달러=1,140원을 가정하면 스왑 평가이익은 95백만원으로 크게 줄어든다.

〈표 3-6〉 통화스왑 시장가치 계산 결과

개월	$흐름 (천$)	$현가 (천$)	원화 환산 ($1=1,110)	흐름 (백만원)	₩현가	현가차이
3				114	112,929,087	112,929,087
6	175	173	191,969,206	114	112,067,716	−79,901,490
9				114	111,143,126	111,143,126
12	175	173	191,502,773	114	110,218,537	−81,284,236
15				114	109,260,029	109,260,029
18	175	168	186,107,635	114	108,296,813	−77,810,822
21				114	107,329,160	107,329,160
24	175	165	182,661,094	114	106,357,341	−76,303,753
27				114	105,392,712	105,392,712
30	175	161	179,257,886	114	104,426,695	−74,831,191
33				114	103,459,487	103,459,487
36	10,175	920	10,214,361,777	11,514	10,351,620,146	137,258,368
합계	11,050	10,041	11,145,860,372	12,768	11,542,500,850	396,640,478

〈표 3-7〉 1달러=1,140원 가정 시 통화스왑 시장가치 계산

개월	$흐름 (천$)	$현가	원화 환산 ($1=1,140)	흐름 (백만원)	₩현가	현가차이
3				114	112,929,087	112,929,087
6	175	172,945	197,157,563	114	112,067,716	−85,089,847
9				114	111,143,126	111,143,126
12	175	172,525	196,678,523	114	110,218,537	−86,459,987
15				114	109,260,029	109,260,029
18	175	167,665	191,137,571	114	108,296,813	−82,840,758
21				114	107,329,160	107,329,160
24	175	164,560	187,597,881	114	106,357,341	−81,240,540
27				114	105,392,712	105,392,712
30	175	161,494	184,102,693	114	104,426,695	−79,675,999
33				114	103,459,487	103,459,487
36	10,175	9,202,128	10,490,425,609	11,514	10,351,620,146	−138,805,464
합계	11,050	10,041,316	11,447,099,842	12,768	11,542,500,850	95,401,008

부록 이자계산법과 현가계산

1. 이자계산법

똑같은 원금, 이율, 만기의 경우에도 이자금액은 계산방법에 따라 달라진다.

① 이자계산방법 구분

i) 단리/복리 여부

- 단리(simple rate of interest)
- 복리(compounding rate)

ii) 이자지급 주기(payment frequency)

- 연(annual)
- 반년(semi-annual)
- 월(monthly)
- 일(daily)
- 연속(continuous)

iii) 일기준(day basis)

이것은 이자발생기간의 일수를 연율로 환산하는 방법을 말한다. 여기에는 다양한 방식이 있으나 다음의 네가지가 가장 많이 사용된다.

• Act/365 • Act/360 • Act/Act • 30/360

② 이자율기준(Rate Basis)

i) Act/365

실제 경과일수를 1년=365일로 나누는 방식이다. 예를 들어서 1996년 4월 5일에서부터 1997년 6월 18일(포함)까지 기간의 일수는 440일이며 연율은 1.205(=440 / 365)로 계산된다.

ii) Act/360

실제 경과일수를 1년=360일로 나누는 방식이다. 앞의 Act/365 사례와 같은 경우 Act/360 연율은 1.222(=440 / 360)로 계산된다.

iii) Act/Act

윤년이 아닌 해에 속하는 일수는 1년=365로 나누고 윤년인 해에 속하는 일수는 1년=366으로 나누는 방식이다. 예를 들어 1995년 4월 5일부터 윤년인 1996년 6월 18일(포함)까지 기간일수는 1995년에 속하는 일수가 271일, 1996년에 속하는 일수가 170일이다. 따라서

연율은 $\frac{271}{365}+\frac{170}{366}=0.742+0.464=1.206$이 된다.

iv) 30/360

일수계산시 일 년은 360일 그리고 한 달은 30일, 즉 $\frac{1}{12}$년으로 보는 방식이다. 단, 만기일이 2월 마지막 날(28일이든 29일이든)에 떨어지는 경우 그달은 30일로 보지 않고 28일 또는 29일로 취급한다.

예를 들어 1996년 4월 5일부터 1997년 6월 18일(포함)까지 기간의 경우 일수는 97년 6월 4일까지 14개월, 420일(= 14 × 30일)에 14일[6월 5일에서 6월 18일(포함)]을 더한 434일이 되며 연율은 1.205(= 434 / 360)로 계산된다.

v) 30E/360

30/360의 유럽(European)방식으로서 만기일이 31일에 떨어지는 경우에도 그달은 30일로만 인정하는 방식이다.

예를 들어 1996년 10월 25일부터 1996년 12월 31일 기간의 일수는 30/360방식의 경우 66일(= 2 × 30 + 6)이 되나 30E/360의 경우는 65일(= 2 × 30 + 5)이 된다. 따라서 30/360의 연율은 66/360, 30E/360의 연율은 65/360으로 계산 후 값이 다르다.

예시

원금 100원, 이율 5%, 기간(2004년 12월 15일에서 2005년 6월 15일까지)의 이자를 각 방법에 따라서 계산해보자.

① Act/365; 일수 = 182일
100×0.05×182/365=2.4932원

② Act/360; 일수 = 182일
100×0.05×182/360=2.5278원

③ Act/Act; 일수 = 182일
$100\times0.05\times\left[\frac{16}{366}+\frac{166}{365}\right]$=2.4926원

④ 30/360; 일수 = 180일
100×0.05×180/360=2.5000원

예시

원금 100원, 이율 5%, 기간(2004년 12월 15일~2005년 6월 15일)
원리금(Act/365 기준)을 단리, 연복리, 반년복리, 일복리, 연속복리 방법에 의해 각각 계산해보자.

① 단리:
100×(1+0.05×182/365)=102.4932

② 연복리:
$100\times(1+0.05)^{182/365}$ =102.4627

③ 반년복리:
$100\times(1+0.05/2)^{182\times2/365}$ =102.4931

④ 일복리:
$100\times(1+0.05/365)^{182}$ =102.5243

⑤ 연속복리:
$100\times e^{0.05\times182/365}$ =102.5245

예시

앞 예시의 원리금을 Act/360 기준에 의해 계산하여 보자.

① 단리:
$100\times(1+0.05\times182/360)=102.5278$

② 연복리:
$100\times(1+0.05)^{182/360}=102.4973$

③ 반년복리:
$100\times(1+0.05/2)^{182\times2/360}=102.5281$

④ 일복리:
$100\times(1+0.05/365)^{182\times365/360}=102.5598$

⑤ 연속복리:
$100\times e^{0.05\times182/360}=102.5600$

2. 현가계수(present value factor or discount factor)

현가계수란 특정일 현금흐름의 현재가치를 계산하는 계수를 말한다. 국제금융시장 관행은 1년 이하는 단리 현가계수를 사용하고 1년 이상은 복리 현가계수를 사용한다. 채권시장에서는 처음 쿠폰이 지급되기 전일까지는 단리로 현가를 계산하고 그 이후는 복리로 현가를 계산한다.

현가계수는 시장 이자율을 사용해서 계산하는데 1년 이하의 경우는 예금이율과 FRA이율을, 1년 이상의 경우는 swap rate와 금리선물(interest rate futures) strip rate를 주로 사용한다.

① 단리 현가계수(df)

$$df = 1/(1+R \cdot d/b) \qquad (4\text{-}1)$$

R : 이자율
d : 이자기간
b : 연율 베이시스(365 또는 360)

② 연복리 현가계수

$$df=1/(1+R)^{d/b} \qquad (4\text{-}2)$$

③ 연속복리 현가계수

$$df=e^{-r \cdot d/b} \qquad (4\text{-}3)$$

예시

2005년 6월 15일에 1원을 지급하는 zero coupon bond의 현재가치를 계산해보자(오늘은 2004년 12월 15일이고 이자율은 예시와 동일하다고 가정).

① 단리 현가계수:
$df(Act/365)=1/(1+0.05 \cdot 182/365)=0.97567$
$df(Act/360)=1/(1+0.05 \cdot 182/360)=0.97535$

② 연복리 현가계수:
$df(Act/365)=1/(1+0.05)^{182/365}=0.97596$
$df(Act/360)=1/(1+0.05)^{182/360}=0.97564$

③ 연속복리 현가계수:
$df(Act/365)=1/e^{0.05\times182/365}=0.97538$
$df(Act/360)=1/e^{0.05\times182/360}=0.97504$

3. par rate, zero rate, forward rate 계산

par rate란 현금흐름의 현가의 합이 액면(par)과 같은 채권(이를 'par bond'라 함)의 쿠폰이율을 말한다. 그리고 zero rate란 중도 현금흐름이 없이 만기에 1회 원금을 지급하는 채권(이를 'zero coupon bond'라 함)의 수익률을 말한다. 이에 반해 forward rate는 장래 두 시점 사이 기간에 적용되는 이율을 말한다. forward rate는 두 시점에 적용되는 각각의 zero rate를 이용해서 구한다.

국제금융시장에서는 각 이율을 현가계수를 중심으로 해서 구하는 것이 관행이다.

① 1년 이하 만기 zero rate(spot rate)

i) 계산순서

par rate 등에서 현가계수를 먼저 구하고 zero rate를 구한다.

1년 이하 만기 현가계수(df)는 단리 이자율을 사용하여 앞에서와 같이 계산하며, 현가계수가 구해지면 이를 이용하여 다음 공식에 의해 zero rate를 계산한다.

$$z = \left[\frac{1}{df} - 1\right] \times \frac{b}{d} \qquad (4\text{-}4)$$

만약 구하고자 하는 만기의 zero rate에 상당하는 현가계수가 없다면 인근 두 개의 현가계수를 보간법(interpolation)에 의해 구한 다음 zero rate를 산출한다.

ii) 보간법에 의한 현가계수 산출

기간 t_1과 t_2에 해당하는 현가계수 df_1과 df_2를 사용하여 중간기간 t_k의 현가계수 df_k를 다음 공식에 의해 계산한다.

$$df_k = df_1^{\frac{t_1(t_2-t_1)}{t_1(t_2-t_1)}} \times df_2^{\frac{t_1(t_1-t_1)}{t_2(t_2-t_1)}} \qquad (4\text{-}5)$$

iii) zero rate와 현가계수 df와의 관계

$$df(\text{단리}) = \frac{1}{(1+Z\times d/b)} \qquad (4\text{-}6)$$

$$df(\text{복리}) = \frac{1}{(1+z)^{d/b}} \qquad (4\text{-}7)$$

② 1년 이상 만기 zero rate

1년 이상 만기 현가계수는 시장가격이 액면에 가까운 채권(par bond)의 만기 수익률이나 swap rate를 사용해서 순차적으로 구한다.

- 만기 k/n년인 par bond의 시장가치

$$1 = C_k \times df_1 + C_k \times df_2 + \cdots + (1+C_k)\times df_k \qquad (4\text{-}8)$$

k : 쿠폰지급 총횟수

n : 연 쿠폰지급 횟수

C_k : 만기 k/n년 채권의 1회 쿠폰 또는 par rate(액면 이율)/n

- 위 식을 이용해서 만기 k/n년인 현가계수 df_k는,

$$df_k = \frac{1-[C_k\cdot df_1 + C_k\cdot df_2 + \Lambda + C_k\cdot df_{k-1}]}{1+C_k} \qquad (4\text{-}9)$$

즉 현가계수 df_1, df_2, ⋯ df_{k-1}, df_k 순으로 하나씩 구하며 k번째 현가계수 df_k는 직전기간까지 현가계수와 k/n년 swap rate에서 계산될 수 있다. 이를 'bootstrapping' 방식이라고 한다.

- df_k를 구한 후 해당 만기 zero rate는 다음 식에 의해 구한다.

$$Z_k = \left[\frac{1}{df_k}\right]^{\frac{b}{d}} - 1 \qquad (4\text{-}10)$$

현가계수로부터 zero rate를 구할 때 국제금융시장에서 관행은 1년 미만은 단리(Act/365) 공식을, 1년 이상은 복리(30/360) 공식을 사용한다.

③ 선도이율(forward rate)

인접한 기간 k와 k+1 사이에 적용되는 선도이율 f_k는 다음 공식에 의해 구한다.

$$f_k = \left[\frac{df_k}{df_{k+1}} - 1\right] \times n \qquad (4\text{-}11)$$

n : 선도기간 연율의 역수

예시

6개월 현가계수가 0.953516, 12개월 현가계수가 0.909091일 때 6개월 뒤 6개월 선도이율 $f_{6\times 12}$을 구하여라.

$$f_{6\times 12} = \left[\frac{0.953516}{0.909091} - 1\right] \times \frac{12}{6} = 0.0977$$

※ 현가계수를 현실에 적용할 때 유의점

국제금융시장에서 이자기산은 spot date(거래일 2영업일 후)에 시작된다. 따라서 spot date부터 M일 후 만기일에 발생하는 이자의 현가를 거래일 현재시점부터 계산하려면 거래일부터 spot date까지 기간(보통 2일)을 추가로 반영해주어야 한다. 즉, swap rate나 deposit rate는 spot date부터 만기일까지 적용되지만 zero rate는 trade date부터 만기일까지 적용된다.

4. 현가계산 사례

문제 **다음은 2004년 9월 15일 미 달러화 예금금리와** swap rate**이다. 빈 칸을 채워 넣어라**(9월 15일을 effective date로 가정).

〈표 3-8〉 2004년 9월 15일 미 달러화 금리

	기간	Par Rate	Discount Factor	Zero Rate	Forward Rate	만기일	일수
예금이율 (Act/360)	1M	2.1052					
	2M	2.1972					
	3M	2.2863					
	4M	–					
	5M	–					
	6M	2.3959					
	12M	2.6151					
swap rate (s.a. 30/360)	1.5Y	–					
	2Y	3.0505					
	2.5Y	–					
	3Y	3.3181					

* 4M, 5M, 1.5Y, 2.5Y Discount Factor는 보간법 사용 계산

* forward rate는 1M × 2M, 3M × 6M, 6M × 12M, 1Y × 2Y, 2Y × 3Y만 계산함

* Par Rate 기간과 zero rate기간은 동일한 것으로 가정. 즉 Deal Date= spot date 가정

이를 풀이하면 아래와 같다.

	기간	Par Rate	D.F.	zero rate (A/365)	Forward Rate(A/365)	만기일
예금 이율 (Act/360)	1M	2.1052	0.998249	2.1344%		2004-10-15
	2M	2.1972	0.996291	2.2277%	2.3139%	2004-11-15
	3M	2.2863	0.994254	2.3181%		2004-12-15
	4M	–	0.992051	2.3587%		2005-01-17
	5M	–	0.990063	2.3945%		2005-02-15
	6M	2.3959	0.988097	2.4292%	2.4292%	2005-03-15
	12M	2.6151	0.974171	2.6514%	2.8359%	2005-09-15
swap rate (s.a. 30/360)	1.5Y	–	0.958641	2.8639%	3.2668%	2006-03-15
	2Y	3.0505	0.941128	3.0803%	3.6915%	2006-09-15
	2.5Y	–	0.923975	3.2187%	3.7435%	2007-03-15
	3Y	3.3181	0.905623	3.3596%	4.0199%	2007-09-15

■ 풀이순서

1) 1년 현가계수, df_1을 구하기 위해서 12M(=1년) $Act/360$금리는 $Act/365$로 바꾸고, 2년, 3년 현가계수 df_2, df_3를 구하기 위해서 반년복리 swap rate를 연복리(annual 30/360)로 환산한다.

   • 12M(=1년): 2.6151% (Act 360) → $2.6151\% \times \dfrac{365}{360} = 2.6514\%$ (Act 30/360)

   • 2년: 3.0505%(s.a) → $\left(1+\dfrac{0.030505}{2}\right)^2 - 1 = 0.030738$ 즉, 3.0738% (Act 30/360)

   • 3년: 3.3181%(s.a) → $\left(1+\dfrac{0.033181}{2}\right)^2 - 1 = 0.033456$ 즉, 3.3456% (Act 30/360)

2) annual 30/360에서 df_2와 df_3를 구한다. 다음과 같이 par bond의 현가식에서 'bootstrapping' 방식을 사용하여 차례로 계산한다.

   • 즉, 2년 만기 par bond의 현가는,

   $$1 = C_2 \times df_1 + (1+C_2) \times df_2 \ , \tag{4-12}$$

- 3년 만기 par bond의 현가는,

$$1 = C_3 \times df_1 + C_3 \times df_2 + (1 + C_3) \times df_3 \quad (4\text{-}13)$$

이므로

- $$df_2 = \frac{1 - C_2 \cdot df_1}{1 + C_2} \qquad df_3 - \frac{1 - C_3 \cdot df_1 - C_3 \cdot df_2}{1 + C_3} \quad (4\text{-}14)$$

와 같이 나타낼 수 있다.

3) df_1, df_2에서 보간법으로 $df_{1.5}$를 구하고, df_2, df_3에서 $df_{2.5}$를 구한다.

4) df_1, df_3에서 각각의 zero rate를 구한다.

5) Z_{1Y}, Z_{2Y}, Z_{3Y}에서 forward rate($1Y \times 2Y$, $2 \times 3Y$)를 구한다.

연습문제

※ O, ×로 답하시오(1~6).

문1 **국제차입시장에서의 비교우위는** Credit Spread Differential(CSD)**로 측정된다 ( )**

문2 **스왑** bid rate**는 동일 만기 유로본드 발행 수익률에 신용위험관리 및 스왑 업무비용을 더한 것으로 표현될 수 있다 ( )**

문3 **비교우위이론에 따르면 신용도가 높은 거래자는 스왑거래에서 고정금리를 영수한다 ( )**

문4 **스왑계약을 맺는 시점에서 이론적으로 변동금리흐름의 현가와 고정금리흐름의 현가는** bid-ask spread**를 감안하지 않는다면 같다고 할 수 있다 ( )**

문5 **보유하고 있는 스왑계약의 변동금리 흐름의 가치는 해당기간 선도이율로부터 계산 가능하다 ( )**

문6 **통화스왑포지션 가치는 환율변화에 가장 크게 좌우된다 ( )**

문7 **대동상사는** E**은행과 엔 고정금리지급, 달러 고정금리수취의 스왑계약을 체결하였다. 스왑금액은** 1**억 달러**=120**억 엔이고 엔금리는** 3%, **달러금리는** 5%**였다.** 1**년이 지난 시점에서 달러시세는** \$1 = 100**엔으로 하락하고 엔금리는** 1%, **달러금리는** 4%**로 하락하였다. 만약 대동상사가 스왑계약을 해약하고자 할 때 가장 적절치 못한 주장은?**

① 되도록 해약비용을 낮추도록 한다.
② 해약비용 계산시 달러금리는 되도록 낮은 것을 사용한다.
③ 해약비용 계산시 엔금리는 되도록 높은 것을 사용한다.
④ 해약비용 계산시 달러시세는 되도록 높게 적용하도록 한다.

문8 **지금 현재 6month LIBOR는 4%인데 A은행은 해외 F은행과 고정금리지급 스왑계약을 체결하였다. 지급 고정금리는 7%이고 스왑 계약기간은 5년이다. A은행 스왑포지션의 시장가치는 bid/offered spread를 감안하지 않는다면 계약시점에서 볼 때?**

① A은행이 불리한 조건이다. ② F은행이 불리한 조건이다.
③ 제로이다. ④ 첫 지급일이 되어야 계산 가능하다.

문9 **스왑 스프레드(swap spread)는?**

① long swap rate와 short swap rate의 차이를 말한다.
② 국채수익률에 부가되는 credit risk premium을 말한다.
③ 장기 고정금리와 LIBOR와의 차이를 말한다.
④ 금리 swap rate와 통화 swap rate의 차이를 말한다.

문10 **국제금융시장에서 A(신용도 AAA)와 B(신용도 BBB)의 차입조건이 다음과 같을 때 적절하지 못한 설명은?**

	A	B
Eurobond Market	4.5%	7%
Eurodollar Market	LIBOR	LIBOR+100bp

① A는 양 시장 차입에서 모두 비교우위에 있다.
② A는 Eurobond Market 차입에서 비교우위가 있다.
③ B는 Eurodollar Market 차입에서 비교우위가 있다.
④ 각자 비교우위가 있는 시장에서 차입을 한 후 현금흐름을 교환하는 스왑계약을 할 수 있다.

문11 **10번 문제에서 A, B가 서로 스왑거래를 한다고 할 때 가능한 스왑금리의 범위는 어떻게 제시될 수 있는가?**

① 4.5% ~ 7% ② 4.5% ~ 5.5%
③ 4.5% ~ 6% ④ 6% ~ 7%

문12 **다음중 국내시장에서 외화유동성 상황 개선과 가장 거리가 있는 것은?**

① 장기 외환스왑 bid rate 디스카운트 확대

② 한국전력(KEPCO)의 asset swap spread 축소

③ 원화 금리스왑 스프레드의 플러스 전환

④ 달러/원 통화스왑 베이시스의 축소

정답 및 해설

1. O. CSD는 고정금리 차입비용 차이에서 변동금리 차입비용 차이를 뺀 것이다.
2. x. 스왑 bid rate는 딜러가 지급하는 고정금리이므로 업무비용을 차감하여야 한다.
3. O. 신용도가 높은 당사자가 고정금리 차입에 비교우위가 있으므로 고정금리영수 스왑을 하게 된다.
4. O. 금리스왑계약의 순가치는 계약을 맺는 시점에서는 제로가 되어야 한다.
5. O. 금리스왑포지션 평가 사례에서 변동금리 흐름의 현가는 선도이율을 사용해서 계산하였다.
6. O. 교재 참조
7. ④ 달러는 받는 것이므로 시세를 높게 적용하도록 해야 한다.
8. ③ 주는 것과 받는 것의 현가가 같아야 한다.
9. ② 스왑금리는 AA-AAA 신용등급의 유로본드 수익률과 같은 수준에서 형성된다. 스왑 스프레드는 이 금리와 같은 만기의 미 국채수익률 차이로 정의된다.
10. ① A는 양 시장 차입에서 절대적 우위에 있다.
11. ③ 하한=A의 고정차입금리 4.5%, 상한=4.5+1.5%(CSD), CSD=2.5−1.0=1.5%
12. ① 외환 유동성 상황이 악화되면 은행들이 수출기업들이 매도하는 선물환을 헤지하기 위한 달러 차입이 어려워지기 때문에 선물환 매입율(bid rate)이 이론가보다 낮아진다.

제4장 스왑거래 응용

제1절 비표준형스왑(non-generic swap)

1. 표준형 스왑

1970년대 후반 유로본드시장에서 스왑거래가 처음 생성되었을 때만 하더라도 스왑거래는 당사자간의 대출교환계약의 성격을 띠고 있어서 계약조건을 표준화시키기가 어려웠다. 그러나 1980년대 중반에 와서 금리스왑거래가 크게 늘어나면서 스왑계약을 독립상품으로 거래하는 스왑유통시장이 형성되기 시작했다. 주요 benchmark 기간에 대한 bid rate와 offered rate를 정기적으로 고시하는 스왑시장 브로커가 생겨나고 wholesale banking 영업을 하는 국제적 은행에는 스왑영업 전담데스크가 설치되었다. 동시에 스왑 유통시장거래를 간편하게 할 수 있도록 계약조건의 표준화가 진전되었다.

스왑시장에서는 이와 같은 표준적인 계약조건에 따르는 스왑형태를 generic swap 또는 plain vanilla swap이라고 부른다(이하 표준스왑이라 칭한다).

표준스왑은 시장마다 다소 차이는 있지만 대개 다음의 조건을 충족하는 형태이다.

① 고정금리 조건은 해당 통화표시 장기채권시장의 관행을 따른다. 미 달러의 경우 미국채시장 또는 유로달러본드시장의 관행이 표준조건이 된다.
② 변동금리는 런던시장의 3개월 또는 6개월 미 달러 LIBOR로 한다. 또한 이자는 후취조건이다.
③ 스왑계약의 원금은 계약기간 내에 일정하게 고정된다.
④ 스왑계약의 효력은 spot date(거래 2영업일 후)부터 발생하며 만기일에 종료된다.
⑤ 계약에 정한 금리 외에 별도의 지급(up-front-fee, back-end-fee 등)이 없다.
⑥ 이자지급에 옵션조항이 부가되어 있지 않다. 예를 들어 6개월 LIBOR가 6%를 상회할 경우 고정금리 지급자가 지급 취소권(call option)을 갖는다든지 금리지급에 각종 상한이나 하한을 설정하면 non-generic swap 형태가 되는 것이다.
⑦ 중도이자는 기간중 일정하게 발생한다. 특정조건을 충족하는 경우에만 중도이자가 발생하는 형태를 accrual 방식이라고 한다.

이상의 표준적 조건에 따르지 않는 형태를 비표준스왑(non-generic swap)이라고 한다. 은행간시장 또는 도매금융시장에서는 표준형태가 많이 거래되고 기업금융고객을 상대로 한 소매거래에서는 비표준형태가 많이 거래된다.

비표준스왑의 예로서는 이미 앞에서 몇 가지를 소개한 바 있다. 예를 들면 변동금리 조건으로서 LIBOR에 일정 스프레드를 더한 것으로 하는 LIBOR margin swap과 결제일 직전 LIBOR를 가지고 해당 결제기간 변동금리 결제금액을 계산하는 LIBOR in arrear swap이 있었다.

이러한 비표준스왑거래는 유통시장 딜러로부터 바로 가격을 얻을 수 없고 상대방과 직접 협상에 의하여 계약조건과 가격 등을 정하여야 한다. 이

제부터 비교적 시장에서 많이 알려진 비표준스왑계약의 형태에 대해서 살펴보기로 한다.

2. 표준거래조건 변형형태

2-1. 시장외가격 스왑(off-market swap)

이것은 스왑가격 즉 고정금리를 현재 시장에서 형성되는 가격과 달리 정해서 이루어지는 거래형태이다. 시장의 공정가격과 차이가 나는 부분은 현가를 계산해서 처음 계약시점에서 지급을 하거나 나중에 계약만기일에 지급을 한다. 전자의 지급액을 up-front fee, 후자의 지급액을 back-end fee라고 한다.

2-2. arrear swap

스왑계약에서 변동금리 이자는 매 지급기간초에 결정되어서 기간말에 지급하는 후취방식이 일반적이다. 이에 반해서 arrear 방식은 기간말에 변동금리 이자를 정해서 지급하는 형태이다. 예를 들어 2009년 5월 6일부터 11월 6일까지 6개월간 LIBOR 이자를 지급하는 경우 표준조건 스왑에서는 5월 4일 결정된 LIBOR를 11월 6일에 지급하지만 arrear방식은 11월 4일에 결정된 LIBOR를 11월 6일에 지급하는 것이다. 이것은 5월 4일 시점에서 볼 때 현물금리가 아니라 6개월 뒤 6개월 선도금리(forward rate(6 × 12M))를 적용하는 셈이다. back-set swap이라고도 한다.

2-3. LIBOR margin swap

이것은 변동금리 LIBOR를 사용하는 경우 LIBOR에 일정 스프레드를 더

하는 형태이다. 더해지는 스프레드만큼 상대편의 고정금리 지급액이 조정될 것이다.

2-4. Accrual swap

스왑계약 기간 중 중도 이자는 일정하게 발생한다. 특정조건을 충족하는 경우에만 중도이자가 발생하는 형태를 accrual 방식이라고 한다.

2-5. Diff swap

통화스왑 거래에서는 최소한 만기일에 원금을 상대방과 교환결제 한다. 그러나 원금교환을 전혀 하지 않고 두통화 이자금액만을 주기적으로 교환하는 형태도 있다. 이를 Diff 또는 cross currency coupon swap이라 한다.

3. 베이시스 스왑(basis swap)

3-1. 기본형태

금리스왑은 고정금리와 LIBOR 변동금리 간의 교환이 가장 일반적인 형태이지만 LIBOR 이외의 변동금리와 LIBOR를 교환하는 거래도 가능하다. 이와 같이 변동금리와 변동금리를 교환하는 스왑거래를 베이시스 스왑이라 한다.

이것은 동일통화, 대부분의 경우 미 달러표시 변동금리 채무 간의 교환거래로서 원래 미국의 prime rate와 LIBOR 채무 간의 스왑에서 비롯되었다. 비(非)미국은행들은 종종 미국 prime rate 대출 신디케이트에 참여했는데 이들의 자금조달은 LIBOR 금리로 행하여졌다. 따라서 prime rate를 지불하고 LIBOR를 받는 스왑거래를 함으로써 대출이윤을 고정시킬 수 있었다.

예시

A은행은 유럽계 은행으로서 본지점 계정을 통하여 LIBOR에 자금을 조달하여 CP rate로 대출 운용하고 있다. 대출 마진을 고정시키기 위하여 <그림 4-1>과 같은 스왑거래를 하였다. 이 결과 A은행은 20 Basis point의 대출 마진을 고정시킬 수 있었다.

〈그림 4-1〉 베이시스 스왑거래 예시

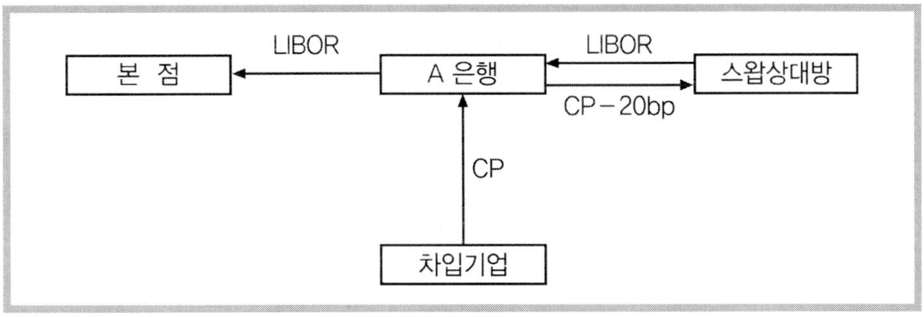

이 밖에도 T-Bill, CP, CD, BA, Federal Funds 등 다양한 변동금리 간의 베이시스 스왑거래가 시장에서 이루어지고 있다.

3-2. 수익률곡선 스왑(yield curve swap)

basis swap은 이와 같이 자산과 부채의 표시금리 차이에 따른 위험을 관리하기 위하여 사용될 뿐만 아니라 만기별 금리차이(yield spread)를 이용하기 위한 방법으로도 사용된다. 예를 들면 수익율곡선 스왑(yield curve swap) 거래가 있는데 이것은 결제기간마다 시장에서 고시되는 30년 만기 Treasury Bond 수익율과 10년 만기 Treasury Note 수익율을 상호 교환 결제한다든지 3 month LIBOR와 1 year LIBOR를 일정 기간마다 교환 결제하는 형태이다. 전자를 CMT(constant maturity treasury) swap이라 한다.

스왑시장에서 형성되는 기간이 다른 두 개의 금리를 결제기간마다 교환 결제하는 형태도 있는데 이를 CMS(constant maturity swap rate)스왑이라 한다. 일정 수익율곡선이 우상향 하는 경우에는 단기금리와 장기금리에 일정 스프레드를 뺀 것을 일정기간마다 교환한다. CMT나 CMS swap은 스왑포지션의 duration이 시간이 경과해도 일정하기 때문에 장기 채권투자 포트폴리오를 운용하는 펀드회사에서 금리위험을 관리 하는 데에 유용하게 사용된다.

예시

CMT/CMS swap
현재 시장에서 5년 만기 CMT/CMS swap rate가 다음과 같이 고시되어 있다.

CMT_2 −0.39/−0.37, CMT_5 −0.59/−0.57
CMS_2 −0.77/−0.75

* CMT_2 : 잔존만기 2년 Treasury 시장수익률

고객 A는 향후 5년간 2년 만기 국채수익률과 3개월 LIBOR의 차이가 평균적으로 0.37% 이내를 유지할 것이라고 예상하거나 또는 유로달러시장 금리 상승세가 신용위험 증대 등의 이유로 가속화될 것으로 예상하고 있는 고객이다. 자금을 LIBOR로 조달해서 평균만기 2년의 채권포트폴리오를 운용하고 있는 펀드에서 헤지용으로 사용 가능하다.

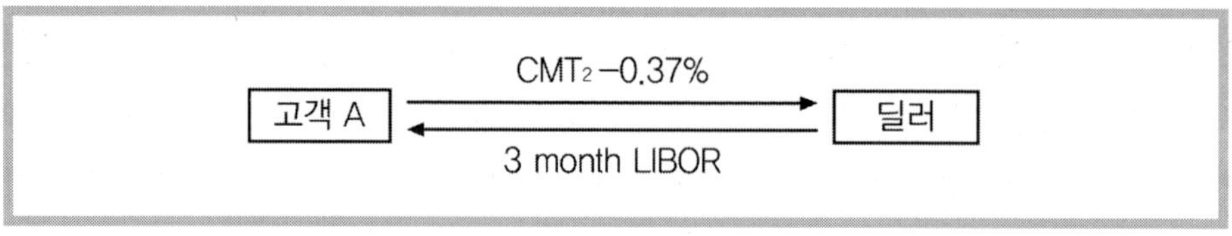

고객 B는 향후 5년간 2년 만기 국채수익률과 3개월 LIBOR의 차이가 평균적으로 0.39% 이상 벌어질 것이라고 예상하거나 또는 유로달러시장 금리가 안정되는 반면에 미국채수익률이 상승할 것이라고 예상하고 있는 고객이다.

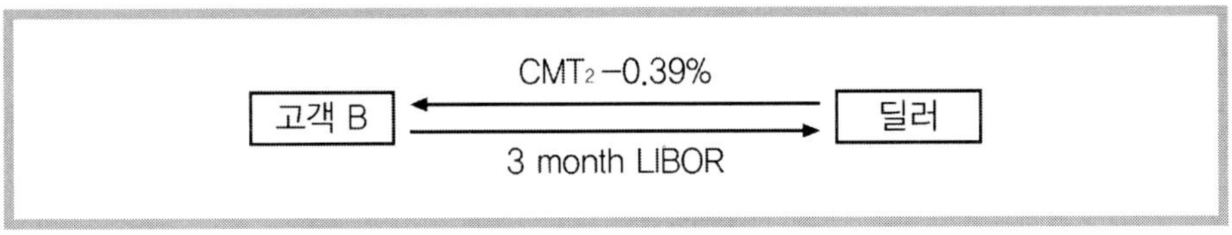

예시

> 향후 미 국채수익률곡선의 기울기가 인플레 기대 심리로 급해질 것으로 예상된다. 특히 2년 만기와 5년 만기 사이에서 금리차 확대가 현저할 것이라고 예상된다면?

다음과 같이 5 year CMT를 영수하고 2 year CMT를 지급하는 스왑을 할 수 있다.

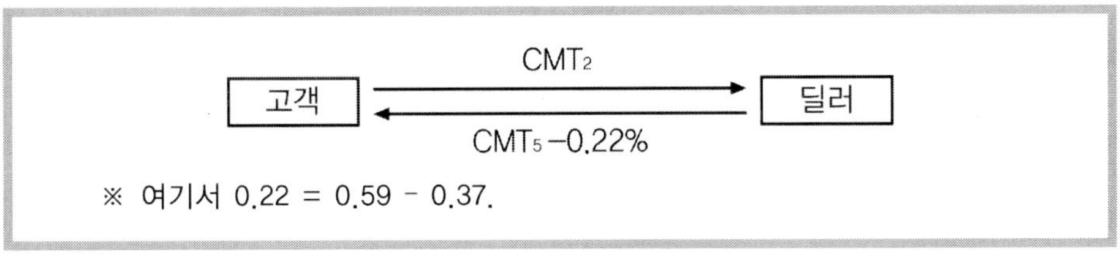

예시

> 현재 시장에서 미 달러 5년 만기 금리스왑레이트가 Treasury+0.44/0.42로 주어졌을 때 고정금리를 지급하고 CMT5를 영수하는 스왑조건을 구하고 그 의미를 설명해 보시오.

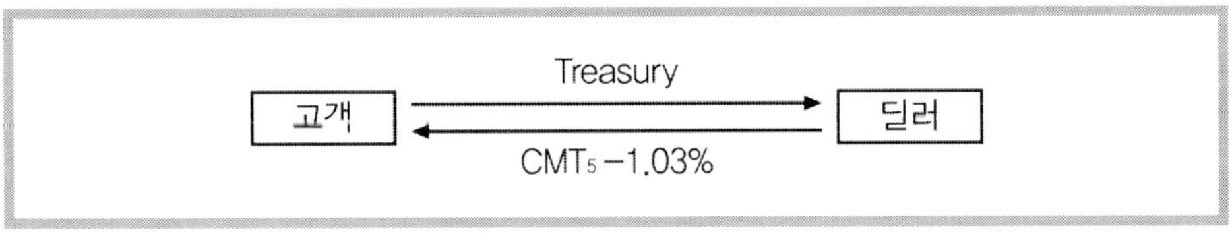

여기서 $1.03 = 0.59 + 0.44$.

고객이 지급하는 고정금리는 현재 시장에서 5년 만기 금리로서 5년동안 고정되는 반면에 CMT_5는 결제일마다 시장의 잔존만기 5년 금리가 계속 사용된다.

4. 일금리지수 스왑(overnight index swap: OIS)

일금리지수 스왑은 고정금리와 변동금리를 교환하는 스왑으로서 변동금리로 Fed fund rate, 무담보 은행간 콜금리 등을 계약기간 동안 일복리로 가중한 것을 사용하는 스왑형태를 말한다. 고정금리는 3개월 T-Bill금리 또는 LIBOR등이 사용된다. 이 스왑은 오버나잇 차입에 의해 조달한 자금을 장기로 운용하거나 장기로 조달한 자금을 오버나잇 자금시장에서 운용하는 경우 발생하는 금리위험을 관리하는 수단으로서 많이 활용된다.

스왑시장에서 일금리지수 스왑가격은 고정금리에 일정 스프레드를 차감하는 형식으로 고시된다. 이 스프레드를 OIS spread라고 부른다. OIS spread는 단기금융시장에서 유동성지표로 활용된다. 유동성이 경색될수록 이 스프레드가 커진다. 일금리지수 스왑의 결제는 계약원금에 대해서 결제기간 말에 고정이자와 변동이자의 차액을 결제한다.

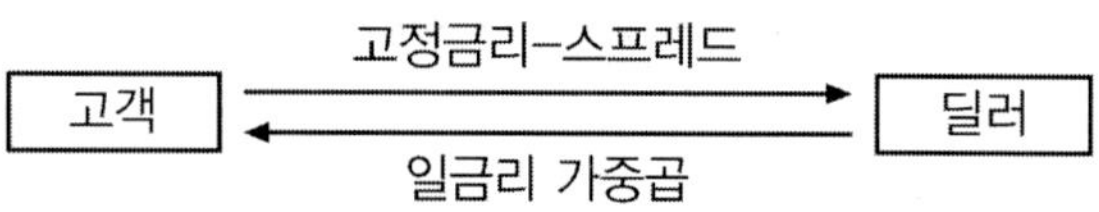

여기서 일금리 가중곱은 매일 오버나잇금리 원리금을 스왑결제기간 동안 복리로 곱한 이율로서 다음 공식에 의해 산출된다.

$$\text{일금리 가중곱} = \left[\prod_{i=1}^{d_0}\left(1+\frac{R_i \times n}{360}\right)-1\right]\times\frac{360}{d}$$

- d_0: 이자계산 기간중 은행영업일수
- R_i: overnight index
- n: 이자계산기간 중 overnight index R_i가 휴일 등의 이유로 계속 적용되고 있는 일수(휴일 기간 중에는 일복리가 적용되지 않고 단리가 적용됨)
- d: 이자계산 기간의 일수

5. 자산스왑

처음 스왑거래는 유로채권시장에서 부채의 교환을 통하여 유리한 차입조건을 달성하려는 동기에서 출발하였으나 채권투자 등 자산운용기법으로서도 활용되고 있다. 특히 명목금리가 고정된 이표채(coupon bond) 투자와 함께 이루어지는 금리스왑을 자산스왑(asset swap)이라고 부른다. 채권투자자들은 자산스왑을 통해서 수익률을 제고시키거나 기존의 투자자산 시장에서 얻을 수 없는 현금흐름을 얻을 수 있다.

예시

투자자 A는 잔존 만기 5년의 유로채권(coupon 9%), 단가 85-00의 투자와 고정금리 지급 스왑 패키지를 C은행으로부터 구입하였다. 채권액면과 스왑원금은 1,000만 달러이며 구입자금은 B은행으로부터 LIBOR + 50 bp로 조달하였다. 자산스왑에서 스왑원금은 채권의 액면금액('par amount'라고 함)으로 정하는 것이 관행이다. 여기서 자산스왑은 LIBOR 조달에 의한 장기채권 투자시 직면하는 금리상승 위험을 헤지하는 역할을 한다. 즉, 유로시장이 불안정해지면 LIBOR 조달금리 상승 손실뿐만 아니라 투자채권의 가격 하락 손실까지 감수해야 하는 위험을 스왑이 커버하는 것이다.

C은행과의 스왑은 고정금리 9% 지급, LIBOR+70 bp 영수 조건으로 하였다. 여기서 처럼 채권가격이 액면 이하인 할인채의 경우는 사실상 투자자가 C은행에게 up-front-fee를 지급하는 셈이 된다. 투자자는 up-front-fee를 지급하는 대신 높은 변동금리 이자를 영수하게 된다. 채권가격이 액면보다 높은 경우는 은행이 그 차액을 투자자에게 up-front-fee로서 지급한다.

〈그림 4-2〉 유로채 투자자의 자산스왑의 구조

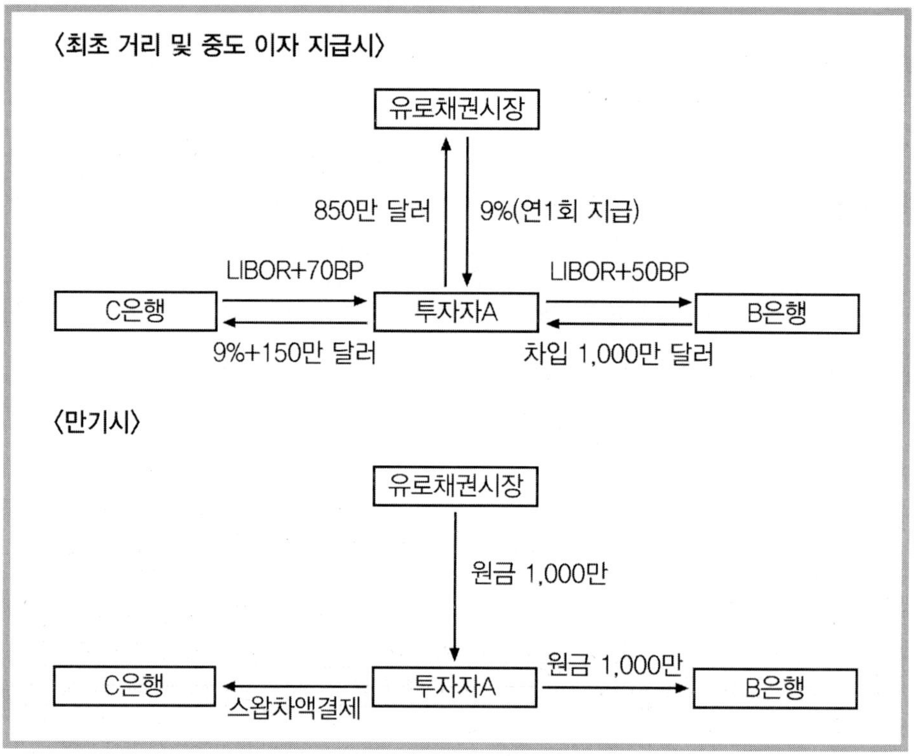

최초 거래 및 중도 이자 지급시와 만기시의 현금흐름은 <그림 4-2>와 같다. 투자자 A는 이 자산스왑을 통하여 스왑기간 중에 20bp[=(LIBOR+70bp)−(LIBOR+50bp)]의 스프레드를 취할 수 있다. 즉 고정금리 채권을 매입하고 자산스왑을 함으로써 LIBOR+70 bp의 스프레드를 가진 FRN을 구입한 것과 동일한 경제적 효과를 얻는다. 이러한 상품을 합성 FRN(Synthetic FRN)이라 부른다. 여기서 합성FRN의 스프레드를 이 채권의 asset swap spread라고 한다.

합성 FRN에 투자를 할 때 유의할 점은 LIBOR+70 bp의 수익을 높이기 위하여 Junk Bond를 합성 FRN에 편입할 수 있다는 것이다. 즉 합성 FRN의 높은 수익은 신용위험에서 비롯되는 것이다. 우리 예시에서 투자자는 채권의 신용위험과 스왑은행의 신용위험 두개의 위험을 수용하고 있다.

자산스왑의 응용상품으로서는 총수익스왑(total return swap: TRS)이 있다. 이것은 앞의 자산스왑 경우에서 채권투자에서 발생하는 쿠폰과 원금 뿐만 아니라 채권부도(default) 시의 손실까지를 모두 포함해서 C은행과 교환하는 형태이다. 총수익스왑을 이용해서 투자자 A는 채권투자의 위험에서 벗어나 안정된 투자수익을 올릴 수 있게 된다.

만약 C은행이 채권부도시 (액면-부도채권 회수금)을 A에게 지급한다고 하면 C은행은 채권에 대한 지급보증을 한 효과가 있으며 따라서 L+70bp에서 지급보증효과만큼 차감한 이자를 지급할 것이다. 예를 들어 L+5bp를 지급한다면 이것이 이 채권의 총수익스왑 레이트가 된다. 총수익스왑 레이트와 자산스왑 레이트의 차이 65bp를 이 채권의 신용부도스왑(credit default swap; CDS) 프리미엄이라고 한다.

6. 옵션이 추가된 형태

6-1. callable, puttable, extendible swap

스왑계약에는 다양한 옵션 조항을 결합시킬 수 있다. 그 형태에는 스왑계약의 조건에 옵션을 부가하는 것과 스왑계약 자체를 권리증서화하여 시장에서 매매하는 것이 있다. 전자를 option on the swap이라 하고 후자를 swaption이라 한다. 먼저 전자의 형태에 대해서 알아보자.

금리스왑계약을 체결한 다음 일정기간 경과 후 고정금리 지급자가 기존 스왑포지션을 취소시킬 수 있는 옵션을 달 수 있다. 이를 callable swap이라 한다. 이와는 반대로 고정금리 영수자가 취소권을 가지고 있는 것을 puttable swap이라 한다. extendible swap은 기간 만료 후 고정금리 지급자가 스왑기간을 일정기간 연장가능한 형태이다.

2×5 callable swap을 예로 들면 이것은 2년 후 취소 가능한 5년짜리 스왑이다. 스왑계약을 맺은 후 금리가 하락하면 고정금리 지급자 입장에서 손실이 발생한다. 이때 만약 2년 후 스왑계약의 조기종결(early termination)이 가능하다면 손실폭을 줄일 수 있을 것이다.

2 × 5 callable swap에 적용되는 고정금리는 5년 만기 표준스왑(generic swap) 금리보다 높다. 왜냐하면 <그림 4-3>에서 보듯이 상대 은행은 callable swap 포지션 헤지를 위하여 발행자 조기상환권부 채권(callable bond)을 발행해서 변동금리로 자금을 운용해야 하는데 조기상환권부 채권의 발행금리가 일반 채권 발행금리보다 높기 때문이다.

〈그림 4-3〉 callable swap거래와 헤지거래

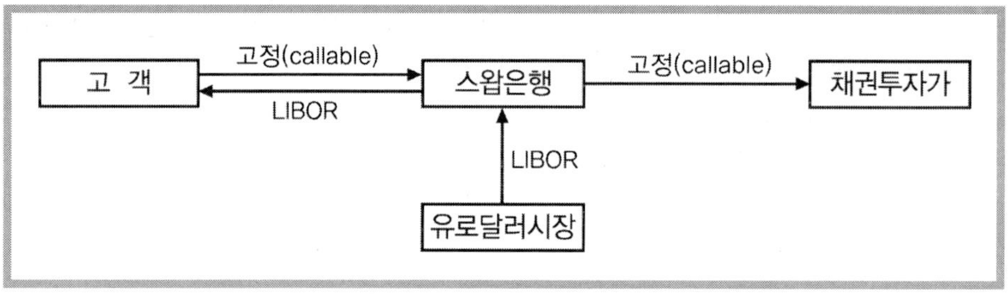

이와는 대조적으로 2 × 5 puttable swap에 적용되는 금리는 5년 만기 표준스왑(generic swap)금리보다 낮다. 왜냐하면 상대은행은 puttable swap position을 헤지하기 위하여 투자자 조기상환권부 채권(puttable bond: 시장금리가 상승할 경우 투자자가 기존 채권의 조기상환을 요구할 수 있는 채권)을 매입하여야 하는바(자금은 유로시장에서 조달) 그 수익률은 일반 채권보다 낮기 때문이다.

〈그림 4-4〉 puttable swap거래와 헤지거래

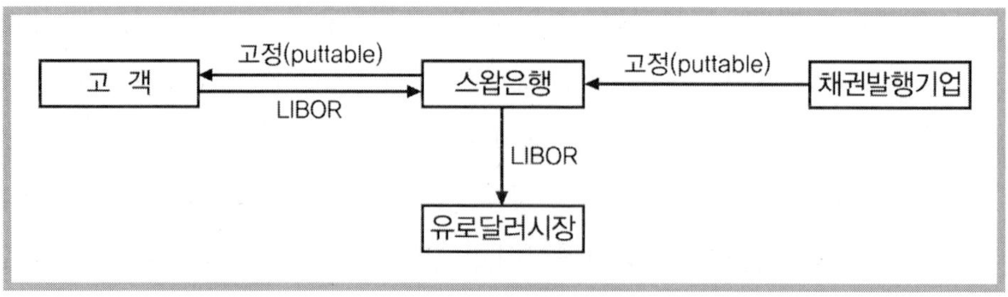

6-2. exotic swaps

1) knock-out swap

다음에서와 같이 변동금리채무가 있는 기업이 향후 LIBOR가 6% 이상 상승하지 않으리라고 예상한다면 knock-out 조건을 추가해서 조달비용을 인하할 수 있다. 즉, knock-out 조건이 없는 경우 스왑금리가 4%라고 한다면 고정차입비용을 51bp만큼 절감할 수 있다.

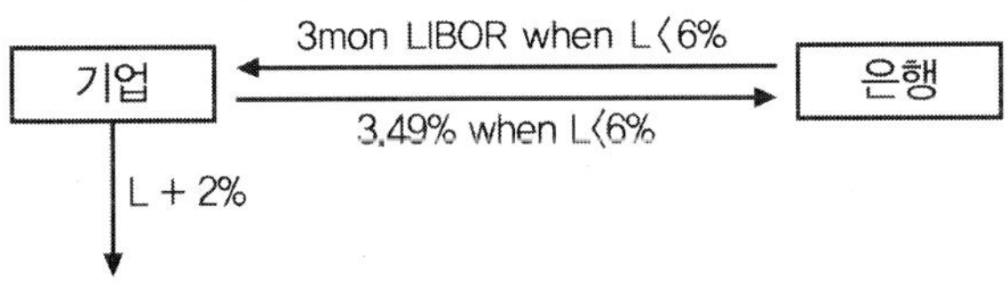

2) range accrual swap

range floater, fairway swap, corridor swap으로도 불린다. 이것은 스왑의 변동이자 지급액을 지정금리가 사전에 설정한 범위 이내에서 움직인 날만 합산하여 계산하는 형태이다. 변동금리가 범위를 이탈한 날은 경과이자가 발생하지 않는 것이다.

기업의 입장에서는 금리가 일정 범위 내에서 안정화 될 것이란 예상을 근거로 차입코스트 절감을 모색할 수 있다. 이것은 고정금리 지급 스왑과 동시에 하루 만기 digital cap을 연달아 매도한 것과 같은 효과가 있다.

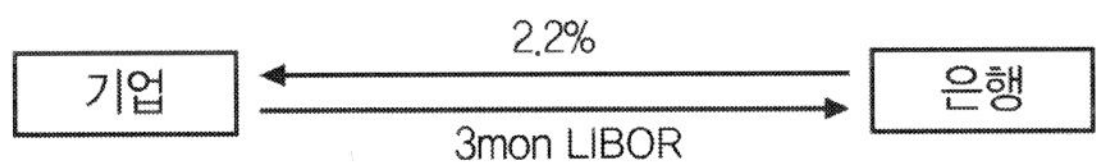

range = [1%, 3%]

* 특정 결제기간 중 LIBOR 영수액 = 원금 × LIBOR × N/360
N = LIBOR가 range 범위 내에 있던 일수

제2절 스왑션(swaptions)

1. 개념 및 종류

이것은 스왑을 할 수 있는 권리, 즉 옵션거래의 일종이다. 고정금리를 지급하는 스왑을 할 수 있는 권리를 payer's swaption이라 하고 고정금리를 영수하는 스왑을 할 수 있는 권리를 receiver's swaption이라 한다. payer's swaption 또는 receiver's swaption이라는 용어 대신에 call swaption 또는 put swaption이라는 용어도 사용되고 있는데 용어 사용 관행이 통일되어 있지 않으므로 사전에 상대방과 확인을 해야 한다. 로이터의 스왑션 분석화면에서는 call swaption, put swaption으로 사용하고 있다.

swaption을 표시할 때는 옵션행사 만기, 기초스왑의 계약기간(tenor), 행사금리, payer's or receiver's swaption 순으로 표시한다. 예를 들어 '1yr into 3yr 5% payer's swaption'은 1년 뒤에 고정금리 5% 지급 3년 만기 스왑을 할 수 있는 옵션이다. '2yr into 5yr 5% receiver's swaption'은 2년 뒤에 5% 고정금리 영수 스왑을 할 수 있는 옵션이다. 옵션 매입자는 매도자에게 프리미엄을 지급한다.

2. 권리행사 및 만기 결제

swaption은 만기 전 권리행사 여부에 따라 유럽식과 미국식이 있는데 시장에서는 유럽식이 주로 거래된다. 미국식은 가격계산이 복잡하기 때문이다. 또한 시장에서는 swaption 기간 전체가 고정되는 형태보다는 기초 스왑 계약의 tenor가 고정되는 형태가 일반적으로 거래된다. 예를 들어 미국식

1yr × 5yr swaption의 경우 6개월 만에 권리행사를 한다면 스왑의 만기일은 행사시점부터 5년이 된다. 미국식 옵션의 만기 전 권리행사의 경우 시간가치를 상실하기 때문에 매도자에게 다시 매각을 하는 것이 보통이다. 이 경우에 대비해서 사전에 이론가격을 계산하는 방식에 대한 합의를 해둔다.

유럽식과 미국식 외에 bermudan swaption 또는 rolling european swaption이 시장에서 거래되고 있다. 이것은 옵션 행사기회를 만기일 전에 정기적으로 부여하는 형태이다. 예를 들면 3yr × 5yr swaption에서 매 1년, 2년, 3년째 오전 11시에 행사기회를 한 번씩 주는 것이다. 이것은 multi-callable bond의 헤지용으로 사용된다.

옵션 만기일에 스왑션 결제방식에는 기초스왑포지션 이행 또는 현금정산방식 두 가지가 있다. 현금정산방식은 내재가치가 발생하는 경우에만 가능하다. 예를 들어 5% 1yr × 3yr payer's swaption을 매입하였는데 1년 뒤에 3년 만기 스왑 시장금리가 6%가 된다면 1%의 이자차액의 현가를 계산해서 매도자가 매입자에게 지급한다. 현금정산을 하기 위해서는 일반적으로 5개의 reference bank를 매매자 간에 사전 합의하여 지정해둔다. 이 중 양 극단 값을 제외하고 3개 은행의 스왑 레이트를 평균해서 사용한다.

금융기관은 위험관리 차원에서 현금정산을 선호한다. 1yr × 5yr swaption의 경우 만기에 스왑포지션으로 이행하는 조건은 총 6년의 credit risk position을 취하는 것이 되는 반면에 현금정산조건은 1년의 credit risk position을 취하는 것이 되기 때문이다.

3. swaption 가격

스왑션 가격결정 요소로서는 옵션 만기, 기초스왑의 tenor, 행사금리, 기초스왑의 변동성(volatility)과 시장가격이 있다. 예를 들어 1yr into 3yr 5% payer's swaption의 경우 기초자산은 1년 뒤 개시되는 3년 만기 스왑(1yr forward start 3yr swap)이 된다. 따라서 변동성도 1 × 3yr swap rate의 변동성을 사용해야 한다. 이것은 4년 스왑금리의 변동성과 다른 것이며 3 × 1yr swap rate 변동성과도 다른 것임에 유의해야 한다.

스왑션이 시장에서 호가될 때는 bid/offered가 volatility로 표시된다. 따라서 이 volatility를 스왑션 가격모형에 대입해서 거래가격을 산출한다.

swaption에도 put-call parity가 성립한다. 예를 들어 현재 시장에서 1 × 3yr swap rate가 5%인 경우

> 행사금리 4% 1×3yr receiver's swaption 가치 =
> 행사금리 4% 1×3yr payer's swaption 가치－1×3yr 4% 고정금리지급 스왑의 현가

로 나타낼 수 있다.

payer's swaption은 지급금리를 고정시키는 옵션이므로 금리상한계약(interest caps)과 비슷하다. 그러나 동일한 행사금리 캡보다 payer's swaption의 프리미엄이 작다. 왜냐하면 캡의 경우 매 결제일에 LIBOR가 행사금리보다 높을 때마다 권리행사가 가능한 데 반하여 스왑션의 경우는 만기일에 권리행사를 한번밖에 하지 못한다. 따라서 스왑션 권리행사 후에는 LIBOR가 행사금리보다 낮아서 순지급이 발생하는 기간도 있을 수 있다. 금리상한계약에서는 순영수금액(LIBOR－행사금리)이 0보다 항상 크다.

마찬가지 논리로 receiver's swaption은 금리하한계약(interest floors)과 비슷한 거래이며 그 프리미엄은 동일 행사금리 플로어의 프리미엄보다 작다.

금리상한계약이나 하한계약은 유로본드시장에서 1970년대 초에 도입된 데 반하여 스왑션거래는 그보다 훨씬 뒤인 1980년대 중반에 소개되었다. 그러나 현재 시장에서 거래규모는 스왑션거래가 압도적이다. 주된 이유는 금리상한이나 하한계약의 경우는 프리미엄이 너무 비싸 장기 계약을 하기가 곤란하기 때문이다.

스왑션거래도 프리미엄 때문에 시장에서는 OTM이 주로 거래된다.

4. 활용

payer's swaption은 금리상승위험에 노출되어 있을 때, receiver's swaption은 금리하락위험에 노출되어 있을 때 매입할 수 있다. 물론 금리상승위험을 관리하기 위해서 receiver's swaption을 매도할 수 있다. 그러나 감마리스크 관리가 제대로 되는 전문 금융기관이 활용할 수 있을 것이다.

스왑션은 초기에는 각종 structured note에 투자하는 헤지펀드들이 많이 이용하였다. 현재는 여러 용도로 사용되고 있는데 일례로서 스왑거래를 한 후 이 스왑포지션을 조정하기 위한 수단으로 사용될 수 있다. 금리상승위험을 헤지하기 위해서 2년 만기 고정금리지급 스왑을 하였는데 헤지기간을 7년으로 늘리려면 2yr into 5yr payer's swaption을 추가로 매입하면 된다. 또 5년 만기 고정금리지급 스왑을 하였는데 2년 뒤에 금리상승위험 헤지 필요가 없어진다고 하면 2yr into 3yr receiver's swaption을 매입할 수 있다.

기업 입장에서의 용도로 장래 대규모 부동산개발 입찰에 참여하고 있는 건설회사의 경우를 들 수 있다. 6개월 뒤에 시작되는 아파트 공사 수주 입찰에 뛰어드는 건설회사나 부동산개발업자의 경우 낙찰이 되는 경우 대규모 자금이 필요하고 이때 금리가 상승하여 비용이 상승할 수 있다. 이런 때에 payer's swaption을 매입할 수 있다.

낙찰이 되어 금리가 상승하는 경우 스왑션을 행사하여 조달비용을 줄일 수 있고 금리가 하락하는 경우는 행사를 포기한다. 포기 시에는 스왑션 매입비용만큼 손실이 발생한다. 그러나 자금조달 코스트가 줄어들기 때문에 큰 타격은 피할 수 있다.

반대로 입찰에서 탈락하는 경우 금리가 상승하면 그만큼 이익을 실현하는 것이고, 금리가 하락하면 스왑션 매입비용만큼 손실이 확정된다.

제3절 스왑거래의 위험과 관리 방안

1. 스왑포지션 위험

스왑거래에 참여하는 경우 발생하는 위험 중 주요한 내용은 다음과 같이 요약될 수 있다.

① 신용위험(credit risk): 스왑 참여자의 신용도 변화, 즉 스왑 채무이행 능력의 변화를 말한다. 이것은 장래 환율·금리변동 시나리오에 의해 기존의 스왑포지션에서 이익이 발생할 때 스왑상대방이 지급부도(default)상태에 빠질 가능성으로 측정된다. 즉 기존 스왑포지션의 이익 발생 가능성×상대방의 지급부도 확률로서 측정된다.

② 국가위험(sovereign risk): 스왑 참여자 소속국의 신용도 변화(국제수지 악화, 대외송금 제한 등)에 따른 손실 가능성을 말한다.

③ 시장위험(market risk): 금리·환율 변동에 따라 스왑가치가 변화하거나 스왑포지션의 유동성이 감소할 가능성을 말한다.

④ 현금 불일치 위험(mismatch risk): 여러 스왑 포트폴리오를 보유하는 경우 현금흐름의 금액과 기간면에서의 차이 때문에 발생하는 위험이다.

⑤ 베이시스 위험(basis risk): 변동금리 간의 차이 변동으로 말미암아 발생하는 위험이다. 이것은 자산과 부채의 표시금리가 다를 경우 발생한다.

⑥ 결제위험(settlement risk): 국경을 넘어서 외환결제가 개재된 경우 실제 결제가 계약상의 금액대로 이행되지 않을 가능성을 말한다. 주로 업무상의 실수나 시스템 에러에 기인하여 발생한다.

2. 시장위험(market risk) 헤지

1) 금리스왑의 시장위험관리

고정금리영수 스왑을 한 경우에는 금리가 스왑계약시보다 상승하면 기존 스왑포지션의 가치가 하락한다. 따라서 금리상승위험에 노출되어 있다. 대책으로서는 다음 네 가지 방법이 있다.

① 반대 방향의 스왑(reverse swap)상대방을 모색한다.
② 유로달러선물 스트립(strip) 매도 헤지를 한다.
③ Treasury선물 매도 헤지를 한다. 금리가 상승할 때 채권가격이 하락하므로 국채선물을 매도하는 것이다.
④ reverse repo거래(현물 Treasury 공매도와 repo 자금 운용)를 하고, swap spread 확대위험은 credit spread 매입으로 대처한다.

유로달러선물 스트립거래에 대해서는 <5장 부록>을 참고하기 바란다.

고정금리지급 스왑을 한 경우에는 금리가 스왑계약시보다 하락하면 기존 스왑포지션의 가치가 하락한다. 따라서 금리하락위험에 노출되어 있다.

대책으로서는 다음 네 가지 방법이 있다.

① 반대방향의 스왑(reverse swap) 상대방을 모색한다.
② 유로달러선물 strip 매입 헤지를 한다.
③ Treasury선물 매입 헤지를 한다.
④ repo 거래(Repo 차입+현물 Treasury 매입)를 하고, swap spread 축소위험은 credit spread 매도로 대처한다.

2) 통화스왑의 시장위험관리

예를 들어 1억 달러 4% 지급과 106억 엔 3% 영수 스왑을 한 경우 시장위험은 다음과 같은 상황에서 발생한다.

- 엔시세 하락
- 달러금리 하락
- 엔금리 상승

대책으로서는 다음 방법이 있다.

① 엔 채권선물을 매도한다(엔금리 상승에 대처).
② 유로달러 선물을 매입한다(달러금리 하락에 대처).
③ 유로엔 선물을 매도한다(엔금리 상승에 대처).
④ cocktail swap, 즉 최종 결과 현금흐름을 기존 swap 현금흐름과 상쇄되도록 여러 가지 스왑거래를 혼합한다.

3. 신용위험(credit risk) 헤지

1) 신용위험의 정의 및 측정요소

거래상대방의 스왑계약 불이행에 따른 손실로서 기존 스왑포지션에서 평가이익이 발생한 상태에서 상대방의 계약불이행으로 말미암은 손실을 말한다. 따라서 credit risk 방향은 market risk 방향과 반대이다.

신용위험의 측정은 다음의 세가지 요소에 의한다.

① **리스크 노출금액**(exposure amount): 기존 스왑포지션에서 예상되는 평가이익을 계산한다. 이것은 보통 과거 일정기간 환율, 금리변동 자료로부터 95% 신뢰도 하에서 최대이익 가능액으로 산출한다.
② **상대방 부도 확률**: 상대방의 신용등급을 참조하여 기간별 부도확률표를 작성한다.
③ **회수율**(recovery rate): 상대방 부도시 채권회수가능 비율을 말한다.

2) 대책

① 지급보증 신용장, 채권담보설정 등이 있다. 이것을 실행하려면 계약 시 스왑부속계약서 'Schedule'에 구체적 내용이 포함되어 있어야 한다.
② 상대별 포지션 한도를 설정해서 스왑포트폴리오를 다변화한다.
③ 신용부도스왑(CDS) 또는 credit spread 등 신용파생상품(credit derivatives)을 이용한다.

4. CME SOFR futures를 이용한 스왑거래 위험관리

금리스왑 포지션 위험은 선물거래소에 상장되어 있는 단기금리선물을 이용해서 손쉽게 관리할 수 있다. 다음은 단기금리선물 중 전세계에서 가장 많이 거래되는 시카고 상업거래소(CME; Chicago Mercantile Exchange)에 상장된 SOFR futures를 사용해서 미 달러 금리변동위험을 관리하는 사례이다.

미 달러 이외 다른 통화의 경우도 각국 거래소에 상장된 해당통화 단기금리선물을 동일한 방법으로 이용할 수 있다. 이들 단기금리선물의 계약조건이나 거래방법은 CME SOFR futures와 거의 동일하다.[31)]

SOFR선물가격은 100%에서 3개월 term SOFR 금리를 뺀 것으로 정의된다. 따라서 단기금리 상승은 SOFR선물가격 하락과 같다. 장래 가격 하락 시에 선물을 매도하는 원리를 그대로 적용한다. 반대로 금리 하락 시에는 선물가격이 상승하는 것이므로 SOFR선물을 매입한다. 이를 정리하면 다음과 같은 거래방법을 정할 수 있다.

단기금리 상승 시 ⇒ SOFR선물가격 하락 ⇒ SOFR 선물 매도
단기금리 하락 시 ⇒ SOFR선물가격 상승 ⇒ SOFR 선물 매입

31) 원래 CME의 단기금리선물은 3개월 LIBOR를 계약 기초금리로 하는 Eurodollar futures이었으나 LIBOR 스캔들 이후 기초금리를 3개월 SOFR로 변경하였다. 그러나 기초금리만 변경하고 나머지 계약조건은 그대로 사용하고 있다.

다음 문제는 swap 금리가 1년 이상 장기이기 때문에 3개월짜리 SOFR 금리로 1년 이상 장기 금리의 변동을 어떻게 헤지할 것인가이다.

가장 널리 쓰이는 방법은 3개월 SOFR선물을 연달아 동시에 거래를 하는 것이다. 이를 STRIP거래라고 한다.

예시

K bank는 24년 12월부터 1년짜리 long swap position(명목원금 1억 달러)을 보유하고 있다. 향후 달러 금리가 하락하면 swap position에서 손실이 염려된다. 2024년 10월 2일 현재 CME의 SOFR선물가격이 다음과 같이 주어졌을 때 헤지방법을 생각해보자.

〈CME의 SOFR선물가격(2024년 10월 2일 현재)〉

선물계약	종가	선도금리(%)
24-Dec	95.975	4.025
25-Mar	96.495	3.505
25-Jun	96.805	3.195
25-Sep	96.965	3.035
25-Dec	97.035	2.965

아래 그림에서 스왑위험의 노출기간은 24년 12월부터 1년간인 반면에 Dec24 선물계약의 적용기간은 24년 12월부터 3개월뿐이다. 따라서 여기에 Mar24, Jun25, Sep25계약을 연달아 같이 거래하면 1년 계약기간을 얻을 수 있다.

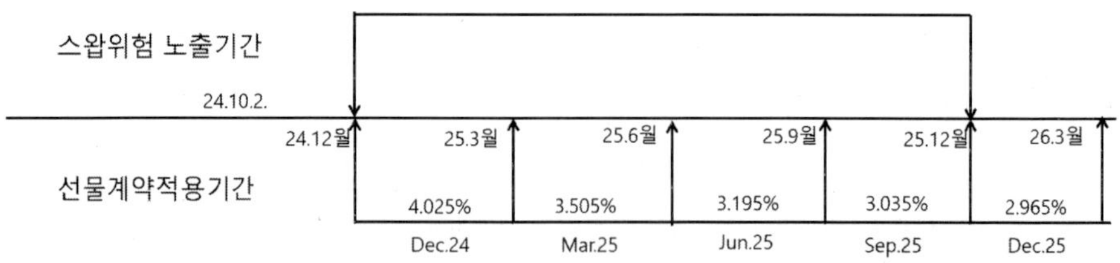

또한 Dec24계약을 95.975에 거래한다는 것은 24년 12월부터 3개월 선도금리를 4.025%로 고정시키는 효과가 있다. 따라서 여기에 Mar24, Jun25,

Sep25계약을 동시에 거래를 하면 각 3개월 선도금리를 3.505%, 3.195%, 3.305%에 고정시킬 수 있다. 즉, 24년 12월부터 1년간 금리, R을 다음 계산에서와 같이 3.4849%로 고정시킬 수 있다.

[(1+4.025×91/36,000)(1+3.505×91/36,000)(1+3.195×91/36,000)
(1+3.035×91/36,000)] = 1+R×364/360 에서
R = 3.4849%
(여기서 91은 선물계약기간 3개월 일수, 364/360은 달러 단기금리 일수를 연 360일로 조정하는 계수임. 즉 달러금리는 ACT/360 방식)

K bank는 원금 1억 달러의 금리하락 위험을 헤지해야 하므로 Dec24, Mar24, Jun25, Sep25계약, 각 100개씩 총 400개 계약을 동시에 매입하는 것이 필요하다. (SOFR 선물 1계약 원금 = 백만 달러)

그 결과 24년 12월부터 1년간 금리가 3.3849% 밑으로 하락 시 STRIP선물 포지션에서 이익이 발생하여 스왑 손실을 커버할 수 있다.

문제 **만약 K Bank의 보유 스왑포지션이 24년 12월부터 3년 기간이라고 한다면 SOFR STRIP거래를 어떻게 해야 할까?**

힌트 24Dec계약부터 27Sep계약까지 12개 계약을 각 100개씩 총 1,200개 선물을 연달아 동시에 매수!

스왑시장 딜러들은 헤시를 위해 단기금리선물 STRIP거래를 많이 사용하기 때문에 실제로 시장에서 보면 스왑 금리는 같은 기간 단기금리선물 STRIP금리와 매우 밀접하게 따라 움직인다. 이론적으로 스왑시장금리와 단기금리선물 STRIP rate 간에는 다음의 균형관계가 성립한다.

swap bid rate < 단기금리선물 STRIP rate < swap offered rate

※ O, ×로 답하시오(1~20).

문1 LIBOR margin swap이란 변동금리 조건으로서 LIBOR에 일정 스프레드를 더한 것으로 하는 형태이다 ( )

문2 표준형 스왑(generic swap)에서 변동금리 이자는 선취조건이다 ( )

문3 스왑 레이트를 표준적인 스왑 레이트와 달리하여 거래하는 스왑을 up-front swap이라 한다 ( )

문4 yield curve swap이란 수익률곡선상의 단기금리와 장기금리를 상호 교환 결제하는 스왑형태이다 ( )

문5 자산스왑이란 자산운용시의 자금흐름 구조를 변환하기 위하여 이용되는 스왑을 말한다 ( )

문6 금리스왑계약을 체결한 다음 일정기간 경과 후 고정금리 지급자가 기존 스왑포지션을 취소시킬 수 있는 것을 puttable swap이라 한다 ( )

문7 callable swap에 적용되는 고정금리는 같은 만기 표준스왑(generic swap) 금리보다 높다 ( )

문8 7% receiver's swaption보다 8% receiver's swaption이 비싸다 ( )

문9 동일한 행사금리 캡보다 payer's swaption의 프리미엄이 크다 ( )

문10 1×6year 6% payer's swaption을 매입하였는데 1년 뒤 5년 만기 스왑금리가 5.5%가 되면 swaption을 행사한다 (　)

문11 국가위험(sovereign risk)이란 스왑 참여자 소속국의 신용도 변화(국제수지 악화, 대외송금 제한 등)에 따른 손실 가능성을 말한다 (　)

문12 스왑거래의 위험의 크기는 같은 원금금액의 대출계약보다 크다 (　)

문13 고정금리지급 스왑포지션 보유자에게는 금리상승시 고정금리지급 흐름의 현가가 감소하므로 스왑 평가이익이 발생한다 (　)

문14 금리하락시 고정금리영수 스왑포지션에서 이익이 발생하므로 신용위험이 발생하지 않는다 (　)

문15 금리스왑 위험의 크기는 기간의 경과에 따라 감소한다 (　)

문16 통화스왑의 위험 중 가장 큰 것은 환율위험이며 이것은 금리위험보다 훨씬 중요하다 (　)

문17 통화스왑의 위험은 만기가 다가옴에 따라서 높아진다 (　)

문18 통화스왑에서는 금리위험이 존재하지 않는다 (　)

문19 고정금리영수 스왑을 한 경우에 시장위험관리를 위하여 유로달러선물 strip 매도 헤지를 할 수 있다 (　)

문20 credit risk 방향은 market risk 방향과 반대이다 (　)

문21 basis **스왑이란?**

① plain vanilla swap을 말한다.

② 변동금리와 고정금리 채무 간의 교환이다.

③ 변동금리이자 간의 교환이다.

④ 선물시장에서 basis거래를 이용한 스왑이다.

문22 **국제은행은 유로시장에서 L+10bp로 자금을 조달하여 CP−10bp로 대출하고 있다. 만약 금리위험 헤지를 위하여 Y은행과 LIBOR 영수, CP−25bp 지급의 swap을 한다면 net margin은 얼마인가?**

① 5bp ② 10bp

③ 15bp ④ 20bp

문23 (1×6year) 6% payer's swaption**시세가** 10−17bp**로 주어졌다. A은행은 이** swaption**을 매각하였는데 1년 뒤 5년 만기** swap rate**가 5%가 된다면?**

① OTM option이 되므로 10bp 프리미엄 이익

② 상대가 옵션을 행사하므로 A는 6% 영수 스왑을 하게 된다.

③ 상대가 옵션을 행사하므로 A는 6% 지급 스왑을 하게 된다.

④ 상대가 옵션을 행사하므로 A는 5% 지급 스왑을 하게 된다.

문24 **B기업은 다음과 같이 A은행에게 고정금리 6%를 지불하고 변동금리를 수취하는 금리스왑계약을 체결하였다. 가장 적절한 설명은?**

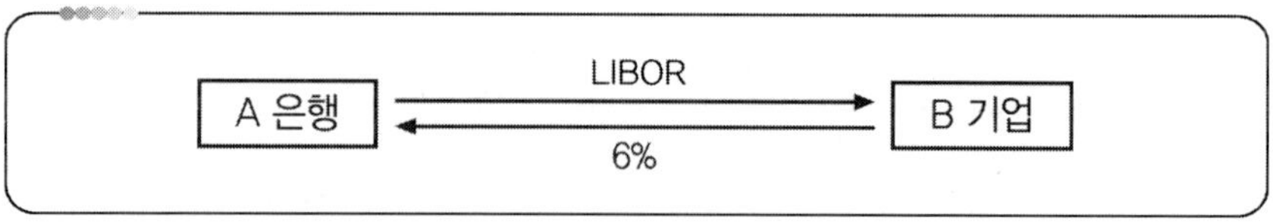

① 시장금리 상승 시 (장기, 단기 모두 상승) B기업 손해

② 시장금리 하락 시 (장기, 단기 모두 하락) A은행 이익

③ B기업은 short swap position을 취하였다.

④ A은행은 B기업 default시 항상 손실을 본다.

문25 삼청은행과 한국기업은 아래와 같은 스왑계약을 체결하였다. 가장 적절한 설명은?

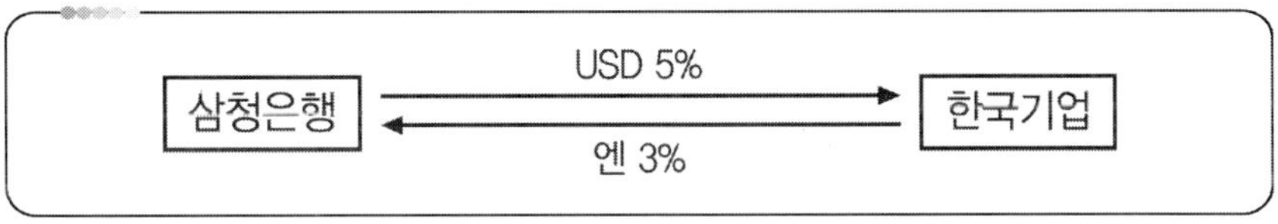

① 달러채권 수익률이 상승하면 삼청은행이 이익이다.

② 달러채권 수익률이 상승하면 한국기업이 이익이다.

③ 엔채권 수익률이 상승하면 삼청은행이 이익이다.

④ 엔가치가 상승하면 한국기업이 이익이다.

문26 25번에서 만약 한국기업이 지급부도를 선언한다면?

① 삼청은행은 항상 손실이다.

② 삼청은행은 달러 고정금리 차입을 하여 엔 고정금리를 운용함으로써 스왑 헤지포지션의 리스크를 커버할 수 있다.

③ 달러 고정금리가 하락하면 삼청은행은 손실을 입는다.

④ 엔가치가 상승하면 삼청은행은 이익이다.

문27 삼청은행은 1억 달러 5% 지급/2억 유로 4% 영수 스왑계약을 보유하고 있다. 이 은행 스왑포지션의 시장위험(market risk) 요인으로 볼 수 없는 것은?

① 달러시세 상승　　② 달러시세 하락

③ 달러금리 하락　　④ 유로금리 상승

정답 및 해설

1. O. LIBOR margin swap의 정의이다.
2. x. 표준형 스왑에서는 이자를 결제기간 말에 후취한다.
3. x. off-market swap의 정의이다.
4. O. 수익률곡선 스왑의 정의이다.
5. O. 자산스왑의 정의이다.
6. x. puttable이 아니라 callable swap이다.
7. O. 고정금리 지급자가 표준조건의 스왑금리에다 옵션 프리미엄을 추가로 지급하여야 하므로 레이트가 높다.
8. O. receiver's swap은 고정금리를 받는 것이므로 많이 받을 수 있는 옵션일수록 비싸진다.
9. x. 금리캡이 권리행사 기회가 많으므로 비싸다.
10. x. 시장금리가 행사금리보다 저렴하므로 옵션행사를 하지 않는다.
11. O. 국가위험의 정의이다.
12. x. 스왑거래는 상대방과 현금흐름을 교환하는 것이므로 위험노출금액은 같은 금액의 대출계약보다 작다.
13. O. 금리가 상승하면 고정금리지급 스왑에서는 평가이익이 발생한다.
14. x. 금리가 하락하여 기존 스왑포지션에서 이익이 발생하였을 때 상대방이 부도가 나면 그만큼 손해이다.
15. O. 시간이 경과하면 잔여 결제회수가 줄어들기 때문에 위험노출이 감소한다.
16. O. 통화스왑에서는 만기에 원금을 교환하기 때문에 환율변화에 따른 원금의 가치변화가 스왑포지션 시장가치 변동의 대부분을 차지한다.
17. O. 통화스왑에서는 만기에 원금을 교환하기 때문에 만기가 다가옴에 따라 만기 원금 위험노출액의 현가가 커진다.
18. x. 통화스왑의 가치는 환율변동은 물론 금리변동에 따라 변동한다.
19. O. 고정금리영수 스왑의 가치는 금리상승시 하락한다. 따라서 유로달러선물 매도를 통하여 헤지할 수 있다.
20. O. 신용위험은 보유 스왑포지션에서 이익이 발생하였을 때 상대방이 부도낼 가능성이기 때문에 발생방향이 시장위험과 반대가 된다.
21. ③ basis 스왑이란 변동금리 채무 간의 교환을 말한다.
22. ① 국제은행의 영수흐름=(cp−10bp)+L, 지급흐름=(cp−25bp)+(L+10bp)
23. ① OTM이 되어 상대방이 옵션을 행사하지 않는다.
24. ② 시장금리가 하락하면 A은행이 받는 고정금리흐름의 현가가 증가한다.
25. ① 달러금리가 상승하면 삼청은행이 지급하는 달러 고정금리흐름의 현가가 감소한다.
26. ② 기존 한국기업과의 스왑포지션과 같은 방향의 현금흐름을 창출해야 리스크가 커버된다.
27. ② 달러시세가 하락하면 지급흐름의 가치가 감소한다.

04 파생금융상품을 활용한 구조화상품

제1장 파생금융상품을 활용한 구조화상품

제1절 구조화상품의 이해

파생상품과 이를 응용한 구조화상품은 2008년 금융위기를 초래한 주요 원인이었고 그 이후에도 상품들의 거래와 관련된 크고 작은 금융시장의 사건들이 끊이지 않았다. 따라서 구조화상품 거래에 대해 많은 사람들이 부정적인 시각을 가지고 있다. 하지만 모든 구조화상품이 복잡한 구조를 가지고 있으며 구조화상품을 이용하는 사람들에게 불리하고 위험하다는 편견은 많은 부분이 이들 상품에 대한 이해의 부족에서 비롯된 것이다. 시장에는 은행 금리보다 높은 수익률을 원하는 고객들이 존재하며 시장 선물환율보다 더 유리한 수준으로 미국 달러를 매수 또는 매도하고자 하는 고객들이 존재한다.

구조화상품은 쉽게 말하자면 기존의 금융시장에서 표준화된 파생상품만으로는 만족시킬 수 없었던 고객의 니즈를 만족시키는 맞춤형 상품이다. 구조화상품은 내재되어 있는 기초자산의 종류에 따라서 나눌 수 있고 더 나아가 활용하는 목적에 따라 투자상품과 헤지상품으로 분류할 수 있다. 국내에서는 투자상품의 경우 추가적으로 발행주체와 원금보장 여부에 따라 다른 이름으로 구분하기 때문에 동일한 기초자산을 가지고 있더라도 다른 분류가 될 수 있다. <표 1-1>은 손익이 사전에 거래계약서에 약정되어 있는 구조화 투자상품을 정리하고 있다. 주가연계 구조화상품이라도 발행기관, 원금보장 여부에 따라 ELS. ELD. ELB로 분류될 수 있다는 것을 알 수 있다.

〈표 1-1〉 국내 투자상품(증권/예금)의 구분(2022년 3월 기준)

구분	ELS (equity-linked security, 주가연계증권)[32]	ELB (equity-linked bond, 주가연계파생결합사채)[33]	DLS (derivative-linked security, 파생결합증권)	ELD (equity-linked deposit, 주가연계예금)
발행기관	증권사	증권사/은행	증권사	은행
원금보장 여부	비원금보장형	원금보장형	비원금보장형	원금보장형
예금자 보호법 적용여부	적용받지 못하므로 원금보장형 상품일지라도 발행사의 부도로 원금 상환이 불가능할 수 있음. 따라서 발행사의 신용등급 중요			적용 받음
기초자산	주식 또는 주가지수		주식 또는 주가지수 이외의 모든 자산, 또는 주가와 다른 기초자산을 혼합	주식 또는 주가지수

금융회사의 고객은 기업, 타 금융사, 일반 투자자 등이며 이러한 고객의 시장관과 니즈는 다양하다. 위험성향(risk appetite) 또한 차이가 크다. 모든 사람에게 맞는 한 치수의 옷이 없듯이 모든 고객에게 맞는 상품이란 존재하지 않는다. 예를 들어 특정 투자 목적의 구조화상품이 파생상품이나 구조화

32) ELS/DLS의 경우 증권사 발행이지만 은행에서 판매 가능하다.

33) 2013년 <자본시장과 금융투자업에 관한 법률> 개정으로 원금보장형 ELS/DLS를 ELB/DLB로 분리하였다. ELB/DLB는 별도의 발행인가가 필요했던 파생결합증권이 아닌 파생결합사채, 즉 채무증권으로 분류되므로 금융투자회사가 아닌 금융기관이나 일반 법인도 원칙적으로 발행 가능하다.

상품에 대한 이해도가 높은 금융기관투자자에게는 적절하더라도 상품에 대한 이해도가 낮고 보수적인 투자성향을 가진 개인투자자에게는 적절하지 않을 수 있다. 따라서 고객의 시장관, 니즈, 위험성향에 맞는 상품을 개발하고 제안하는 금융기관뿐만 아니라 자신에게 맞는 상품을 선택하는 투자자 모두 구조화상품의 특성을 이해하는 것이 필요하다.

구조화상품의 맞춤형구조는 앞에서 다룬 기본적인 파생상품(옵션, 스왑, 선물/선도 등)을 결합하거나 그보다 더 응용된 구조화기법들을 활용하여 만들어진다. 표준화된 상품에서는 볼 수 없었던 조건들이 추가되는데 이 조건은 기초자산의 움직임과 연계되어 있다. 더 구체적으로는 기초자산의 움직임의 방향, 변동성, 상관관계 등이 요인이며 거래 체결 당시 이 요인들의 수준에 따라서 구조화상품에 포함된 조건들의 가치와 비용이 결정된다. 표준화된 파생상품에는 없었던 이러한 추가적인 조건이 만족되면 고객이 원하는 수익, 낮은 헤지 비용 등이 실현되는 것이다.

구조화상품 시장의 참가자들의 역할은 다르지만 이들이 거래 전에 공통적으로 이해해야 할 부분이 있다. 우선 구조화상품은 여러 파생상품들과 구조화기법들이 결합되었으므로 구조화상품을 구성하는 각각의 구성요소(building block)를 아는 것은 구조화상품을 이해하는데 필수적이라고 할 수 있다. 더 나아가 고객의 시장관과 시장정보를 바탕으로 추가적인 가치는 어떻게 발생시킬 수 있는지와 이에 따른 비용 또는 위험은 무엇인지 이해해야 한다. 또한 기초자산 움직임의 방향, 변동성 등의 시장요인이 구조화상품 수익구조에 미치는 영향을 이해하여야 한다.

단순한 주식 매매나 기본적인 파생상품 거래와 마찬가지로 구조화상품의 경우도 거래하는 타이밍이 중요하다. 항상 좋은 결과를 가져다주는 상품이란 존재하지 않는다. 예를 들어 변동성이 현재는 낮은 수준이지만 높아지면 좋은 결과를 가지고 오는 상품이 있을 것이고 반대로 변동성이 낮아질 때 좋은 결과를 가지고 오는 상품이 있을 것이다. 시장을 100% 예측하는 것은 불가능하지만 구조화상품에 대한 이해가 있다면 고객의 특성에 적합하며 시장을 잘 활용한 구조화상품을 제안할 수 있을 것이고 고객 또한 상품을 이해하고 본인에게 맞는 상품을 선택할 수 있을 것이다.

마지막으로 구조화상품은 거래 양 상대방간의 계약이므로 계약에 명시되어 있지 않은 형태로 중도에 거래를 취소하는 것은 어렵다. 이는 일반적으로 구조화상품의 유동성이 낮기 때문이다. 중도해지를 해야 되는 경우 이용자의 거래상대방인 금융기관도 기존의 포지션을 변경해야 하기 때문에 비용이 생기며 시장상황에 따라 비용이 상당할 수 있다. 이러한 비용은 이용자에게 여러 가지 형태로 전가되므로 구조화상품 이용자는 이를 항상 명심하고 거래계약을 신중하게 해야 한다.

제2절 구조화상품에서 활용되는 기법

파생상품을 결합한 구조화상품의 예시와 분석으로 들어가기 전에 먼저 구조화상품에서 주로 활용되는 기법을 정리해보는 것은 의미가 있다. 아래에서 설명되는 기법들은 단독으로 활용되는 경우도 있고 결합되어 활용되기도 한다. 여기에서 소개되는 기법들은 뒷장에서 구체적인 예시를 통해 설명하겠다.

1. 투자자산의 원금보장/부분원금보장

원금보장형 구조화예금(또는 증권, 채권)은 쉽게 생각해보면 거래일부터 만기까지 이자를 기회비용으로 투자자의 시장관을 반영하여 잠재적으로 예금이자 또는 채권이자보다 더 큰 수익을 내도록 고안된 상품이다. 일반적으로 원금보장형 상품의 거래방식은 <그림 1-1>과 같다.

〈그림 1-1〉 원금보장형 상품 거래방식

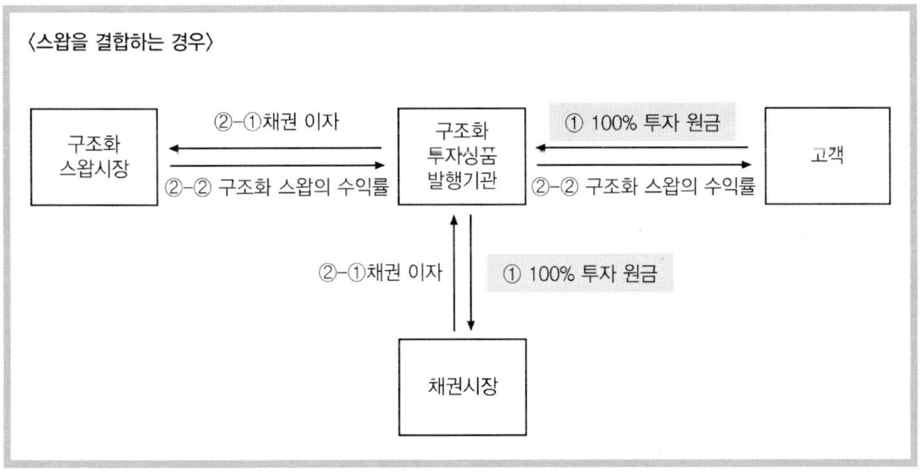

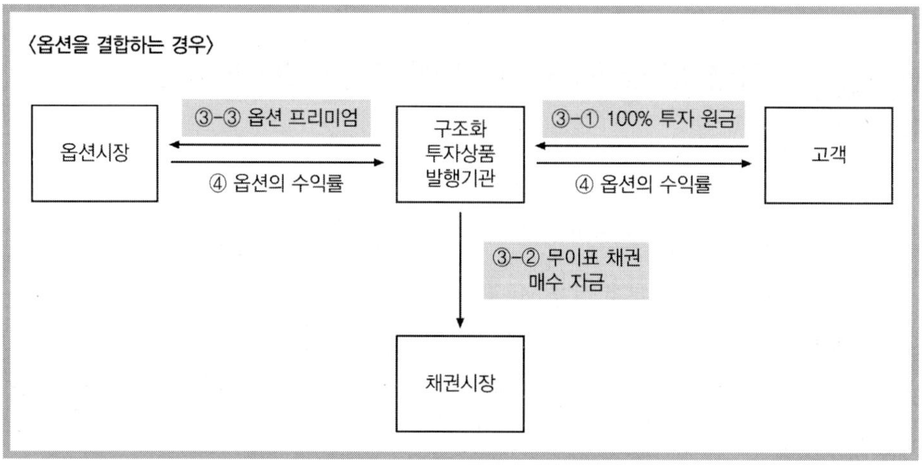

스왑을 결합하는 경우 투자원금이 보존될 수 있게 투자원금의 100%(<그림 1-1>에서 ①)를 안정적인 채권에 투자하고 여기에서 발생하는 채권이자(②-①)를 활용해서 투자자가 원하는 수익구조(②-②)를 가지고 있는 구조화 스왑 거래를 결합하면 원금이 보장되는 구조화 투자상품이 만들어진다. 비슷한 원리로 옵션을 결합하는 경우 만기에 투자원금의 100%를 상환하는 무이표채에 투자(③-②)하고 남은 금액(③-③)만큼의 옵션 프리미엄을 가지고 있는 옵션을 매수하고 이를 결합하여 옵션의 수익률이 구조화 투자상품에서의 투자수익(④)이 되면서 원금이 보장될 수 있게 만드는 것이다.

구조화상품의 수익구조 부분이 되는 구조화스왑이나 옵션 부분은 발행사에서 자체적으로 프라이싱하고 헤징하는 경우도 있지만 여건이 안 되는 경우는 다른 금융기관(국내의 경우 일반적으로 외국계 투자은행)과 구조화스왑이나 이색옵션을 거래한다. 이런 방식을 택하는 경우 중개은행은 기초자산의 움직임에 따른 추가적인 수익이나 리스크는 가지지 않고 중개수수료의 이익을 얻게 된다.[34] 예전에는 투자원금을 다른 금융기관(주로 외국계 투자은행)에 전달하여 패키지된 상품을 사오는 방식[35]도 활용하였으나 신용위험에 노출되는 것을 피하고자 투자원금은 발행사에서 채권시장을 통해 직접

34) back-to-back이라고 부른다.
35) fully funded swap이라고 부른다.

운용하는 방식이 더 많이 활용된다.

구조화 투자상품의 발행기관에서 어떠한 거래방식을 선택하든지 투자자의 입장에서는 비슷한 형태의 수익구조를 가지게 된다. 이 때 구조화 투자상품에서는 투자수익이 보장된 것은 아니고 지급조건대로 기초자산이 움직여줄 때 수익이 생긴다는 것을 기억해야 한다. 하지만 투자수익이 지급되지 않는 방향으로 시장이 움직이더라도 원금보장형 상품의 경우 발행자의 신용에 문제가 생기지 않는 이상 원금은 100% 보장된다. 이러한 특성 때문에 원금보장형 투자상품의 경우 원금 손실을 피하고자 하는 보수적인 투자자들에게 인기가 많다. 특히 금융위기를 비롯하여 금융자산의 하락시기가 지나면 많은 투자자들의 투자성향이 보수적으로 바뀌고 저금리 환경에서 별다른 투자대안을 찾지 못한 상황에서 안정적인 원금보장형 상품의 거래량이 많이 증가하는 것을 볼 수 있다.

원금보장형 상품에서 더 유리한 수익구조를 만들어내기 위해서 적용해볼 수 있는 기법이 몇 가지 있다. 만기를 연장시키거나 투자자가 약간의 원금손실을 감수할 의향이 있다면 부분원금보장형 상품(예를 들어 95% 원금보장)으로 구조를 변형시킬 수 있다. 이 경우 기존의 원금보장형 상품과는 달리 투자원금 중 옵션이나 스왑 거래에 쓰일 수 있게 되는 부분이 커지므로 투자자에게 더 유리한 수익구조가 만들어질 수 있다.

2. 녹인 / 녹아웃 기법

녹인(knock-in)은 거래 체결시에는 어떠한 상품구조가 존재하지 않는 상태에서 시작해서 미리 정해진 조건을 만족시키는 경우, 즉 녹인 사건이 발생하는 경우, 상품구조가 생기는 것을 말한다. 녹아웃(knock-out)은 이와는 반대로 어떠한 상품구조가 존재하는 상태에서 시작해서 미리 정해진 조건을 만족시키는 경우, 즉 녹아웃 사건이 발생하는 경우, 상품구조가 사라지는 것을 말한다.

녹인이나 녹아웃이 포함되어 있지 않은 구조화상품의 경우 거래일부터 만기까지 상품이 존재하며 만기일(또는 헤지상품의 경우 결제일, 투자상품의 경우 쿠폰지급일)에 기초자산의 수준에 따라서 손익이 결정된다. 반면에 녹인이나 녹아웃이 포함되어 있는 상품의 경우는 녹인이나 녹아웃 사건 발생 여부에 따라서 기대했던 상품 구조가 만기가 되는 시기까지 생기지 않거나 만기 전에 사라지게 된다.

현재까지 거래되었던 상품들을 보면 녹아웃의 경우 다양한 형태를 가지고 있다. 가장 간단한 형태는 단순히 거래일부터 만기일까지 기초자산의 움직임을 관찰하여 녹아웃 배리어에서 거래되는지에 따라서 녹아웃 사건이 생기는지 여부를 정하는 것이다. 거래일부터 만기까지 여러 쿠폰 지급일이 있거나 결제일이 있는 경우는 녹아웃이 좀 더 응용된 형태로 나타난다. 거래일에 목표이익(target profit)을 미리 약정하고 매 쿠폰 지급일이나 결제일마다 이용자의 이익을 계산하고 누적된 이익이 목표이익을 넘어서면 만기 전에 거래가 종료, 즉 녹아웃되는 상품이 있다. 이러한 상품들의 만기와 구조의 불확실성에도 불구하고 녹인이나 녹아웃을 활용하는 이유는 아래와 같다.

2-1. 수익구조 향상

상품을 거래한 고객이 이익을 가지고 갈 수 있는 구간에 녹인이나 녹아웃을 넣어서 수익이 생기지 않을 수도 있는 가능성이 상품에 추가되면 이에 대한 반대급부로 녹인이나 녹아웃을 제외한 나머지 수익구조는 고객에게 유리하게 주어지게 된다. 예를 들어 선물환을 매도하는 고객은 더 높은 약정환율에서 매도할 수 있게 되고 원금보장형 주가연계 구조화상품에서는 더 유리한 투자수익구조를 가지게 된다. 다만 헤지상품의 경우는 헤지가 필요한 상황에서 녹아웃 사건이 일어나거나 녹인 사건이 일어나지 않아서 상품구조가 없이 손실이 커질 수 있으므로 이러한 기법을 이용하는데 신중해야 한다.

2-2. 이용자 보호

상품을 거래한 고객이 손실을 가지고 갈 수 있는 구간에 녹인이나 녹아웃을 넣어서 손실이 생기지 않는 가능성을 상품에 추가하는 경우도 있다. 예를 들어 무제한적인 손실이 생길 수 있는 구조를 변경하여 손실 구간에 녹아웃을 추가하게 되면 고객의 손실이 제한되는 효과가 있다. 또 다른 예시로 고객이 손실을 가지고 갈 수 있는 부분을 녹인과 연계하는 경우인데 녹인 사건이 생기지 않는 한 고객의 손실은 없으므로 녹인이라는 조건 없이 이용자의 손실이 확정되는 상품에 비해서 고객이 보호를 받는다고 해석할 수 있다.[36] 이러한 손실제한 장치를 포함하려면 비용이 발생하게 되어 녹인이나 녹아웃을 제외한 나머지 수익구조는 불리하게 주어지게 된다. 예를 들자면 선물환을 매도하는 고객에게 주어지는 약정환율은 낮아지게 되며 투자상품에서는 손실 부분에 녹인 구간이 추가되면 손실이 바로 확정되는 상품에 비해서는 수익구조가 불리하게 된다.

3. 이익/손실 제한하는 기법

구조화상품에서 상품을 거래한 고객의 이익이나 손실을 제한하는 기법이 활용되기도 한다. 앞에서 본 녹아웃의 경우도 크게 보면 이익/손실 제한의 기법 중에 하나라고 볼 수 있는데 녹아웃처럼 거래 종료 또는 수익률 0이라는 극단적인 결과를 가지고 오지 않고 이익이나 손실을 제한할 수 있는 방법도 있다. 예를 들면 콜 스프레드(call spread)를 활용하는 방법이다. 옵션전략 부분에서도 보았듯이 콜 옵션과 비교해볼 때 콜 스프레드는 낮은 행사가격을 가진 콜 옵션을 매수하고, 높은 행사가격을 가진 콜 옵션을 매도함

36) 이 기법은 기준이 되는 상품을 무엇으로 하냐에 따라 다른 방식으로 해석될 수 있다. 이 기법을 손실이 없는 상품(예를 들어 원금보장형상품)에 녹인을 통해서 손실 가능성을 추가한다고 본다면 이는 수익구조 향상으로 해석될 수 있다.

으로써 이익은 제한하고 매수 비용은 절감할 수 있게 한다. 언제나처럼 트레이드 오프(trade-off)가 생기는데 상품을 거래한 고객의 이익 제한은 비용 절감으로 나타나게 되고 상품을 거래한 고객의 손실 제한은 비용 증가로 나타나게 된다.

4. 레버리지 기법

레버리지(leverage) 기법은 일반적으로 구조화상품의 손익구조를 개선하기 위해서 활용된다. 투자상품으로는 투자수익률을 계산할 때 투자수익률을 결정하는 기초자산의 움직임에 100% 이상의 가중치를 주어서 기초자산의 움직임보다 투자수익률이 더 크게 변할 수 있게 하는 상품이 거래되고 있다. 헤지상품으로는 손실구간에서의 거래량을 이익구간의 거래량의 100% 이상(일반적으로 200%)으로 하는 상품이 거래되었다. 이러한 상품들은 시장 상황이 예상과 반대로 움직이는 경우는 손실이 증폭되는 단점이 있음에도 불구하고 나머지 손익구조가 눈에 띄게 좋아지기 때문에 공격적인 포지션을 가지기를 원하는 고객들이 선택하는 경우가 있다. 레버리지가 들어간 구조화상품을 고려하고 있는 고객은 이를 활용하는데 따르는 위험이 무엇인지 명확하게 인식해야 한다.

5. 임의중도상환 기법

임의중도상환(optionality)은 거래를 중도에 취소할 수 있는 권리를 뜻하고 이 권리가 행사되면 남아있는 쿠폰 지급일 또는 결제일과 관계된 모든 거래가 취소된다. 따라서 거래일부터 만기까지 여러 쿠폰 지급일이 있거나 결제일이 있는 경우에만 활용 가능한 기법이다. 임의중도상환은 투자상품과 헤지상품에서 모두 활용될 수 있으며 취소 권리를 누가 가지게 되느냐에 따라서 콜옵션부(callable)와 풋옵션부(puttable)로 나눌 수 있다.

취소하는 권리를 소유한 쪽은 만기까지 거래를 유지하는 것보다 취소하는 것이 본인한테 유리하다고 판단하면 거래를 취소할 것이다. 취소할지 여부는 그 당시의 시장상황에 따라 결정하게 되는데 이후에 시장 상황이 갑자기 바뀌는 경우가 얼마든지 생길 수 있기 때문에 이 결정이 언제나 취소한 쪽에 최적의 결과를 가지고 오는 것은 아니다. 이런 점에서 임의중도상환 기법은 개별 옵션을 각 쿠폰 지급일 또는 결제일에 적용한 것과는 차이가 있다. 옵션이 적용된 경우는 매 시점마다 옵션을 가지고 있는 쪽에 유리한 결과를 주기 때문에 임의중도상환에 비해서 권리를 소유하는 비용이 훨씬 많이 든다.

취소하는 권리를 매도한 쪽에서는 언제 거래가 취소될지 모르기 때문에 불확실성을 가지게 되는데 그럼에도 불구하고 임의중도상환 기법은 구조화상품에서 자주 활용되는 것을 볼 수 있다. 임의중도상환 기법의 활용 이유를 callable과 puttable의 경우로 나누어서 살펴보겠다.

5-1. callable

거래를 중도에 취소할 수 있는 권리를 상품을 만들고 판매한 쪽(주로 금융기관)에서 가지게 되는 경우 callable로 분류한다. 이 경우 상품을 이용한 고객은 callable 옵션을 매도한 것이므로 그 옵션의 가치만큼 반대급부로 callable이 들어가 있지 않은 상품보다 좋은 조건을 얻을 수 있게 된다. callable이 자주 활용되는 경우는 만기가 긴 구조화채권인데 고객은 채권 상환일에 대한 불확실성을 가지게 되는 대신에 상품이 취소되기 전까지 높은 수준의 쿠폰을 가질 수 있다는 것에 매력을 느끼고 거래를 한다. 이 같은 투자 상품이 만기 전에 조기 상환이 되는 경우는 발행자가 거래를 유지하는 것보다 취소하는 것이 유리하다고 판단해서인데 이 경우라도 투자자 입장에서는 상환되는 투자액을 다른 투자상품에 투자하면 되므로 크게 손해가 되는 것은 없으며 시장에는 선순환 구조가 형성될 수 있다는 점에서 긍

정적인 효과가 있다. 헤지상품의 경우도 헤지가 필요한 고객이 만기에 대해 유동적이라면 금융기관에 callable 옵션을 매도함으로써 유리한 가격을 얻을 수 있게 된다.

5-2. puttable

거래를 중도에 취소할 수 있는 권리를 상품을 이용하는 고객이 가지게 되는 경우 puttable로 분류한다. 이 경우는 고객이 만기에 대한 불확실성 등의 이유로 상품을 중도에 취소할 수 있는 권리인 puttable 옵션을 매수하는 것인데 이에 따른 비용이 발생한다. 이 비용은 상품 구조에 반영될 수도 있고 일부는 패널티(penalty)의 형태로 취소할 때 고객이 비용을 지불하게 할 수도 있으며 이 둘이 결합되는 경우도 있다. 패널티 액수 이상으로 고객에게 손실이 발생할 것이라고 예상되는 경우 고객은 패널티만큼을 지불하고 거래를 취소할 가능성이 높다. puttable 옵션은 고객이 구조화상품 거래에서 손실이 커진 경우에 활용되거나 아니면 잠재적인 손실을 제한함으로써 신용리스크를 줄이는 용도로 사용되는 경우가 많다. 예상 외로 고객의 현금흐름 변화로 인한 거래 중도 취소를 위해 puttable 옵션이 행사되는 경우는 적다.

6. 복수의 기초자산 이용

상품의 구조에 둘 이상의 기초자산을 포함하는 기법이 있는데 이는 주로 투자상품에서 찾아볼 수 있다. 위험분산 효과를 위해서 단일 자산이 아닌 복수의 자산의 움직임에 연동하여 투자수익이 결정되도록 하는 경우가 있다. 기초자산들 간의 상관관계를 이용하면서 기초자산들의 수익률에 대해 평균, 최대값, 최소값 등을 추가적으로 적용하면 단일 기초자산으로 상품을 만드는 것보다 수익구조가 더 매력적인 상품을 만들 수 있다.

제3절 구조화상품의 가격결정 및 헤징

구조화상품은 표준화되고 유동성이 풍부한 파생상품(선도, 옵션, 스왑)들을 단순하게 결합해서 만들 수 있고, 조금 더 응용된 구조화기법(target profit, callable, basket 등)을 추가로 적용해서 만들 수도 있다. 구조화상품을 만드는 방법에 따라 구조화상품을 두 가지로 나누어서 구조화상품의 가격결정(pricing) 및 헤징(hedging)을 설명하겠다.

첫째, 단순하게 파생상품들을 결합하여 독립적인 구성요소로 분리가 가능한 경우를 보도록 하겠다. 이러한 구조화상품의 가격은 구조화상품을 구성하고 있는 각각의 구성요소의 가격에 따라 결정된다. 구성요소들의 가격은 시장에서 수요와 공급에 의해 결정되므로 가격을 내는 특별한 수학적인 모형이나 도구의 사용 없이도 가격결정이 가능하다[37]. 하지만 상품거래 이후 상품을 판매한 금융기관의 포지션 관리, 즉 헤징이 필요하므로 시스템을 활용한다. 금융기관의 트레이더는 대고객거래로 발생하는 포지션을 바탕으로 시장의 움직임을 관찰하며 손실은 피하고 추가적인 이익을 창출할 수 있도록 포지션을 계속 조절(dynamic hedging)해 나간다. 따라서 흔히 생각하는 것처럼 고객의 이익(손실)은 금융기관의 손실(이익)로 이어지지 않는다. 유동성이 많은 상품으로만 구성된 구조화상품의 경우는 가격결정, 트레이더의 헤징 등이 상대적으로 쉽기 때문에 많은 금융기관에서 상품개발이 가능하다. 따라서 금융기관 간의 경쟁이 심하고 영업이익(마진, margin) 폭이 크지 않다.

둘째, 유동성이 떨어지는 파생상품이 구성요소로 포함되어 있거나 추가적으로 응용된 구조화기법이 적용된 구조화상품의 경우를 살펴보겠다. 독

37) 여기에서 수학적인 모형을 활용한다는 것에 보간법(interpolation)은 포함하지 않는다. 예를 들어, 1달 만기 선물환과 3달 만기 선물환이 시장에서 거래되고 있고 2달 만기 선물환의 가격을 알고자 할 때 보간법이 사용될 수 있는데 이는 수학적인 모형을 활용한다고 보지 않겠다.

립적인 구성요소들로 분해가 가능하거나 설사 가능하더라도 구성요소들의 가격이 시장에서 결정되지 않는 경우는 수학적인 모형과 도구의 도움을 받아 가격을 결정한다. 가격결정모형을 활용하더라도 여전히 시장에서 거래되고 있는 표준화된 파생상품들의 가격들을 활용하여 모형을 추정(estimation)하게 되므로 구조화상품과 파생상품시장의 상품들은 뗄 수 없는 관계이다. 예를 들어, 더블노터치(double-no-touch)[38]라는 이색옵션을 활용한 구조화상품을 생각해보겠다. 더블노터치옵션의 가격을 결정하기 위한 모형은 기본적으로 유동성이 많은 동일한 기초자산의 콜/풋옵션의 시장가격을 낼 수 있도록 추정되고 가격결정에 활용된다. 앞의 경우와 동일하게 트레이더들은 대고객거래에서 발생하는 손실을 줄이고 이익을 늘릴 수 있도록 포지션을 계속 조절한다. 다만 이 경우는 구조화상품의 정확한 가격결정에서부터 상품에서 발생하는 리스크 분석과 이에 따른 포지션 조절까지 쉽지 않다. 따라서 금융기관들의 진입장벽이 있고 이로 인해 영업이익이 커질 수 있다. 헤지에 필요한 추가적인 비용이 구조화상품의 가격에 반영됨에도 불구하고 헤지가 어려운 이러한 종류의 구조화상품의 경우는 거래 후 오히려 손실이 커질 수 있기 때문에 조금 더 보수적으로 포지션을 조절하여 리스크 관리를 한다. 직접적으로 기초자산에 대한 익스포저(exposure)에 한도를 두기도 하고, 가능한 경우는 기초자산의 변동성과 상관계수에 대한 익스포저를 조절하기 위해 다른 금융기관과 변동성스왑(volatility swap) 등을 거래한다.

38) 더블노터치 옵션은 현재 기초자산의 레벨을 기준으로 하여 양방향에 구간의 상하한을 설정하고 만기일까지 그 구간에서 거래되는 경우에 미리 약정된 수익을 주는 옵션이다.

제2장 주가연계 구조화상품

2장부터는 기초자산의 종류에 따라 상품을 나누어 앞에서 설명된 파생금융상품과 구조화상품 기법들이 어떻게 활용되는지 살펴보겠다. 시장상황에 따라 이 책에서 예시로 나오는 구조화상품의 세부내역, 예를 들면 수익률 등이 달라질 수 있지만, 기본원리는 변하지 않는다. 제일 먼저 살펴볼 주가연계 구조화상품은 앞서 <표 1-1>에서 설명되었던 주가연계 투자상품(ELS, ELB, ELD)을 위주로 거래되고 있으므로 개별주식이나 주가지수를 기초자산으로 하는 상품의 거래유형과 특징을 소개하면서 어떠한 시장관을 가진 투자자에게 적절한 상품일지 함께 살펴보겠다. 구조화 투자상품의 투자자는 앞에서 설명된 바와 같이 투자원금과 이자 중에서 일부 또는 전부를 대가로 일반적인 예금이나 채권보다 높은 수익을 낼 수 있는 기회를 얻게 된다. 동일한 파생상품 또는 구조화상품 기법이라 할지라도 어떤 시장상황에서 쓰이느냐에 따라서 투자자의 수익이 달라질 수 있다. 이처럼 어떠한 시장상황에서도 만족스러운 결과를 가져오는 상품은 존재하지 않으므로 시장정보, 투자자의 시장관과 위험성향을 적절하게 반영하는 상품을 찾는 것이 중요하다. 이해를 돕고자 2장에서 소개되는 상품의 대부분은 주가지수 상승을 예상한 투자자라고 가정하였다. 하지만 이를 이해한다면 개별주식, 또는 주가지수의 하락을 예상한 투자자를 위한 상품으로 쉽게 변형 가능하다.

최근 개별주식보다 주가지수가 많이 활용되는 추세인데 이는 주가지수의 변동성이 개별주식의 가격에 비해 상대적으로 낮고 비체계적인 위험에 노출되지 않으며 일반 개인 투자자들도 손쉽게 국내외 주가지수의 흐름을 파악할 수 있기 때문으로 보인다. 아래에서 소개되는 상품들은 주식이 아닌 원자재 등 다른 종류의 기초자산을 가지고도 구성이 가능하다. 여러 가지 주식 또는 주가지수를 결합해서 나온 상품도 꾸준한 인기여서 여러 자산간의 상관관계를 이용한 기법들이 개발되어 활용되고 있다. 대표적인 예시로 여러 자산의 만기 수익률의 평균, 최대값 또는 최소값을 취하여 투자수익률을 계산하는 상품을 들 수 있다. 주가연계 구조화상품의 수익률을 결정하는 요인들은 기초자산의 방향성, 변동성, 상관관계 그리고 투자원금에 적용되는 금리 수준 등이다. 이러한 요인들을 중심으로 시장상황을 파악하고 상품 수익률간의 관계를 이해한다면 발행자 입장에서는 상품 개발 및 판매, 투자자의 입장에서는 상품 선택에 도움이 될 것이다.

제 1 절 원금보장형 주가연계상품

1. 콜 옵션을 활용한 유형과 변형된 상품들

1-1. 콜 옵션(call option) 활용한 상품

기초자산의 상승을 이용해서 수익을 얻기 위해 가장 먼저 생각할 수 있는 것은 콜 옵션이다. 파생상품에 투자할 수 있는 자금으로 콜 옵션을 매수하여 원금보장형 상품을 구성한 상품 예시는 <그림 2-1>과 <표 2-1>에 요약되어 있다. 주가지수가 상승했을 때 만기 주가지수의 수익률에 참여율을 곱한 만큼이 투자자의 수익으로 계산되며 만기에 투자원금과 투자수익을 받게 된다. 예를 들어 만기 주가지수가 최초기준가격 대비 120%, 즉 만기 주가지수 수익률이 20%라면 이 상품의 투자자는 8%(=20% × 40%)의 투자수익을 얻게 되며, 주가지수가 하락했을 때는 투자수익은 0이지만 만기에 투자원금은 돌려받게 된다. 이 상품은 주가지수의 상승을 예상하지만 투자원금 손실은 원하지 않는 보수적인 투자자가 고려할 수 있는 상품이다. 거래 당시보다 주가지수가 상승하면서 동시에 변동성도 상승하여 상승폭이 커지는 시장상황에서 높은 수익률을 낼 수 있다. 주가지수의 하락을 예상한다면 비슷한 원리로 풋 옵션을 활용해서 주가지수가 하락할 때 수익을 낼 수 있고 원금이 보장되도록 만들 수 있다.

〈그림 2-1〉 콜 옵션을 활용한 주가연계 원금보장형 구조화상품

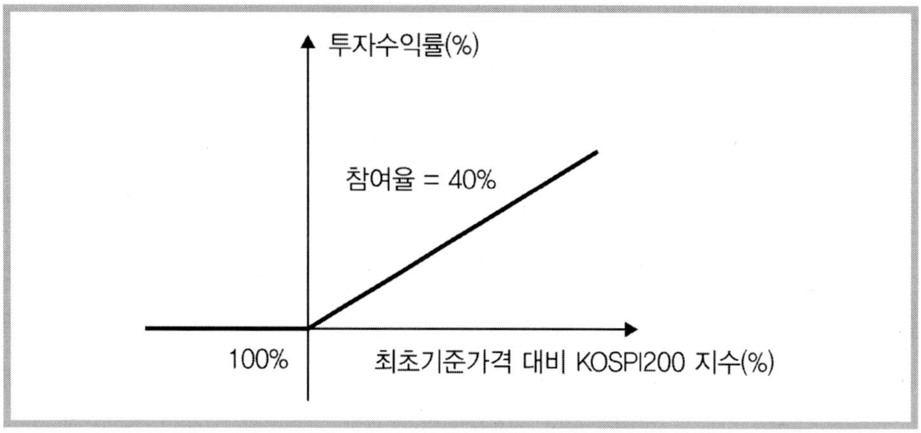

〈표 2-1〉 콜 옵션을 활용한 주가연계 원금보장형 구조화상품

상품구조 예시	
만기 / 상환빈도	1년 / 만기상환
기초자산	KOSPI200
투자수익률	Max(0, 기초자산 수익률) x 참여율
참여율	40%
기초자산 수익률	최초기준가격 대비 만기 KOSPI200 지수(%) - 100%

이 상품에서 주목해야 할 부분은 참여율이다. 100%보다 낮은 참여율로 인해서 투자자는 주가지수의 수익률보다 낮은 투자수익을 얻게 된다는 것을 알 수 있다. 100%보다 낮은 참여율은 주식매매 거래와는 달리 투자원금 보장이 보장되기 때문에 지불해야 하는 비용이라고 생각할 수 있다. 좀 더 구체적으로 구조화상품을 만드는 입장에서 보면 파생상품에 투자할 수 있는 자금보다 투자원금 100%를 거래량(명목금액)으로 하는 옵션의 프리미엄 가격이 크기 때문에 생기는 부분이라고 볼 수 있다. 실제로 참여율은 투자원금 대비 백분율로 표시된 파생상품에 투자할 수 있는 자금(A)과 같은 형식의 백분율로 표현된 옵션의 프리미엄(B)의 비율(A/B)로 계산된다. 따라서

<표 2-1>의 다른 부분은 변화가 없더라도 시장 상황에 따라서 참여율은 변할 수 있다는 것을 예상할 수 있다. 예를 들어 채권 또는 은행 이자(A)는 변화가 없다는 가정하에 옵션 가격결정에 영향을 끼치는 변동성(implied volatility)이 상승하면 콜 옵션의 프리미엄(B)은 상승하고 참여율(A/B)은 하락하게 된다. 다른 예시로 옵션의 프리미엄(B)은 변화가 없다는 가정하에 채권 또는 은행 이자(A)가 상승하는 경우에는 참여율(A/B)은 상승한다는 것을 알 수 있다.

1-2. 콜 스프레드 활용한 상품

<그림 2-1>과 <표 2-1>에서 소개된 콜 옵션을 가지고 만들어진 주가연계 상품의 경우 주가지수의 상승폭이 크지 않을 때 낮은 참여율로 인해서 투자수익이 만족스럽지 못한 결과가 생길 수 있다. 앞에서 설명한 참여율을 높이기 위해서는 상품을 구성하는데 이용되는 옵션의 프리미엄 가격을 낮추어야 할 것이다. <그림 2-2>와 <표 2-2>의 상품은 콜 옵션 대신에 옵션 프리미엄이 낮은 콜 스프레드를 활용한 예시이다. 옵션의 프리미엄을 낮추기 위해 행사가격을 외가(out-of-the-money) 방향으로 움직이는 것도 고려할 수 있지만 최초기준평가지수가격을 넘어서는 상승분부터 투자수익으로 반영하고 싶다면 행사가격을 최초기준평가지수가격에 고정하여야 할 것이다. 동시에 최초기준평가지수가격의 115%의 행사가격을 가진 다른 콜 옵션을 매도하는 콜 스프레드 전략을 활용하면 옵션 매도액만큼 옵션 프리미엄이 낮아질 수 있다. 덕분에 참여율이 40%에서 60%로 상승하여 만기 주가지수 수익률이 15%를 많이 넘지 않는 구간에서는 콜 옵션을 활용한 <표 2-1>의 상품보다 높은 투자수익률을 낼 수 있는 장점이 있다. 예를 들어 만기에 주가지수 수익률이 15%라고 했을 때 <표 2-1>의 상품에서는 40% 참여율이 적용되어 6%(=15% × 40%)의 투자수익이 실현되지만 <표 2-2>의 상품에서는 60% 참여율이 적용되어 9%(=15% × 60%)의 투자수익이 실현된다. 대신 옵션 매도 포지션으로 인하여 주가지수 상승에서 얻을 수 있는 최대 투자수익률

이 9%로 제한되는 단점이 있다. 따라서 주가지수가 상승하더라도 상승 폭에 제한이 있어 매도한 옵션의 행사가격 정도로만 상승할 것이라고 예상하는 투자자에게는 <그림 2-2>와 <표 2-2>에서 설명된 상품이 적절하다. 반면, 주가지수의 상승 폭이 클 것이라고 예상하는 고객에게는 상승 부분이 열려있는 <그림 2-1>와 <표 2-1>에서 설명된 상품이 더 적절하다.

〈그림 2-2〉 콜 스프레드를 활용한 주가연계 원금보장형 구조화상품

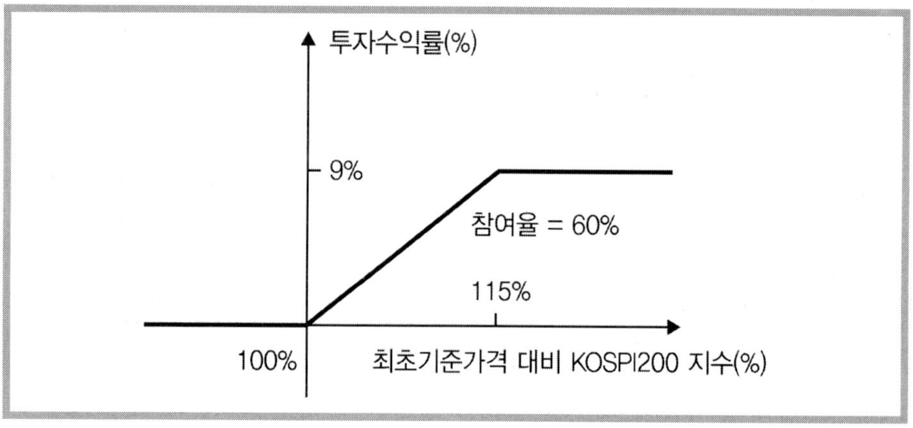

〈표 2-2〉 콜 스프레드를 활용한 주가연계 원금보장형 구조화상품

상품구조 예시	
만기 / 상환빈도	1년 / 만기상환
기초자산	KOSPI200
투자수익률	Min(15%, Max(0, 기초자산 수익률)) x 참여율
참여율	60%

이 상품에서 매도한 콜 옵션의 행사가격이 최초기준평가지수가격의 115%인데 이를 더 낮추면 매도하는 옵션의 가치는 증가하므로 콜 스프레드의 옵션 프리미엄은 더 크게 절감되어 참여율을 높일 수 있게 된다. 대신 수익구조에서 최대 투자수익률은 낮아진다. 이러한 참여율과 최대 투자수익률,

두 요인의 관계를 이해하면 시장상황과 고객의 시장관에 맞게 두 요인을 조정하여 투자자에게 매력적인 상품을 만들 수 있을 것이다.

1-3. 녹아웃 옵션(knock-out option)을 활용한 상품

녹아웃 옵션은 앞에서도 설명된 바와 같이 녹아웃 사건이 생길 수 있는 가능성을 가지고 있기 때문에 일반적인 콜/풋 옵션에 비해서 옵션 프리미엄이 낮다. 따라서 콜 옵션 대신 녹아웃 콜 옵션을 활용하는 경우 옵션의 프리미엄을 낮추고 참여율을 높인다는 점에서는 콜 스프레드와 비슷하다고 볼 수 있다. 하지만 이익을 제한하는 방식에서 차이가 있다. 주가지수 상승폭이 큰 경우 콜 스프레드를 활용한 경우 이익이 일정 수익률로 제한되지만 녹아웃 콜 옵션을 활용하는 경우에는 녹아웃 사건이 발생하면 옵션이 소멸되므로 투자자가 녹아웃 콜 옵션에서 얻을 수 있는 이익이 0이 된다.

<그림 2-3>과 <표 2-3>의 상품은 주가지수가 상승하지만 상승 폭에 제한이 있을 것이라고 예상하는 고객에게 적절하다. <그림 2-3>에서 볼 수 있듯이 녹아웃 사건은 생기지 않는 한도 내에서 최대한 주가지수가 상승하는 시장상황이 이 상품의 투자자에게 가장 유리한 상황이다.

〈그림 2-3〉 녹아웃 콜 옵션을 활용한 주가연계 원금보장형 구조화상품

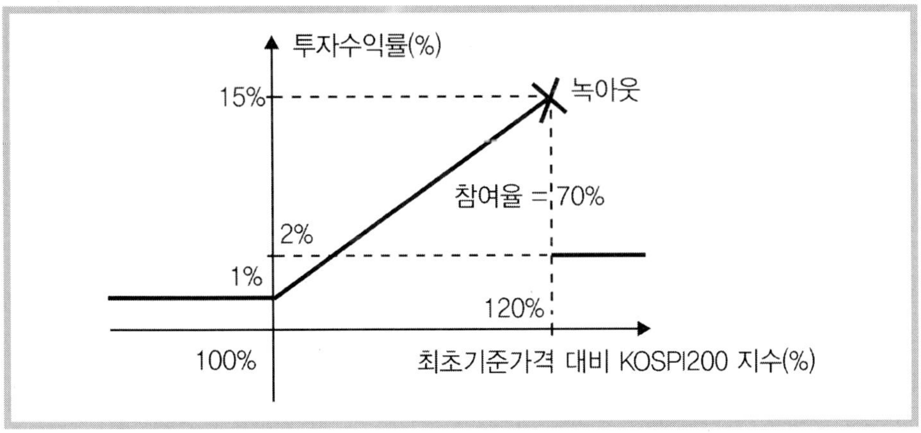

〈표 2-3〉 녹아웃 콜 옵션을 활용한 주가연계 원금보장형 구조화상품

상품구조 예시	
만기 / 상환빈도	1.5년 / 만기상환
기초자산	KOSPI200
투자수익률	① 거래일부터 만기일까지 기초자산의 가격이 (장중포함) 거래일의 최초기준가격의 120%를 초과하여 상승한 적이 있는 경우: 2% ② ①이 발생하지 않은 경우: 1% + Max(0, 기초자산 수익률) x 참여율
참여율	70%

조금 더 자세히 살펴보면 <그림 2-3>과 <표 2-3>에 소개된 상품은 녹아웃 콜 옵션만을 결합한 상품에서 한 단계 진화한 것이라는 것을 알 수 있다. 만기에 투자원금을 보장하면서 주가지수가 하락하더라도 플로어(floor) 1%만큼은 보장되고 녹아웃 사건시에는 2% 리베이트(rebate)가 있는 상품이다. 녹아웃 콜 옵션만을 사용한 상품에서는 1% 플로어와 녹아웃 사건시에 받는 2% 리베이트는 없다. 예를 들어 녹아웃 사건이 발생하지 않고, 즉 녹아웃 배리어(KO barrier)인 최초기준가격 대비 120%에서 한 번도 거래되지 않고 주가지수가 상승하여 만기 주가지수 수익률이 15%라면 투자자의 수익률은 11.5%(=15% × 70% + 1%)가 된다. 만일 녹아웃 사건이 일어나지 않는 상태에서 주가지수가 마이너스 수익률을 낸다면 고객의 수익률은 1%가 되고 녹아웃 사건이 생긴다면 만기 주가수익률과는 무관하게 리베이트 2%의 수익률을 생기게 된다. 리베이트 부분은 주가지수가 급격하게 상승한 시장 상황에서 녹아웃 사건이 발행하더라도 투자자가 0의 수익률이 아닌 리베이트를 가져갈 수 있다는 데에 고객이 매력을 느끼기 때문에 상품에 포함되었고 플로어는 원금보장 이외에 추가적으로 보장되는 수익률을 추구하는 보수적인 투자자를 위해서 포함되었다.

<그림 2-3>과 <표 2-3>의 상품은 옵션에 투자할 수 있는 자금 중 먼저 1%를 플로어로 사용하기 위해서 떼어내고 나머지 자금으로 녹아웃 배리어

가 최초기준가격 대비 120%인 녹아웃 콜 옵션과 원터치(one-touch, OT) 옵션을 매수하여 만들 수 있다. <그림 2-3>을 보고 언뜻 녹아웃 콜 옵션과 디지털(digital) 옵션이 결합되어 있다고 생각할 수 있다. 하지만 <표 2-3>의 조건을 잘 생각해보면 녹아웃 사건을 결정하는데 있어 배리어 관찰이 장중포함이므로 만기일에만 배리어를 관찰하는 디지털 옵션 대신에 거래일부터 만기일까지 배리어를 관찰하는 원터치(one-touch) 옵션이 결합되어야 함을 알 수 있다.

플로어, 녹아웃 콜 옵션, 원터치 옵션이 <그림 2-3>과 <표 2-3>의 상품의 구성요소임을 이해하면 이와 유사한 상품을 상품화할 때 결국 플로어의 수준-참여율의 수준-녹아웃 콜 옵션과 원터치 옵션의 배리어 위치를 조정하여 투자자에게 매력적인 상품을 만들어낼 수 있다는 것을 알 수 있다. 이를 구체적인 예를 동해서 설명해 보겠다.

가. floor를 높이고 싶다면

1% 플로어는 어떠한 시장상황에서도 투자자가 받게 되는 금액으로 좀 더 안정적인 상품을 찾는 경우 들어가게 되는 조건인데 이를 더 높이고 싶다면 아래의 상품은 어떻게 변화하게 될지 생각해보겠다. 기본적으로 플로어는 채권이나 은행 이자보다 높아질 수는 없으며 녹아웃 옵션과 원터치 옵션매수에 쓰일 수 있는 어느 정도의 자금은 남길 수 있는 수준이어야 한다. 그럼에도 불구하고 플로어 부분을 더 높인다면 이로 인해 참여율이 낮아지거나 또는 녹아웃 사건시에 주어지는 리베이트 2%가 줄어들 수 밖에 없다. 좀 더 공격적인 투자를 하고 싶은 고객이라면 플로어를 줄이거나 없애고 대신에 더 높은 참여율을 가지고 가는 방향을 선택할 것이다. 참고로 금리가 낮은 시장상황에서는 <그림 2-3>, <표 2-3>에서와 같은 수준의 플로어를 제공할 수 없다.

나. 리베이트를 높이고 싶다면

리베이트를 높이게 되면 배리어에서 주가지수가 거래되었을 때 원터치 옵션에서 더 많은 수익금을 지불하게 되는 것이므로 원터치 옵션 매수에 더 많은 비용이 든다. 옵션에 투자할 수 있는 자금은 한정되어 있으므로 플로어를 낮추거나 녹아웃 옵션의 참여율을 낮춰 비용을 마련하는 방법이 있다.

다. 녹아웃 배리어를 좀 더 멀리 잡고 싶다면

리베이트 부분 없이 녹아웃 콜 옵션만으로 구성되는 경우는 간단하게 생각할 수 있다. 녹아웃 배리어를 최초기준가격 대비 좀 더 멀리 옮기면 녹아웃 사건이 일어날 가능성이 줄어들게 되므로 녹아웃 콜 옵션의 프리미엄이 높아진다. 따라서 참여율을 낮추거나 플로어를 낮추어 비용을 조정하면 된다. 하지만 리베이트 부분이 있는 <그림 2-3>과 <표 2-3>의 상품은 구성요소 중의 한 부분인 원터치 옵션의 배리어가 멀어지게 되는 것이므로 원터치 옵션의 프리미엄은 감소하게 된다. 즉, 녹아웃 배리어의 움직임에 따라서 녹아웃 콜 옵션과 원터치 옵션, 두 옵션의 프리미엄 증감 방향이 반대이므로 배리어를 움직이는 정도, 리베이트의 크기 등의 여러 요소에 따라 녹아웃 배리어를 멀리 움직이더라도 추가적인 비용이 발생하지 않거나 오히려 비용이 줄어들어 옵션에 투자할 수 있는 자금 중 여유분이 생기게 될 수도 있어 분석이 쉽지 않다.

<그림 2-3>과 <표 2-3>의 상품의 경우 주가지수가 하락하게 되면 플로어 이외에는 하락에서의 수익을 얻을 수 없다. 이를 변형시켜서 주가지수가 하락하더라도 수익을 얻을 수 있는 상품도 만들어졌고 이는 <그림 2-4>와 <표 2-4>에 소개되어 있다. 이 상품의 경우 녹아웃 사건이 없다고 가정했을 때 만약 만기에 주가지수가 상승하여 최초기준가격 대비 110%에 거래된다면 상승참여율 85%가 적용되어 8.5%(=10% × 85%)의 투자수익률이 생긴다. 이전 상품과 달리 주가가 하락하여 만기 주가지수가 최초기준가격 대비 90%라면 하락참여율 50%가 적용되어 5%(=10% × 50%) 투자수익률이 생긴다. 최초기준가격 대비 80%와 120%에 있는 녹아웃 배리어 중 하나에서라도 장중 포함해서 거래된다면 녹아웃 사건이 발생하여 투자수익률은 0%이고 투자원금만 상환한다.

〈그림 2-4〉 더블 녹아웃 옵션을 활용한 주가연계 원금보장형 구조화상품

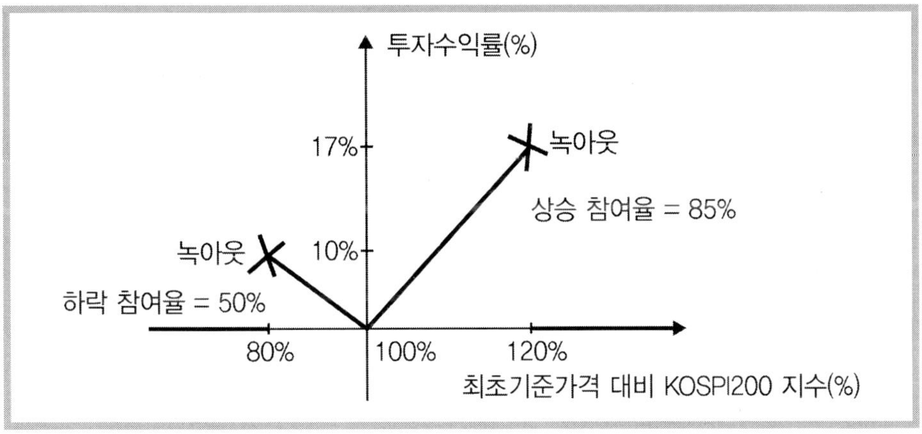

〈표 2-4〉 더블 녹아웃 옵션을 활용한 주가연계 원금보장형 구조화상품

상품구조 예시	
만기 / 상환빈도	1.5년 / 만기상환
기초자산	KOSPI200
투자수익률	① 거래일부터 만기일까지 기초자산의 가격이 (장중포함) 거래일의 최초기준가격의 120%이상 초과하여 거래되거나 80%이하에서 거래된 적이 있는 경우: 0% ② ①이 발생하지 않고 만기평가기초자산가격이 최초기준평가기초자산가격보다 상승한 경우: 기초자산 수익률 x 상승 참여율 ③ ①이 발생하지 않고 만기평가기초자산가격이 최초기준평가기초자산가격보다 하락한 경우: (−1) x 기초자산 수익률 x 하락 참여율
상승 / 하락 참여율	85% / 50%

<그림 2-4>를 보면 녹아웃 콜/풋의 결합된 것이라고 착각하기 쉽지만 <표 2-4>에 있는 이 상품의 조건을 잘 보면 더블 녹아웃(double KO) 콜/풋 옵션이 결합된 것이라는 것을 알 수 있다. 더블 녹아웃 옵션은 녹아웃 배리어가 외가(OTM)와 내가(ITM) 두 군데에 있어서 주가지수가 둘 중 하나의 배리어에서만 거래되더라도 녹아웃 사건이 발생하는 옵션을 말한다. 추가적으로 <그림 2-4>와 <표 2-4>에서 상승 참여율이 하락 참여율보다 큰 것을 볼 수 있

는데 이는 주가지수 상승의 가능성을 크게 보는 고객층을 위해 만든 상품이기 때문이고 투자자의 시장관에 따라 참여율은 조정할 수 있다.

2. 디지털 옵션을 활용한 상품

2-1. 디지털(digital) 옵션을 활용한 상품

콜 옵션을 활용한 상품과 마찬가지로 투자자의 시장관은 주가지수 상승이라고 예상한다면 <그림 2-5>와 <표 2-5>에 설명된 것과 같이 디지털(digital) 콜 옵션을 결합할 수 있다. 디지털 옵션은 기초자산의 움직임의 정도에 따라서 수익이 결정되는 것이 아니라 만기의 주가지수 수준에 따라서 미리 약정된 투자수익률을 준다. 예를 들어 만기 평가일에 주가지수가 최초기준가격 대비 110% 배리어를 넘는 구간에 있으면 약정된 7%의 투자수익률이 생긴다. 최초기준가격 대비 110% 배리어를 넘기만 한다면 상승의 폭은 투자수익률에 영향을 끼치지 않는다. 기초자산의 상승의 정도에 따라서 콜 옵션이 높은 수익률을 가져다 주기도 하고 반대로 디지털 콜 옵션이 높은 수익률을 주기도 하기 때문에 주가상승이 예상되는 경우 쉽게 활용할 수 있는 콜 옵션과 디지털 콜 옵션 중에 어떤 것이 더 좋은 결과를 가져다준다고 단정하는 것은 불가능하다. 선택은 투자자의 시장관과 취향에 달려있다. 예를 들어 <그림 2-5>와 <표 2-5>의 상품에서 최초기준가격 대비 110%로 주어진 배리어보다는 상승하지만 그보다 더 많은 상승이 예상되지 않는 경우라면 콜 옵션보다 디지털 옵션을 선택하는 것이 유리할 것이다.

<그림 2-5>와 <표 2-5>에서 투자수익률을 높이고 싶다면 배리어를 최초기준가격에서 더 멀리(예를 들어 120%) 옮겨야 한다. 배리어가 멀수록 수익조건을 만족시키기 힘들어지므로 이에 대한 보상으로 투자수익은 높아진다고 생각할 수 있다. 반대로 배리어가 너무 멀다고 생각한다면 최초기준가격에

가깝게(예를 들어 105%) 옮길 수 있지만 투자수익률은 낮아질 수 밖에 없다. 이것을 조금 더 구체적으로 보겠다. 디지털 옵션류(one-touch, double-no-touch, dual digital 등)의 프리미엄은 옵션의 조건이 만족되었을 때 생기는 수익의 퍼센트로 고시된다. 그리고 콜/풋옵션과는 달리 옵션 프리미엄을 실제 만기에 실현되는 것과는 별개로 계약 당시 시장상황에서 배리어 조건을 만족시킬 가능성으로 해석 가능하다. 예를 들어 배리어 조건을 만족시키면 100만원을 주는 옵션의 프리미엄이 20%라면 조건을 만족시킬 가능성은 20%라고 생각할 수 있고 실제 옵션 매수자가 지불하는 프리미엄 비용은 20만원(=100만원 × 20%)이다. 따라서 디지털 옵션류의 옵션이 결합된 경우 투자수익률 계산(예시에서는 7%)은 다음과 같다. 특정 배리어를 가진 옵션의 프리미엄이 주어졌고 옵션 매수에 쓰일 수 있는 자금이 계산되었다면 [투자수익률 × 옵션 프리미엄 = 투자상품에서 옵션매수에 쓸 수 있는 자금]의 식을 만족시키는 투자수익률을 찾으면 된다. 예를 들어, 옵션매수에 쓸 수 있는 자금이 투자원금 대비 3%이고 디지털 옵션의 프리미엄이 30%라면 투자수익률은 10%로 계산된다(은행마진은 0이라고 가정).

〈그림 2-5〉 digital 옵션을 활용한 주가연계 원금보장형 구조화상품

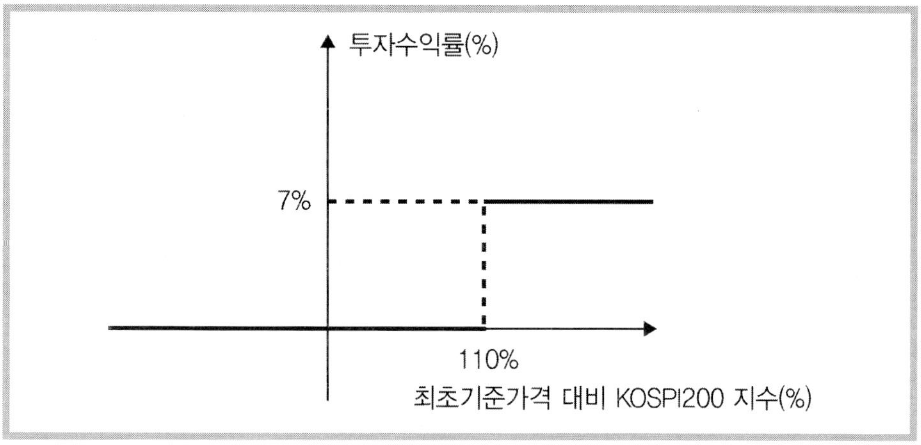

〈표 2-5〉 digital 옵션을 활용한 주가연계 원금보장형 구조화상품

상품구조 예시	
만기 / 상환빈도	1년 / 만기상환
기초자산	KOSPI200
투자수익률	① 만기일에 기초자산의 가격이 최초기준평가기초자산가격의 110% 이상으로 거래되면 (종가기준): 7% ② ①이 발생하지 않은 경우: 0%

2-2. 듀얼 디지털 옵션을 활용한 상품

듀얼 디지털(dual digital) 옵션은 쉽게 생각하면 두 개의 디지털 옵션이 결합된 옵션이다. 기초자산이 다른 각각의 디지털 옵션에 들어간 조건을 모두 만족시켜야만 약정된 수익이 나는 옵션으로 개별 디지털 옵션에 비해서 수익이 생길 가능성이 줄어들게 되는 것이므로 일반적인 디지털 옵션에 비해 옵션 프리미엄이 낮다. 원금보장형 상품의 경우 옵션을 매수할 수 있는 자금은 고정되어 있으므로 프리미엄 절감효과가 큰 듀얼 디지털 옵션을 활용할 경우 투자자의 손익구조가 눈에 띄게 개선되는 것을 볼 수 있다. 듀얼 디지털 옵션에 포함되는 기초자산을 선정할 때 상관관계가 음수를 가진 자산들로 선정하고 배리어는 같은 방향으로 설정된 경우 둘 중 하나가 조건을 만족시키지 못할 가능성이 높기 때문에 옵션의 프리미엄의 절감 폭이 크다. 프리미엄이 절감되는 부분을 디지털 옵션의 배리어 조건을 투자자에게 유리한 방향으로 조정하는데 활용할 수도 있다. 이 옵션이 활용된 가장 기본이 되는 구조는 금리 연계 상품에서 살펴보겠다. 주가연계 구조화상품으로 <그림 2-6>과 <표 2-6>에서 소개되고 있는 상품은 듀얼 디지털 옵션에 추가적으로 조기상환 기법이 결합되어 응용된 상품으로 상품의 실제 만기는 시장상황에 따라 불확실하지만 상환시점에 배리어 조건을 만족시키면 원금이 보장되고 연평균 4.6%의 수익률이 생긴다.

〈그림 2-6〉 조기상환조건이 포함된 주가연계 원금보장형 구조화상품
(2개 자산 포함)

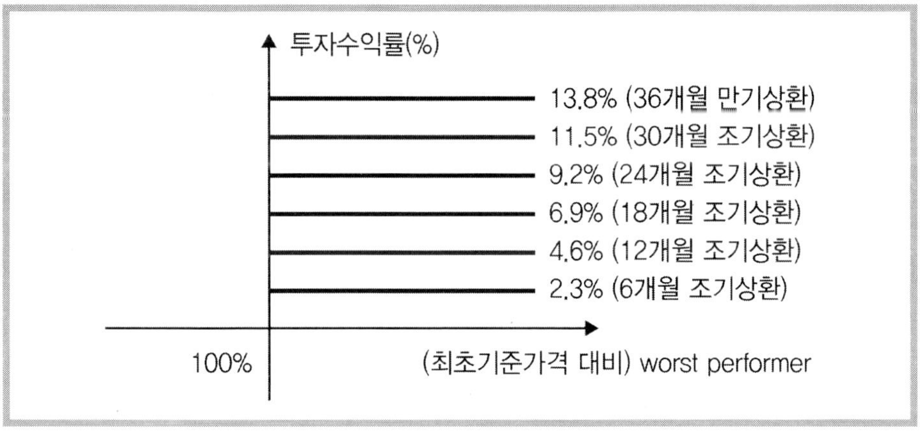

〈표 2-6〉 조기상환조건이 포함된 주가연계 원금보장형 구조화상품
(2개 자산 포함)

상품구조 예시	
만기 / 상환빈도	3년 / 6개월
기초자산	KOSPI200, HSCEI
투자수익률과 상환	① [조기상환] 거래일부터 6개월이 되는 시점부터 시작되는 1–5차 조기상환일 중 최초로 두 기초자산의 가격이 모두 최초기준평가기초자산가격의 100% 이상이 되는 시점에 투자원금이 조기상환되면서 연평균 4.6%의 수익률: 1차 조기상환일(2.3%), 2차(4.6%), 3차(6.9%), 4차(9.2%), 5차(11.5%) ② [만기상환] ①이 발생하지 않고 만기에 두 기초자산의 가격이 모두 최초기준평가기초자산가격 이상이면 투자원금과 13.8%(연평균 4.6%)의 수익률 ③ [만기상환] ①, ② 모두 발생하지 않으면 투자원금만 상환

두 가지 주가지수를 6개월마다 있는 조기상환일에 맞추어 관찰하고 두 주가지수가 모두 배리어 조건을 만족하는 경우 투자수익이 나오게 되며 투자원금과 투자수익이 함께 조기에 상환된다. 예를 들어 6개월에 오는 첫 조기상환일에 두 주가지수 중 하나가 최초기준가격 대비 100% 미만에서 거래되면 배리어 조건이 만족되지 못하므로 수익률이 없이 조기상환되지

않고 거래는 지속된다. 두 번째 조기상환일인 12개월에 두 주가지수 모두 최초기준가격 대비 100% 이상에서 거래되면 배리어 조건이 만족되므로 4.6%의 수익률과 투자원금이 투자자에게 상환된다. 만약에 만기일까지 주어진 6번의 기회에 한 번도 배리어 조건을 만족시키지 못한다면 투자자는 만기일에 투자원금만을 돌려받게 된다. 두 가지 주가지수가 모두 배리어 조건을 만족시켜야 하므로 하나의 주가지수만 포함된 상품보다 투자수익률이 높게 형성된다. 이 상품은 단순히 만기가 다른 듀얼 디지털 옵션 6개를 결합한 것이 아니고 옵션 투자에 활용되는 자금도 조기상환과 연동되어 있으므로 프라이싱이나 헤징에서 주의가 필요하다.

이 상품에서 투자수익률을 높이는 방법을 생각해보자. 배리어를 최초기준가격 대비 100%에서 103%로 높이면 고객이 투자수익을 낼 수 있는 가능성이 줄어들게 되는 셈이므로 반대급부로 투자수익률은 높아진다(예를 들면 연평균 5%의 투자수익률).

제2절 부분/비원금보장형 주가연계상품

1. 부분원금보장형 상품

투자자가 주가지수 상승, 하락, 범위 내 거래 등 다양한 시장관에 맞게 선택할 수 있는 원금보장형 투자상품들을 살펴보았다. 하지만 이와 같이 다양한 상품이 있음에도 불구하고 원금보장형 상품에서는 원금보장이라는 제약으로 인해서 수익구조를 만들어 내는데 한계가 있다. 원금보장의 제약을 완화시킨 부분원금보장형 상품은 원금의 최대손실을 제한한 것으로 투자원금을 다 잃을 수도 있는 비원금보장형보다는 보수적인 상품이며 최대손실 정도를 투자자의 위험성향에 따라 조절할 수 있다. 앞에서 소개된 원금보장형 상품에 비해 안정적인 채권에 투자하는 금액을 줄이고 옵션이나 스왑에 더 많은 자금을 투자함으로써 쉽게 부분원금보장형으로 변형할 수 있다.

<그림 2-7>과 <표 2-7>에서 소개하고 있는 상품도 비슷한 원리로 만들어졌지만 한 가지 옵션이 아니고 두 가지의 옵션이 결합된 상품이다. 이 상품에서는 최초기준가격 대비 80%가 배리어로 거래일부터 만기일까지 장중포함하여 한번도 80% 배리어 이하로 하락하지 않으면 <그림 2-7>의 첫 번째 그래프에서 볼 수 있듯이 투자자는 10% 수익률을 가지게 된다. 만약에 80% 배리어 이하에서 거래되면 <그림 2-7>의 두 번째 그래프와 같은 수익구조로 변형된다. 예를 들어 만기 주가지수가 최초기준가격 대비 90%에서 거래된다면 투자자는 투자 원금의 90%를 돌려받게 되며 다시 주가지수가 상승하여 120%에서 거래된다면 투자 원금의 120%를 돌려받게 된다. 하지만 주가지수가 급격하게 하락하게 되어 만기에 최초기준가격 대비 60%에서 거래되더라도 최대 손실은 15%로 한정되었기 때문에 투자 원금의 85%를 돌려받게 된다. 이 상품은 주가상승을 예상하는 투자자가 고려할 수 있으며 원금보장형상품의 수익구조에서의 배리어 조건보다 훨씬 완화된 80% 배리어에 10%라는 높은 수익률을

낼 수 있다는 것과 80% 배리어 이하로 거래되더라도 다시 주가지수가 반등하면 높은 수익률을 낼 기회가 주어진다는 것이 매력적인 상품이다. 이와 같은 수익구조는 최대로 원금의 15%가 손실될 수도 있는 가능성을 가지고 있기에 나올 수 있는 것이다.

이 상품은 원금보장형 상품에서 옵션 매수에 활용했던 자금에 추가적으로 투자원금의 15%를 더해 옵션 투자비용을 조달하여 거래일부터 만기일까지 80%의 배리어에서 한번도 거래되지 않을 때 수익이 생기는 노터치(no-touch) 옵션과 80%에 녹인 배리어를 가진 행사가격 100%의 콜 옵션을 매수하여 구성되었다.

보수적인 투자자를 위해 원금보장 비율을 늘리고 싶다면 80% 배리어를 최초기준가격에 보다 가깝게 잡거나 수익률을 낮추는 방법이 있다. 배리어에서 거래되지 않을 때의 수익률인 10%을 보다 높이고 싶다면 80% 배리어를 최초기준가격에 보다 가깝게 잡아 <그림 2-7>의 첫 번째 수익구조에서의 옵션 프리미엄을 줄이거나 현재 85%인 원금보장 비율을 줄이는(예를 들어 70%) 방법도 있다. 수익률을 높이기 위한 조금 더 응용된 방법은 하나의 주가지수를 포함하던 구조를 <그림 2-6>와 <표 2-6>의 상품에서 보았듯이 두 가지 주가지수를 포함하고 두 자산 중 낮은 수익률을 내는 것을 기준으로 하는 구조로 변형시키는 것이다.

〈그림 2-7〉 주가연계 부분원금보장형 구조화상품

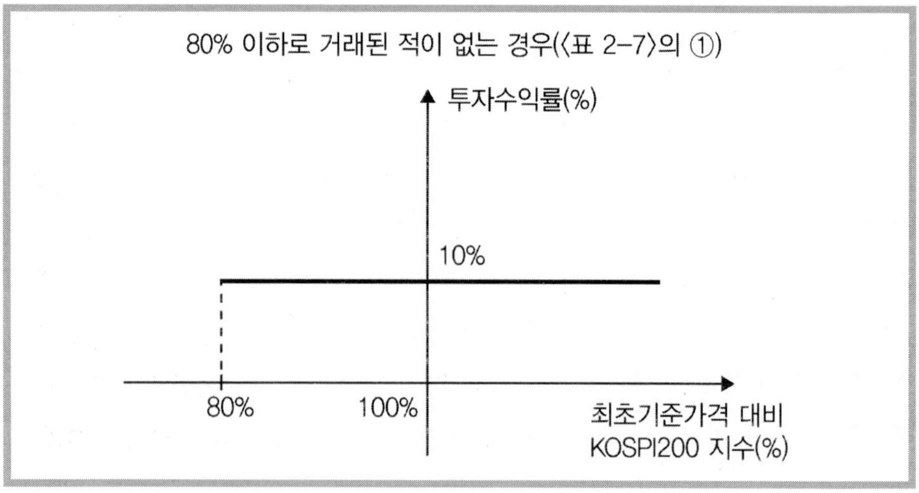

80% 이하로 거래된 적이 있는 경우(〈표 2-7〉의 ②,③)

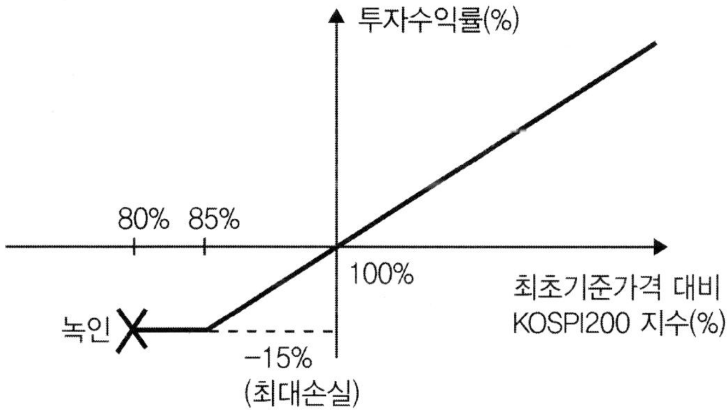

〈표 2-7〉 주가연계 부분원금보장형 구조화상품

상품구조 예시	
만기 / 상환빈도	1년 / 만기상환
기초자산	KOSPI200
투자수익률과 상환	① 거래일부터 만기일까지 기초자산의 가격이 (장중포함) 최초기준평가기초자산가격의 80% 초과인 경우 투자원금과 10% 수익률 ② 거래일부터 만기일까지 기초자산의 가격이 (장중포함) 최초기준평가기초자산가격의 80% 이하로 거래된 적이 있지만 만기에 최초기준평가기초자산가격의 85%이상에서 거래되면 (투자원금 x 최초기준가격대비 KOSPI200지수)를 상환 ③ 거래일부터 만기일까지 기초자산의 가격이 (장중포함) 최초기준평가기초자산가격의 80% 이하로 거래된 적이 있고 만기에 최초기준평가기초자산가격의 85%미만으로 거래되면 (투자원금 x 85%)를 상환

2. 비원금보장형 상품

비원금보장형 투자상품의 경우는 원금손실에 제한이 없기 때문에 원금을 모두 잃을 가능성을 가지고 있는 상품이다. 거래되고 있는 비원금보장형 투자상품에는 일반적으로 녹인 배리어가 있고 녹인 배리어 이하로 기초자산이 하락하게 되면 원금손실이 발생하게 되는 구조를 가지고 있다. 투자자의 위험은 크지만 반대급부로 원금손실이 없는 구간에서의 수익구조가 투자자에게 유리하게 주어진다. 비원금보장형 투자상품 중에서 국내에서 인기 많은 스텝다운(step-down) 구조를 소개하겠다.

〈그림 2-8〉 조기상환되는 주가연계 비원금보장형 구조화상품(2개 자산 포함)

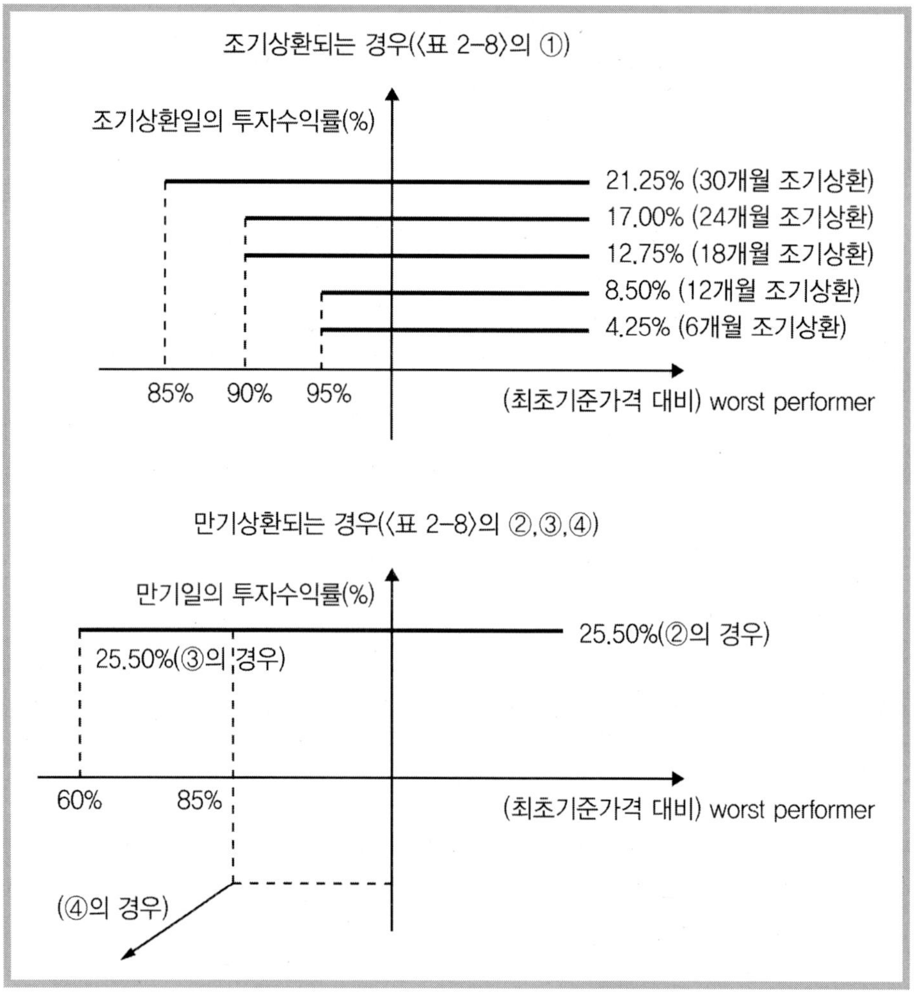

〈표 2-8〉 조기상환되는 주가연계 비원금보장형 구조화상품(2개 자산 포함)

상품구조 예시	
만기 / 상환빈도	3년 / 6개월
기초자산	KOSPI200, HSCEI
투자수익률과 상환	① [조기상환] 거래일부터 6개월이 되는 시점부터 시작되는 1-5차 조기상환일 중 최초로 두 기초자산의 가격이 해당 배리어 이상으로 거래되는 시점에 투자원금이 조기상환되면서 연평균 8.5%의 수익: 1차 조기상환일(배리어 = 최초기준평가기초자산가격의 95%, 수익률 = 4.25%), 2차(95%, 8.5%), 3차(90%, 12.75%), 4차(90%, 17.0%), 5차(85%, 21.25%) ② [만기상환] ①이 발생하지 않고 만기에 두 기초자산의 가격이 모두 최초기준평가기초자산가격의 85% 이상이면 투자원금과 25.5%(연평균 8.5%)의 수익 ③ [만기상환] ①, ② 모두 발생하지 않고 투자기간 중 종가 기준으로 최초기준평가기초자산가격의 60% 미만으로 하락한 자산이 없는 경우 투자원금과 25.5%(연평균 8.5%)의 수익 ④ [만기상환] ①, ②, ③이 모두 발생하지 않으면 기초자산 중 하락률이 더 큰 자산의 하락률만큼 원금 손실

<그림 2-8>와 <표 2-8>에서 볼 수 있듯이 거래일부터 만기일까지 일정기간마다 있는 조기상환일에 배리어보다 위에서 거래되면 미리 약정된 연평균 8.5%의 수익률을 내고 원금과 투자수익이 상환된다. 이 때 적용되는 배리어가 일정 간격으로 낮게 재설정되기 때문에 step-down이라고 불린다. 조기상환되는 조건을 만족시키지 못하면 거래는 계속 유지되고 다음 상환일로 가는데 만기 전에 조기상환 조건을 만족시키지 못하면 <그림 2-8>의 두 번째 차트로 수익구조가 바뀌게 된다. 여기에서는 만기에 85% 배리어 조건(②)을 만족시키지 못하거나 원금손실 녹인 배리어인 60% 조건(③)을 만족시키지 못하면 두 기초자산 중 낮은 수익률을 내는 것(worst performer)을 기준으로 해서 원금이 상환된다. 예를 들어 만기에 ②, ③을 만족시키지 못하고 낮은 수익률을 내는 기초자산이 최초기준가격 대비 30%에서 거래되었다면 투자자는 원금의 30%만을 돌려받게 되는 것이다. 낮은 수익률을 내는 것을 기준으로 함으로써 수익조건은 좋아질 수 있지만 두 자산 중 한 기초자산의

수익률이 좋더라도 다른 하나의 수익률이 안 좋은 경우 원금손실액이 커질 수 있는 위험을 가지게 되므로 상품에 포함되는 기초자산 선정에 신중해야 한다.

1년마다 최초기준가격 대비로 재설정되는 배리어(95%-90%-85%)를 더 낮출수록 조기상환될 가능성이 높아지고 만기 원금손실의 가능성이 줄어들게 되므로 상품조건에 명시된 투자수익률은 낮아지게 된다. 같은 맥락에서 만약 투자수익률을 높이고 싶다면 배리어를 지금보다 높게 설정(예를 들어 100%-95%-90%)하여 조기상환 가능성을 낮추고 만기 원금 손실의 가능성을 높여야 할 것이다.

최초기초자산 대비 60%로 설정된 녹인 배리어에서 두 자산 중 하나라도 거래되면 조기상환 관찰일이나 만기상환 관찰일의 두 자산 위치에 따라 투자자의 원금이 손실된다. 따라서 녹인 배리어가 60%보다 낮게 설정되면 보다 안전해지는 측면이 있기 때문에 상품조건에 명시된 투자수익률은 낮아지게 되고 반대로 녹인 배리어가 높게 설정되면 반대급부로 투자수익률은 높아지게 된다.

여러 자산이 포함된 step-down의 경우는 기초자산들의 상관관계가 상품구조에 미치는 영향이 크다. 특히 <그림 2-8>과 <표 2-8>에서 설명된 상품의 경우 두 주가지수 중 낮은 수익률을 내는 지수를 기준으로 투자수익이 결정되게 되므로 음의 상관관계를 가지고 있는 자산을 포함하는 경우 상품조건에 명시된 투자수익률은 높아지게 된다. 이는 둘 중 하나가 하락하게 될 가능성을 더 크게 가지고 가게 되기 때문이다. 조금 더 보수적인 투자자에게는 투자수익률이 낮아지더라도 가장 낮은 수익률을 기준으로 하는 대신에 두 주가지수의 평균을 기준으로 하는 상품이 적절할 것이다. 주가가 범위에서 움직일 것이라는 시장관을 가지고 있는 투자자에게는 <그림 2-8>과 <표 2-8>를 변형시킨 상품이 제안될 수 있다. 주가 하락의 방향에 배리어를 설정한 상품에서 최초기준가격 대비로 상하 방향의 배리어를 조건으로 하는 것으로 변형하고 나머지는 비슷한 방식으로 투자수익률을 제공하는 상품이 그 예시이다.

월지급식 상품의 경우는 조기 상환은 보통 6개월마다 기회가 있어 <표 2-8>

과 유사하지만 매월마다 투자수익 지급 조건이 있고 이를 만족시키면 월마다 투자수익을 지급한다. 월지급식 상품의 경우 미리 월지급으로 투자수익을 조금씩 받는 셈이므로 최악의 상황에서 만기에 원금 손실이 있더라도 <표 2-8> 대비 원금손실폭이 줄어들 수 있는 여지가 있다. 이처럼 월지급식의 경우 월지급식이 아닌 상품에 비해 안정적이므로 나머지가 모두 같은 조건이라면 상품에 표기된 수익률이 약간 낮다. 하지만 지속적으로 현금흐름이 발행하므로 금융이자소득을 분산시킬 필요가 있는 투자자의 경우는 월지급식 상품을 이용하는 것이 과세를 고려했을 때 유리할 수 있다.

제3절 그 밖의 거래되는 상품

1. 수익률 계산법의 변형

거래일부터 만기일까지 일정기간마다 기초자산을 관찰하고 평균값을 취하여 수익률을 결정하는 상품(asian 유형)은 만기리스크를 줄일 수 있는 장점이 있다. 또한 거래일부터 만기일까지 일정기간마다 구간을 설정하고 기초자산을 관찰하여 독립적인 구간들에서의 수익률을 계산하고 이들의 합을 수익률로 계산하는 상품(cliquet 유형)도 있다. 각 구간에서 계산된 수익률에 캡(cap)이나 플로어(floor)를 적용시키거나 수익률의 합에 캡이나 플로어를 적용시키는 형태가 일반적이다. 이는 만기에 기초자산이 최초기준가격보다 급격하게 하락한 시장에서도 각 구간별로는 양의 수익률이 날 수도 있는 장점이 있는 상품이다.

2. 복수 기초자산 상품의 변형

여러 자산이 포함되어 있는 경우 평균, 최대, 최소값을 취하는 방법보다 더 응용된 기법들도 활용되고 있다. 평균처럼 각 자산의 수익률에 동일한 가중치를 주는 것을 변형시켜서 수익률이 높은 자산에는 높은 가중치를 주고 수익률이 낮은 자산에는 낮은 가중치는 주어 수익률을 계산하는 상품(rainbow 유형)이 있다. 또한 만기가 긴 경우 활용할 수 있는 기법으로 여러 자산을 포함시킨 basket에서 매 쿠폰지급일 마다 가장 높은 수익률을 고객의 수익률로 지급하고 그 자산은 basket에서 제외시키는 방식으로 만기까지 가는 상품(himalaya 유형)도 있다.

〈참고: 개인투자자를 위한 주가연계 구조화 투자상품 선택 요령〉

국내 개인투자자들의 투자상품을 보면 많은 비중을 주가연계 상품이 차지하고 있고 이로 인해 실제로 시장에서 판매되고 있는 개인투자자를 위한 상품도 주가연계 투자상품 위주로 개발되고 있다. 주가연계 투자상품을 고려하는 개인투자자들을 위한 주가연계상품 선택시에 고려해야 할 요소들을 정리하여 도움이 되고자 한다. 우선 상품선택을 하기 전에 투자자는 본인이 원하는 원금보장수준, 목표수익률, 투자기간에 대한 기준을 세워야 할 것이다.

투자기간은 주가연계 구조화 투자상품의 경우는 길어도 3년 정도이기는 하지만 투자자가 1년이나 2년이 지나면 투자원금이 필요한 상황에서 조기상환을 바라보고 3년 만기 상품을 가입하는 것은 지양해야 한다. 조기상환이 되지 않는 경우 3년까지 투자자금이 묶여 있게 되는데 구조화상품의 경우 시장 유동성이 낮기 때문에 중도해지를 하는 경우 수수료가 높을 수 있기 때문이다. 원금보장수준과 목표수익률은 투자자의 위험성향과 밀접한 연관이 있다. 보수적인 투자자의 경우는 목표수익률을 낮추고 원금보장형 상품을 택하는 것이 바람직하다. 보다 공격적인 투자자의 경우 원금이 손실되는 상품을 선택할 수 있는데 이 때 부분원금보장을 선택할 것인지 원금의 100%까지 상실할 수도 있는 비원금보장형을 선택할 것인지의 문제가 남는다. 투자자 개인의 위험 성향에 달려 있지만 중요한 것은 원금보장되는 조건에 대해서는 투자자 자신이 충분히 이해해야 한다는 것이다. 예를 들어, 앞에서 소개된 step-down 구조의 경우 특정 조건(녹인 사건)에 해당하면 원금손실이 일어나는 구조였는데 이러한 조건이 어떠한 시장상황에서 생길 수 있는지에 대한 이해가 필요하다. 목표수익률을 두는 것은 중요하지만 수익구조에서 무조건 높은 수익률을 가지고 있는 것이 좋은 상품이 아니라는 것을 기억해야 한다. 옵션 등의 파생상품에 투자할 수 있는 자금이 한정되어 있으므로 높은 목표수익률이 주어진 상품의 경우 이를 달성할 가능성이 그만큼 낮아질 수 있다. 따라서 기초자산(들)의 움직임과 특성을 잘 파악하고 상품을 선정하는데 반영해야 할 것이다.

제3장 금리연계 구조화상품

금리연계 구조화상품의 이용 목적을 스왑과 채권의 경우로 나누어 보겠다. 동일한 상품이라도 시장참여자별로 사용하는 목적이 다를 수 있으므로 참여자별로 나누어 설명하겠다. 구조화스왑은 많은 경우 고객이 가지고 있는 이자 현금흐름을 개선하기 위해서 거래된다. 예를 들어 <그림 3-1>의 첫 번째 그림처럼 자금조달(대출 또는 채권발행)을 하고 금리를 지급하는 고객이 특정 금리에 대한 시장관이 있다면 구조화스왑 거래를 통해 해당 시장금리에 연계된 구조화된 금리를 지급하는 것으로 현금흐름을 바꾸어 자금조달비용을 절감할 수 있다. 다른 예시로 <그림 3-1>의 두 번째 그림처럼 기존의 투자자산의 수익률이 만족스럽지 못한 경우 이를 개선하기 위해서 구조화스왑 거래를 통해 시장금리에 연계된 구조화된 금리를 수취하는 것으로 현금흐름을 바꿀 수 있다. 구조화스왑을 거래하는 은행은 구조화스왑 거래의 마진을 수취하게 되고 스왑시장에서 포지션 조정을 통해 더 많은 수익을 창출할 수 있는 기회를 가지게 된다. 고객의 거래은행이 구조화스왑의 프라이싱, 헤징을 하지 못하거나 이를 할 수 있더라도 구조화스왑거래에서 발생하는 시장리스크를 원하지 않는 경우는 중개은행으로써의 역할만을 하는 경우도 있다. 이 경우 <그림 3-1>에서 고객과 구조화스왑 은행 사이에 중개은행이 추가된다.

구조화채권은 일반채권의 금리에 만족하지 못한 투자자에게 해결책이 될 수 있다. 투자수익률을 높이기 위해 구조화채권이 일반 채권금리보다 낮은 금리를 제공할 수도 있는 위험을 감수하고 본인의 시장관을 반영하고 목표 수익률이 만족스러운 구조화채권을 선택하는 것이다. 구조화채권의 발행자는 금리 구조화를 통해서 자금비용을 절감하거나 원활한 채권발행을 할 수 있기 때문에 투자자의 투자수요에 맞는 상품을 제공한다. 구조화채권의 투자자와 구조화채권의 발행자의 이러한 니즈가 맞을 때 상품이 출시된다고 볼 수 있다. <그림 3-2>의 그림은 구조화채권의 발행자가 구조화스왑 거래를 하여 투자자에게 패키징된 상품을 제공하는 구조화채권의 발행 및 유통 구조를 설명하고 있다. 구조화스왑에서와 마찬가지로 구조화채권을 발행하는 기관이 금리관련 시장리스크를 원하지 않는 경우 이처럼 구조화된 스왑에 관한 프라이싱이나 헤징을 하지 않고 외국계은행과 구조화스왑을 백투백(back-to-back) 거래한다. 물론 구조화채권의 발행자가 프라이싱이나 리스크 관리가 발달되어 있는 금융기관이라면 구조화스왑 은행을 거치지 않고 금리에 익스포저를 가지고 스왑시장에서 금리의 움직임에 따라 포지션을 변화시켜 추가적인 수익을 발행시킬 수 있다.

〈그림 3-1〉 금리연계 구조화스왑 거래구조

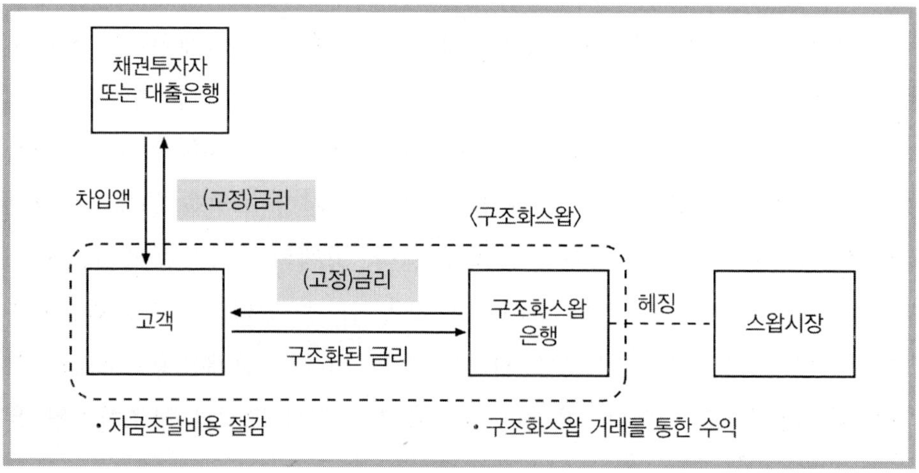

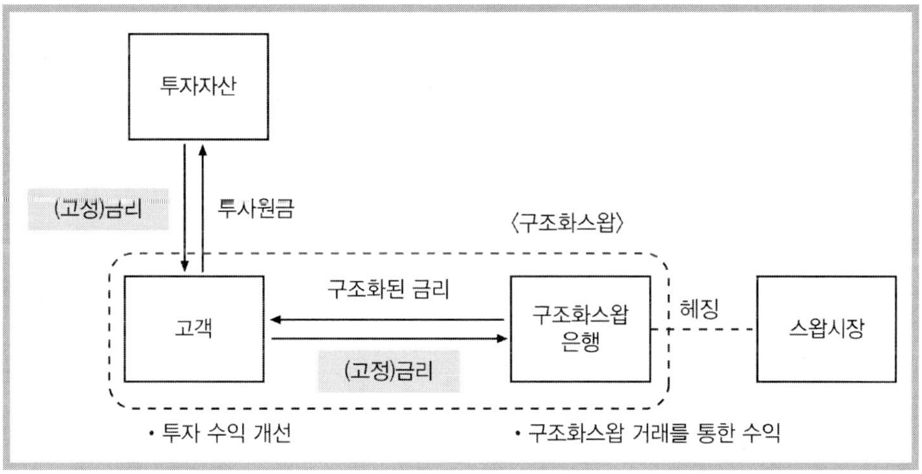

〈그림 3-2〉 금리연계 구조화채권 거래구조

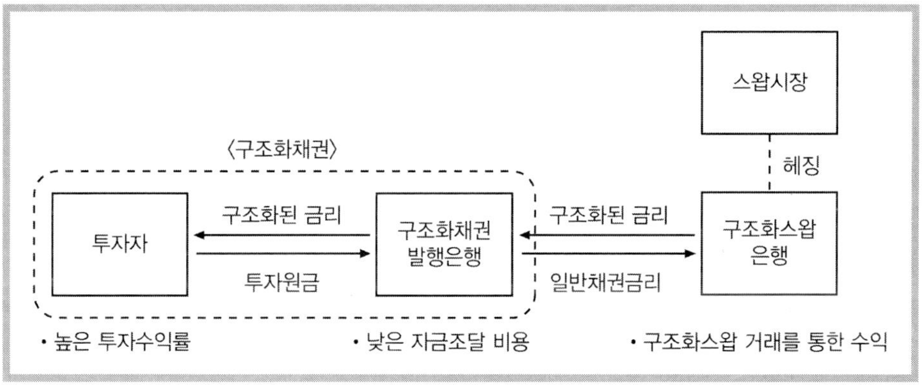

<그림 3-2>에서 볼 수 있듯이 구조화채권 거래는 일반적인 채권거래와 구조화스왑으로 분리된다. 구조화채권 중에서 조기상환이나 임의상환 등의 조건이 들어가 투자원금이 중도에 상환되는 경우는 채권부분과 구조화스왑 부분을 독립적인 구성요소로 구분할 수 없는 경우가 있지만 이러한 경우를 제외하고는 분리 가능하다. 따라서 금리 시장의 움직임, 고객의 시장관 및 수요, 가격에 끼치는 영향 등에서 구조화스왑과 구조화채권 거래는 밀접하게 연계되어 있다고 볼 수 있다. 이 책에서는 금리연계 구조화상품은 구조화채권을 위주로 설명하며 구성요소의 하나로써 구조화스왑을 설명하겠다.

일반 개인투자자를 대상으로 하는 금리연계 구조화상품 시장은 크게 발

전하지 못했고 보험회사, 자산운용사 등의 기관이나 기업이 주요 고객층이다. 국내에서 거래되는 금리연계 구조화상품을 살펴보면 CD금리, LIBOR, CMT (constant maturity treasury), CMS(constant maturity swap) 등이 자주 등장하는 기초자산이다.

금리연계 구조화상품에서는 레인지 어쿠르얼(range accrual) 기법이 자주 활용되며 만기가 긴 금리연계 채권의 경우 callable 옵션이 포함된 상품이 많다. callable 옵션이 행사되면 채권 만기 이전에 투자원금이 수익률과 함께 상환되는데 주가의 움직임에 따라 조기상환(auto-call)이 결정되는 주식연계 구조화상품(예를 들어 Hi-Five, step-down 상품)과 달리 발행자가 시장상황을 보고 조기상환을 결정한다는 차이점이 있다. 금리연계 구조화상품 거래는 만기가 긴 경우가 많아 기초자산이 되는 금리의 방향성, 변동성뿐만 아니라 수익률곡선의 방향과 기울기도 상품의 가격에 영향을 끼치는 요인이다. 추가적으로 여러 금리가 포함된 상품의 경우는 금리들 간의 상관관계도 주요 요인이며 채권이나 증권인 경우 투자원금에 적용되는 금리도 상품구조의 가격결정에 영향을 끼친다.

제 1 절 변동금리채권/역변동금리채권

변동금리채권(vanilla FRN, vanilla floating rate note)은 채권금리가 시장금리에 연동되어 매 이자지급기간마다 변동되는 채권으로 금리연계 구조화채권 중 가장 단순한 상품이다. <표 3-1>은 CD금리 상승을 예상하는 고객이 고려해 볼 수 있는 변동금리채권의 예시이다. 투자자는 CD금리에 80bps 스프레드가 더해진 투자수익률을 수취하게 된다. 예를 들어 CD금리가 2.5%라면 투자자는 3.3%(=2.5%+0.8%)의 투자수익률을 수취하게 된다. 투자자의 예상과 달리 금리가 충분히 상승하지 않고 오히려 일반 은행채 등의 대안투자들의 수익률이 상승하는 것이 이 상품의 위험요인으로 볼 수 있다.

<그림 3-3>은 투자자와 발행자의 현금흐름을 나타낸 예시인데 이처럼 발행자가 스왑시장에서 CD 금리를 수취하면 발행자에게는 금리 움직임에 따른 리스크는 남지 않는다. 또한 발행자의 채권 발행비용이 4.5%(=3.7%+0.8%)임을 알 수 있다. 투자자가 채권의 수익률에 만족하고 발행자는 변동금리채권을 통한 채권 발행의 비용이 일반채권 발행보다 낮아서 비용절감효과가 있다면 양측의 수요가 만족되어 채권이 발행된다.

〈표 3-1〉 vanilla FRN

상품구조 예시	
만기 / 상환빈도	3년 / 만기상환
기초자산	CD금리
쿠폰지급주기	3개월
투자수익률	연 (CD금리 + 80bps)의 수익률

〈그림 3-3〉 vanilla FRN 거래구조

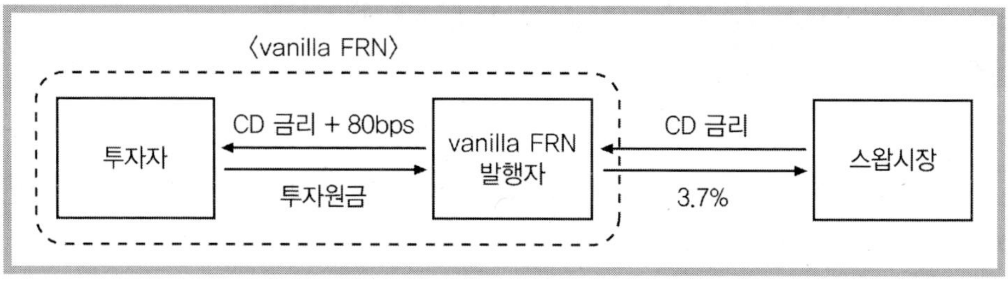

반대로 시장금리가 하락할 것이라고 예상하는 투자자가 고려할 수 있는 상품은 채권금리가 시장금리에 연동되어 시장금리가 하락할 때 수익률이 높아지는 역변동금리채권(inverse FRN)이다. 역변동금리채권은 보통 (고정금리-시장금리)의 형태이다. <표 3-2>는 CD금리연계 역변동금리채권의 예시이다. 눈여겨보아야 할 부분은 투자수익률 공식에 플로어가 0에 설정되어 있다는 것이다. CD금리가 12%보다 커질 경우 투자수익이 마이너스(-)가 되어 투자자가 오히려 쿠폰을 지불하게 될 수 있으므로 이를 방지하기 위해 플로어를 설정하였고 <그림 3-4>의 현금흐름에서 알 수 있듯이 CD금리 캡 매수를 통해서 플로어설정이 가능하다. 역변동금리채권 발행자의 현금흐름을 살펴보면 6.2%(=12% - 6% + 0.2%)의 비용으로 고정채권을 발행한 결과가 된다. 이 비용이 일반채권의 발행비용보다 낮다면 발행자의 유인이 충분하고 투자자의 입장에서도 CD금리가 하락하거나 현재 수준에서 어느 한도 내에서만 움직이면 높은 투자수익을 낼 수 있다. 위험요인은 CD금리가 상승 추세로 돌아서면 투자수익률이 낮아질 수 있다는 것이다. 추가적으로 금리수익률 곡선이 수익구조에 미치는 영향을 보겠다. 거래일부터 만기일까지의 실제 금리 움직임은 금리수익률 곡선을 따르지 않음에도 불구하고 역변동금리채권 거래 당시에 금리 수익률 곡선이 경사가 우상향으로 급하면 투자자에게 수익구조가 유리하게 주어질 수 있다. 이는 투자자에게 낮은 투자수익률이 제공될 것이라고 인식된 정보를 바탕으로 상품의 가격이 결정되기 때문이다.

〈표 3-2〉 inverse FRN

상품구조 예시	
만기 / 상환빈도	10년 / 만기상환
기초자산	CD금리
쿠폰지급주기	3개월
투자수익률	연 Max(0, 12% – CD금리)의 수익률

〈그림 3-4〉 inverse FRN 거래구조

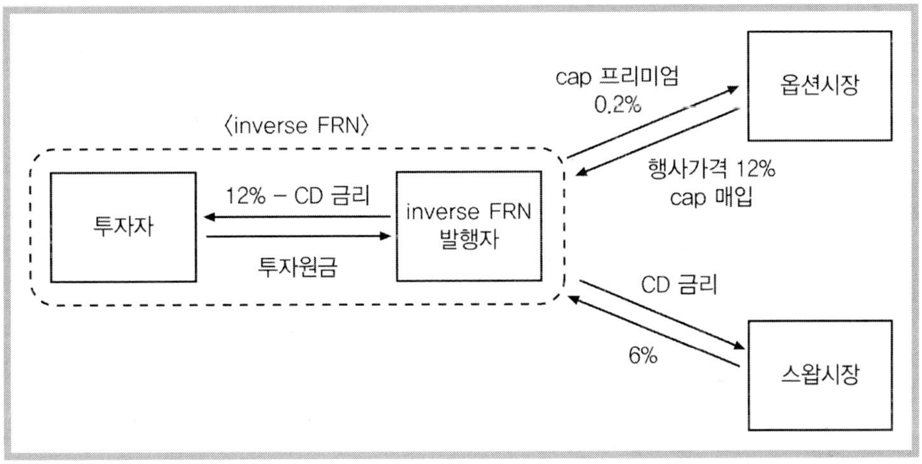

제2절 레인지 어쿠르얼 채권

금리연계 구조화상품에서 큰 비중을 차지하는 레인지 어크루얼(range accrual) 상품을 소개하겠다. 레인지 어크루얼은 기초자산이 미리 약정한 범위 내에 거래되는 날에는 미리 약정한 투자수익을 누적하고 범위를 벗어나면 누적하지 않는 형태의 채권이다. 즉, 쿠폰지급일까지 전체 날짜 중에 범위에서 거래된 날짜의 비율로 계산된다. 투자자가 금리의 변동성이 낮아 금리가 일정한 범위 내에서 움직일 것이라고 예상하는 경우 고려할 수 있는 상품이다. <표 3-3>은 앞으로 3년간 CD금리가 [0.0%, 5.0%] 내에서 거래될 것이라고 예상하는 투자자가 고려할 수 있는 상품 예시이다. <그림 3-5>에서 볼 수 있듯이 레인지 어크루얼 채권의 발행자가 스왑시장에서 투자자에게 지급하는 구조화된 쿠폰을 받고 고정금리(4.8%)를 지급하는 거래를 한다면 CD금리의 움직임에 따른 리스크는 가지지 않게 된다. 일반채권 발행비용보다 지급해야 하는 고정금리가 낮다면 이러한 구조화 채권을 발행할 요인이 된다. 투자자의 입장에서 위험 요인이라고 볼 수 있는 상황은 고정금리채권 금리가 상승하여 상대적인 투자수익률이 낮아지거나 CD금리의 변동성이 상승하는 경우이다. 변동성이 상승하면 금리의 움직임이 커져서 주어진 쿠폰 레인지에서 벗어나는 날짜 수가 많아질 가능성이 커진다는 뜻이다. 이와 같은 거래일부터 만기일까지의 금리의 실제 움직임과는 별개로 거래 체결시 금리의 변동성이 높고 금리 수익률 곡선이 경사가 급하면 이러한 시장정보가 반영되어 가격이 결정되므로 투자자에게 수익구조가 유리하게 주어질 수 있다. 이와는 반대로 거래 체결시 금리변동성이 낮게 형성되고 금리 수익률 곡선이 평평하게 형성되어 있는 시장상황일 때 투자자에게 유리한 수익구조가 나오기 힘들다.

〈표 3-3〉 CD range accrual 채권

상품구조 예시	
만기 / 상환빈도	3년 / 만기상환
기초자산	CD금리
쿠폰레인지	[0.0%, 5.0%]
쿠폰지급주기	1년
투자수익률	연 5.5% x n/N 의 수익률 (n = 쿠폰계산 기간인 1년 동안 기초자산의 최종호가가 쿠폰레인지 안에서 거래되는 일수, N = 쿠폰계산 기간의 총 일수)

만기가 긴 상품의 경우 미래 금리 움직임의 불확실성이 커지기 때문에 투자자의 안정성을 높이기 위해 쿠폰레인지를 처음에는 좁게 설정하고 점점 넓히는 변형을 하는 상품도 거래되고, 레인지를 쿠폰계산이 시작되는 날의 금리를 기준으로 다시 설정(예를 들어, 금리 ± 1.5%)하는 resetting range 상품도 출시되었다. 또한 날짜를 계산하는 방식도 크게 두 가지로 구분되는데 고객의 위험성향과 목표수익률에 따라서 선택할 수 있다. 쿠폰계산 기간에 한번이라도 레인지를 벗어나면 수익률 계산이 멈추는 종류(extinguishing: Type A)와 쿠폰기간 기간에 레인지를 벗어나더라도 다시 레인지로 돌아오면 수익률 계산이 계속되는 종류(resurrecting: Type B)가 있다. 쿠폰계산 기간 동안 금리가 레인지 밖으로 거의 나가지 않는다면 Type A와 Type B가 가져다주는 수익률은 비슷할 것이다. 하지만 쿠폰 계산이 시작되고 얼마 되지 않아 금리가 레인지 밖에서 거래되는 경우를 생각해보면 Type A가 Type B에 비해서 낮은 수익률을 낼 것이다. 이러한 위험 가능성에 대한 보상으로 Type A의 경우는 Type B에 비해 상대적으로 유리한 수익구조가 주어진다.

〈그림 3-5〉 CD range accrual 채권 거래구조

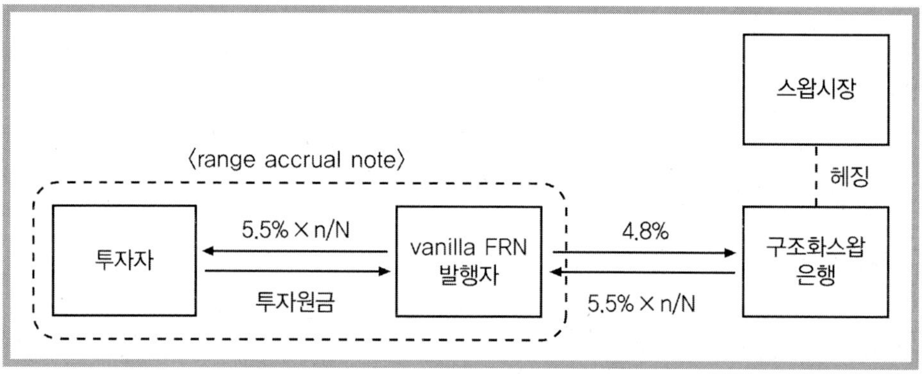

투자자가 목표한 투자수익구조가 나오지 않는다면 우선 해당 금리의 레인지를 조절해보는 방법이 있다. 하지만 레인지를 좁히는 데에는 한계가 있기 때문에 조정해볼 수 있는 것들은 예를 들어 <표 3-4>에서처럼 수익구조를 약간 변형하는 방법이 있다. 쿠폰레인지, 만기, 기초자산이 <표 3-3>의 상품과 동일하지만 첫 번째 투자수익률, 일반적으로 목표수익률(target coupon)이라고 불리는 부분이 5.5%에서 6.5%로 높아진 것을 볼 수 있다. 이 상품의 경우 매년 주어지는 수익률들이 연계되어 있어 초기 수익률이 낮아지면 그 이후의 수익률들에 모두 영향을 끼치는 위험성이 있다. 하지만 이에 대한 대가로 목표수익률이 높기 때문에 투자자의 시장관대로 쿠폰레인지 안에서 거래되는 날짜가 많으면 결과적으로 더 높은 수익이 실현될 수 있는 구조이다.

〈표 3-4〉 변형된 CD range accrual 채권

상품구조 예시	
만기 / 상환빈도	3년 / 만기상환
기초자산	CD금리
쿠폰레인지	[0.0%, 5.0%]
쿠폰지급주기	1년
투자수익률	1년: 연 6.5% x n/N 의 수익률 2-3년: 이전 수익률 x n/N (n = 쿠폰계산 기간인 1년 동안 기초자산의 최종호가가 쿠폰레인지 안에서 거래되는 일수, N = 쿠폰계산 기간의 총 일수)

투자자의 목표수익률을 만족시키기 위해서 기초자산이 되는 금리를 변동성이 높은 금리로 대체하는 방법이 있는데 단일 금리를 고려하는 경우도 있지만 두 금리의 스프레드를 고려하기도 한다. <표 3-5>은 CMS spread를 기초자산으로 하는 예시이다.

<표 3-5>의 상품은 CMS5Y과 CMS3Y의 스프레드가 커져야 투자수익률이 높아지므로 거래체결 후에 금리 수익률커브가 우상향하고 두 금리의 움직임이 음의 상관관계를 가질 때 실현 투자수익률이 커진다. 반대로 CMS5Y과 CMS3Y가 역전되는 상황이 계속된다면 실현 투자수익이 낮을 것이다.

〈표 3-5〉 CMS spread range accrual 채권

상품구조 예시	
만기 / 상환빈도	7년 / 만기상환
기초자산	CMS5Y - CMS 3Y
쿠폰지급주기	1년
투자수익률	6.0% x n/N (n = 쿠폰계산 기간인 1년 동안 CMS5Y - CMS3Y ≥ 0을 만족시키는 일수, N = 쿠폰계산 기간의 총 일수)

어떤 금리를 선택하여야 높은 수익률을 낼 수 있느냐는 다른 구조화상품과 마찬가지로 구조화스왑 또는 구조화채권을 거래 체결시 시장상황에 따라 다르다. 투자자의 전망과 거래 체결시 형성된 시장가격의 차이를 이용하면 보다 매력적인 상품이 만들어질 수 있다. 특히 <표 3-5>의 예시처럼 스프레드를 활용한 상품의 경우는 투자자의 시장관과 정반대로 거래 체결 시점에서 두 금리의 스프레드의 역전이 일어나 있다면 오히려 수익구조는 매력적으로 나올 수 있다. 일반적으로 이러한 역전 상황이 오래 유지되지 않으므로 상품 출시의 타이밍이 중요하다.

<표 3-4>에서처럼 구조화채권의 수익구조를 변형시키고 <표 3-5>에서처럼 기초자산이 되는 금리를 교체하는 방법 이외에도 투자자의 목표수익률을 만족시키기 위해 만기가 충분히 길다면 callable 기법을 구조에 추가하는 방법, target profit을 정하고 투자자의 이익을 제한하는 방법, 수익구조에 레버리지를 포함하는 방법 등을 활용할 수 있다.

제3절 파워스프레드 채권

파워스프레드(power spread) 채권은 국고채와 이자율스왑의 스프레드를 활용하고 수익구조에 레버리지(승수)를 포함된 구조화채권이다. 일반적으로 국가의 신용도가 은행의 신용도보다 높기 때문에 은행의 신용도가 반영되는 스왑커브가 국고채 커브보다 위쪽에 위치한다. 하지만 국내에서 국고채와 스왑 금리가 역전되는 경우가 있는데 주요 원인을 두 가지 측면으로 나누어 볼 수 있다. 채권의 경우는 만기시 원금상환 리스크로 인해서 원금과 이자에 상당하는 위험금액에 노출되어 있으나 이자율스왑의 경우는 원금교환이 없으므로 신용위험이 한정되어 있다. 이 나머지 신용위험에 관해서도 ISDA 체결로 보장받을 수 있으며 이자율스왑의 상대방이 우리나라 정부보다 신용이 높은 외국계은행이 포함되어 있으므로 이자율스왑의 금리가 낮게 형성될 수 있다. 또한 고정금리 이자율스왑에 비해 고정금리 수취 이자율스왑의 수요가 많은 수급불균형 현상으로 이자율스왑의 금리가 낮게 형성되는 경우가 있다. 이러한 비정상적인 스왑스프레드의 역전현상을 활용하여 스왑 스프레드가 정상화되면 투자자가 높은 투자수익을 낼 수 있도록 설계된 구조화상품의 예시가 <표 3-6>에 있는 파워스프레드 채권이다. 일반적인 스프레드에 레버리지(<표 3-6>에서 10배)를 포함하여 스프레드의 효과가 크게 나타나도록 구조화되었다. 레버리지로 인해 투자수익의 변동폭이 너무 커질 수 있어서 일반적으로 <표 3-6>의 예시처럼 수익률 공식에 캡(<표 3-6>에서 7%)과 플로어(<표 3-6>에서 0%)를 포함한다. 캡은 최대수익률을 제한하는 장치로 높게 설정하기 위해서는 비용이 발행하여 다른 부분에서의 수익구조가 불리하게 변형되어야 한다. 비슷한 원리로 플로어는 최소수익률을 보장하는 장치로 높게 설정하기 위해서 비용이 발생하여 수익구조에 영향을 끼치게 된다.

참고로 스왑 스프레드의 역전현상은 파워스프레드 채권발행으로 축소된다. 또한 파워스프레드 채권거래를 위해 구조화 스왑을 제공하는 은행은 이에 대한 헤지를 하기 위해서 채권 발행액에 레버리지를 곱한 만큼 거래해야 하므로 발행량에 한계가 있다. 파워스프레드 상품의 발행과 헤지는 시장에 충격을 주게 되기 때문에 이 상품의 거래량은 많은 시장참가자들의 관심사이다.

〈표 3-6〉 power spread note

상품구조 예시	
만기 / 상환빈도	2년 / 만기상환
기초자산	KRW 3M CD, KRW 3M KTB
쿠폰지급주기	1년
투자수익률	Min(7.0%, Max(0, 5.0% + 10 x Average[KRW 3M CD − KRW 3M KTB]))

제4절 타겟 리뎀션 채권

타겟 리뎀션 채권(target redemption note, TARN)는 녹아웃 기법이 응용된 형태로 구조화에 활용된 것으로 투자자의 누적 투자수익률이 target profit에 도달하면 채권의 만기 전에 원금과 마지막 쿠폰이 지급되고 거래가 종료되는 상품이다. 이러한 구조 때문에 투자자의 수익은 제한되고 투자 만기에 대한 불확실성이 생긴다. 타겟 리뎀션 기법은 앞에서 소개한 다양한 구조화 채권과 결합되어 활용이 가능하다. <표 3-7>의 예시는 USD 3M SOFR (Secured Overnight Financing Rate)금리가 하락할 것이라는 시장관을 가진 투자자가 고려할 수 있는 상품이다. 거래일로부터 1년 동안은 시장의 움직임에 상관없이 보장된 수익을 낼 수 있는 형태로 설계되었다. 이러한 구조는 꽤 비용이 많이 들기 때문에 만기가 짧은 채권에서는 불가능하거나 그 이후 수익구조가 불리할 수 밖에 없다. <표 3-7>의 예시에서는 2년이 되는 시기부터 역변동금리채권의 수익구조를 가지게 된다. 매 쿠폰지급일마다의 계산된 수익률의 합이 target profit인 12%에 도달하면 거래가 종료되는데 USD 3M SOFR가 낮은 수준에 머무르면 단기간에 target profit에 도달하게 된다. 하지만 거래 체결 후에 시장상황에 바뀌어 USD 3M SOFR가 급격하게 상승하게 되는 경우 보장된 1년간의 수익을 제외하고는 낮은 수익률을 내고 채권은 조기상환 없이 만기까지 가게 된다.

구조화채권이 조기상환되면 재투자가 일어나 금융시장에서는 선순환 구조를 형성되는 장점이 있다. 하지만 투자자의 입장에서는 좋은 투자상품을 다시 찾아야 한다는 점에서 재투자 리스크가 있다고 볼 수도 있다. target profit 설정이 이자율 헤지를 위한 구조화 스왑에 쓰이는 경우도 있는데 투자상품에서보다 고객에게 미치는 영향이 클 수 있다는 것을 유념해야 한다. 헤지 상품에서의 target profit 설정은 좀 더 자세하게 환율연계 구조화상품에서 살펴보겠다.

〈표 3-7〉 target redemption note

상품구조 예시	
만기	7년
기초자산	USD 3M SOFR
쿠폰지급주기	3개월
투자수익률	1년: 연 7.5% 2년부터 target redemption event 전까지: 연 Max(0, 10% − 2 x USD 3M SOFR)
target redemption event	누적 수익률이 target profit인 12%에 도달

제5절 콜옵션부 채권

콜옵션부(callable)는 앞에서도 설명하였듯이 구조화상품에서 자주 활용되는 기법으로 callable 채권은 발행자가 거래에서 약정된 보장되는 기간이 지나면서부터 남아있는 투자수익률의 현금흐름을 한꺼번에 취소하고 투자원금을 상환할 수 있는 권리를 가지게 되는 상품이다. 투자자는 만기 불확실성에 대한 반대급부로 callable이 없는 동일한 구조보다 유리한 수익구조를 얻을 수 있다. <표 3-8>는 레인지 등의 특별한 조건 없이 고정금리가 주어지는 수익구조를 가지고 있으면서 callable만 활용된 상품 예시이다. non-call 5년, quarterly call의 의미는 5년까지의 만기는 보장되고 5년 후부터 3개월마다 오는 상환일에 발행자가 마지막 쿠폰과 함께 투자원금을 투자자에게 상환할 권리를 가진다는 뜻이다. 권리가 행사되지 않으면 채권 만기는 다음 상환일까지 연기되지만 callable 옵션을 행사하면 남아있는 거래에 대한 모든 권리/의무가 종료된다. 채권의 만기가 길수록, 또한 보장된 만기기간이 짧을수록 callable 기법은 많은 가치를 발생시켜 목표수익률을 높일 수 있다.

〈표 3-8〉 callable note

상품구조 예시	
만기	10년
쿠폰지급주기	3개월
투자수익률	연 7%
callable	non-call 5년, quarterly call thereafter

채권의 발행자가 만기에 대한 권리를 가지고 있으므로 채권 발행자는 callable 채권을 통한 자금조달 비용이 시장에서의 자금조달 비용보다 낮을 경우는 채권 만기까지 취소하지 않고 보유할 것이다. 하지만 시장에서의 자

금조달 비용이 낮다고 판단되면 callable 옵션을 행사하게 된다. 이 때 투자자는 기존의 투자수익률을 내는 투자상품을 찾을 수 없을 가능성으로 인해 재투자 리스크를 가지게 된다. 하지만 투자원금과 callable 옵션이 행사되기 전까지의 높은 투자수익은 보장되므로 만기에 대한 리스크를 감수할 의향이 있는 투자자는 이 상품을 선택하게 된다. callable이 포함된 상품의 투자자가 유념해야 할 것은 callable에 대한 기대로 인해서 투자자금을 실제로 활용할 수 있는 기간보다 긴 만기의 상품을 하게 되는 경우에 대한 위험이다. 투자자의 예상과 달리 callable이 행사되지 않는 경우, 투자자금의 상환이 필요한데 채권이 만기까지 유지될 수 있기 때문이다.

제4장 환율연계 구조화상품

주식이나 이자율에 비해 외환은 투자자산으로써의 공감대 형성이 어려워 국내에서는 주로 double-no-touch 옵션이나 디지털 옵션을 이용한 원금보장형 상품 위주로 거래되고 있으며 상품이 다양하지 않다. 주가가 연계된 상품으로 인기를 끌고 있는 step-down을 원금보장형으로 변형시킨 상품이 USDKRW을 기초자산으로 하여 출시된 적이 있다. dual-currency deposit(국내에서는 옵션부 외화정기예금 또는 옵션부 이종통화예금으로 불림)이라는 상품은 해외에서는 거래량이 많은 대표적인 환율연계 구조화상품이지만 국내에서는 2008년 이전에 거래되었고 현재는 거래되지 않고 있다. KIKO 사태 이후 환헤지를 위한 구조화선물환 거래는 큰 폭으로 감소하였으나 꾸준히 거래되고 있는 상품들이 있어 이들을 위주로 소개하겠다. 구조화선물환은 주로 환리스크 관리를 해야 하는 기업들이 거래한다. 이해를 돕기 위해서 달러를 매도해야 하는 국내 수출기업이 고려할 수 있는 방향의 상품들만을 예시로 들지만 이를 이해하면 비슷한 방식으로 국내 수입기업의 환헤지에 응용할 수 있을 것이다. 환율연계 구조화상품에서는 기초자산이 되는 환율의 방향성, 변동성이 가격에 영향을 끼치는 주요 요인이고 만기가 긴 경우는 선물환율의 방향과 크기도 가격에 영향을 끼친다.

제1절 헤지 목적 구조화선물환

콜 옵션, 풋 옵션의 경우는 약정환율인 행사가격이 만기 시장환율에 비해서 유리한 경우만 행사가격에 거래하고 불리한 경우에는 시장에서 거래할 수 있어 손실이 옵션 프리미엄으로 한정된다. 하지만 선물환과 구조화된 선물환의 경우는 초기 비용없이 거래할 수 있는 제로코스트(zero-cost) 상품이지만 거래를 이행할 의무를 가지게 되므로 약정환율이 만기 시장환율에 비해 유리한 경우도 있고 불리한 경우도 생긴다. 구조화선물환의 경우는 고객의 손실부분이 제한되는 옵션거래와는 달리 선물환과 유사한 손익구조를 가지고 있기 때문에 은행이 구조화선물환을 기업고객과 거래하는 경우 고객에 대한 거래상대방 리스크가 생긴다는 것을 유념하고 거래 체결 전에 신용한도 확인 등의 절차를 밟아야 할 것이다. 또한 구조화선물환을 헤지수단으로 선택하는 고객은 일반적으로 선물환과 비교하여 선택하므로 특정 구조화선물환 거래의 위험과 가치발생을 이해할 때에도 헤지를 하지 않은 경우나 옵션으로 헤지한 경우와 비교하기 보다는 선물환을 기준으로 비교하여 이해하는 것이 적절하다고 생각된다.

환헤지를 해야 하는 기업 고객이 하나의 결제일의 현금 흐름에 대해 헤지를 하는 경우도 있지만 여러 결제일의 현금 흐름에 대한 헤지를 한꺼번에 계약하는 경우가 많다. 일반적으로 매 결제일마다 다른 선물환율을 적용시키는 것이 아니고 편의에 의해 하나의 약정환율이 적용되도록 하는 선물환을 거래하는데 이를 파 포워드(par forward)라고 부른다. 파 포워드 거래와 마찬가지로 구조화선물환도 동일한 구조가 여러 결제일에 적용되도록 한꺼번에 계약하는 경우가 많다. 이는 뒤에서 구체적인 예시를 통해서 살펴보겠다.

구조화선물환을 설명하는데 먼저 소개할 상품들은 결제일에 약정환율에서의 헤지가 보장되는 상품들이다. 반면 만기에 헤지가 보장되지 않는 상품들도 있는데 대표적인 것으로 녹아웃 선물환(KO forward)이 있다. 만기보장여부는 손익여부와 상관없이 별도의 조건에 의해 결정되는 경우가 많다. 여기서는 소개하지 않지만 구조화선물환 중에서는 약정환율이 고정된 숫자로 주어지지 않고 약정환율이 수식에 의해서 계산되는 상품(예를 들어 snowball forward)들도 있다.

1. 결제일의 헤지가 보장되는 상품

1-1. 레인지 선물환(range forward)

레인지 선물환(range forward)는 동일 만기, 동일 명목금액(notional)의 콜 옵션과 풋 옵션을 서로 다른 행사가격에서 동시에 매입, 매도하는 거래로 헤지에 필요한 옵션을 매입하고 이 옵션의 프리미엄과 동일한 옵션을 매도하여 옵션의 프리미엄이 상쇄된다. 초기비용 없이 거래할 수 있는 zero-cost 상품으로 선물환과 더불어 거래량이 많은 상품이다. <그림 4-1>은 USDKRW 하락 리스크에 노출되어 있는 국내 수출기업이 고려할 수 있는 레인지 선물환 상품의 예시이다. 행사가격이 1,000인 외가 풋 옵션(USD put/KRW call)을 매수하고 행사가격이 1,120인 외가 콜 옵션(USD call/KRW put)을 매도하여 구성하였다. 따라서 만기 시장환율이 1,000과 1,120 범위에 있으면 시장환율로 거래하게 되고, 1,000보다 하락하는 경우는 1,000에 매도할 수 있게 되며, 1,120보다 상승하는 경우는 1,120에 매도해야 한다. 손익이 발생하지 않는 범위가 존재하지만 환율의 움직임에 따라 무제한적인 이익과 손실이 발생할 수 있다는 점에서 선물환율의 손익구조와 유사한 측면이 있다. 유사한 구조를 가진 선물환 대신 레인지 선물환을 선택하는 고객들이 있는데 그 이유가 무엇인지 살펴보자. 레인지 선물환을 거래하는 고객은 일정구간에서는 환율의 움직임에 포지션을 노출하여 환율 상승시에 선물환에서는 얻을 수 없는 이익을 실현하고자 한다. 물론 정해진 상한(<그림 4-1>에서는 1,120)을 벗어나게 되면 선물환율보다는 유리하지만 1,120에 매도해야 하므로 추가적인 이익은 제한된다. 이렇게 추가적인 이익을 실현할 수도 있는 가능성은 비용을 발생시켜 선물환에서는 선물환율보다 하락하면서부터 보호를 받지만 레인지 선물환에서는 정해진 하한(<그림 4-1>에서는 1,000)에 도달할 때까지는 손실을 감수해야 한다. 환율 시장의 변동성 스마일(volatility smile)의 모양에 따라 선물환 대비 이익구간(<그림 4-1>에서는 [1,050, 1,120])과 손실구간(<그림 4-1>에서는 [1,000, 1,050])이 비대칭적으로 형성될 수 있으며 <그림 4-1>의 예시처럼 이익구간이 손실구간보다 넓게 형성되는 경우 고객이 선물환 대신 레인지 선물환 거래를 하게 되는 유인이 된다.

〈그림 4-1〉 range forward 손익구조

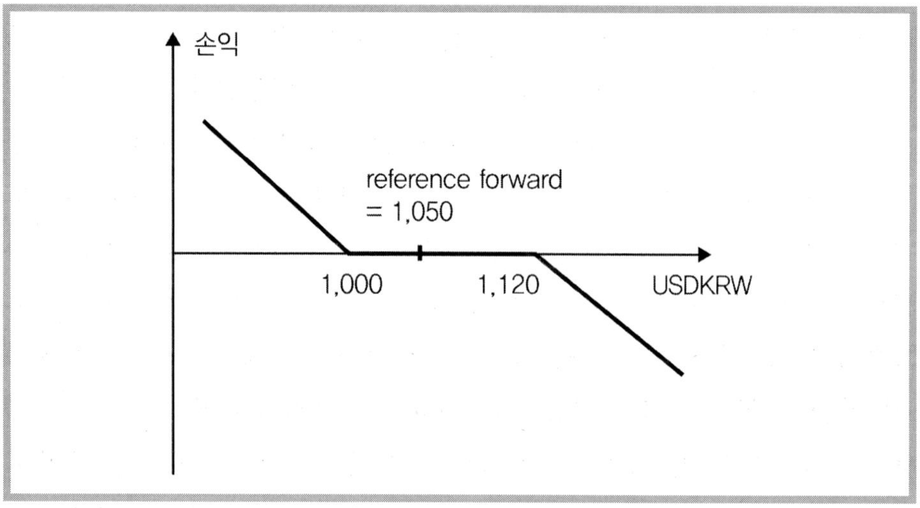

1-2. 레버리지 선물환(leverage forward)

레버리지 선물환(leverage forward 또는 target forward)라고 불리는 상품은 기본적인 선물환에 옵션 매도포지션을 추가로 결합한 상품이다. 고객의 손실 부분이 커져서 손익구조가 비대칭적으로 바뀌게 되는데 이를 감수하면 고객이 목표로 하는 유리한 약정환율을 얻을 수 있게 된다. 많이 거래되었던 200% 레버리지 선물환을 <그림 4-2>와 <그림 4-3>을 통해서 설명하겠다. 수출기업은 선물환을 매도하여 USDKRW 하락의 리스크를 헤지할 수 있다. 이 때 선물환율보다 높은 약정환율로 매도하고 싶은 경우 선물환의 명목금액과 같은 명목금액을 가진 콜 옵션(USD call/KRW put 옵션)을 매도(<그림 4-2>의 두 번째 그림)함으로써 가치를 발생시킬 수 있고 이를 선물환율에 반영(<그림 4-2>의 첫 번째 그림)하고 이 둘을 결합하면 레버리지 선물환(<그림 4-3>)가 만들어진다. 선물환율(예시에서는 1,050)보다 높은 약정환율(예시에서는 1,180)에 매도할 수 있게 된다. 이 때 선물환율보다 유리한 약정환율은 한번에 찾기 힘들고 다른 행사가격을 가진 옵션들을 프라이싱 해보면서 zero-cost가 되는 지점을 찾아간다. 레버리지 선물환 거래에서 유의해야 할 것은 만기환율이 약정환율(예시에서 1,180)보다 높은 경우 레버리지의 영향으로 선물환 명목금액의 두 배 거래를 해야 하며 환손실의 규모가 커진다는 것이다. 금융위기 때 국내외 거래되었던 많은 구조화선물환에서 문제가 되었던 것이 약정환율보다 만기환율이 높았고 레버리지가 적용되어 실제 환노출보다 더 큰 물량을 매도[39]해야 했던 부분이다. 이로 인해서 금융위기 이후에는 레버리지 선물환 거래를 하더라도 200% 레버리지가 적용된 거래량이 실제 거래량을 넘지 않게 하고 손실 구간에는 손실을 제한하는 구조화 장치를 포함시키는 형태로 거래하고 있다. 금융위기 이후에는 레버리지를 100%보다 작게 설정(예를 들어 70% 레버리지)하여 만기환율이 손실이 되는 구간에 속하는 경우 거래량이 오히려 줄어드는 구조의 상품을 찾는 고객도 생겼다. 이 상품을 레버리지 선물환과 구분하기 위해 참여선물환(participation forward)이라고 부르기도 한다.

39) 오버헤지(over-hedge)

〈그림 4-2〉 leverage forward 구성

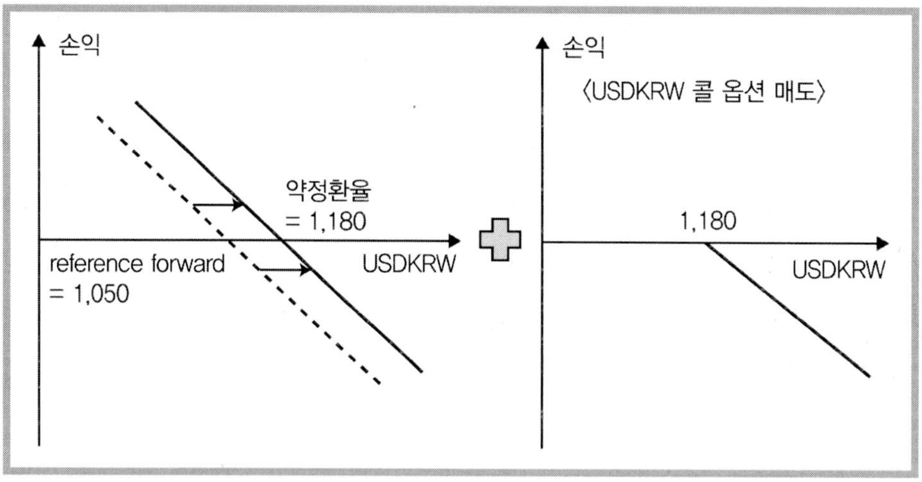

〈그림 4-3〉 leverage forward 손익구조

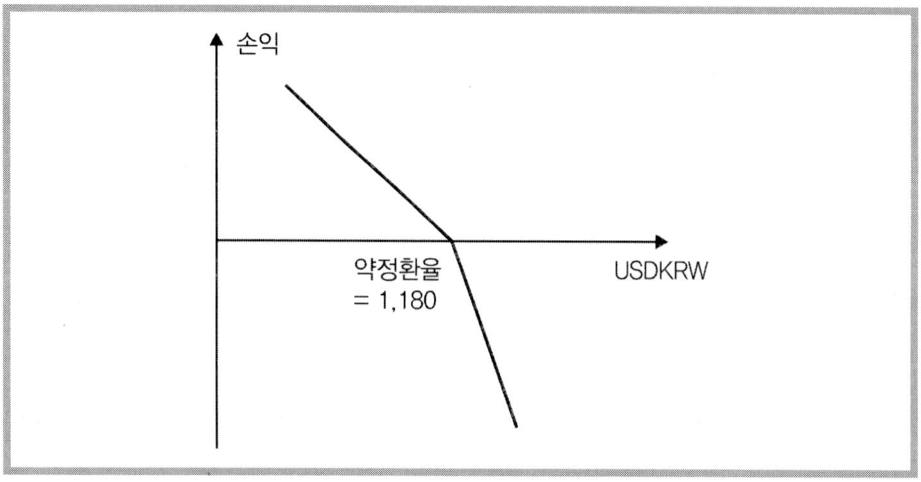

1-3. 레인지 보너스 선물환(range bonus forward)

앞에서 설명된 투자상품에서 투자자의 시장관을 반영하기 위해 디지털이나 double-no-touch(이하 DNT) 등의 이색 옵션을 활용했듯이 구조화선물환에서도 이색 옵션을 활용할 수 있다. 고객이 해당 환율이 일정한 범위 내에서 움직인다는 시장관을 가지고 있을 때 <그림 4-4>에서 설명된 방식으로 레

인지 보너스 선물환을 만들 수 있다. 예를 들어 USDKRW의 하락 리스크에 노출되어 있는 수출기업이 결제일까지 USDKRW이 900과 1,200의 범위 내에서 움직일 것이라고 예상한다면 선물환의 약정환율을 낮은 쪽으로 움직여 패널티 약정환율을 설정(<그림 4-4>의 첫 번째 그래프)하고 거기서 생긴 가치를 이용하여 DNT 옵션을 매수(<그림 4-4>의 두 번째 그래프)한다. 이렇게 구성된 레인지 보너스 선물환에서는 <표 4-1>에 요약된 것처럼 만약 환율이 거래일부터 만기일까지 DNT 옵션의 범위 내에서만 거래된다면 DNT 옵션에서 나온 수익과 패널티 약정환율이 결합되어 고객은 보너스 약정환율에 매도할 수 있게 되고, 환율의 움직임이 커져 DNT 옵션의 범위를 벗어나게 되면 고객은 패널티 약정환율에 매도하게 된다. 상품의 구성에 DNT 옵션의 매수 부분이 포함되므로 거래 계약시 변동성이 높아 DNT 옵션 프리미엄이 낮아지는 시장일 때 고객에게 유리한 구조를 줄 수 있게 된다. 여기에서 유리한 구조는 USDKRW를 매도하는 고객의 기준으로 보너스 약정환율과 패널티 약정환율이 높거나 배리어 관찰 범위가 넓은 것을 뜻한다. 반대로 옵션시장의 변동성이 낮은 시기에는 DNT 옵션의 프리미엄이 높기 때문에 구조화선물환의 구조가 매력적이지 않다. 거래 체결시에 DNT 옵션의 변동성이 높았다가 결제일까지 실제로 기초자산의 움직임이 적어 변동성이 낮으면 보너스 약정환율을 받게 될 가능성이 높은 최상의 상황이다.

〈그림 4-4〉 range bonus forward의 구성

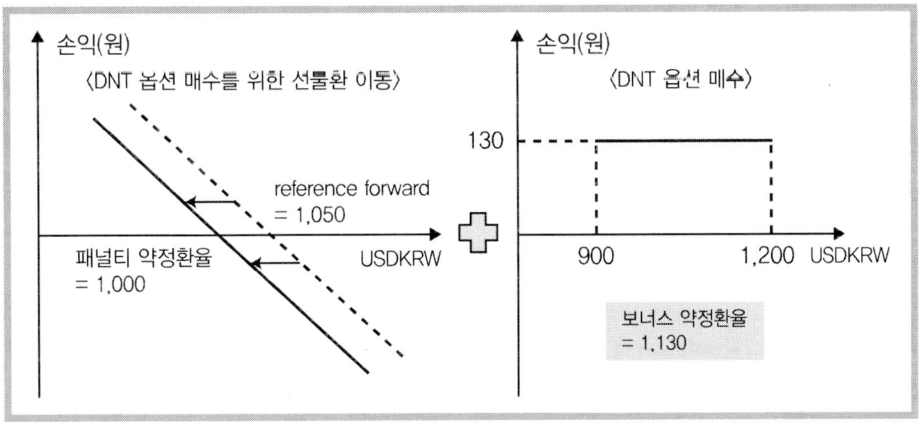

〈표 4-1〉 range bonus forward

상품구조 예시 (reference forward = 1,050)	
만기	1년
거래방향	고객이 USD 매도 / KRW 매수
보너스 약정환율	1,130
패널티 약정환율	1,000
만기손익	① 거래일부터 만기까지 (장중포함) 한번이라도 USDKRW가 [900, 1,200] 범위를 벗어나지 않으면 고객은 보너스 약정환율에 거래 ② 범위를 벗어나서 한 번이라도 거래되면 고객은 패널티 약정환율에 거래

레인지 보너스 선물환의 구성을 이해한다면 이를 응용하여 고객의 시장관을 반영시키는 다양한 구조화선물환을 만들 수 있다. 예를 들어 환율의 방향성에 대한 시장관이 있는 고객을 위해 디지털 옵션이나 원터치 옵션을 결합한 맞춤형 구조화선물환을 고려해볼 수 있을 것이다.

2. 결제일의 헤지가 보장되지 않는 상품

앞에서 살펴본 구조화선물환의 경우는 만기의 손익과는 별개로 미리 약정된 환율에 거래해야 한다는 측면에서 헤지가 보장되는 상품들이었다. 지금부터는 소개하는 구조화선물환은 녹아웃, 녹인이나 callable 등의 조건이 포함되어 만기 또는 주기적으로 있는 결제일 전에 상품이 소멸되거나 되어 생성되지 않아 헤지가 보장되지 않을 수 있는 상품이다.

2-1. 녹아웃 선물환(knock-out forward, KO forward)

녹아웃 선물환(knock-out forward, KO forward)은 일반 선물환과 비슷한 구조이지만 녹아웃이 포함된 것으로 거래일부터 만기일까지 한번이라도 녹아웃 배리어에서 거래되면 선물환이 사라지게 되는 거래이다. 만기에 헤지가 필요한 상황에서 녹아웃 사건이 발생하여 헤지가 보장되지 않을 가능성이 있기 때문에 이에 대한 보상으로 선물환율에 비해 유리한 약정환율이 주어진다. <그림 4-5>는 USDKRW 하락 리스크에 노출된 국내수출기업이 고려할 수 있는 KO forward 상품의 예시이다. 선물환율보다 높은 약정환율에 매도할 수 있지만 USDKRW이 급격하게 하락하여 녹아웃 배리어인 1,000에서 한 번이라도 거래되고 낮은 수준에서 머무르면 기업은 환헤지없이 낮은 시장 현물가격에 거래해야 하기 때문에 손실이 커질 수 있다. 녹아웃이 약정환율을 선물환율에 비해 유리하게 만들 수 있는 쉬운 기법이지만 구조화선물환은 헤지상품이므로 이러한 기법을 포함하는 것에 있어 신중해야 할 필요가 있다.

〈그림 4-5〉 KO forward 손익구조

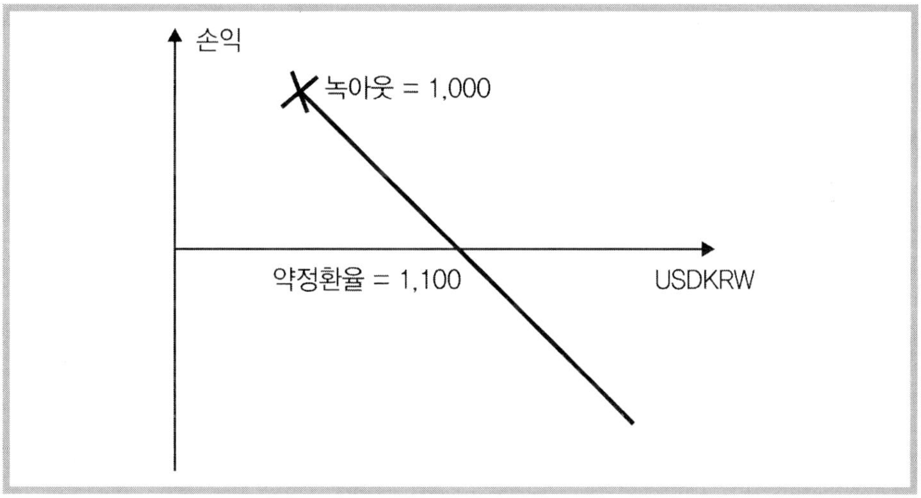

2-2. 녹인 선물환(knock-in forward, KI forward)

녹인 선물환(knock-in forward, KI forward)이라는 이름으로 거래되는 구조화선물환은 선물환율을 기준으로 이익과 손실구간이 구분되는 선물환과 달리 녹인 배리어에서 한번도 거래되지 않으면 손실이 발생하지 않는 상품이다. 즉,

녹인이 손실구조를 발생시킨다고 생각할 수 있다. <그림 4-6>은 USDKRW 하락 리스크에 노출된 국내 수출기업이 고려할 수 있는 KI forward 상품의 예시이다. 1,130에 설정된 녹인 배리어에서 한번도 거래되지 않으면 손실구간이 생기지 않아 행사가격이 1,020인 USDKRW 풋 옵션과 손익구조가 동일하다. 하지만 한번이라도 1,130에서 거래되면 손실이 생기더라도 약정환율 1,020에서 거래해야 하는 구조이다. 녹인 배리어에서 거래되기 전까지는 유리한 시장환율로 거래할 수 있고 손실이 생기지 않아 기업은 작은 폭의 USDKRW 상승에 대해서는 보호를 받게 되는 측면이 있으므로 이에 대한 비용으로 시장 선물환율에 비해 KI forward의 약정환율은 불리하다. zero-cost 상품임에도 불구하고 거래 당시에 가져가야 하는 불리한 약정환율로 인해서 KI forward를 헤지상품으로 사용하는 것을 망설이는 기업들이 있지만 KI forward와 같이 손실을 줄여줄 수 있는 상품을 헤지 포트폴리오에 포함하는 것이 바람직하다. 물론 USDKRW의 상승 폭이 커서 녹인 배리어를 넘어선다면 KI forward는 결국에 선물환과 같은 구조로 변형되어 무제한의 손실을 가지고 올 수 있다. 녹인 기법은 다른 구조화선물환과 결합되어 거래되기도 한다. 다음에서 살펴 볼 KIKO 또한 KO forward에 녹인 기법이 활용되었다고 이해할 수 있다.

〈그림 4-6〉 KI forward 손익구조

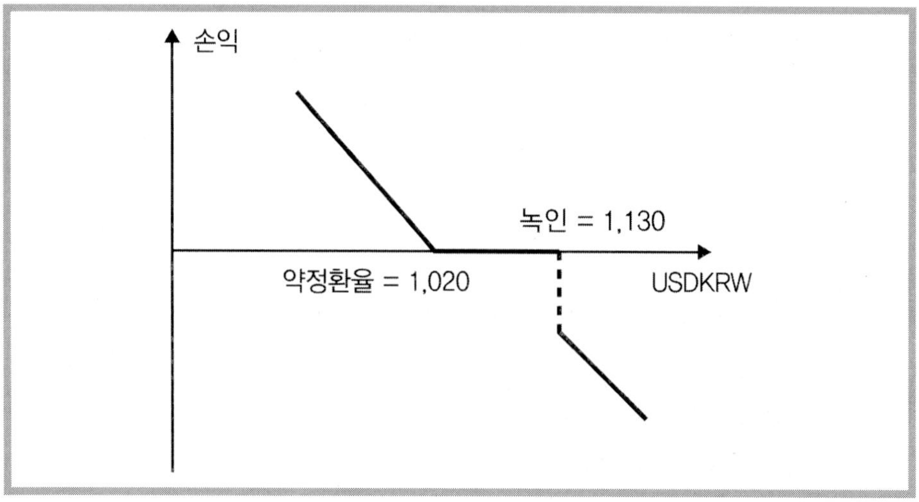

2-3. 녹인녹아웃 선물환(knock-in knock-out forward, KIKO)

녹인녹아웃 선물환(knock-in knock-out forward, KIKO)은 녹인 기법과 녹아웃 기법이 모두 선물환에 적용된 상품으로 자세한 구조는 USDKRW 하락 리스크를 가지고 있는 국내 수출기업이 고려할 수 있는 상품인 <그림 4-7>의 예시를 가지고 설명하겠다. 크게 세 가지 상황으로 KIKO를 설명할 수 있다. 첫 번째로 거래일부터 만기일까지 녹아웃 배리어에서 한 번이라도 거래되면 구조화선물환은 소멸된다. 두 번째로 녹아웃 배리어에서 되지 않고 1,130에 설정된 녹인 배리어에서도 거래되지 않으면 만기환율이 약정환율인 1,080보다 하락할 때만 1,080에 거래하고 상승할 때는 유리한 시장환율에 거래하게 된다. 즉, 거래일부터 만기일까지 녹아웃 배리어와 녹인 배리어 사이에서만 거래되면 USDKRW 풋 옵션을 가지고 있는 것과 같은 손익구조를 가지게 되는 것이다. 세 번째로 녹아웃 배리어에서는 거래된 적이 없지만 USDKRW이 상승하여 녹인 배리어에서 거래되었다면 손실구간이 발생하여 약정환율이 1,080인 선물환과 같은 손익구조를 가지게 된다.

〈그림 4-7〉 KIKO 손익구조

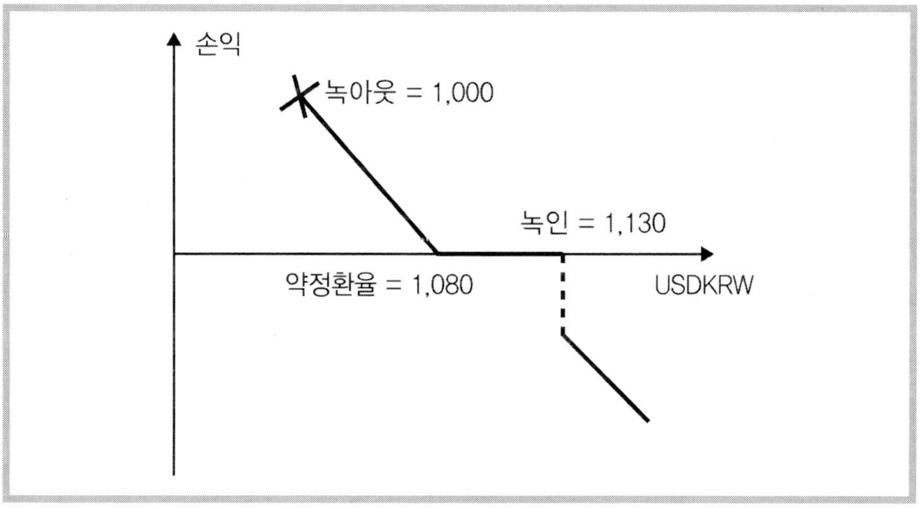

KIKO를 행사가격이 1,080이고 녹아웃 배리어가 1,000인 녹아웃 풋 옵션의 매수포지션과 행사가격이 1,080이고 녹인 배리어가 1,130인 녹인 콜 옵션의 매도포지션의 결합으로 이해하는 사람들이 있는데 이는 옳지 않다. KIKO의 거래 조건을 잘 살펴보면 위 두 옵션의 단순한 결합과 손익구조가 다르다는 것을 알 수 있다. 이를 <그림 4-7>의 구조를 가지고 설명해보겠다. 만기 전에 환율이 하락하여 녹아웃 배리어에서 거래되고 반등하여 만기에 환율이 1,300으로 상승하는 상황을 생각해보자. KIKO에서는 만기환율과 상관없이 녹아웃 배리어에서 거래되었기 때문에 거래가 소멸되므로 USD를 매도해야 하는 고객은 만기 시장환율인 1,300에서 거래하게 될 것이다. 하지만 녹아웃 풋 옵션의 매수포지션과 녹인 콜 옵션의 매도포지션이 단순히 결합된 경우는 녹아웃 풋 옵션은 소멸되지만 녹인 옵션은 소멸되지 않아 만기환율이 1,300이면 녹인 콜 옵션의 매도 포지션이 발생하여 1,080에 매도하여야 하므로 손실이 생기게 된다.

KIKO에서의 녹인 기법과 녹아웃 기법의 효과를 선물환을 기준으로 해서 생각하는 것은 상품에 대한 올바른 이해를 돕는다. 앞에서도 설명되었듯이 선물환에 녹아웃 조건이 포함되면 USDKRW이 급격하게 하락할 때 생길 수 있는 고객의 이익이 제한되고 이는 약정환율을 높이는 효과가 있다. 반면에 녹인 조건은 녹인 배리어에서 거래되지 않는 한 손실을 막아주는 장치이므로 약정환율을 오히려 낮추는 효과가 있다. 따라서 약정환율을 서로 반대 방향으로 움직이는 녹아웃 배리어와 녹인 배리어의 시장 선물환율 대비 상대적 위치, 그리고 가격에 영향을 끼치는 변동성 스마일(volatility smile)의 모양에 따라서 KIKO의 약정환율이 선물환율에 비해서 유리할 수도 있고 불리할 수도 있는 것이다.

레버리지가 들어가지 않은 <그림 4-7>의 KIKO를 생각해보면 선물환 대신 KIKO를 선택한 고객의 가장 큰 위험은 USDKRW이 급격하게 하락하여 거래가 녹아웃되는 상황이다. USDKRW의 하락으로 헤지가 필요한 시기에 헤지가 없으므로 손실이 커질 수 있다. USDKRW이 급격하게 상승하는 경우 <그림 4-7>에서 볼 수 있듯이 녹인 사건이 발생하여 손실이 생기지만 선물환을 거래했을 때와 비교했을 때 KIKO 거래의 약정환율이 선물환율보다 높았다면 오히려 손실은 적다.

국내 기업들이 많이 거래했던 KIKO는 <그림 4-7>이 변형된 것으로 약정환율을 선물환율에 비해 큰 폭으로 유리한 방향으로 움직여서 설정하기 위해 손실구간에 200%-300% 레버리지를 포함하였다. 또한 파 포워드처럼 여러 결제일의 계약을 한꺼번에 체결하였는데 이 때 녹인 배리어와 녹아웃 배리어는 해당되는 기간에만 관찰하는 윈도우(window) 형식이었다. 이는 아래 그림 <그림 4-8>에 설명되어 있다. 매달 오는 결제일에 해당하는 배리어 관찰이 독립적이므로 예를 들어 두 번째 배리어 관찰 구간에서 녹아웃 배리어에서 거래되어 두 번째 결제일에 헤지가 없더라도 세 번째 배리어 관찰 구간에서 녹아웃 배리어에서 거래되지 않으면 세 번째 결제일에는 헤지가 있게 된다. 윈도우 배리어(window barrier) 관찰은 KIKO 뿐만 아니라 다른 배리어를 포함하는 구조화선물환에도 적용될 수 있는 부분이다.

〈그림 4-8〉 window 배리어 관찰

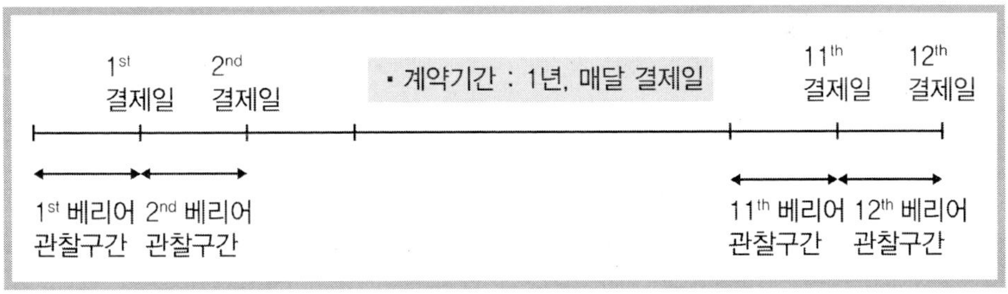

레버리지 선물환에서도 강조되었지만 100%보다 큰 레버리지는 약정환율을 유리하게 만들어주는 강력한 구조화 기법이지만 이로 인해 손실이 커질 수 있다는 점을 언제나 유념해야 한다. KIKO 거래를 한 국내 기업들이 금융위기 이후 USDKRW의 급격한 상승으로 손실을 입었고 소송으로 이어졌는데 사실 KIKO라는 상품 자체의 문제라기보다는 레버리지로 인한 오버헤지와 상품 구조와 위험성이 고객들에게 제대로 전달되지 않은 채로 거래되었다는 것에 문제의 원인이 있다.

2-4. 목표이익 선물환(target profit forward 또는 target redemption forward)

목표이익 선물환(target profit forward 또는 target redemption forward, 이하 TRF)은 녹아웃 기법이 응용된 형태로 적용된 상품으로 고객이 헤지에서 취할 수 있는 이익이 target profit에 도달하면 남은 결제일의 헤지가 모두 소멸되는 상품으로 고객의 이익을 제한함으로써 선물환율보다 높은 약정환율을 주는 상품이다. USDKRW의 하락 리스크에 노출되어 있는 수출기업이 고려할 수 있는 TRF의 상품 예시는 <표 4-2>와 같다.

〈표 4-2〉 target profit forward

상품구조 예시 (reference forward = 1,050)	
만기 / 결제일	1년 / 매달 (총 12개의 결제일)
거래방향	고객이 USD 매도 / KRW 매수
약정환율	1,150
target profit	400
녹아웃 조건	매달 수익(=Max(0, 약정환율 - 매월 fixing 환율))의 합이 target profit 이상이면 녹아웃되고 남은 결제월의 거래도 모두 취소된다.

녹아웃 사건이 발생하기 전까지는 선물환율보다 유리한 약정환율 1,150에 매달 명목금액만큼을 매도한다. 이 부분은 일반적인 파 포워드와 동일하다. 다른 점은 target profit이 있다는 것인데 매 결제일마다 수익을 Max(0, 약정환율 - 매월 fixing 환율)로 계산하고 누적 수익률이 target profit인 400에 도달하면 12개월 만기를 가진 거래가 중도에 종료(녹아웃)된다. 종료되는 방식에는 delayed, immediate, exact 방식이 있는데 이는 고객이 선택할 수 있고 계약거래서에 명시된다. 이 방식들의 차이점을 <표 4-3>에서 살펴보겠다. 매 결제일마다 0보다 큰 수익만을 계산하여 누적수익을 구하는데 target profit(예시에서는 400)에 정확히 맞춰지는 경우는 거의 없다. <표 4-3>에서 볼 수 있듯이 delayed 녹아웃인 경우는 target profit에 도달한 해당 결제일의 거래까지

보장한다. 따라서 실현되는 이익은 400보다 클 수 있다. exact 녹아웃인 경우는 정확히 target profit에 맞는 명목금액까지 보장하고 나머지 잔여 명목금액과 뒤에 오는 결제일의 거래들은 모두 소멸된다. immediate 녹아웃인 경우는 target profit에 도달한 해당 결제일의 거래를 포함하여 소멸된다. 따라서 이 경우 실현되는 이익은 400보다 작다. 녹아웃 방식에 따라서 선물환율에 비해 약정환율이 유리해지는 정도의 차이가 생긴다. delayed 녹아웃의 경우는 target profit에 도달할 때 더 많은 이익이 보장되는 셈이므로 약정환율이 유리해지는 정도가 immediate 녹아웃이나 exact 녹아웃보다 적다.

〈표 4-3〉 target profit forward(약정환율 = 1,150, target profit = 400)의 녹아웃

결제일	1st	2nd	3th	4th	5th
fixing 환율	1,050	1,080	1,180	1,050	1,000
수익	100	70	0	100	150
누적수익	100	170	170	270	420
immediate 녹아웃	헤지 유효(400에 도달한 결제일 포함 안 함)				
exact 녹아웃	헤지 유효(정확히 400까지만 포함)				
delayed 녹아웃	헤지 유효(400에 도달한 결제일까지 포함)				

선물환 대신 TRF 거래를 선택한 고객이 잠재적으로 가지게 되는 위험이 무엇인지 생각해보자. 거래 후에 USDKRW의 움직임을 나누어보면 1) USDKRW이 약정환율 정도에 머물거나 그보다 상승하여 target profit에 도달하지 않는 상황과 2) USDKRW이 약정환율보다 하락하여 target profit에 도달하는 상황일 것이다. 첫 번째 상황은 헤지로 인해 생기는 이익이 적거나 손실이 발생하지만 TRF를 선택하지 않고 선물환을 선택했을 경우와 비교했을 때 약정환율이 높으므로 고객에게 상대적으로 유리하다. 두 번째 target profit에 도달한 경우는 다시 USDKRW의 하락 폭이 큰 경우와 크지 않은 경우, 두 가지로 나누어 생각해볼 필요가 있다. USDKRW의 하락폭이 크지 않은 경우는 어느 정도 결제일들에 선물환율에 비해 유리한 환율로

보장을 받고 target profit에 도달하여 녹아웃되면 다시 시장에서 TRF 등의 구조화선물환을 통해 유리한 헤지를 찾을 수 있다. 이 경우가 TRF 거래를 했을 때 최적의 시나리오라고 생각된다. 반면 USDKRW 하락폭이 큰 경우 마찬가지로 target profit 정도의 이익을 가지고 갈 수 있다는 것은 맞지만 녹아웃이 되고 난 상황에서 남은 기간의 현금흐름에 대해 헤지를 해야 하는 시장상황이 고객에게 불리하다. 결과적으로 선물환으로 만기가 보장된 파 포워드와 같은 헤지를 하는 것보다 안 좋은 결과를 가지고 올 수 있다는 점이 TRF 거래를 고려하는 고객이 유념해야 할 부분이다.

2-5. 콜옵션부 선물환(callable forward)

콜옵션부 선물환(callable forward)는 앞에서 설명되었던 optionality 중 callable이 파 포워드와 결합된 상품이다. callable은 은행이 보장된 결제일을 제외하고 나머지 부분을 한꺼번에 취소할 수 있는 권리를 가지고 이에 대한 보상으로 고객은 시장 선물환율보다 유리한 약정환율을 가지게 되는 상품이다. USDKRW의 하락 리스크에 노출되어 있는 수출기업이 고려할 수 있는 콜옵션부 선물환의 상품 예시는 <표 4-4>와 같다. 은행이 callable 옵션을 행사하기 전까지 고객은 결제일에 1,130에 설정된 선물환율보다 유리한 약정환율로 거래한다. 6번째 결제일부터 매 결제일에 남은 거래를 취소할 수 있는 권리가 있다. 은행은 callable 옵션을 행사할 수 있는 결제일 그 당시 시장상황(스왑포인트, 변동성)을 반영하여 취소하는 것이 은행에 유리할 것이라고 판단되면 취소하게 된다. 콜 옵션과 구별하여 callable 옵션이라고 부르는 이유는 이 권리를 행사할 수 있는 기회는 행사하기 전까지 매달 주어지지만 한 번만 행사할 수 있는 권리로 행사되고 나면 나머지 결제일의 거래들이 모두 취소되고 이 권리 또한 소멸되기 때문이다. 콜 옵션을 결합하였다면 매달마다 독립적으로 행사할 수 있었겠지만 이에 대한 비용은 callable 기법을 활용하는 것보다 훨씬 크다.

〈표 4-4〉 callable forward

상품구조 예시 (reference forward = 1,050)	
만기 / 결제일	1년 / 매달 (총 12개의 결제일)
거래방향	고객이 USD 매도 / KRW 매수
약정환율	1,130
callable 옵션	은행은 6번째 결제일부터 매 결제일마다 남은 결제월의 거래를 모두 취소할 수 있는 한번의 권리를 가진다.

선물환 대신 콜옵션부 선물환 거래를 선택한 고객이 잠재적으로 가지게 되는 위험이 무엇인지 생각해보자. 한마디로 만기에 대한 불확실성인데 앞에서 TRF에서도 설명했던 것처럼 USDKRW의 움직임과 연관시켜서 생각해보면 이해하기 쉽다. USDKRW이 약정환율보다 상승하는 경우 헤지에서 손실이 발행하게 되지만 선물환을 선택했을 경우와 비교했을 때 약정환율이 높으므로 손실액은 오히려 적다. USDKRW이 하락하는 경우는 은행이 거래를 취소하게 될 가능성이 높다. USDKRW의 하락 폭이 적은 경우는 헤지가 보장된 기간동안 유리한 약정환율로 거래하고 거래가 취소되면 다시 시장에서 유리한 환율을 주는 구조화선물환을 통해 유리한 헤지를 찾을 수 있다. 하지만 USDKRW의 하락 폭이 큰 경우 거래가 취소되었을 때 남은 기간의 헤지를 해야 하는 시장상황이 고객에게 유리하지 않아서 결과적으로 선물환으로 12개월 만기가 보장된 헤지를 하는 것보다 훨씬 안 좋은 결과를 초래할 수 있다.

2-6. 풋옵션부 선물환(puttable forward)

풋옵션부 선물환(puttable forward)는 앞에서 설명되었던 optionality 중 puttable이 파 포워드와 결합된 상품이다. puttable은 고객이 보장된 결제일을 제외하고 나머지 부분을 한꺼번에 취소할 수 있는 권리를 의미한다. 고객이 만기에 대한 권리를 가지는 대신에 이에 대한 비용으로 인해서 고객은 선물환율보다 불리한 약정환율을 가지게 된다. 선물환율과 약정환율의 차이가 상당히 커질 수 있기 때문에 일반적으로 고객이 취소할 때 패널티 금액을 지불하도록 하여 약정환율이 선물환율보다 불리한 폭을 줄이는 형태로 거래된다. USDKRW의 하락 리스크에 노출되어 있는 수출기업이 고려할 수 있는 풋옵션부 선물환의 상품 예시는 <표 4-5>와 같다.

〈표 4-5〉 puttable forward

상품구조 예시 (forward = 1,050)	
만기 / 결제일	1년 / 매달 (총 12 결제일)
거래방향	고객이 USD 매도 / KRW 매수
약정환율	1,020
callable 옵션	6번째 결제일부터 고객은 미리 약정된 패널티를 지불하고 남은 결제월의 거래를 모두 취소할 수 있는 권리를 가진다.

puttable 기법은 풋옵션부 선물환으로 거래되는 경우도 있지만 다른 구조화선물환에 puttable이 결합된 형태로 거래되는 경우가 많다. puttable이 포함되면 보장된 헤지 기간을 지나면서부터 고객이 취소할 수 있기 때문에 고객의 현금흐름의 변화가 생긴 경우, 특히 헤지가 필요없는 상황에서 미리 약정된 패널티만 지급하면 헤지를 취소할 수 있는 장점이 있다. 하지만 실제로 puttable은 고객의 잠재적인 손실을 제한하기 위한 목적으로 활용되는 경우가 많다. 환율 시장의 움직임이 커서 약정된 환율에 거래를 계속할 경우 손실이 커진다면 패널티와 예측손실을 비교하고 패널티보다 손실이 커질 것이라고 예상되면 거래를 취소할 것이다. 따라서 고객의 잠재적 손실이 미리 약정된 패널티로 한정되는 효과가 있다. 실제로 손실이 발생하지 않더라도 puttable을 구조화선물환에 결합하면 은행의 고객에 대한 거래상대방 리스크가 줄어드는 효과가 있어 은행의 리스크관리에도 도움이 된다. 고객의 입장에서는 신용한도 관리에 유리하고 고객에게 전가될 수 있는 여신관련 비용(담보액, credit charge)이 줄어들 수 있다.

제2절 투자 목적 환율연계상품

환율에 따라 변동성의 차이가 있어 수익구조가 달라질 수는 있으나 주가연계 투자상품에서 보았던 구조나 기법들이 이론적으로는 환율에도 적용이 가능하다. 하지만 앞에서도 잠깐 언급했듯이 환율을 투자자산으로써 인식하기 시작한 것은 얼마 되지 않아 국내에서 거래되고 있는 상품 구조는 다양하지 않고 원금보장형 상품 위주이다. 환율연계 투자상품을 찾는 고객들은 주로 금융 기관과 개인 투자자들이다.

1. 디지털 옵션을 활용한 상품

특정 환율의 상승 또는 하락에 대한 시장관이 있는 고객을 위해 디지털 옵션을 결합할 수 있다. <표 4-6>에 있는 상품은 역외위안화(CNH)의 강세, 즉 USDCNH의 하락을 예상하고 원금은 보장하고 싶은 보수적인 투자자에게 적절한 상품이다. USDCNH가 현재 레벨 또는 이보다 낮은 레벨로 만기에 거래되면 투자자는 5.5%의 투자수익을 얻게 되고 USDCNH가 예상을 벗어나 상승하게 되면 투자자는 만기에 원금을 돌려받는다.

〈표 4-6〉 digital 옵션을 활용한 외환연계 구조화상품

상품구조 예시	
만기 / 상환빈도	1년 / 만기상환
기초자산	USDCNH (역외위안화환율) fixing rate
투자수익률	① 만기평가일에 USDCNH fixing rate이 최초기준평가환율의 100% 이하인 경우: 5.5%의 수익 ② ①을 만족시키지 못하는 경우: 0%

비슷한 구조이지만 더 높은 투자수익률을 원하는 고객을 위해서는 상품을 변형시킬 수 있다. 같은 시기에 나온 상품 중 배리어가 최초기준평가환율의 99.50%이고 투자수익이 6.40%인 상품이 있다. 이는 배리어가 옮겨져서 투자수익이 발행할 가능성이 줄어들었기 때문에 이에 대한 보상으로 수익구조를 유리하게 한 것이다. 다른 방법으로는 기초자산을 추가하는 방법이 있다. <표 4-7>는 USDCNH와 USDJPY를 기초자산으로 하는 듀얼 디지털 옵션을 활용한 상품이다. 거래 당시보다 CNH는 강세(USDCNH는 하락)이고 동시에 JPY는 약세(USDJPY는 상승)이면 투자수익이 나오는 상품으로 <표 4-6>보다 투자수익률이 큰 폭으로 높아진 것을 볼 수 있다. 이 상품의 경우 거래 체결시에 CNH와 JPY가 비슷한 방향의 움직임으로 양의 상관관계를 가지고 있으면 실제 움직임과는 별개로 프라이싱에는 조건을 만족시킬 가능성이 아주 적을 것이라는 정보가 반영되기 때문에 <표 4-7>에 포함된 듀얼 디지털 옵션의 프리미엄이 낮아지고 고객의 수익률 구조는 더 유리해 진다. 반면에 거래 체결시에 CNH와 JPY가 반대방향 움직임으로 음의 상관관계를 가진다면 실제 움직임과는 별개로 프라이싱에는 반대방향으로 설정된 듀얼 디지털 옵션의 조건을 만족시킬 가능성이 크다는 정보가 반영되어 듀얼 디지털 옵션 프리미엄은 높아지고 수익구조는 상대적으로 불리해진다.

〈표 4-7〉 dual digital 옵션을 활용한 외환연계 구조화상품

상품구조 예시	
만기 / 상환빈도	1년 / 만기상환
기초자산	USDCNH (역외위안화환율) fixing rate, USDJPY fixing rate
투자수익률	① 만기평가일에 USDCNH fixing rate이 최초기준평가환율의 100% 이하이고 USDJPY fixing rate이 최초기준평가환율의 100% 이상인 경우: 9.5%의 수익 ② ①을 만족시키지 못하는 경우: 0%

2. 더블노터치 옵션을 활용한 상품

특정환율이 방향성 없이 일정한 범위 내에서 움직일 것이고 변동성이 크지 않을 것이라고 예상하는 투자자는 double-no-touch(DNT) 옵션을 활용한 상품을 고려할 수 있다. DNT 옵션 하나를 결합한 형태로도 거래할 수 있겠지만 <그림 4-9>와 같이 DNT 옵션 두 개가 결합되어 두 번의 기회가 주어지는 구조에 대한 수요가 더 많다. 투자수익 구조가 웨딩케이크(wedding cake)와 비슷하게 생겼다고 해서 이를 wedding cake 예금이라고 부른다.

〈그림 4-9〉 wedding cake 예금

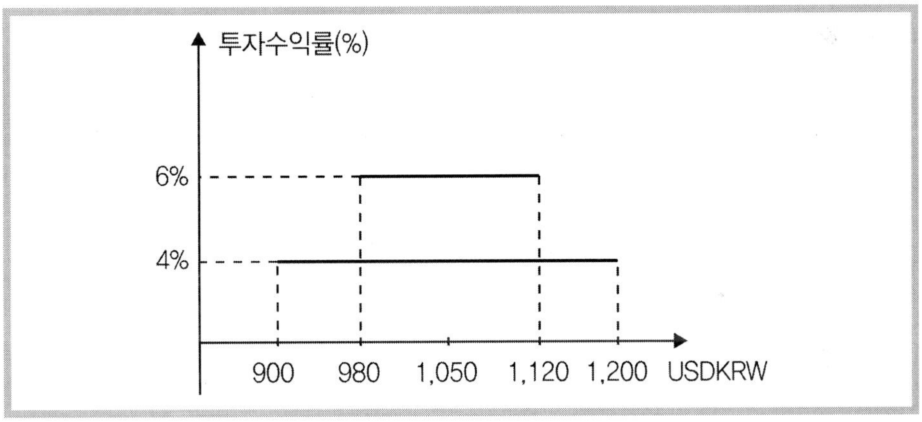

〈표 4-8〉 wedding cake 예금

상품구조 예시(USDKRW reference spot = 1,050)	
만기 / 상환빈도	1년 / 만기상환
기초자산	USDKRW
1^{st}레인지	[980, 1,120]
2^{nd}레인지	[900, 1,200]
투자수익률	① 거래일부터 만기일까지 (장중포함) 1^{st}레인지 내에서만 거래되는 경우: 투자원금과 6%의 수익 ② ①을 만족시키지 못하지만 거래일부터 만기일까지 (장중포함) 2^{nd}레인지 내에서만 거래되는 경우: 4%의 수익 ③ ①, ②를 만족시키지 못하는 경우: 0%

<그림 4-9>와 <표 4-8>는 USDKRW이 일정한 범위 내에서 움직일 것이라고 예상한 고객이 고려할 수 있는 상품 예시이다. [980, 1,120] 레인지 내에서 거래되면 6%의 투자수익률이 주어진다. 이 레인지에서 벗어나서 거래되었다고 하더라도 한번의 기회가 더 주어지는데 첫 번째 레인지보다 넓은 두 번째 레인지 [900, 1,200] 내에서 거래되면 4%의 투자수익률이 주어진다. 두 번째 레인지를 벗어나면 만기에 원금만을 상환하는 상품이다. 이는 [980, 1,120] 레인지 내에서 거래되면 투자원금의 2%를 주는 DNT 옵션과 그보다 넓은 [900, 1,200] 레인지 내에서 거래되면 투자원금의 4%를 주는 DNT 옵션을 결합한 상품이다. 거래일부터 만기일까지 기초자산의 변동성이 높지 않을 것이라고 예상했을 때 고려할 수 있는 상품이지만 실제 거래일부터 만기일까지의 USDKRW의 움직임과는 별개로 거래 체결시에 변동성이 높으면 고객의 투자수익률을 높게 줄 수 있다. 이는 변동성이 높은 시기에 상품 구성을 위해 매수해야 하는 DNT 옵션들의 프리미엄이 낮기 때문이다.

제5장 신용연계 구조화상품

신용파생상품이란 대출 및 채권 등의 준거자산(reference asset)에 내재된 신용위험의 일부 혹은 전부를 기초자산과 분리하여 거래당사자 간에 이전하는 거래하는 금융상품이다. 신용사건(credit event) 발생시 손실금액을 보전해주는 대가로 프리미엄을 받는 사람을 보장매도자(protection seller)라고 하고 준거자산에 대한 보장을 받고 프리미엄을 지급하는 사람을 보장매입자(protection buyer)라고 한다. 즉, 보장매도자는 신용위험의 인수자(long credit risk)가 되고 보장매수자는 신용위험의 매도자(short credit risk)가 되는 것이다. 준거채무(reference obligation)는 신용사건 발행의 대상이 되는 채무로 주로 기업이나 국가가 발행한 채권이다. 준거기업에 신용사건이 발생했다는 것은 채권을 발행한 기업이나 국가인 준거기업(reference entity)이 채무를 지급할 수 없는 상태에 있다는 것이다. 신용사건의 대표적인 유형에는 파산(bankruptcy), 지급실패(failure to pay), 채무재조정(restructuring)이 있다.

신용파생상품은 신용위험만을 분리하여 거래하는 것이므로 신용위험을 가지고 있는 금융회사에게는 위험관리 수단이 될 수 있다. 또한 신용사건이 발생하지 않을 확률에 베팅할 의향이 있는 투자자에게는 레버리지 등의 기법과 맞춤형 설계를 통해서 고수익을 얻을 수 있는 투자수단이 된다.

신용파생상품은 종류가 다양하지만 <표 5-1>에 정리되어 있듯이 크게 자금조달 수반여부에 따라 구분할 수 있고 또한 단일 준거기업을 가지는지 복수의 준거기업을 가지는지에 따라서도 구분할 수 있다. 자금조달을 수반하는 형태의 거래는 거래초기에 투자원금이 교환되기 때문에 회사채에 투자한 것과 유사하다. 신용연계 구조화상품을 다루기 전에 먼저 기본적인 신용파생상품인 신용부도스왑(CDS)와 총수익스왑(TRS) 등을 다루려고 한다.

〈표 5-1〉 신용파생상품의 구분

	단일 준거기업	복수 준거기업
자금조달을 수반하지 않는 형태	single name CDS, TRS	basket CDS(N^{th}-to-default swap), CDS Index
자금조달을 수반하는 형태	single name CLN	basket CLN, synthetic CDO

〈표 5-2〉 신용파생상품의 주요 용어 정리

용어	설명
준거기업 (reference entity)	신용파생상품의 기초자산인 신용리스크를 가지고 있는 해당 기업 또는 국가. 준거자산(reference asset)이라고 부르기도 함
준거채무 (reference obligation)	준거기업(reference entity)의 신용사건 발행 대상채무로 구체적인 채권명이 계약에 포함됨
보장매입자 (protection buyer)	신용사건 발생시에 보장매도자로부터 약정된 금액을 받을 권리를 가지는 당사자로 신용위험 매도자(short credit risk)
보장매도자 (protection seller)	신용사건 발생시에 보장매입자에 대해 약정된 금액을 지불할 권리를 가지는 당사자로 신용위험 인수자(long credit risk)
현금결제 (cash settlement)	만기 이전 준거자산에 신용사건이 발생하여 거래 당사자들이 신용파생상품을 조기에 청산하게 되는 경우, 보장매도자가 보장매입자에게 명목금액에서 준거채무의 시장가치(회수가치)를 제외한 순손실 부분을 지급해주는 방식임

용어	설명
현물결제 (physical settlement)	만기 이전 준거자산에 신용사건이 발생하여 거래 당사자들이 신용파생상품을 조기에 청산하게 되는 경우, 보장매도자가 보장매입자로부터 인도가능채무를 직접 실물로 받고 보장매입자에게 명목금액에 해당하는 금액을 지급하는 방식
인도가능채무 (deliverable obligation)	신용사건 발생시 양도가능한 자산으로 현물결제시에는 보장매도자에게 인도되는 자산이고 현금결제시에는 보장매입자의 순손실 계산을 위한 가치산정이 되는 자산

제1절 신용부도스왑

1. 신용부도스왑이란?

신용부도스왑(credit default swap, CDS)이란 대상 준거기업(reference entity)에 대해서 신용보장 매입자(protection buyer)가 원금의 교환없이 정기적으로 미리 약정된 프리미엄을 주기적으로 지급하고 신용사건(credit event)이 발행하면 신용보장 매도자(protection seller)가 약정에 따라 신용손실분을 보전해주는 거래이다. CDS의 현금흐름은 <그림 5-1>을 참고할 수 있다. 보장매수자의 프리미엄 지급은 신용사건이 발생하면 중단되고 준거기업에 대한 손실이 감안되어 정산이 이루어진다. 현물결제(physical settlement)인 경우 보장매도자가 보장매입자로부터 인도가능채무를 직접 실물로 받고 보장매입자에게 명목금액에 해당하는 금액을 지급하게 된다. 반면에 현금결제(cash settlement)인 경우는 보장매도자가 보장매입자에게 명목금액에서 준거채무의 시장가치를 제외한 순손실 부분을 지급해주게 된다. 신용파생상품 시장의 성장으로 CDS 총 거래금액이 인도가능채무로 사용되는 채권의 발행액을 넘어서게 되면서 현물결제보다 현금결제방식을 택하는 경우가 많아졌다. 어떠한 결제방식을 선택하든지 보장매입자는 준거자산의 원래 가치를 회복하게 된다.

〈그림 5-1〉 CDS 거래 구조

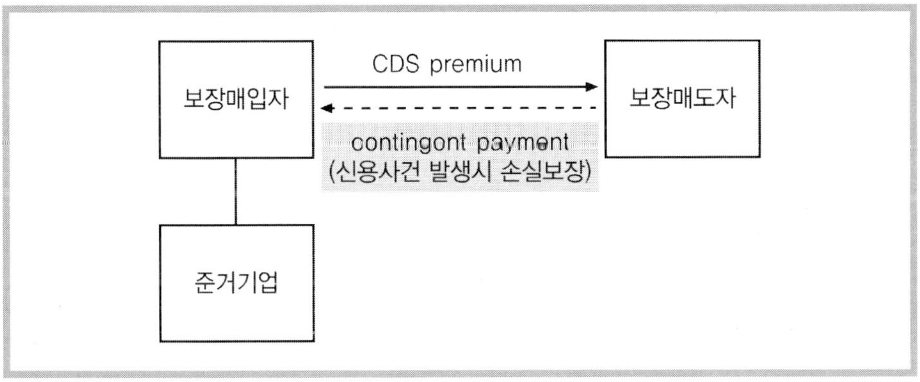

CDS의 활용 예시는 다음과 같다. 기관투자자가 기업이 발행한 채권을 보유하고 있다고 하자. 기관투자자는 채권을 발행한 해당 기업에 대한 신용리스크를 헤지하기 위해서 은행과 CDS거래를 할 수 있다. 기관투자자는 만기일까지 채권의 명목금액에 대해 미리 약정된 CDS premium을 지급하고, 기업의 채무불이행이 일어나는 경우 CDS premium 지급을 멈추고 CDS 거래상대방인 은행으로부터 순손실 부분을 보장받게 된다. 다른 CDS 활용 예시로 금융기관이 대출을 통해 여신을 일으킬 때 대출자에 대한 신용위험이 생기는 경우와 고객을 상대로 파생거래를 했을 때 거래상대방에 대한 신용위험이 생기는 경우를 생각해 볼 수 있다. 담보나 지급보증 등을 통해 신용위험을 줄이기도 하지만 이러한 신용경감 수단이 충분하지 못하여 남아있는 신용위험은 CDS 거래를 통해 매도함으로써 줄일 수 있다. 상업은행(commercial bank)의 경우 다른 금융기관에 비해 대출 등의 여신자산의 비율이 크므로 CDS의 적극적인 활용을 통해 신용위험을 헤지를 할 수 있다. CDS는 거래일부터 만기일까지 보장되는 지급보증과는 달리 시장에서 거래가 가능하기 때문에 시장에서 한 기관에서 다른 기관으로 쉽게 신용위험이 이전될 수 있다. 물론 준거기업의 종류에 따라 CDS의 유동성의 차이는 있다.

CDS에서 보장매도자는 기업(또는 국가)의 신용 위험을 가지게 되지만 일정기간마다 수수료나 쿠폰의 형식으로 높은 수익을 얻을 수 있다는 점에 있어서 회사채에 투자한 것과 유사하다. 하지만 CDS의 거래의 경우는 채권 투자와는 달리 거래초기에 투자원금(명목금액)의 교환이 없다는 점에서 차이가 있다. 자금조달을 수반하지 않는 거래의 특징으로 인해 보장매입자는 준거기업에 대한 신용위험은 보장매도자에게 넘기지만 보장매도자가 신용위험을 보전해주지 않을 가능성 때문에 보장매도자에 대한 거래상대방 리스크가 생기게 된다. 이러한 리스크를 줄여보고자 CDS거래에서 보장매도자의 신용도는 준거기업의 신용도보다 높은 것이 일반적이다. 보장매도자에 대한 신용위험은 일반 파생거래에서와 마찬가지로 CSA(credit support annex, ISDA 계약의 부속 담보계약)를 통해 줄일 수 있다.

CDS 프리미엄을 결정하는 요인은 준거기업의 신용사건 발생가능성, 위험보장기간, 준거자산 회수율, 보장매도자의 신용등급 등이다. 시장참여자들이 준거기업의 신용사건 발생가능성이 높다고 판단할수록 프리미엄은 높게 형성된다. 위험보장기간이 길어질수록 프리미엄이 높아진다. 준거자산의 회수율은 신용사건 발생시 보장수준에 영향을 끼치므로 준거자산의 회수율이 낮을수록 프리미엄은 높아진다. 마지막으로 보장매도자의 신용등급이 높을수록 프리미엄은 높아진다.

2. single name CDS와 basket CDS

하나의 준거기업을 가지는 CDS는 single name CDS라고 하고 2개 이상의 준거기업을 가지는 CDS는 basket CDS라고 부른다. 보통 5개 정도의 준거자산으로 basket을 구성하며 자주 거래되는 형태로 N^{th}-to-default swap이 있다. N^{th}-to-default swap에서는 (N-1)번째 신용사건까지는 영향이 없지만 N번째 신용사건이 일어나면 보장매도자가 보장매입자에게 미리 약정된 보장금액을 지불하고 거래가 종료된다. <그림 5-2>는 first-to-default(FTD) swap의 상품구조이다. basket에 포함된 준거자산 중 어느 하나라도 부도가 나면 미리 약정된 보장금액이 정산되고 거래가 종료된다.

〈그림 5-2〉 first-to-default swap 거래 구조

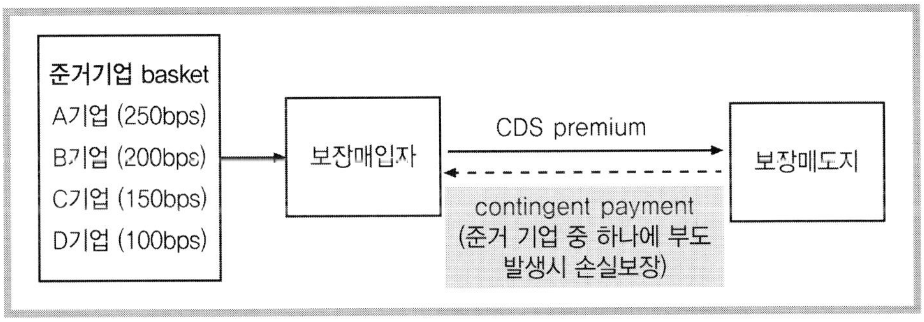

따라서 보장매도자는 첫 번째로 발생하는 준거기업의 신용사건에만 노출되며 다른 준거자산의 위험에는 노출되지 않는다고 생각할 수 있지만 첫 번째 발생하는 신용사건에 대한 정보가 사전에 없다는 점에서 보장매도자는 single name CDS와는 달리 basket에 포함된 여러 준거기업의 신용위험에 노출된다. 이에 대한 보상으로 basket에 포함된 개별 준거기업의 CDS 프리미엄보다 높은 프리미엄을 받게 된다. 보장매도자인 투자자의 입장에서는 수익률을 높이기 위해서 basket CDS를 선택하는 경우가 많다. 이때 여러 준거기업의 신용위험에 노출되는 것이므로 basket CDS는 비교적 우량한 준거기업을 대상으로 하는 것이 바람직하다. 반면 보장매수자는 각각의 준거기업에 대해 CDS 거래를 할 때의 비용보다 훨씬 적은 비용으로 신용위험에 대비할 수 있다. 각각의 준거기업에 대해 CDS 거래를 할 때와 같이 완벽하게 신용위험을 헤지하는 것은 아니지만 보장을 받고자 하는 기업들이 모두 파산하는 것이 아니고 일부만 파산할 것이라고 본다면 보장매수자는 N^{th}-to-default swap의 형태의 basket CDS를 택할 것이다.

basket CDS 프리미엄이 높은 정도는 basket에 포함된 개별 준거기업 간의 상관관계와 연관이 있다. 상관관계가 낮은 경우를 생각해보면 basket에 포함된 준거기업 중 하나가 부도가 날 가능성이 커진다고 볼 수 있고 동시에 그 기업이 어떤 기업인지에 대한 정보는 없으므로 FTD swap의 보장매도자는 basket에 포함된 모든 준거기업의 부도위험을 감수해야 한다. 따라서 FTD swap의 CDS 프리미엄은 single name CDS 프리미엄의 합에 가깝게 형

성된다. 반대로 준거기업간의 상관관계가 높아서 1에 가깝다면 한 준거기업이 부도나면 다른 기업들도 동시에 부도난다고 볼 수 있고 FTD swap의 CDS 프리미엄은 single name CDS 프리미엄 중 가장 높은 250bps에 가까울 것이다.

3. CDS index

CDS index는 CDS 가격들의 basket으로 CDS 전체시장 가격과 거래 물량을 반영하고 있어 유용한 시장지표가 되는 동시에 주식인덱스와 비슷하게 이 자체가 파생상품의 기초자산이 되고 있다. 대표적인 인덱스로 iTraxx가 있는데 이는 유럽, 아시아 기업들의 CDS 가격을 바탕으로 만들어졌다. 이 밖에도 많은 인덱스가 탄생하였는데 이들을 이용하여 특정 지역 또는 특정 그룹의 신용위험에 대한 매수 또는 매도 포지션을 가질 수 있게 되었다. 이와 같이 CDS index는 신용위험 관리와 거래에 유용한 수단이 되고 있다.

제2절 총수익스왑

총수익스왑(total return swap, TRS)의 TRS payer(보장매입자)는 준거자산에서 발생하는 원리금 및 시장가치 증가분 등 준거자산에서 발행하는 모든 수익을 TRS receiver(보장매도자)에게 지급한다. 반면에 TRS receiver(보장매도자)는 이에 대한 수수료로 TRS payer(보장매입자)에게 고정 또는 변동 금리에 스프레드를 더하여 지급한다. 여기서 준거자산은 채권이나 채권의 포트폴리오, 또는 인덱스이다. 이러한 현금흐름은 <그림 5-3>과 같다. TRS receiver는 준거자산을 보유하지 않아 높은 자본조달비용을 들이지 않고도 준거자산을 보유한 것과 같은 경제적 효과를 얻게 되며, TRS payer는 신용위험 뿐만 아니라 시장위험도 이전하면서 높은 수익을 얻을 수 있게 된다. TRS와 CDS의 차이점은 <표 5-3>에 정리되어 있다. TRS 만기일에 준거자산의 시장가치가 미리 정해놓았던 준거자산의 시장가치보다 상승하면 이를 준거자산에서 발행하는 추가적인 현금흐름으로 인정하여 TRS payer가 TRS receiver에게 지급해야 한다. 반대의 경우는 TRS receiver가 TRS payer에게 시장가치 하락분만큼을 보전해야 한다. 준거자산의 신용사건이 발생하면 TRS receiver는 채권의 가치 차이만큼을 TRS payer에 지불해야 한다. CDS는 신용리스크만을 거래하는데 TRS의 경우는 신용리스크 뿐만 아니라 신용도 하락, 금리 또는 환율의 변동에 따른 시장리스크까지 거래한다는 차이점이 있다.

〈그림 5-3〉 TRS 거래 구조

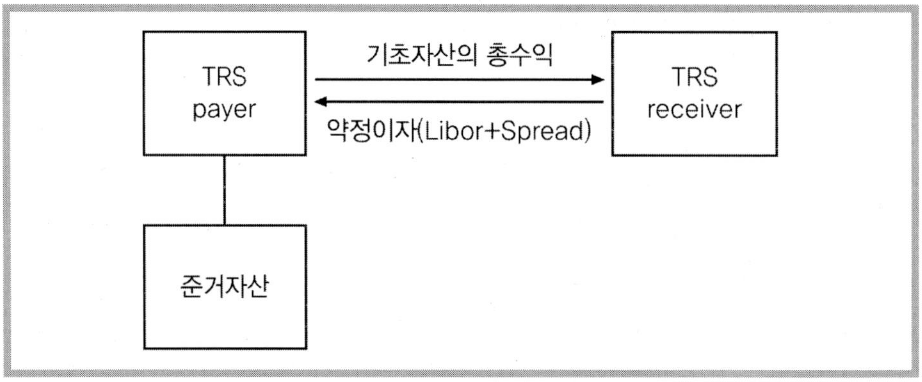

〈표 5-3〉 TRS와 CDS 비교

	TRS	CDS
자금조달 수반여부	자금조달을 수반하지 않음 (unfunded)	자금조달을 수반하지 않음 (unfunded)
보장하는 위험 범위	신용위험, 시장위험	신용위험
프리미엄 지급	TRS receiver(보장매도자)	보장매입자
준거자산의 시장가치 변화분의 귀속	TRS receiver(보장매도자)	보장매입자

제3절 부채담보부증권

1. cash CDO

부채담보부증권(collateralized debt obligation, CDO)은 복수의 준거자산들을 포트폴리오로 모으고 이를 바탕으로 발행하는 유동화증권이다. 다양한 위험성향을 가진 투자자들을 유인하기 위해서 계층화(tranching) 기법을 활용한다. tranching은 최후순위(equity)부터 선순위채권(senior)까지 나누어서 발행함으로써 기초자산의 부도에 따른 손실을 equity부터 순차적으로 흡수하도록 계층화하는 것이다. 즉, 상위등급 채권은 그보다 하위등급 채권이 손실을 흡수할 수 있는 동안 버틸 수 있는 신용보강 수단을 가지게 된다. 이는 <그림 5-4>에 정리되어 있다. 이러한 방식을 이용하면 상위등급의 안정성을 확보할 수 있고 하위등급은 위험이 큰 반면에 이에 대한 보상으로 하위등급 투자자들의 수익률을 높일 수 있다. 발행자는 투자자의 니즈에 맞는 상품의 설계가 가능하고 투자자는 자신의 니즈에 맞는 상품을 고를 수 있다. 현물채권이나 ABS 채권들을 준거자산으로 하는 것을 cash CDO라고 한다. 이와 달리 준거자산의 CDS들만으로 포트폴리오로 구성한 합성(synthetic) CDO가 있는데 이는 뒤에서 살펴보겠다.

<그림 5-5>는 cash CDO의 발행 구조를 요약한 것이다. 우선 준거자산들을 보유하고 있으며 cash CDO를 발행하고자 하는 금융기관은 특수목적기구(special purpose vehicle, SPV)를 설립한다. 이를 설립하는 목적은 발행기관의 신용도와는 독립적으로 자산의 특성과 현금흐름 및 신용보강 절차에 따라 높은 신용도를 가지는 증권의 발행이 가능하기 때문이다. SPV는 보장매도자인 CDO 투자자로부터 투자원금을 받아 담보자산을 매수하고 담보자산과 준거자산들의 포트폴리오에서 발생하는 수익으로 CDO 투자자들에게 해당

하는 투자수익률을 지급한다. CDO투자자의 리스크는 전형적인 자산유동화증권에서와 마찬가지로 준거자산들의 회수성, 즉 신용사건 여부이다.

〈그림 5-4〉 신용사건 발생시 손실부담 순서

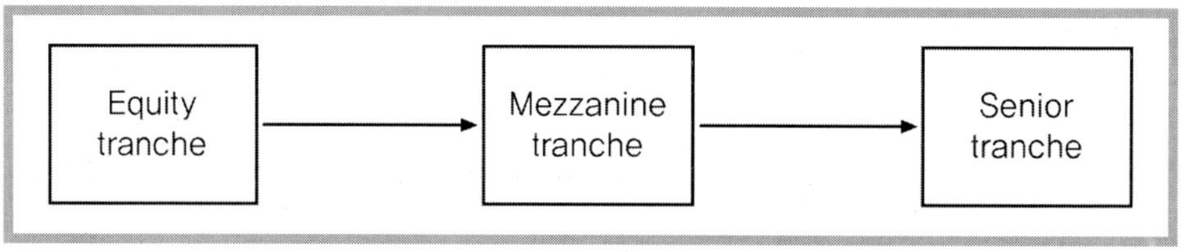

〈그림 5-5〉 cash CDO의 거래 구조

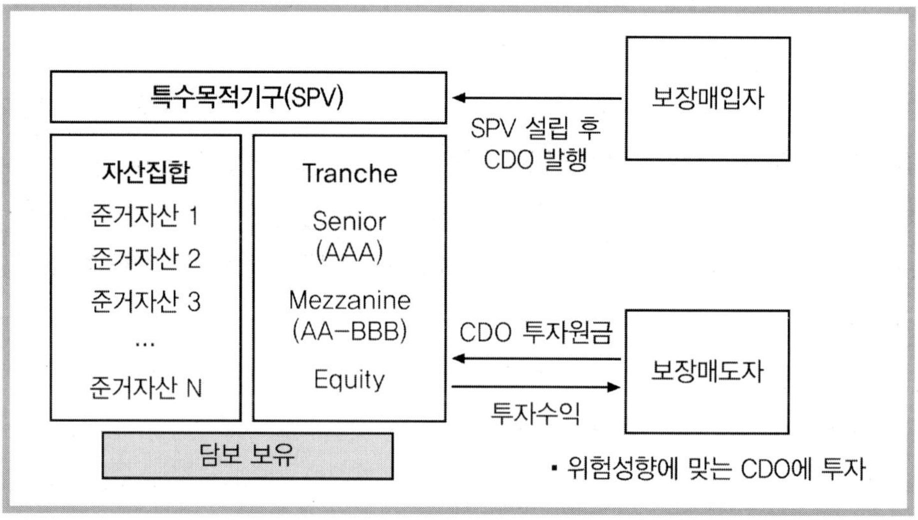

2. 합성(synthetic) CDO

synthetic CDO는 준거자산을 보유한 금융기관이 자산을 SPV에 양도하는 것이 아니고 CDS를 이용하여 준거자산의 신용리스크만을 분리해 SPV에 이전하는 구조를 가진다.

<그림 5-6>은 synthetic CDO의 발행 구조를 요약한 것이다. 우선 synthetic CDO를 발행하고자 하는 금융기관은 특수목적기구(special purpose vehicle, SPV)를 설립한다. SPV는 준거자산들을 양도받지 않고 CDS 보장매도 거래를 일으켜 CDS premium을 수취한다. 동시에 CDO 투자자로부터 투자원금을 받아 담보자산을 매수하고 담보자산에서의 수익과 CDS premium을 CDO 투자자들에게 해당하는 투자수익률을 지급한다. 준거자산을 보유한 기관에 실제로 현금 유입이 없지만 cash CDO와 마찬가지로 준거자산의 신용리스크가 투자자에게 이전되는 효과가 있다. SPV의 자산을 구성하는 CDS는 고정되어 있기도 하고 자산운용사에 의해 운용/관리되는 경우 교체되기도 한다.

〈그림 5-6〉 synthetic CDO의 거래 구조

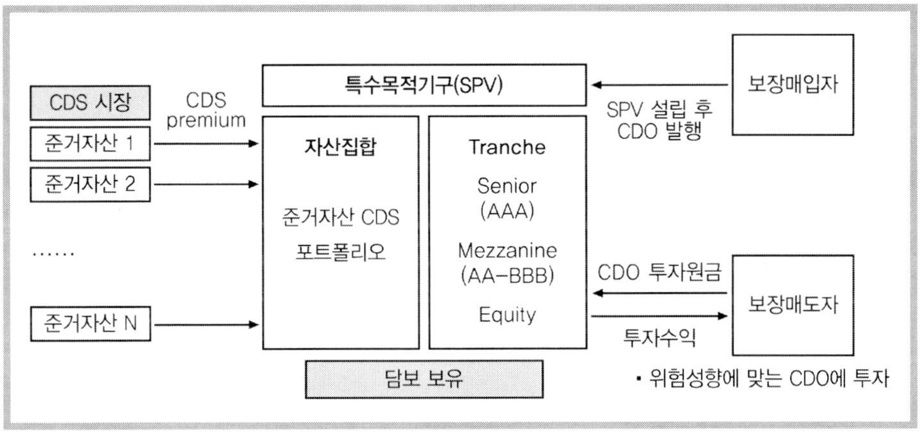

CDS 등의 신용파생상품은 실제로 보장매입자들이 자신들의 재무제표상의 신용 위험을 경감하고자 할 때 활용되는 것이 대부분이었다. 하지만 합성 CDO의 경우 보장매입자인 투자은행의 목적은 다르다. 실제로 합성 CDO에 포함된 준거기업에 신용위험이 있다기 보다는 합성 CDO를 발행하기 위해 CDS 거래를 했다. 이들은 CDO 상품에 투자하기도 함으로써 보장매도와 보장매입을 동시에 했다. 신용파생상품은 헤지 수단이 아닌 투자 수단으로써 규모가 빠른 속도로 성장하게 되었고 실제 여신시장의 규모보다 CDS 시장의 규모가 커지는 레버리지 현상이 증폭되었다. 금융위기 시에도 보았지만 이렇게 시장에 형성된 레버리지는 신용경색시에 급속하게 유동성이 고갈되고 금융기관들의 엄청난 손실로 이어지는데 일조하게 된다.

제4절 신용연계 구조화채권

신용연계 구조화채권(credit linked note, CLN)은 앞에서 보았던 구조화채권/증권과 비슷한 형태를 가지고 있지만 CDS를 기반으로 한다. 높은 수익률을 얻기 위해서 특정한 신용리스크에 기꺼이 노출될 의향이 있는 투자자들에게 금융기관이 제안할 수 있는 상품이다. 신용사건이 발생하면 투자자는 준거자산의 손실을 부담하게 된다. 투자자는 CDS를 통해서도 신용리스크에 배팅하여 투자수익을 낼 수 있고 금융기관은 신용리스크를 이전할 수 있지만, 이 경우 보장매수자인 금융기관이 보장매도자인 투자자에 대한 거래상대방 리스크를 가지고 가게 되기 때문에 금융기관은 거래시점에 자금조달이 수반되는(funded) 형태로 CLN 발행을 하는 경우가 있다. 투자자의 경우는 회사채를 매입하는 것보다 수익률을 높일 수 있어 투자유인이 있다.

<그림 5-7>는 CLN의 발행구조를 설명하고 있다. CLN의 발행자는 준거기업에 대한 신용리스크를 투자자에게 이전하는 효과가 있으므로 보장매수자인 셈이고 CLN의 투자자는 보장매도자인 셈이다. 쉽게 말하면 투자자는 투자원금과 동일한 액면의 일반채권을 매입하고 CDS 계약에서 보장을 매도한 셈이다. 통상 국내증권사는 CLN을 발행할 때 실제 준거자산에 대한 신용위험이 있어 이를 이전하는 목적의 CLN 거래를 하는 경우보다 외국계 투자은행과 CDS 거래를 통해 CLN을 구성하는 back-to-back 형식인 경우가 많다. 기억해야 할 것은 CLN의 투자자는 준거기업에 대한 신용리스크 뿐만 아니라 투자된 자금으로 인해서 CLN 발행자에 대한 신용리스크에도 노출된다는 점이다. CLN을 발행하는 금융기관은 직접 발행하는 경우도 있지만 앞에서도 등장했던 특수목적회사(special purpose vehicle, SPV)를 설립하여 발행하기도 하는데 이 경우 CLN 발행자의 신용사건 발생이 있더라도 미래의 현금흐름이 법적으로 CLN 투자자에게 귀속되어 원리금 및 투자수익이 보존된다. SPV는 투자자가 제공한 투자자금으로 미국국채나 신용등급이 높은

금융기관의 채권을 매입하여 SPV의 담보로 만들고 동시에 CLN 발행자와의 CDS 거래를 통해 준거기업의 신용리스크를 넘겨받는다. 즉, SPV에서 발행된 CLN에 투자한 투자자는 준거기업의 손실을 부담하지만 CLN 발행자의 신용사건 발생시에는 SPV의 담보채권을 통해서 원리금을 보존받게 된다.

〈그림 5-7〉 신용연계 구조화채권(CLN) 거래 구조

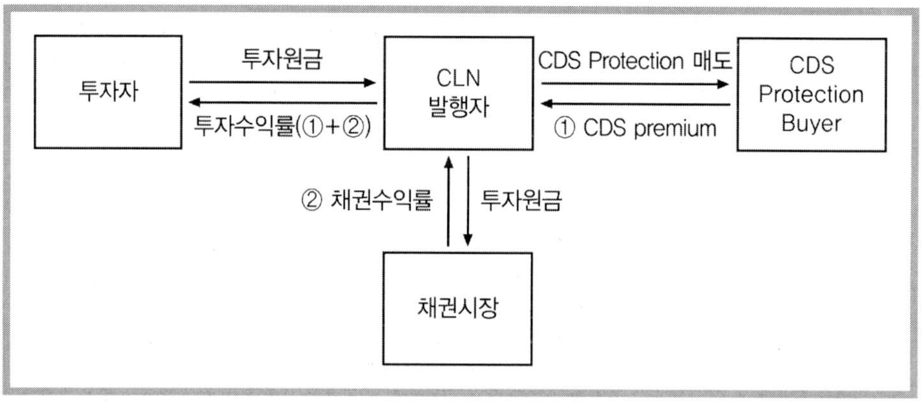

<표 5-4>은 국내증권사들이 최근 일반투자자를 대상으로 발행한 원화표시 신용연계 증권(DLS)의 예시이다. 신용연계 구조화채권의 투자자는 신용사건이 발생하지 않는 한 일반채권의 수익률과 CDS 프리미엄이 결합된 높은 수익률과 투자원금을 받을 수 있다. 대신 신용사건이 발생하는 경우에는 이자는 물론이고 투자원금까지 잃을 수 있다. 준거기업의 신용사건이 발생한 경우 보장매수자에 부도채권의 손실금을 보전해주어야 하기 때문에 투자원금을 상환받지 못하고 준거 기업의 손실을 바탕으로 정산한 잔여 액수만큼을 상환받게 된다.

〈표 5-4〉 신용연계 구조화채권

상품구조 예시	
만기	6개월
기초자산	○○건설 신용사건(준거채무: ○○건설 발행 CP)
투자수익률과 상환	① [만기상환] 만기 전 ○○건설 신용사건이 발생하지 않는 경우: 투자원금과 연 3.7%의 수익 ② [조기상환] 만기 전 ○○건설 신용사건이 발생한 경우: 약정산식에 따른 중도상환금액을 현금지급 * 최대 투자원금 전액 손실 가능
신용사건 발생이유	파산, 채무불이행, 채무재조정 등

<표 5-4>는 준거기업이 하나인 single name CLN인데 보다 높은 수익률을 추구하는 투자자는 복수의 준거기업의 신용위험에 베팅하는 basket CLN을 거래할 수 있다. 앞에서 <그림 5-2>에서 설명되었던 N^{th}-to-default swap을 이용한 N^{th}-to-default CLN이 대표적인 예시이다. 구체적인 예로 국내에서 거래되는 상품으로 신한은행, 산업은행, 한국도로공사, SK텔레콤, KT, POSCO, GS 칼텍스를 준거기업 basket에 포함하고 만기 3년인 second-to-default CLN이 있다. 이 상품에서는 두 번째 신용사건이 발생하지 않으면 연 6.0% 투자수익률이 발생한다.

〈참고. 신용연계상품과 글로벌 금융위기〉

서브프라임모기지론이라는 말은 금융위기 전에는 많은 사람들에게 생소한 용어였다. 서브프라임모기지론은 신용등급이 낮은 저소득층에게 주택 자금을 빌려 주는 미국의 주택담보대출 상품으로, 우리말로는 '비우량주택담보대출'이라 한다. 미국의 주택 담보 대출은 '프라임, 알트-A, 서브프라임' 3등급으로 나뉘는데, 프라임은 신용이 높은 개인을, 알트-A는 신용이 중간 정도의 개인을 대상으로 한다. 서브프라임은 신용도가 일정 기준 이하인 저소득층을 대상으로 하는 상품이라 부실 위험이 커서 프라임이나 알트-A 등급보다 대출금리가 높다. 하지만 2000년대 초반 미국 부동산 가격급등과 미국의 부동산 시장 활성화 정책으로 경쟁적으로 주택담보 상품을 출시했고 이 중에는 처음에는 이자지급 없이 시작하다가 급격하게 상승하는 구조를 가진 것들도 있었다. 하지만 단순히 저신용자들에게 대출을 해준 것이 문제였다면 미국 자국내의 문제에 국한된 피해만 생겼을 것이다. 하지만 투자은행들은 구조화금융 기법을 이용하여 이러한 모기지 대출을 포함한 많은 대출을 모아 높은 신용등급을 가진 증권을 만들어 냈다. 이것이 CDO(collateralized debt obligation)이다. 높은 신용등급이 가능했던 것은 대출들 간의 약한 상관관계가 있다는 가정을 하면 부도 가능성이 사실상 없다고 판단할 수 있기 때문이다. 무디스, 피치 등의 신용평가사들은 과거의 데이터에 의존해 상관관계를 잘못 추정했고 이러한 채권들에 부도 가능성이 거의 없는 높은 신용등급을 매겼다. 그리고 이 증권들에 세계 많은 금융기관들이 투자했다. 2000년대 중반 집값이 하락함과 동시에 미국금리 인상으로 이자부담이 커진 저소득층은 대출원리금을 제대로 갚을 수 없게 되었다. 이로 인해 서브프라임 연체율이 급상승하고 많은 서브프라임모기지 대출자들이 부도를 선언하면서 부도위험이 없다고 간주되는 AAA급 CDO 트렌치마저 부도가 나고 CDO에 투자한 전 세계 금융기관을 중심으로 금융 위기의 소용돌이에 빠져들게 된 것이다.

〈참고. 국채 연계 스왑(KTB swap)〉

KTB swap은 2002년 하반기부터 일부 외국계은행 국내지점을 중심으로 활발히 이루어진 금리재정차익 목적의 거래로 표준 파생상품 거래에 신용부도스왑 조건이 부가된 거래를 총칭한다. 이 거래의 예시는 〈그림 5-8〉을 보며 설명하겠다. 우선 외국계은행에서 본점을 통해 저금리로 자금을 조달하여 국내은행과 통화스왑을 체결한 후에 원화로 원화 국고채를 매입한다. USDKRW CCS 원화금리가 저평가가 되고 KTB금리가 높으면 외국계은행의 차익거래 기회가 발생하고 KTB거래의 요인이 생긴다. 예를 들어 2007년 5월 이후 국채금리는 상승한 반면 글로벌 신용경색 및 원화약세로 CCS 원화금리는 급락하면서 KTB-CCS spread는 확대되었다.

KTB swap은 위의 CCS 거래와 KTB 매입 거래에 외국계은행의 국채관련 신용위험 이전 거래가 내재된 것으로 대한민국의 신용사건이나 USDKRW 교환 불능 등의 신용사건이 생길 경우 국내은행은 이를 보장(contingent payment)한다. 〈그림 5-8〉에 나와 있는 예시를 설명해보겠다. 예를 들어 KTB금리가 3.66%이고 CCS원화금리가 3.29%인 경우 외은지점이 신용위험이전을 CCS거래은행에 이전시키는 조건으로 3.51%를 지급하는 KTB swap이 체결되었다고 하자. 외국계은행의 이익은 3.66%와 3.51%의 차이인 15bps가 되고 국내은행은 외국계은행이 지급한 3.51%와 CCS 금리 3.29% 차이인 22bps의 이익을 취할 수 있다. 즉, KTB 금리와 CCS 원화금리의 차이가 국내은행과 외국계은행으로 나뉘어진 셈이다.

〈그림 5-8〉 KTB swap 거래 구조

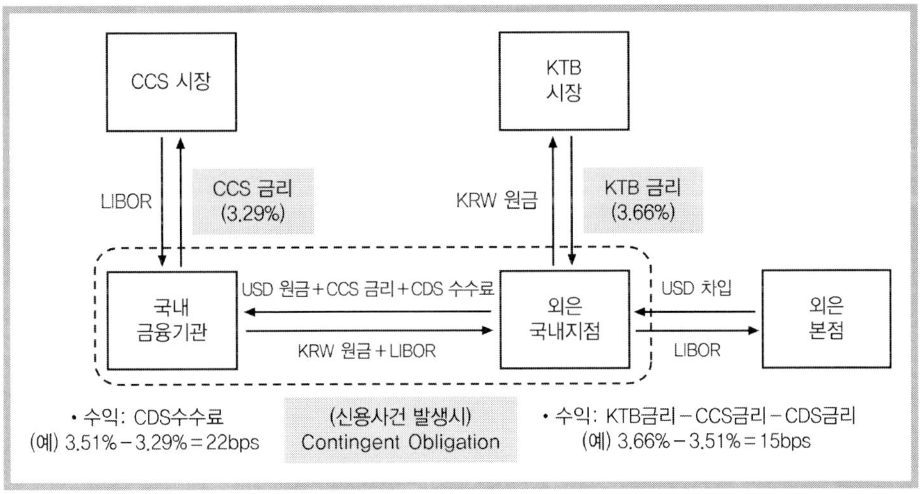

제6장 복합(hybrid) 구조화상품

복합금융상품은 시장에서 여러 의미로 쓰이고 있다. ELS와 같은 파생결합 증권 또는 채권을 의미하는 경우가 있다. 또는 은행, 증권, 보험, 카드 등 여러 금융권을 넘나들며 토탈 솔루션을 제공하는 패키지 상품을 복합금융상품이라고 부르기도 한다. 6장에서 설명하는 복합 구조화상품은 국제 금융시장에서 hybrid structured product라고 불리며 다른 종류의 자산군에서 선정된 여러 자산들을 기초자산으로 포함하는 multi-asset구조화상품을 의미한다.

투자자의 입장에서 우선 여러 자산에 투자함으로써 위험분산 효과가 있다. 또한 같은 종류의 자산군에서 여러 기초자산을 선정할 때보다 투자수익구조를 개선하는 효과가 큰 경우가 있기 때문에 꾸준하게 투자의 요인이 있다. 하지만 프라이싱, 헤지, 리스크관리 등의 측면에서 단일 자산 상품에 비해 복잡한 면이 많다. 따라서 발행자인 금융기관도 복합 구조화상품에 대한 수요가 있다고 무조건 거래를 할 것이 아니라 어떻게 관리해야 할 것인지에 대해 생각해보아야 할 것이다. 우선 국내에서 거래되고 있는 상품들을 살펴보겠다.

제 1 절 복합 구조화채권

다른 자산군에 속한 기초자산들을 상품 구성을 위해서 선택할 때 투자자들의 시장관이 반영될 수 있도록 선택하는 것이 우선일 것이다. 이를 뒷받침하는 리서치 등이 있으면 상품 설계 및 판매 단계가 수월해질 수 있다. 어떤 경우는 처음부터 여러 자산을 염두하고 구조를 설계하지 않고 단일 자산에서 시작해서 투자자의 목표수익률이 만족되지 못하면 추가할 수 있는 자산을 선정하는데 이 때 시장상황도 중요하지만 투자자에게 설명할 수 있고 투자자가 이해할 수 있는 기초자산으로 선정하는 것이 중요하다. 예를 들면 <표 6-1>의 예시는 국내투자자라면 친숙한 CD금리와 KOSPI200을 기초자산으로 하는 상품으로 CD금리와 KOSPI200이 주어진 해당 레인지 안에서 거래될 것이라고 예상하는 경우 고려할 수 있는 상품이다. 이 상품의 변형으로 CD금리는 주어진 해당 레인지에서 거래되고 KOSPI200은 상승세를 타서 주어진 배리어보다 높게 거래되는 날짜를 계산하는 상품도 있다. <표 6-1>의 상품에서 위험 요인이라고 볼 수 있는 상황은 고정금리 일반채권 금리가 상승하여 상대적인 투자수익률이 낮아지거나 CD금리의 변동성과 KOSPI200의 변동성이 커지는 경우이다. 실제적으로 급격한 상승이나 하락의 움직임과 동시에 변동성이 상승하는 경우에 거래일에 설정된 쿠폰레인지에서 벗어날 가능성이 커진다. 이렇게 두 자산이 포함된 상품은 쿠폰의 크기가 크거나 쿠폰레인지가 넓은 구조로 투자자에게 유리하지만 두 기초자산이 모두 조건을 만족시켜야 하므로 한 기초자산이라도 쿠폰레인지를 벗어나는 움직임을 보이면 투자자가 얻는 투자수익률이 낮아질 수 밖에 없다.

〈표 6-1〉 hybrid dual range accrual 구조화채권

상품구조 예시	
만기	5년
기초자산	KOSPI200지수, CD금리
쿠폰레인지	CD금리: [0%, 6%] KOSPI200: 최초기준가격 KOSPI200의 [80%, 120%]
투자수익률	연 5.5% x n/N의 수익률 (n = 전체 쿠폰계산 기간인 1년 동안 두 기초자산의 최종호가가 해당 쿠폰레인지 안에서 거래되는 일수, N = 쿠폰계산 기간의 총 일수)

〈표 6-2〉 range accrual CLN

상품구조 예시	
만기	5년
기초자산	[준거자산]의 신용사건, CD금리
쿠폰레인지	CD금리: [0%, 6%]
투자수익률과 상환	① 준거자산의 신용사건 이전까지: 매년 쿠폰지급일에 연 6.5% x n/N의 수익률 지급 ② [조기상환] 만기 전 준거자산의 신용사건이 일어나는 경우: 약정산식에 따른 중도상환금액을 현금지급 * 최대 투자원금 전액 손실 가능 ③ [만기상환] 만기일까지 준거자산의 신용사건이 일어나지 않는 경우: 마지막 쿠폰 지급하고 만기에 투자원금 상환 (n = 쿠폰계산 기간인 1년 동안 CD금리의 최종호가가 해당 쿠폰레인지 안에서 거래되는 일수, N = 쿠폰계산 기간의 총 일수)

최근에 거래비중이 크게 늘어난 것은 신용과 금리를 결합한 hybrid 채권이다. 앞에서 보았던 CD연계 레인지 어크루얼 채권과 CLN을 결합된 상품의 예시가 <표 6-2>에 있다. 채권 발행사의 신용리스크에 준거자산에 대한 신용리스크가 추가되었기 때문에 일반적인 CD연계 레인지 어크루얼 채권보다 수익구조가 유리하다. 준거자산에 신용사건이 발생하지 않는 한 CD연계 레인지 어크루얼 채권과 수익률 계산식은 동일하다. 신용 사건이 발생하

게 되면 중간에 거래가 멈춰지고 약정산식에 따른 중도상환금액을 현금 정산하는데 이 때 신용사건에 따라 투자원금의 100%까지도 손실이 날 수 있는 상품이다. 그 밖에도 앞에서 소개되었던 여러 주가지수가 포함된 step-down ELS에 금, crude oil 또는 commodity index 등을 추가하여 수익구조를 개선한 상품(DLS)도 hybrid 구조화상품에 속하며 개인투자자들이 투자하는 상품이다.

여기에서 소개된 상품들에서 볼 수 있듯이 투자자의 입장에서는 hybrid 채권 또는 증권은 단일 자산군에서 기초자산을 여러 개 선정하여 포함한 상품과 리스크 부분에서 크게 다를 바가 없고 오히려 시장관을 잘 표현해 줄 수 있는 상품들이 있기 때문에 투자자들의 꾸준한 수요가 있다.

제2절 복합 구조화상품 관련 이슈

복합(hybrid) 구조화상품은 투자자들에게는 충분히 매력적인 상품임에도 불구하고 프라이싱, 헤징, 리스크관리를 해야 하는 금융회사는 다른 자산군에 속하는 기초자산들이 포함되어 있는 상품에 대해서는 높은 차원의 이해가 필요하다. 여러 기초자산이 포함된 상품의 경우는 각 기초자산의 변동성뿐만 아니라 기초자산들 간의 상관관계가 가격에 미치는 영향이 크다. hybrid 구조화상품의 올바른 가격결정과 헤징을 위해서는 기초자산들 간의 상관관계 뿐만 아니라 채권발행사의 신용과 기초자산들과의 상관관계를 어떻게 추정(estimation)하여 상품을 프라이싱할 것인지, 상관관계에 대한 위험노출 조정을 어떻게 할 것인지 준비가 되어 있어야 할 것이다.

환율의 경우는 triangular relationship(예를 들어 AUDJPY = AUDUSD × USDJPY)을 활용하여 환율들 간의 상관관계를 다루기 상대적으로 쉬운 편이다. 주식, 신용 등의 기초자산들의 경우는 유동성이 많은 인덱스에서 옵션 시장의 변동성을 이용하여 거꾸로 추출해내는 등의 방법을 쓰고 있으나 여전히 상관관계의 정확한 추정과 헤지가 쉽지 않다. 다른 자산군에 속하는 기초자산들간의 상관관계에 대해서 얼마나 어려움이 따를지는 예상되는 바이다. 상관관계보다 훨씬 명확한 변동성의 경우도 위기상황에서는 헤지가 힘들 수 있다. 실제로 최근 금융위기에 변동성과 상관관계를 제대로 헤지하지 못해 큰 손실을 감당해야 했던 금융기관들이 있었다. 이에 구조화상품의 거래량이 많은 외국계 투자은행의 경우는 hybrid 구조화상품을 다루는 팀을 따로 두고 이에 대한 프라이싱과 헤징, 리스크관리에 총력을 다하고 있으며 거래량도 조절하고 있는 실정이다.

참고문헌

「Options, Futures, And Other Derivatives」 John Hull
「Derivative Securities」 Jarrow & Turnbull
「Demystifying exotic product」 Chia Chiang Tan
「Exotic Option Trading」 Frans De Weert
「금융선물,옵션거래」 강철준
「환리스크관리」 김운섭
「외환딜링」 김운섭
「실무자를 위한 파생상품과 금융공학」 정대용
「자본시장법과 외국환거래법의 비교 및 정합성 제고를 위한 과제」 자본시장연구원
「장외파생상품 시장동향」 금융투자협회
「파생상품 거래손실 사례분석」 황문연

■ 저자 김운섭 [제1편]
- 경북대학교 인문대학 영어영문학과 졸업
- 연세대학교 경영대학원 경제학과 졸업
- 뱅크오브아메리카 서울지점 자금부
- LG종합금융 국제금융팀
- 크레디리요네은행 서울지점 자금부
- 한국금융연수원 실무전문교수

■ 저서
- 『외환실무』, 공저, 형설(2000)
- 『외환딜링』, 한국금융연수원(2004)
- 『환리스크 관리』, 한국금융연수원(2005)

■ 저자 강철준 [제2편, 제3편]
- 연세대학교 경제학과 졸업
- 미 Texas Tech University 대학원 경제학과 졸업(Ph.D. in Economics)
- 前 한국금융연수원 교수
- (현) 제주국제대학교 금융기술학과 교수
- 미, DePaul University Research Fellow, 기획예산처 기금평가위원, 국무총리실 규제개혁위원회 심의위원, 한국금융선물협회 선물거래소 시스템도입 평가위원, 행정쇄신위원회 금융분과 전문위원, 동양선물(주) 부장, 대유증권(주) 국제부장, 한국은행 조사역 등 역임

■ 저서
- 『한국의 금융 외환위기와 IMF』, 공저, 경문사(1998)
- 『금융선물 옵션거래』, 경문사(1997)
- 『선물거래 실무』, 동양선물(주)(1992)

■ 저자 윤정연 [제4편]
- 고려대학교 통계학과 졸업
- University of North Carolina Chapel Hill 대학원 졸업(Ph.D. in Statistics)
- SAS Institute 미국본사 근무
- Deutsche Bank 싱가폴, 홍콩 근무
- San Diego State University, Department of Mathematics and Statistics, Visiting Scholar
- (현) 한국금융연수원 교수

■ 저서(또는 논문)
- Option Pricing과 Volatility Estimation 관련 학술논문
- 처음 만나는 통계와 데이터분석 : R과 Python 활용

파생금융상품의 이해

초판 발행	2009년 5월 14일
10판 1 쇄	2024년 12월 2일
저 자	김운섭, 강철준, 윤정연
발 행 인	이준수
발 행 처	한국금융연수원 출판미디어사업부 03053 서울특별시 종로구 삼청로 118
전 화	02)3700-1500
팩 스	02)3700-1530
홈 페 이 지	www.kbi.or.kr
등 록	1990년 4월 20일(제1-1040호)

〈정가 : 27,000원〉 ISBN 978-89-287-8226-0 13320

한국금융연수원 자격검정시험 안내

•「국가공인자격」은 자격기본법에서 정한 기준과 절차에 따라 국가가 공인한 자격으로 신용분석사, 여신심사역, 국제금융역, 자산관리사(FP), 신용위험분석사(CRA), 외환전문역 I종, 외환전문역 II종 등 7개의 자격이 있습니다.

•「자체인증자격」은 우리 원이 인정, 수여하는 자격으로 공개시험형 자체자격인 프라이빗 뱅커(CPB), 은행텔러, 영업점 컴플라이언스 오피서(은행)(보험)(증권), KBI 금융DT 테스트, 자금세탁방지 업무능력 검정시험 등 7개 자격이 있습니다.

구분	자 격 명 (공인/등록번호)	응시료	자격소개
국가공인자격	신용분석사 (제2019-1호) (2008-0438)	전과목 : 66,000원 1부 : 28,000원 2부 : 39,000원	금융회사의 여신관련 부서에서 기업에 대한 회계 및 비회계자료 분석을 통하여 종합적인 신용상황을 판단하고 신용등급을 결정하는 등 기업신용 평가업무를 담당하는 금융전문가
	여신심사역 (제2019-2호) (2008-0439)	전과목 : 66,000원 1부 : 28,000원 2부 : 39,000원	금융회사의 여신심사 담당자로서 경제상황과 기업의 재무, 비재무상태 등을 분석, 파악하여 적정한 대출심사 의견서 작성, 대출이율 및 대출기간 결정 등 대출실행 여부를 판단하고 자금의 효율적 운용, 대손 방지를 위한 제반조치, 여신의 법률적 검토, 사후관리업무 등 여신업무와 관련한 종합적인 업무를 수행하는 금융전문가
	국제금융역 (제2021-1호) (2008-0440)	전과목 : 66,000원 1부 : 33,000원 2부 : 33,000원	금융회사의 국제금융 관련 부서에서 국제금융시장의 동향파악, 분석 및 예측 등을 통하여 외화자금의 효율적 조달과 운용업무를 담당하고 이에 따른 리스크관리 등 국제금융 관련 업무를 수행하는 금융전문가
	신용위험분석사(CRA) (제2023-2호) (2008-0442)	1차 : 77,000원 2차 : 88,000원	금융회사 및 기업신용평가기관 등에서 개인과 기업에 대한 신용상태를 조사평가하고 신용위험을 측정 · 관리하는 여신전문가
	자산관리사(FP) (제2020-1호) (2008-0441)	전과목 : 55,000원 1부 : 28,000원 2부 : 28,000원	금융회사 영업부서의 PB(Private Banking) 팀에서 고객의 수입과 지출, 자산 및 부채현황, 가족상황 등 고객에 대한 각종 자료를 수집, 분석하여 고객이 원하는 Life Plan 상의 재무목표를 달성할 수 있도록 종합적인 자산설계에 대한 상담과 실행을 지원하는 금융전문가
	외환전문역 I종 (제2020-1호) (2008-0436)	전과목 : 55,000원	금융회사의 외환업무 중 외국환 거래 법규 및 외환거래실무를 이해하고 고객의 외화 자산에 노출되는 각종 외환 리스크를 최소화시키는 등 주로 개인 외환과 관련된 직무를 담당
	외환전문역II종 (제2020-1호) (2008-0436)	전과목 : 55,000원	금융회사의 외환업무 중 수출입업무 및 이와 관련된 국제무역규칙을 이해하고 외환과 관련된 여신 업무를 수행하는 등 주로 기업 외환과 관련된 직무를 담당
자체인증자격	은행텔러 (2008-0437)	전과목 : 55,000원	창구에서 일어나는 제반업무에 대해 신속하고 친절한 업무수행과 정확한 업무처리로 고객에게 도움을 주고 상담을 통해 문제해결을 하도록 도와주는 금융전문가
	영업점 컴플라이언스 오피서(은행) (2010-0118) (보험, 증권) (2013-0702,0703)	전과목 : 각 44,000원	금융회사의 영업점에서 준법관련 법규와 감독기관의 감독규정이 정한 내용과 취지를 충분히 이해하고 업무 수행과정에서 이를 준수하며, 영업점에서 발생 가능한 금융사고 및 민원사항이 발생하지 않도록 사전적 예방 차원에서 그 준수사항의 이행을 점검하는 금융전문가(은행, 보험, 증권 분야별로 자격이 구분됨)
	프라이빗뱅커 (CPB) (2018-004091)	1차 : 110,000원 2차 : 342,000원 (실무교육)	개인고액자산가의 자산 및 수익증대를 실현하기 위해 금융분야 전반에 걸쳐 종합적인 금융상담과 실행을 지원할 수 있는 최고급 수준의 금융자산설계전문가
	KBI 금융DT 테스트 (2021-001872)	전과목 : 44,000원	금융인 및 예비금융인을 대상으로 디지털금융 전반에 대한 기본지식과 업무활용능력 등 금융DT 관련 기본역량 평가
	자금세탁방지 업무능력 검정시험 (2023-004792)	전과목 : 66,000원	금융시스템을 이용한 자금세탁행위와 공중협박자금조달행위를 적발 및 예방할 수 있는 전문적인 업무역량 평가

소비자 알림사항

- 상기 "프라이빗뱅커(CPB)", "영업점컴플라이언스 오피서(은행)(보험)(증권)", "KBI 금융DT 테스트", "은행텔러", "자금세탁방지 업무능력 검정시험" 자격은 자격기본법 규정에 따라 등록한 민간자격으로, 국가로부터 인정받은 공인자격이 아닙니다.
- 민간자격 등록 및 공인 제도에 대한 상세내용은 민간자격정보서비스 (www.pqi.or.kr)의 '민간자격 소개'란을 참고하여 주십시오.

기타

- 응시료 환불 규정 : 접수기간 중 100%, 접수기간 종료 후 시험일 5일전 18시까지 50% 환불/이후 환불 불가
- 자격 공인번호는 재공인시점에 따라 변경될 수 있으며, 응시료, 환불규정 등은 응시 시점에 따라 변경될 수 있으니 자격시험 응시 전 반드시 한국금융연수원 홈페이지에서 응시하고자 하는 자격시험에 관한 최신 정보를 확인하시기 바랍니다. 자격시험에 관한 자세한 사항은 한국금융연수원 홈페이지를 참조하시기 바랍니다.
- 주소 : 서울특별시 종로구 삼청로 118 / TEL : 02-3700-1500 / 홈페이지 : www.kbi.or.kr